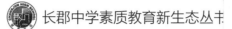

长郡中学素质教育新生态丛书

◎ 本书为湖南省教育科学"十四五"规划重点资助课题"'双减'背景下普通高中'四力'高质量育人实践"（批准号：XJK22AJC004）研究成果。

智慧四力

高质量育人的长郡范式

—— 翁光龙 / 著 ——

湖南师范大学出版社

· 长沙 ·

图书在版编目（CIP）数据

智慧四力：高质量育人的长郡范式／翁光龙著. --长沙：湖南师范大学出版社，2024.10 -- ISBN 978 - 7 - 5648 - 5573 - 4

Ⅰ. G632.0

中国国家版本馆 CIP 数据核字第 2024TF5900 号

智慧四力：高质量育人的长郡范式

Zhihui Sili：Gaozhiliang Yuren de Changjun Fanshi

翁光龙　著

◇出 版 人：吴真文
◇策划组稿：李　阳
◇责任编辑：李健宁　李　阳
◇责任校对：李　开
◇出版发行：湖南师范大学出版社
　　　　　　地址/长沙市岳麓区　邮编/410081
　　　　　　电话/0731 - 88873071　0731 - 88873070　0731 - 88872256
　　　　　　网址/https：//press. hunnu. edu. cn
◇经销：新华书店
◇印刷：长沙市宏发印刷有限公司
◇开本：710 mm×1000 mm　1/16
◇印张：22.25
◇字数：380 千字
◇版次：2024 年 10 月第 1 版
◇印次：2024 年 10 月第 1 次印刷
◇书号：ISBN 978 - 7 - 5648 - 5573 - 4
◇定价：79.00 元

长沙长郡中学：构建素质教育新生态
（代序）

  长沙市长郡中学创建于1904年，是长沙首所官办中学。素质教育在国家层面全面实施已有24年，长沙市长郡中学在20世纪90年代初就提倡"成才先成人"，主张"明大义而有专长"，强调教育要回归生命的本质，做一个完整意义上的"人"，并坚持"只只蚂蚁捉上树"——一个也不放弃的全员育人信念，推行思想品德、科学文化、艺术体育、劳动技术和心理素质"五个轮子一起转"的全面育人思想。长郡中学对素质教育的探索与实践一直走在最前沿，并且随着时代发展不断传承创新、丰富发展。

  素质教育的本质是促进人的全面发展，需要尊重学生的主体地位、主动精神和个性差异，帮助学生形成健全的人格和终身发展的能力。素质教育不是简单的吹拉弹唱，不是表面的纷繁热闹，而是真正为学生启智润心、铸魂赋能，促进完整人格的形成和思维品质的拓展，指向人的终身发展。对于学校来说，素质教育的主阵地还是在课程和课堂，因此素质教育的核心应该是推进课堂教学的变革。在完成国家课程要求的基础上，进一步拓展学校课程系统，从德智体美劳各方面发力，对学生进行全方位的培养。长郡中学坚持长远育人、个性育人的"育人观"和系统育人、全面育人的"生态观"，注重学校、家庭、社会的协同推进，全力构建素质教育新生态。

关注生命发展的教育

  教育的最终目的是促进人的全面发展，而生命发展是一个人全面发展的基础。因此，"爱生活"是长郡中学的首要育人目标。长郡中学通过推行全员心育、终身体育和"普及+提高"的美育，培养学生阳光的心态、强健的体魄和尚美的能力。作为全国心理健康教育特色学校，学校自1996年开设心理健康教育课至今，着力构建系统式心育生态，由注重朋辈互助的班级子系统、注重学科融合的教学子系统、注重积极体验的教育子系统、注重和谐关系的家庭子系统和注重科学实效的专业子系统组成，将心育工作落实到学生成长的每一个空间和教育教学的每一个细节。

秉持"强国强身"的优良体育传统，长郡中学积极推进全员健康教育，形成了以"阳光大课间"为代表的群众体育工作品牌，学校确保每名学生每天至少能有一小时的体育活动时间，开足每周2节体育课，增设每周1节文体活动课，每天开设3个时长为25分钟的大课间，直至高三最后一个星期每周2节体育课都不被侵占。实施体育课程模块教学，开设了十几门体育选修校本课，使学生在高中阶段人人有项目，并掌握两项以上体育运动技能，让体育充分融入学生的生活。

学校坚持贯彻"普及＋提高"的艺术教育理念，提高学生的尚美赏美能力，增强学生的艺术素养。除面向全体学生的艺体教育，学校还以田径、女篮、武术、乒乓球、健美操5支传统运动队和交响乐团、合唱团、舞蹈队、美术社4个高水平艺术团为载体，开设高水平艺体拓展课程，为国内外一流综合性大学和专业院校输送了一大批高素质艺体特长人才。

指向素养发展的教育

教育的主要功能是提高人的综合素质，而素养发展是一个人素质提升的条件。因此，"善求知"是长郡中学的主要育人目标。学校始终坚持"一切活动皆课程"的课程育人理念，全力培育学生核心素养。经过多年升级和完善，长郡中学形成了"五育融合"的课程体系，着力培育"不输在终点线上的人"。在课程实施方面，做到国家课程校本化、校本课程特色化、特色课程品牌化。学校落实基础型课程，夯实学生的文化根基；推进拓展型课程，促进学生的自主发展；构建活动型课程，强化学生的社会参与。多项活动课程甚至坚持数十年，早已成为享誉省内外的素质教育品牌。

发展和实现学生的学科核心素养，关键还在课堂。学校注重从价值引领方面对教师和学生进行引导，打造高效课堂，营造了长郡中学自我教育的浓厚文化氛围。"双减"政策实施以来，学校更是大力开展"减负提质"，积极进行课堂教学改革，打造骨干教师示范课。开设10个长郡教育集团名师工作室，实施教师发展的"三大工程"（青年教师的"青蓝工程"、中年教师的"名师工程"和资深教师的"卓越工程"），探索覆盖全年龄段的教师发展成长路径，为学校的高质量发展提供有力的人才保障。

面对数字智能时代的快速发展，长郡中学还深入推进智慧教育，高度重视提高师生信息素养，不断加强现代信息技术基础设施建设，积极推进信息技术与学科教学的融合，让技术为教育高质量发展赋能，提高整体教学质量与效益。课堂和课程的积极改革，使长郡学子的综合素质得到长足发展，高质量人才不断涌现。近年长沙市教育局发布的《普通中学教育质量综合评价报告》显示，长郡中学的学业增值与学业负担综合类型属于"高效轻负型"，多项评价指标连续名列第一，体现出学校优良的课程生态。

强化责任发展的教育

教育的根本属性是成就人的社会价值，而责任发展是一个人贡献社会的动力。因此，"忧天下"是长郡中学的根本育人目标。

基于学校深厚的红色文化土壤，长郡中学一直以来十分注重以红色基因为育人主线，厚植家国情怀，培养学生将个人发展与国家前途命运紧密相连的责任感和使命感。学校充分挖掘红色校史和杰出校友资源和全方位多层次进行红色文化教育，通过推动红色教育课程化、品牌化、多元化，帮助学生厚植家国情怀，树立坚定的理想信念。青年党校红色教育品牌连续开展32年，培育3000余名入党积极分子，发展200余名中共预备党员。青年党校通过专题理论学习，打造精品党课；开展"红色之旅"研学实践，数年来已走过南湖、井冈山等20多个革命纪念地。

此外，围绕"高中生自我教育"开展德育工作，实行自主执勤、自主管理自习、学生仲裁申诉委员会等系列自我教育活动，提升学生自我规范、自我判断、自我实现的自我教育能力。在长郡中学，每一名学生都是义工，每一个班级都是义工中队。长郡义工志愿服务品牌连续开展29年，注册3万名义工，服务150万个小时。学校通过构建"长期""常态""常新""长效"的义工服务机制，推进长郡义工项目化、常态化、专业化，培养学生的责任担当和实践创新的核心素养。

激活潜能发展的教育

教育的内在核心是激活人的个性发展，潜能发展是一个人个性发展的前提。因此，"有作为"是长郡中学的核心育人目标。

　　学校始终把学生放在学校的中央，通过搭建丰富的社团平台，让每一个学生都有充分展示自我的平台。学校的学生社团覆盖兴趣特长、科技创新、人文社科、学科拓展、社会生活等类别。在这里，学生自主举办乐队演唱会、开展话剧公演、举行爱心义卖、自制电视节目、组织演讲辩论、设计文创产品等。

　　学校注重构建学生全面发展与发挥个性特长相得益彰的多维评价模式，营造良好的创新氛围。基础型课程注重过程性评价和结果性评价相结合；拓展型课程设置荣誉奖项，计入学生的综合素质评价；活动型课程采取等级认定的方式并且集中展示学生成果。长郡中学以评选"美丽长郡人"作为学生最高综合荣誉，这项荣誉旨在通过深入寻找、发掘、宣传有代表性的、高素质的长郡人，树立最具校园影响力的正能量典范。

　　素质教育需要学校、家庭、社会的协同发力。结合学生不同学习阶段的特点，学校有针对性地开展家长学校主题培训，充分引导家长重视家庭教育，积极配合学校的各项管理，深化家校合作，建立家校协同育人体系。通过家长主题沙龙、优秀家长经验分享等多种形式加强优秀做法的展示和推介，形成正向引领，共同提高。

　　正因素质教育成果迭出，学校各项工作齐头并进，在民主管理、基层党建、文明创建、校园文化、科技创新、教育科研等领域赢得数十项全国荣誉，在省内更是屡获文明标兵单位、党建示范点、基础教育课程改革样板校等盛誉。长郡中学坚守立德树人根本任务，围绕"不让学生输在终点线上"的核心理念，以发展的眼光看"终点"，把教育的目光聚焦在每一个学生的可持续发展上，不断守正创新、传承发展，让生命与灵魂同在，能力与素养齐飞，全面与个性并进，当下与未来相通，真正构建素质教育新生态。

翁光龙

（本文刊载于 2023 年 9 月 27 日《中国教育报·校长周刊》）

前 言

党的二十大报告指出："坚持教育优先发展、科技自立自强、人才引领驱动，加快建设教育强国、科技强国、人才强国，坚持为党育人、为国育才，全面提高人才自主培养质量，着力造就拔尖创新人才，聚天下英才而用之。"人工智能时代扑面而来，要培育新时代高质量人才，我认为，应该积极推进教育科研，切实构建素质教育新生态，不让学生输在终点线上。

《淮南子·原道训》有言："夫形者，生之舍也。气者，生之充也。神者，生之制也。"它明确地指出，人的生命是由形、气、神三个要素构成的，且缺一不可。培育一流人才要以人为本，全面涵养学生的魂、体、气，从而"不让学生输在终点线上"。

2022 年，我主持的湖南省教育科学"十四五"规划重点资助课题"'双减'背景下普通高中'四力'高质量育人实践"（批准号：XJK22AJC004）成功立项，课题研究推进两年来，在课题组的积极推动下，长沙市长郡中学（以下简称"长郡"）坚持文化度人、课程成人、协同育人，突出评价的增值功能，积极探索高质量人才培养范式，育人效能显著。

一、文化度人，用红色基因铸高质量人才之魂

文化是一所学校的根脉和底蕴，是学校核心价值理念营造的文化场域，往往润物无声。

长郡是毛泽东、李立三等革命先辈共商救国大计的策源地。学校以"朴实沉毅"为校训陶铸群英，孕育了任弼时、李富春、萧劲光等 11 位老一辈无产阶级革命家，走出了彭公达、郭亮、刘畴西等 48 位革命先烈，特

质鲜明的红色基因孕育了一流人才的赤子情怀；长郡走出了黎介寿、朱建士、欧阳平凯等 14 位院士校友，鲜活动人的红色风范锤炼了高质量一流人才的济世专长，点亮了远大理想抱负和强烈社会责任感的人生灯塔。

价值引领强大的红色文化，涵养了师生的文化认同和文化自信，铸就了高质量人才"精神明亮、胸怀敞亮、视野闪亮"的勇毅灵魂。

二、课程成人，用五育融合强高质量人才之体

人工智能的深度融入，为学校课程建设注入新的发展动能，深刻改变教学方式，呼唤动态校本体系。长郡现行"3＋N"课程体系——"3"即"基础型、拓展型和活动型"三大课程板块；"N"即国家课程、校本必修、课程选学生、学生选课程、校内"四大节""六强社"与校外"三走进""五研学"实践活动等 6 大类 30 小类课程，主要从以下三个方面促进高质量人才的全面成长和完善。

首先，课程目标彰显数字时代生本价值。数字技术作为一种手段，只会深化课程内容的整合和教学手段的更新，但落实立德树人的根本价值取向不会变。长郡的《学校课程实施规划》和《校本课程开发指南》明确将培育一流人才必备的求知欲、探索欲以及创新精神和创造力作为课程建设的核心目标。长郡的生涯规划与主题班会课程，以"青年党校"等党团活动课程为载体，牢固树立学生的社会主义核心价值素养；课程选取学生类中的"科学"、"人文"、"艺术"和"体育"类，以创新拔尖人才培育为目标；其他类的课程都紧紧围绕"情感、态度、价值观"目标，回归人本人性，促进学生丰富自我德行，懂得借助人工智能为人类造福，保持和发展人的尊严和荣光。

其次，课程内容深度创生学科生活情境。在数据蓝海、机械重复、精细操作和客观执行登峰造极的人工智能时代，长郡的课程开发扎根生活，突出创造性思维和问题解决、人际交往和团队协作、传统技艺和手工技能、艺术和人文素养、责任感和道德感等"人本"能力培育。选修课超市和"三走进""五研学"课程，年年更新；延续至今 18 年的"走进社会主义新农村"，每年更新课题库，运用深度学习、自适应学习、分布式学习等人工智能时代的学习方式，师生共学，田野调研，开展跨学科深度小组合作；

每年第三季度出版年度品质研学课程报告专刊《澄池》;"长郡大讲坛"邀请院士专家开启师生国际视野……各类优质数字化课程资源辐射 229 所省内外合作学校。

最后,课程评价多维激活主体成长动能。长郡一方面严格落实综合素质评价,全面培育学生发展核心素养;另一方面修订《教师绩效考核方案》和《教育科研奖励方案》,推行绿色、动态、积分、增值、延时等评价方式,通过技术融合、课堂创新、"国省市校"四级课题贯通攻关等手段,"教·学·研"全课程生态激活主体成长动能。假期作业尝试数字化智能评价,社团节会课程注重原创评价,创新拔尖课程探索贯通式评价。以评促学,育人成果纷至沓来:"五大学科奥赛国际金牌 14 枚、国际银牌 2 枚和亚洲金牌 4 枚、国家级奖项 352 人次、入选国家集训队 130 人""全国群众体育工作先进单位""全国科技创新教育十佳学校""艺术展演全国一等奖"等,不胜枚举。

如果说课程是学校育人的核心载体,那么"五育融合"的智慧实践就是课程成人的素养跑道。长郡与时俱进的"3 + N"课程体系,锤炼出高质量人才的强健之体。

三、协同育人,用增值评价扬高质量人才之气

《中国教育现代化 2035》提出"推进教育治理体系和治理能力现代化"战略任务,擘画出一流人才培育的高品质教育愿景。

围绕"高质、民主、文明、和谐、美丽"的一流现代化办学目标,长郡在文化、理念、制度、评价等方面持续进行系统治理改革;积极推进数字校园和智慧治理,不断提升资源数字化、管理智能化、成长个性化水平,辐射优质治理范式,全力探索"校家社政"共育治理新格局,助推学校高质量发展。长郡引领教师倾情于素养提升,潜心于学科育人,深耕智慧课堂,强化数字赋能,提升育人效能,争当"四有"好教师,弘扬教育家精神,激活教师专业发展;推行"学生仲裁申诉制度",变传统规纪教育为学生自主教育和自我治理;推出"与书记、校长面对面"活动,吸纳诸如"开设'家国天下'课程""拓宽心理咨询渠道"等多项合理化建议;坚持"学长帮扶",以毕业优秀学长的主动担当与责任传承,激励更多优秀学子

学会组织与合作，培育其超强的协调力和领导力，矢志成长为优秀人才，引领学生综合发展。

从垂直到扁平、从单一到多元、从共治到善治、从传统到数智，在《长郡中学综合素质评价方案》《长郡中学教师绩效考核方案》等系列评价方案中，突出增值功能，引领师生在相互成就中砥砺前行，"全国文明校园""全国先进基层党组织"等高质量治理成果，彰显了长郡培育一流人才的信心和底气。

2024年10月，欣逢长郡中学建校120周年华诞。感恩长郡的滋养，我近40年的教育生涯，有27年与长郡密切相关。1997年7月至2005年8月，长郡中学的工作历练，奠定了我教育教学与管理的思想基础。在组织的关怀、培养与信任下，我于2021年10月回到长郡中学，将数十年积累的智慧与热爱奉献给她，倾力于高质量育人范式建构，现将我多年特别是近年来的教育教学与管理实践及研究成果草草成书，全书共八章，第一章为理论部分，第二至八章为实践部分。全书既有实践经验，也有理论凝练。谨将此拙作献给我最爱的长郡，祝福她在"为党育人、为国育才、为湘育英"的征程上，不断续写新的辉煌。

翁光龙

2024年8月10日

目　录

第一章
四力协同　不输终点

　　教育是事关国家发展和民族未来的千秋基业。"建设高质量教育体系"是党在十九届五中全会通过的《中共中央关于制定国民经济和社会发展第十四个五年规划和二〇三五年远景目标的建议》中提出来的。党的二十大报告进一步提出："坚持以人民为中心发展教育，加快建设高质量教育体系，发展素质教育，促进教育公平。"这一政策导向和重点任务也成了基础教育阶段学校的目标追求与行动指南。

　　在新的时代背景下，建设高质量教育体系是坚持以人民为中心的必然要求，是构建畅通国内大循环、打造开放的国内国际双循环新发展格局的基础环节，是推动我国成为人才强国、科技强国的重要举措。作为普通高中学校，需要主动思考、积极作为：面对人民群众对优质教育的需求越来越高的现实，面对复杂多变的全球发展环境，面对人工智能时代给教育带来的机遇与挑战，该如何对标教育部《普通高中课程方案》的要求，对标《普通高中学校办学质量评价指南》的要求，探索新时代、新课程、新教材、新高考背景下的高质量发展路径，为国家输送更多的创新型人才，为全面推进中华民族伟大复兴提供有力支撑。长沙市长郡中学作为一所百年名校，依托智能化环境，从文化力、课程力、协同力和评价力等四个方面构建了"智慧四力"高质量育人范式，取得了显著的成效。

一、"高质"教育考量

　　站在新时代的历史经纬之上，教育若要承载起人民对美好生活的憧憬，就必须踏上一条深远的高质量发展道路，这不仅是人们矢志不渝追求"上好学"的理想图景，还是教育事业背负的新时代重任，更是对生存型社会生活的超越与升华。换言之，教育的高质量发展恰恰是美好生活理念在教育领域能动而鲜活的诠释与响应，它致力于通过教育途径，提升个体与社会的生活质量，达成物质与精神世界的双重飞跃。

（一）时代发展需求

新时代呼唤的高质量教育，是社会进步的基石，是创新驱动的源泉。提升教育质量，培养创新人才，方能满足时代需求，推动社会可持续发展。

1. 探索新章：高质量发展的时代逻辑

党的十九大报告庄严宣告，中国特色社会主义事业已迈入新的历史阶段，在这个万象更新的历史定位中，我国社会的主要矛盾经历了一场深刻变革，由昔日的"人民日益增长的物质文化需要同落后的社会生产之间的矛盾"演变为"人民日益增长的美好生活需要和不平衡不充分的发展之间的矛盾"。此番转变犹如一面镜子，映射出需求侧诉求的升级和供给侧焦点的变化，意味着民众的需求焦点已从物质文化和基本生活需求的浅滩，拓展到了广阔无垠的美好生活疆域，涵盖了全方位、多层次、高品质的追求。与此同时，社会发展的桎梏也悄然从绝对意义上的生产力滞后，转变为相对意义上发展结构的失衡与效益的不均。

这一矛盾表述的更新不仅是语言层面的嬗变，更是深层次价值观变迁和社会发展模式调整的显性体现。新时代的宏大背景下，社会主要矛盾的本质变化，有力揭示了社会价值取向的革命性转向，即我们正从单一地追求经济增长与物质富集的传统价值范式，向着更为全面、均衡、可持续的发展理念和以人为本的价值导向稳步迈进。新时代下，人们对生活的憧憬已经跨越了物质层面的满足，而且在精神修养、文化艺术和素质教育等多个维度燃起了前所未有的热望。这些交织融合的新期待和高标准，共同构筑起新时代美好生活的愿景。

尤其在教育这片沃土上，美好生活的需求深深植根于对高品质、全方位、个性化的教育的热烈渴望之中。大众期待教育能如春风化雨、启迪智慧，成就每个人的全面发展。面对全新的教育需求，教育发展需遵循新时代美好生活诉求的内在逻辑，勇于破旧立新，以回应人民对美好生活向往的深层次教育诘问。

当前，教育如何真正触及美好生活的价值核心，亟待我们在新时代语境下深入探讨。随着社会矛盾的换挡升级，教育领域的矛盾亦呈现出了新特征，即广大人民群众对高质量教育的殷切期盼与教育质量发展不平衡、不充分之间的冲突。从"有学上"到"上好学"的时代呼唤，述说着民众对教育品质飞跃的热切希冀。然而，现实却是教育供给端尚难以匹配人们对高质量、差异化教育的迫切需求。

高质量教育发展不仅要以满足美好生活需要为导向，更要契合并凸显美好生活的内在逻辑。曾经，现代功利主义思潮导致教育领域一度偏离初心，教育工具化的倾向使我们淡忘其蕴含的美好价值。而美好生活，作为一种由"善"引导的、追求自由的、面向未来敞开的理想生活模式，是事实生活与意义生活的统一。教育，作为雕琢未来个体、完善人格的重要载体，肩负着引领人们从"现实世界"迈向更高远的"理想世界"的神圣职责。因此，美好生活的价值内核与教育本质相互依存，美好生活为教育提供了本体性价值的依托，教育的发展须围绕美好生活这一根本命题谋篇布局。

人工智能技术深刻影响着人类社会的生活，包括教育的目标、内容与方式。随着人工智能技术（AI）不断发展，职业岗位与数量发生了翻天覆地的变化，人们对未来职场的不确定性的焦虑感也在增加，从而迫切需要通过学习和掌握人工智能的相关知识和技能，提升自身在就业市场的竞争力。一方面，学校教育需要更多地思考在 AI 眼中人类的优势有哪些，人类未来需要重点发展的方向是什么，如数字素养、多学科融合和综合能力、人类价值观和伦理道德等。让学生在不确定中寻找确定，在确定中产生无限的可能。另一方面，随着人工智能技术的不断创新和发展，将会有更多的人工智能教育产品和应用在市场上推出，提供更多的学习机会和教育资源，学校需要因时顺势、抢抓机遇，满足学生对人工智能教育的需求，并为未来人工智能发展和社会进步做出积极贡献。

面对美好生活需求的多元逻辑——从物欲横流的物质主义向富含人文关怀的后物质主义的优雅转身以及现实福祉与深层意义需求的紧密交织，教育以其独特的力量织就了一幅双轨并驾齐驱的画卷，来满足人们对美好生活的炽热追求。一条轨道上，教育犹如砥砺锋芒的磨石，通过不断提升教学质量，赋能人力资本，为其增值蓄力，确保个体能够在社会的舞台上收获更多的丰饶成果。另一条轨道上，教育如同点亮心灵的明灯，凭借其内在力量激活个体沉睡的潜能，引领个体探寻自我价值的深邃秘境，悠然驶向那充满希望与美好的生活彼岸。

无论是物质的富饶之道，抑或是非物质的精神之旅，高质量教育的发展理应扎根于"美好生活"这一价值逻辑的沃土，以蓬勃的生命力全面革新我们对教育质量的认知，使之站稳新时代的价值坐标，从而有力地回应人民心中对美好生活的多元化、深层次渴望。

2. 应答呼声：高质量教育的时代诉求

随着历史长河中的精神舵盘转向后物质主义的价值绿洲，社会需求的经纬图谱亦随之焕新编织。此时，人民对于美好生活的向往成为驱动高质量教育发展的深层逻辑。教育领域高质量发展的探索之路不仅需踏准美好生活的时代鼓点，更需汲取那一汪价值逻辑的源头活水，使其滋养教育高质量发展的土壤。

"高质量发展"一词初绽于经济学研究的繁花丛中，众多学者纷纷采撷其精华，并巧妙地将其移植到教育领域。然而，揭开教育高质量发展的神秘面纱，我们还需沿着教育的独特纹理、遵循其内在规律，步步探寻其深邃底蕴，通过理论构建与实践验证相结合的方式，完成教育高质量发展的体系建构。

教育高质量发展的理论内核聚焦于"教育质量"与"教育发展"两个关键维度，通过对教育质量观与教育发展观的精准诠释，我们得以解答教育高质量发展的核心问题：何为符合新时代要求的高质量教育？怎样有效推动高质量教育的发展？

（1）探——教育质量认知的多元维度

在物理学的宏大架构之内，"质量"（Mass）承载着探测与量化物体固有属性的使命；而在社会生活中，"质量"（Quality）则化身为衡量世间万物能否企及理想的标杆。"生活质量"及"教育质量"等现代概念，恰似一面镜子，折射出这种评鉴逻辑跨越学科界限的实际运用效果，而对"质量"内涵的不同解读，无疑在很大程度上影响着各个领域评价机制的构建。

生活质量研究揭示了质量评价定位的多元化特征，该特征可概括性地划分为三大研究范式：一是从经济学角度审视，GDP模型成为衡量生活质量的一个显著标尺，强调物质生活水平提高对于生活质量提升的决定性作用；二是从社会心理学的理论源泉抽丝剥茧，更多关注个体层面的主观体验与满意度测评，囊括了诸如认知评价、情感体验以及行为反馈等多种心理过程；三是融汇了前两种理论的优势，倡导一种整合观，认为生活质量的全面评价必须兼顾外部条件的改善与主观感知的满足，这两者犹如鸟之双翼、车之两轮，相互支撑、缺一不可，共同构成了评价社会生活质量的完整框架。在这种综合理论下，生活质量的提升既需要物质生活的丰富，也离不开个体健康情感和社会参与感的增强。

在生活质量评估体系中，教育质量占据关键地位并深受生活质量定位认知的影响。当前，教育实践多从经济学角度出发定义"教育质量"，将其视为教育满足个体和社会需求程度的一种表现。然而，在过度追求工具价值的过程中，教育质量评价倾向于量化考核，如升学率、就业率及学业成绩等显性指标。这在一定程度上忽视了教育本质的价值理性，导致教育过程中出现异化现象，也压制了受教育者内在的"后物质"需求，例如参与、创造和自由的需求。

步入新的历史阶段，人们对美好生活的向往已不拘泥于物质层面的满足，而是逐步延伸至非物质层面。教育需求亦呈现出物质与后物质两种维度的并重。在物质层面，教育资源的配置包括现代化的校舍、网络设施、人工智能设备、图书馆、实验室、艺体器材等硬件设施的完备。这些无疑是构筑教育质量评价的核心要件。然而，教育质量的全貌远非仅限于此，当我们将视线转向非物质层面，会发现那里的风景同样丰富多彩且至关重要。学生的内在学习动力、教师的教育教学能力、教育过程中的人文关怀，以及学生在接受教育过程中逐渐萌发的自由意志、独立思考能力、公平正义观念等隐形素养，皆是教育质量深层次的底蕴所在。它们如同滋养教育大树的土壤，默默却又坚定地支撑起教育的品质与高度。遗憾的是，这些非物质层面的素质在过去常常被边缘化，或是未能得到足够的重视。

因此，高质量教育应当全面关照教育对象的物质与后物质需求，通过优化教育环境、变革育人方式、强化价值引领等方式，确保客观教育水平的提升与主观教育满意度的增进。面对新时代赋予的崭新课题，我们必须擘画并践行一种兼具整体性、综合性、动态性且各利益主体广泛参与的教育质量观，摒弃单一的"育分"导向，转向以"育人"为核心的质量评价新标准，从而实现教育质量和人民美好生活需要的和谐共生与发展。

（2）析——教育发展认知的重塑统一

在深入探究教育迈向高质量境界的进程中，人们惯常将"高质量"与"发展"合而观之。然而，面对构筑未来美好生活蓝图的时代呼唤，我们必须明确"为何发展"和"如何实现高质量发展"。亚里士多德的"四因说"洞见了事物变迁的根本法则，据此，高质量教育不仅是教育进化过程中的内在精髓与理想指向，更是教育发展历程中塑造形态与激发活力的根本源泉。

我国教育事业近年来取得了显著成就。近几年，教育部发布的全国教育事业发展统计年度公报中的各类统计数据印证了教育规模的扩大与普及程度的提升。然而，需要警惕的是单纯追求数量增长可能导致教育质量的实质性提升滞后。这种"发展"实质上是陷入了"内卷"的怪圈，忽视了教育对人性完善、个体全面发展的核心价值。

发展与增长本质迥异，前者旨在趋向更优、更好的状态，是通向美好生活的桥梁，而后者仅关注物质层面的扩张。受功利主义影响，教育发展往往过于关注数值的增长，进而使手段绝对化、价值物质化，导致发展偏离正轨。

马克思提出的两大发展尺度，即"物的尺度"和"人的尺度"，为解决这一问题提供了理论依据。物的尺度体现为外在的发展指标，人的尺度则关涉发展的内在目的与价值导向。教育作为育人的载体，其发展必须围绕人的全面发展来确立方向，即以人的尺度为核心尺度。

物质主义与后物质主义价值观分别对应着物的尺度和人的尺度，但关键在于如何在这两者之间寻找到动态平衡的发展之道。后物质主义并非全盘否定物质基础，而是倡导在坚实的物质文明基石之上，注重精神文化需求和社会价值取向的高层次发展，追求的是体现和创造美好生活。因此，新时代教育发展观应摒弃单一的外延式发展模式，转向以人为本、注重内涵式发展的路径，强调人文关怀与实践规制相结合。

教育发展应当以满足人的高层次需求为导向，围绕教育高质量的目标进行改革，以人为本，关注个体的成长诉求，同时兼顾可持续发展原则，不仅聚焦当前，更要展望未来，构建长远的教育发展战略，优化顶层制度设计。通过重新定位教育发展观，引领教育发展回归本质，展现"人之为人"的内在力量，并最终推动教育朝着高质量且具有持久生命力的方向前进。

3. 擘画蓝海：高质量教育的时代路径

在新时代教育理念的演进中，教育质量观与教育发展观相辅相成，共同构建起高质量教育发展的理论框架。内涵式教育发展进程中的教育质量观动态更新，而高质量教育则体现了物化指标与人文价值尺度的有机融合。二者从满足人的美好生活需要出发，在持续互动和深度建构中形成了对教育高质量发展更高层次的理解——人的全面而有个性的发展。

教育质量与教育发展的深度交融并非简单的概念叠加，而是两者相互诠释、共同升华了高质量教育发展的内核。教育质量观催促教育事业坚持以人为本，敏锐回应个体内心深处以及社会的广泛诉求；教育发展观则高扬人文旗帜，力图突破对物质层面的单一依赖，引导教育走向心灵的丰饶之地。

马克思关于人的发展的历史形态学说，奏响了教育演进从群体社会到物化社会再到自主社会教育模式的三部曲。在自主社会教育阶段，教育目标聚焦于培养自由全面发展的人，他们能自如挥洒自身本质力量，挣脱主体与客体间的隔阂桎梏。因此，高质量教育发展的本质诉求正是助力每一个学生实现全面而有个性的发展，这涵盖了对个体差异性及个性化成长的精细关照，也囊括了对全体"类"进步的整体视角。唯有如此，才能确保每位学子在德、智、体、美、劳诸方面得到全方位的高品质教育。

长郡中学在新时代教育改革与发展的大潮中，积极响应国家对高质量教育的倡导和满足人民群众对美好生活的需求的号召。在深入理解和贯彻党的教育方针政策的基础上，结合自身的办学特色和实践经验，构建了"智慧四力"高质量育人范式，该育人范式便是教育质量和教育发展在新时代有效融合的实践范本。

"智慧四力"高质量育人范式立足于新时代对美好生活需求的演绎逻辑，旨在通过创建智能化的环境，发展具有红色基因与创新潜能的文化力、五育并举与五育融合的课程力、校家社政与人机共教的协同力、生长性与个性化并重的评价力，确保每一位学生都有充分的机会全面展现自身的体能与智能，实现个体层面的自由发展。具体内涵及实践策略如下：

（1）文化力

在学校文化度人方面，长郡中学立足于深厚的文化土壤，承载着厚重的文化基因，倡导"不让学生输在终点线上"的教育理念，将"只只蚂蚁爬上树"作为度人精神，以理念之先弘扬文化力，生动诠释了对学生个体潜力的深度挖掘与激励，体现出全员育人、全程育人的决心。同时坚持"五育并举"，开展丰富多元的研学实践活动，旨在锤炼学生解决实际问题的能力，培育其深厚的家国情感与社会责任意识，以实践之行弘扬文化力。为落实"以生为本"，学校兼顾物质与精神两个维度，优化硬件设施配置，丰富精神文化活动，打造校园文化生态圈，营造度人氛围，以文化人。

在校本文化传承方面，长郡中学深耕湖湘文化和红色文化，以"史"为镜，以"史"育人，引领学生成为"爱生活、善求知、忧天下、有作为"的新时代青年。在"敢为天下先"的"湖湘精神"的熏陶下，学校始终坚持为党育人，为国育才，抓实竞赛强基，挖掘学生创新潜能，发扬与时俱进的文化创新力。

（2）课程力

长郡中学立足于"一切活动皆课程"的课程育人理念和"全面发展"的课程构建理念，大力开展丰富的活动课程、实践课程，关注人工智能课程，在课程设计过程中贯彻"五育融合，课程育人"的课程观，以先进的教育理念实现课程的引领力。教师在课程中担任关键组织者的角色，故师资队伍建设是课程力的关键，学校高度重视打造高质量的教师队伍，推动教师们"在教中学，在学中教"。引领教师凝心聚力，以价值使命为本；倡导教师研训提升，以专业成长为基；鼓励教师团结共进，以团队支持为要。

（3）协同力

长郡中学在政府支持引导下紧跟政策方向，重视督导评估，充分发挥协同力，深化与家庭、社区、政府间的联动合作。同时乘数字长风，坚持走智慧治理之路，构建"师—机—生"三元教学新形态，建立了科学、智慧、共享的涵括家校共育、社区实践在内的立体化协同育人网络，充分发扬共治善治之长，旨在发挥教育的最大效能。

（4）评价力

长郡中学积极构建全方位、多层次、专业化的评价体系，该体系细分为校园管理、教师成长、学生发展及教育科研四大领域。在校园管理评价方面，着力推动现代化、智慧化的管理模式革新，提升教育教学的整体质量和管理水平。教师成长评价体系重点关注师德师风塑造与专业能力发展，采取一系列改革举措助力教师成为学生成长道路上的导师。学生发展评价则秉承"普育"与"个性发展"并重原则，既关注学生全面发展，又鼓励个性化特长的培养。教育科研评价体系强调科研理念的前瞻性和体系机制的完善性，同时重视团队协同研究的力量。

通过以上"智慧四力"的有效整合与实践运用，长郡中学不仅顺应了新时代教育的发展趋势，还积极营造和谐统一的教育生态，让高质量教育贯穿于学生生活的各个领域，最终引导每位学生通往美好生活，并努力通过个体的美好，共筑学校的美好未来。

（二）生命成长内驱

蔡元培先生提出"教育者，非为已往，非为现在，而专为将来"，其深远含义揭示了教育的真谛并非仅满足当前所需，而应着眼于个体、国家和民族长远的发展战略。高质量教育作为这一宏大愿景的践行载体，凭借其前瞻性和实践性，紧密贴合经济社会转型升级的步伐，专注于塑造和培养具有创新精神、批判性思维以及强烈社会责任感的未来栋梁，积极回应科技进步、经济结构革新和社会进步对创新型人才的迫切需求。

与此同时，爱尔兰诗人叶芝说："教育不是注满一桶水，而是点燃一把火。"这生动形象地诠释了高质量教育超越传统灌输模式，旨在点燃学生内心深处的学习热情和潜能，实现从"要我学"到"我要学"的跨越。高质量教育的价值不仅体现于顺应时代逻辑，回应时代诉求，更在于激发学生个体的生命成长内驱力，在生命的原野，带着向上生长的力量尽情奔跑。

1. 唤醒自我：稳步迈向理想地

内驱力，犹如一座蕴藏无尽能量的内在矿脉，是驱动个体终身发展、持续迸发的内在引擎。在学生的成长过程中，这一动力既是源自内心深处的自然涌流，也是自我觉醒后的主动追求。尽管从根本而言，个体的内驱力与自我的心理需求紧密相连，但外部环境的影响却如同催生花朵绽放的阳光雨露，同样起着至关重要的催化作用。

在当前的教育架构里，种种过度严密的监管与规则桎梏，如同一层无形帷幕，逐渐遮蔽了学生们内在那股熠熠生辉的主观能动精神，以致他们在面对外部压力时，内心动力常显匮乏，进而演变成内心与外界之间针锋相对的紧张对立态势。在这种现状下，一部分教育工作者并未深刻认识到问题所在，他们宛如置身于柏拉图所描绘的"洞穴隐喻"之中，仅能窥见教育的表象。而真正的教育者深知：教育的真谛并非机械地打造一批批应对考试的智能机器，而是要精心构建一个既能尊崇并释放学生的主观能动性，又能予以科学适度引导的成长环境，从而启迪和激发每一个学生深藏于心的智慧与潜能。在这个过程中，让内外影响因素在动态均衡的交融互动中，共同孕育学生的全面健康发展。

在教育学的发展长河中，对人的认识呈现出两大主流观念：一种是将人喻为"白板"或"白纸"，强调环境熏陶与教育培养对于个体塑造的关键作用；另一种则主张先天潜能与禀赋，认为个体内在已蕴含独特的发展势能。随着人类社会科技力量与人文思想的双翼齐飞，我们对人的本质的理解更加深入和科学——人，无疑是一个充满自我发展潜能与鲜明个性特征的生命存在，正是这些内在属性铸就了个体间的千差万别。

从量子物理学层面启悟，整个宇宙万物无不源自能量的交织与转化，而作为智慧生命顶端的人类亦遵循此规律。人被视为一个能量实体，在其成长过程中自然蕴藏着自我提升与完善的内在基础。马克思的主观能动性理论进一步阐明，人具有在实践中积极认识世界并主动改造世界的能力，这一原理同样适用于正在发展中的学生群体，不论其能力高低，主观能动性都是如影随形、实实在在地存在于他们的身上，驱动着他们不断突破自我，追寻更高远的发展目标。

教育心理学家霍华德·加德纳通过多元智能理论，系统阐述了人所拥有的八大智能：语言、逻辑、音乐、运动、空间、内省、人际关系与自然智能。这一理论颠覆了传统的单一智能观，并极大地改变了教育界对人性潜力的认知视角。因此，学生的品质与素养并非完全由后天赋予，每个学生都有其内在的独特性和发展方向，教育的核心任务就在于为每个生命个体营造一个能够有效释放潜能的良好环境，就像种子需要适宜的土壤、阳光、空气和水分才能茁壮成长一样，教育必须立足于学生的内在特质与素质基础，唯有如此，方能达到最理想的个性化发展状态。

著名学者杜维明先生深刻洞察到："人都是漫长的生物链的一个积极参加者，历史连续体的活的见证者和宇宙中最精致的本体的容纳者。人的结构中本来就有无限的生长潜能和取之不尽的发展源泉……一个人的自我在其自己的现实性范围内体现着最高的超脱；自我的充分实现无需任何外在的帮助。"① 杜先生这一番话昭示我们，在每个人的生命结构深处，都蕴藏着无尽的成长潜能和源源不竭的发展动力，它们如同涌动的地火，静待着被挖掘与点燃。每一个个体都是自己生命故事的主角，拥有超越自我、追求卓越的内在动力。自我的充分实现并非倚赖外在的助力或附加条件，而是根植于每个真实存在的自我之内，通过不断发掘自身潜力，勇往直前，方能抵达个人成长与精神升华的至高境界。

教育工作者需理解并尊重每个人独特的内在潜能，创造一个鼓励自主探索、激发内驱力的学习环境，引导学生踏上自我发现之旅，鼓起勇气挖掘真我的价值底蕴。唯有如此，教育才能真正实现其核心价值，陪伴每一个学生稳健迈向那个属于自己的理想地。

2. 自我实现：悄然孕育关系网

内驱力犹如一颗埋藏在学生心灵秘境的璀璨明珠。它并非孤独悬置，而是悄然孕育在个体与自我、自然、社会复杂交织的关系网络中。

当学生踏上探索内心深处奥秘的旅程时，犹如拨开迷雾，找寻那片丰盈的内心天地，挖掘自我潜力、铸造独特的人格特质，同时借由自我反思与生活实践的交融互动，有力推进个体的全面开花结果。

当学生在大自然的怀抱中孜孜求索时，不仅是在理解自然规律，领悟生态系统运作的精妙机理，更是以一种亲历者和参与者的身份，沉浸于自然界的美学盛宴，进而萌生出尊重生命、爱护生态的情感共鸣和行动意愿。

当学生融入社会发展这部宏伟交响曲的进程时，通过丰富的社会实践，不仅能渐次洞察社会运行的法则与文明发展的脉络，更能借由多元文化的碰撞与交融，持续调适并深化对世界的认知。于是，他们既可能成为继承

---

① 杜维明. 儒家思想新论：创造性转换的自我［M］. 南京：江苏人民出版社，1996：59.

与弘扬文化瑰宝的火炬手，也可能成为开创时代新篇、播撒价值观革新种子的先行者和推动者。

然而，随着教育体系日益专业化和独立化，我们不得不面对一个严峻的事实：教育似乎正与生动活泼的生活实境和丰富多彩的自然环境渐行渐远，转而陷入了一种"知识灌输"和"理论固化"的困境。这一现象导致学生往往仅与抽象的知识结构建立联系，缺乏与现实生活情境的有效衔接，使得学习过程变得机械化和孤立化，无法充分激活学生的内驱力与创新精神。

因此，我们必须重新审视和调整当前的教育模式，致力于构建一个既注重知识传授又强调生活实践，既能培养学术素养又能激发创新能力的高质量教育环境，让每一个学生都能够在现实生活中真实体验、主动探究和深刻感悟，从而使他们的学习之旅真正回归到生活本源，与鲜活的现实紧密相连，从而更好地服务于学生的全面发展和终身成长。

美国心理学大师德西在其著作《内在动机》中深入探究了激发个体深层驱动力的奥秘。他精辟地提出了激活人类内在动机不可或缺的三大核心心理需求：自主性作为激发内在动机的首要基石，它强调个人在学习和成长过程中对自我决策与行动自由的掌控；胜任力则紧随其后，代表着个体在特定领域追求卓越、克服挑战并实现目标的能力满足；而联结感，则是人与他人、社会乃至整个环境之间建立的深厚情感纽带及共享价值的认知需求。这三者相辅相成，共同构建了一个人全面发展的精神架构。

在教育实践的具体应用中，当教育工作者充分尊重学生的独特性和自我价值时，便能巧妙地营造出一个充满"自主、胜任、联结"氛围的学习环境。在这个环境中，学生不再是单纯接纳知识的容器，而是能够积极主动地探索世界、发掘自身潜能的个体，他们通过不断地尝试、反思，实现对自我的深度认知，打破过往枷锁，并最终达成自我价值的圆满实现。在此漫漫旅途中，每个学生都能够焕发出独特的光彩，成长为独立思考、勇于创新且富有同理心的时代新人。而这股源自内心深处的内驱力，则亟待教育工作者用智慧加以启迪与激活。

（1）唤醒内生之源

卢梭在其名著《爱弥儿》中说道："什么是最好的教育？最好的教育就是无为的教育：学生看不到教育的发生，却实实在在地影响着他们的心灵，帮助他们发挥了潜能，这才是天底下最好的教育。"教育的过程，本质上是一场深刻而持续的心灵唤醒之旅。学校和每一位教育者肩负着神圣的使命，需以正确的世界观、人生观和价值观为引导，启迪并激活学生内心深处蕴含的内生动力，让每一个年轻的生命始终对未来的发展满怀热忱与激情。

捷克教育家夸美纽斯尊崇教师职业为"太阳底下最光辉的职业"，这无疑是对教育工作者崇高地位的高度赞誉。这句话寓意深远，意味着教师不仅需要用知识的光芒照亮学生的求知之路，更需要运用深邃的思想力量去唤醒他们的智慧之光；同时，要以饱满的热情作为引领，用行动示范和人格魅力去感召学生，促使学生在情感熏陶、道德内化的过程中，逐步领悟生活的真谛，发现自我价值，从而绽放生命独特的光彩与魅力。

（2）点燃探索之火

学生犹如蓬勃生长的幼苗，随着对外部世界的认知版图日益拓展，他们对周围一切新鲜事物与环境充满了天然的好奇心与探索欲。在探寻自我的过程中，同样热衷于揭示自然界的奥秘、洞悉人类社会万象，这是源自生命本能的探索精神与求知欲望，这也恰是引导学生全面发展的重要契机。在这个关键阶段，无论是醍醐灌顶的励志演讲，还是触动情感的音乐会现场，抑或是磨砺意志的体育竞技，激荡创新意识的机器人对决，乃至倾情编创的故事剧本、亲身演出的舞台剧目和亲手策划执行的社会活动，都能成为点燃学生内心火花的引线，引发他们强烈的兴趣共鸣，激活深层次的认知觉醒，并由此唤起对某一领域的情感投入与深度思考。

因此，全社会应当努力构建一个开放、包容且资源丰富的学习生态，确保每一个学生均有足够宽广的平台，通过丰富而深入的见识积累，自然激发其内在的成长渴望与探索动力。作为教育者，更需具备敏锐的洞察力与卓越的创造力，善于挖掘并提供各类参与体验的机会，鼓励学生在亲身体验和实践尝试中逐渐察觉并确认自己独有的兴趣倾向与潜能优势，从而精准地进行自我定位，满怀信心地迈向个人发展的广阔天地。

（3）撬动发展之杆

在当今时代快速发展的背景下，现代学生已经不仅仅满足于浅尝辄止的知识涉猎，而是迅速成长为具备一定认知底蕴的新一代。他们作为未来创新领域的中坚力量，不仅需要拥有深厚的知识储备，还需要以开创性的思维去破解现实生活中的种种难题，成为名副其实的问题解决"巧匠"。设想一所学校仅聚焦于传承人类既有的智慧结晶，而忽视了引导学生与现实世界动态接轨、练就探索未知世界与创造新知识的能力，则学生在毕业之日即可能面临与时代步伐错位的窘境。

因此，教育的核心使命远超帮助学生发掘自我潜能，更在于积极构筑有利于他们从基础的认知积累跃升至高级个性化发展和创新能力深度挖掘的环境。教育实践应敏锐洞察并积极响应学生的发展需求，精心打造高质量且契合学生认知层次及时代特性的课程和学习平台，这不仅是对他们个体价值的尊重与信任，更是为了搭建起撬动他们未来发展无限可能的关键杠杆，从而培育出能够引领时代风向的创新型精英。

3. 和羹合异：四力共济航行者

青少年时期，恰似生命的春日破晓，是唤醒内在动力、点燃激情火焰的关键时期。传统观念将教育视为知识的灌输与考试技巧的培养，这无疑是对其本质的一种深刻误解。教育作为文明传承的纽带，固然承载着传递人类积累的知识之重任，但其真正的价值所在，乃是借助知识的力量去启迪人性、培育开创美好未来的潜力。

教育工作者肩负着一项至关重要的使命——激发并滋养每个学生的内生驱动力，让他们认识到，追求人性的美好与创造未来的行动并非外力所迫，而是源自内心的自觉选择与热忱向往。通过这样的教育引导，每个年轻的生命都将积极地投入自我成长的过程中，以期在未来的世界舞台上绽放属于自己的璀璨光芒。

内驱力犹如教育革新的灵魂支柱与实践航标，在孕育能够从容应对未来社会变迁、兼具创新意识与实践才干的时代新人方面占据举足轻重的地位。在构建立体多元、全面育人的教育体系进程中，长郡中学所推崇的"四力"——文化力、课程力、协同力和评价力，宛如四驾马车，共同构成了激活学生内在驱动力、推动其全面发展的动力引擎。

文化力强调的是在"朴实沉毅"校训的熏陶下，深度融合社会主义核心价值观与校本特色育人文化，赓续厚植历史的文化生命力，从而形成深入人心的教育影响力。这种育人文化提倡全体学生都得到平等的关注和培养，鼓励学生从被动接受教育转向主动求知，激发学生积极探索的热情。通过丰富多彩的校园文化和实践活动如研学活动、志愿服务等，引导学生在实践中提升能力，培养家国情怀和社会责任感，增强学生的自主性和创造性。这不仅可以砥砺学生的品德修养和社会担当精神，更可以以其特有的感召力引导学生产生对知识和美德的内在追求，从而激活其认知内驱力，促使他们自觉地向更高层次的价值实现迈进。

课程力是培养学生内驱力的关键环节之一。学校要在高质量实施必修、选择性必修等国家课程的基础上，结合地方特色和学校优势，开发富有创新性和实践性的校本课程体系。这样的课程体系不仅可以满足学生个性化学习需求，挖掘他们的潜能和兴趣，而且可以通过挑战性任务激发学生的学习热情和求知欲望，提升其认知内驱力。同时，重视与课程力相关的教育科研工作，通过激励性的教研机制和团队合作，培养教师的科研能力，进而引导学生开展深度学习、高效学习，增强学生解决问题的能力，提升其独立思考的素养。

协同力则体现了多主体协同联动在促进学生全面发展中的重要作用。通过政府的支持引导、学校的共治善治、社区的协同配合以及家庭教育的促进等多种策略，实现教育资源的有效整合和互补，拓宽学生的实践舞台。这一合力有助于营造一个支持性的外部环境，让学生在多元互动中发展社会性内驱力，鼓励他们在集体智慧和共同努力中实现个体成长。

评价力则是反馈、调节和激励学生内驱力持续发展的有效手段。在遵循《普通高中学校办学质量评价指南》等国家政策文件的基础上，确立全面发展的质量观，建立和完善多元、全面、公正、科学的评价体系，既关注学生学业成绩，更重视学生综合素质和个性化发展。通过教师、家长、社区人士和学生等不同评价主体的参与，引导学生关注学习过程而非仅仅关注结果，倡导增值性评价理念，同时强调教师职业道德和专业成长的评价，以此激发教师和学生双方的积极性。通过合理评价，及时给予学生积极正面的反馈，增强他们的自我效能感，从而激发学生的自我驱动意识，使其在追求卓越的过程中充分发挥生命成长内驱力的作用。

学校巧妙地深掘并高效运用"四力"，匠心独运地构建了一套激发学生内在潜能的全方位育人机制。这一教育实践证明，教育远非单纯的知识传授，更是启发与培育生命内在动力的觉醒和成熟之旅。其中，文化力、课程力、协同力与评价力环环相扣，共同致力于培养学生高尚的道德品格、独立的创新意识以及强烈的社会责任感。通过量体裁衣式的个性化教学方法，结合严谨科学的评价系统，学校成功点燃了学生自主探究的热情火焰，也坚定了他们矢志不渝、持续发展的决心与毅力。

在"四力"的启迪和赋能下，学生们不再仅仅是单纯的知识接收者，转而成为主动驾驭知识、探索未知的航行者，在人生的成长汪洋中，以内驱力为强劲的风帆，朝着未来的美好愿景稳健前行。

（三）教育哲学追问

时代发展的鼓点与学子成长内驱的旋律共同奏响了对高质量教育的深情呼唤，若需全面理解和有效推动高质量教育的发展，就不能仅停留在实证分析和实践操作层面，更需从深层次的教育哲学视角进行审视。

教育哲学为我们提供了一种理念框架，引导我们思考教育的本质、目的以及如何通过教育促进人的全面发展等问题。它要求我们在关注学生个体潜能发掘与内驱力培养的同时，探索并构建一套能够回应时代需求、尊重学生主体性、兼顾知识传授与价值观塑造、激发并强化学生内在动力的教育模式。唯其如此，方能倾力造就教育质量的整体升华，从而孕育能够从容应对未来社会转型挑战、兼具创新意识与实践才略的新时代人才。

1. 溯源求真：教育人性观照与实践智慧

英国哲学家大卫·休谟在其《人性论》中深刻指出："显然，一切科学对于人性总是或多或少地有些关系，任何学科不论似乎与人性离得多远，它们总是会通过这样或那样的途径回到人性。"[①] "任何重要问题的解决关键，无不包括在关于人的科学中间：在我们没有熟悉这门科学之前，任何问题都不能得到确实的解决。""说明人性的原理……也正是一切科学唯一

---

① 休谟. 人性论［M］. 关文运，译. 北京：商务印书馆，1980：6.

稳固的基础。"① 休谟认为一切科学归根结底都与人性紧密相连，任何学科的发展与深化最终都需要回归对人的理解与研究。这一理念同样适用于教育领域，它不仅关涉到我们如何理解和对待人，更决定了我们在教育实践中所采取的态度和方法。

人性研究是探究人类本质及其多样性的基石，它涵盖了科学、道德及宗教等多个维度。教育作为一种深层次的人际交往活动，其核心正是以人为本，在互动实践中，我们对待人的基本假设与认同构成了整个教育逻辑体系的出发点。在师生关系构建中，这种对人性的认知显得尤为关键，它直接决定了教师与学生之间交往的态度、方式以及具体的选择策略。换言之，教育者对人性的认识水平不仅影响教学方法的设计与实施，而且在很大程度上塑造了教育环境的温度与包容性，从而决定了教育效能的高度和广度。

关于人性的本质探究，我们面临两个至关重要的根本性问题：首要之问在于人类是否具有固有的本性特质？其次，人的本质特性究竟是恒定不变、持久如一地存在，还是随着环境与时间的推移不断演变且具有可塑性？为深入理解和诠释这一深刻命题，不妨从我国古代底蕴深厚的人性学说和马克思主义的科学人性观出发，探讨其在教育领域的内涵及启示。

（1）古道新启：中国古代人性论与教育哲思

在中国哲学史上，关于人性的本质，孟子以其性善论独树一帜。他认为人的本性本质上是善良的，且近乎至善："仁义礼智，非由外铄我也，我固有之也。"（《孟子·告子上》）他强调每个人都具备恻隐之心（仁）、羞恶之心（义）、恭敬之心（礼）和是非之心（智），这是人的内在精神基础。

与此相对照的是荀子的性恶论，他指出人的基本欲望如食欲、休息欲等自然需求，构成了人性中原始的"恶"。"人性本恶，其善者伪也。"（《荀子·性恶篇》）荀子认为，若不对人性加以引导与改造，则会导致背离道德规范，因此主张通过礼义教化来重塑人性。

尽管古代先贤对人性本质持不同见解，但他们都高度重视后天的修习在人格形成中的作用。王应麟提出的"性相近，习相远"②，揭示了先天禀

---

① 休谟. 人性论［M］. 关文运，译. 北京：商务印书馆，1980：7.

② 魏雯，关炜炘. 三字经［M］. 北京：西苑出版社，2010：2.

赋虽有相似之处，而个体差异主要取决于后天习得的经验与修养；孟子进而提倡"尽心""尽性"和"养心"的修身之道，倡导发扬内心的善良本性，实现"人人皆可为尧舜"的崇高理想；荀子则借助法制与礼教的力量，强调通过后天的学习与约束，使人性从"恶"向"善"转化，提出"蓬生麻中，不扶自直"的环境熏陶观点；告子以水喻性，主张人性无固定善恶属性，如同水流随势而变；而扬雄则提出了善恶混杂的人性观，强调后天教育对于人性发展的重要性，以及不良教育可能带来的负面影响。

古代先贤关于人性论的探讨对于我们当今教育颇有启发。在面对学生的教育问题时，我们应结合性善、性恶、性混三种学说的智慧：一方面，秉持性善观念，信任并激发学生的内在良善，坚信每个学生都有成为优秀之人的潜力，用爱心和耐心去培养他们；另一方面，借鉴性恶论，理解和接纳学生存在的问题，创造良好的教育环境，帮助他们克服缺点，不断完善自我；同时，遵循善恶混合理论，理解学生的复杂性和变化性，提供多元化教育途径，尊重他们的个性发展，用恰当的方式引导和激励他们健康成长。

教育的核心在于相信每一个生命都值得被尊重和精心培育，无论何种人性理论，最终都是为了启迪师者如何以更为全面、深刻的认识去关注和影响学生的成长，从而实现教育的本质目标——培养全面发展的人。

（2）时代明灯：马克思主义人性论与教育本质

马克思在《关于费尔巴哈的提纲》中论述道："人的本质并不是单个人所固有的抽象物。在其现实性上，它是一切社会关系的总和。"马克思这一观点意味着，要深入理解一个人的本质属性，就必须全面探究其置身其中的社会网络，关注个体与其周围环境之间的千丝万缕的联系，分析其生活经历、社会角色以及对他的本质属性产生影响的各种因素。

作为具有自然属性、社会属性和精神属性的有机统一体，人的多元特性要求我们以立体视角去审视和认知。首先，人作为一种"自然存在物"，蕴含着内在的生命力和自然本能，这些天赋力量构成了人的基本自然属性，表现为生理需求、生存欲望等。其次，人的社会属性源自参与社会生活的深度和广度，是超越生物属性的独特品质，体现在个体与他人和社会组织之间的相互依存与互动关系中。最后，精神属性则是人区别于其他生物的核心特征，它涵盖了个体的精神追求、思维能力及主观意识等方面，使人能够进行自我反思、创造并赋予生活意义。

在教育实践中，对学生的关怀应充分考虑其完整性的需求。对于满足学生身体需要这一自然属性，教育者需尊重他们的生理规律，例如合理安排作息时间，确保健康舒适的学习环境等；针对社会属性，教育活动应当鼓励学生们积极参与社交互动，培养良好的人际交往能力和团队合作精神，促进其社会情绪智能的发展和适应社会能力的提升；而对于精神属性的关照，则在于提供充足的自主学习空间，激发他们的创新精神和独立思考能力，让学生能够在探索知识的过程中体验精神自由，塑造个性化的价值世界。

马克思深刻指出："一个种的全部特性、种的类特性就在于生命活动的性质。"这句话揭示了物种特性的根本所在。对于人类这一独特的生物种群而言，其核心特质并不仅仅体现在生物学意义上的生存和繁衍，更深层次且具有决定性意义的是其精神层面的生命活动性质，人的类特性正是在于"自由的自觉的活动"。这种自由自觉，不仅仅是对外部世界作出反应，更是通过内在理性和主观能动性对生活、社会以及自我进行深度理解和主动塑造。

自由的自觉活动作为人的本质特征，它赋予了人类超越其他物种的独特创造力和变革力，使我们能够在复杂的社会环境中不断探索未知，挑战传统，追求进步与创新。在教育领域，这一观念尤为重要，因为教育不仅是传递知识的过程，更是启迪智慧、培养独立人格的重要手段。

因此，教育工作者需从本体论的角度深入理解并把握人的能动性和创造性。这意味着在教育实践中，不仅要关注学生对知识技能的学习掌握，更要注重激发学生的主体意识，培养他们自由思考的能力，鼓励他们在理论与实践的互动中自主发现问题、解决问题，从而调动学生发展的自觉性。同时，教师应当精心构建教学情境，引导学生积极挖掘自身的主观能动性，鼓励他们在探索知识的道路上无畏尝试，使学生逐步养成积极探索未知、主动追求真理的良好习惯，通过做中学、用中学、创中学，实现从消极被动地接受知识向积极主动参与学习过程的根本性转变。只有这样，我们才能切实点燃学生的内生动力，唤醒他们潜藏的能力，从而真正培养出一批批具备前瞻视野和创新思维能力的高素质人才。

2. 理念辉映：教育哲学启迪与四力育人

当我们在教育的无垠天地里追问何为育人的根本要义时，深植于历史脉络、立足于时代前沿的"智慧四力"育人理念犹如璀璨星辰，以其多元而坚实的支撑体系，启迪着我们对普通高中人才培养模式进行深度思考和创新实践。文化之魂魄、课程之经纬、协同之力矩以及评价之镜鉴，它们交织成一幅宏伟的教育画卷，共同构筑起教育实践的基石，引导我们探寻那蕴藏在教育深处的力量源泉。

（1）文蕴涵养，培根铸魂

回望东西方文明的悠久岁月，众多卓越教育家和思想家在各自的理论体系和教育实践中，对"文化育人"这一理念进行了深入探讨与丰富演绎。在中国古代教育哲学中，孔子作为儒学教育的开创者，其教育观念深深植根于文化土壤之中。他提出"兴于诗，立于礼，成于乐"① 的教育理想，强调通过研习《诗》《书》《礼》《乐》等文化典籍来熏陶情感、塑造品格，培养具有深厚社会责任感的人才，生动体现了以仁、义、礼、智为核心的文化育人之深刻内涵。

西方古典时期，柏拉图在其著作《理想国》中的教育构想同样肯定了文化育人在个体灵魂净化与完善中的关键作用。他认为教育应当借助音乐、体育及哲学等多种文化形式对个体进行全方位熏陶，进而塑造智性与德行和谐统一的理想公民。

步入现代，美国教育哲学家约翰·杜威虽未直接采用"文化育人"这一表述，但他的进步主义教育思想却蕴含着类似的理念。杜威主张教育应紧密联系社会生活实际，教育过程不仅涉及知识传承，更是文化继承与创新的重要环节，学校在此过程中扮演着培育民主公民、推动文化持续发展的关键角色。

中国近现代教育哲学家陶行知则进一步拓展了文化育人的视野。他提出的生活教育理论提倡教育与社会生产劳动相结合，显示了他对文化活动在个人成长历程中具有重要作用的深刻认识。

在国际视野下，马克思和恩格斯关于人的全面发展的理论也赋予了文

---

① 杨伯峻，杨逢彬．论语［M］．长沙：岳麓书社，2018：102．

化育人新的生命力。他们认为，在共产主义社会中，教育应当充分利用各种文化资源促进每个人全面而自由的发展，从而为文化育人理念注入了新的理论动力。

教育哲学家们普遍认同教育的本质远超于知识传递本身，而且涵盖了文化传播、价值观塑造以及人格建构等多个维度的功能。他们所推崇的文化育人理念，不仅为我们提供了当下及未来教育改革与发展的重要理论基础和实践指导，更为我们如何更好地培养适应社会发展需求、具备健全人格的人才提供了宝贵的启示。

（2）课启明慧，砺思之光

课程力在教育哲学和教育活动、课程设计中如何实现人才培养的目标密切相关。它强调通过精心设计和实施课程来培养学生的知识与技能、价值观、情感态度以及社会适应能力，从而促进其全面发展。在课程育人的视角下，课程不仅是知识传递的载体，更是培养学生多元智能、创新思维、批判性思考和实践操作能力的关键平台。课程内容应当紧密联系现实生活，使学生在学习过程中能够主动建构知识、发展能力，并形成良好的品格和健全的人格。

古希腊哲人柏拉图在《理想国》中勾画了理想的教育结构，其中课程设置的目标在于塑造未来的领导者。他强调音乐、体育和哲学等课程对于完整人格形成的重要性，这些课程不仅传递知识，还特别重视美德培养和灵魂升华。

中国近现代教育哲学家陶行知先生秉持"生活即教育""社会即学校"的理念，强调课程设计应紧密联系现实生活与生产劳动，通过实践性课程来实现教育目标。他倡导"教学做合一"的原则，主张在实际操作中学习，将课程视为引导学生认知世界、改造世界的桥梁，从而彰显课程育人的深层价值。

美国教育哲学家约翰·杜威则从进步主义视角审视课程育人，认为课程设计应以学生的兴趣和社会实际问题为导向，通过解决实际问题的方式组织课程内容，其"从做中学"的著名理论，突显了活动课程在推动体验式学习上的关键作用。

德国教育家赫尔巴特虽然注重学科中心的教学方法，但他也认识到课程在个体全面发展尤其是道德教育方面的独特价值。在他的"五阶段教学法"中，赫尔巴特提出课程应遵循心理逻辑，整合知识传授与情感培养，体现了课程在培养学生综合素质上的独特功能。

马克思主义教育观明确指出，教育应符合社会发展需求和个人全面发展的要求，强调课程内容应紧密关联社会实践，通过科学合理的课程安排提升学生的全面素质和能力。

由此可见，古今中外教育家一致认为，课程设计与实施在育人过程中起到决定性的作用。他们倡导以学生为主体，使课程贴近社会现实，同时兼顾知识传授与价值观引领，技能训练与情感培育，培养能够应对时代挑战、具备健全人格的人才。这些教育家们的智慧结晶持续启发我们深入理解并优化课程育人的内涵与方法，为推动教育事业向前发展提供了珍贵的理论指导与实践经验。

（3）协力同心，共育芳华

协同力强调在教育过程中实现学校、家庭、社区和政府等多方力量的整合与合作，共同承担起培养全面发展人才的责任。这一理念主张打破教育主体的单一性，倡导形成多元化的教育生态，通过各个教育环节之间的相互配合和资源共享，以更加立体化、全方位的方式促进个体的成长。

在中国古代教育哲学中，孔子以其深远的洞察力提出了"家校合一"的教育观，主张家庭、学校和社会共同肩负起教育责任，其提出的六艺（礼、乐、射、御、书、数）教学内容充分展现了多元主体协同育人的精神内核。

在西方古典时期，尽管柏拉图并未明确提出"协同育人"的概念，但他在《理想国》中描绘的教育蓝图，明确倡导社会、家庭与学校之间的密切联系与协作，以此实现对公民的全面培养，这无疑揭示了协同育人的深刻意蕴。

进入现代，杜威的进步主义教育理论进一步推动了协同育人理念的发展。他坚持"教育即生活"的观点，倡导学校与家庭、社区紧密结合，通过实践活动让学生在解决问题的过程中学习和发展，从而积极推动了学校、家庭和社会三位一体的协同育人模式。

在中国近现代教育哲学领域，陶行知的生活教育理论同样注重对协同育人路径的探索。他倡导"教育改造论"，强调教育应与社会生产劳动相结合，实施学校、家庭、社会三结合的教育方式，通过实践性活动促进学生的全面发展。

苏联教育学家维果茨基的社会文化历史观则从另一个角度强化了协同育人的重要性，指出儿童的成长离不开社会文化的中介作用，教师、同伴和家长等多元角色都应积极参与儿童成长的过程，从而构建有利于儿童全面发展的协同育人环境。

马克思主义教育观同样为协同育人提供了坚实的理论基础。马克思和恩格斯强调教育应面向全体人民，全社会各方面需共同努力为每个人提供充分发展的所需条件。这一理念不仅为我国当前提出的全员、全过程、全方位育人提供了理论支持，也再次验证了协同育人在全球教育领域的普适性和重要性。

尽管时代变迁和存在地域差异，东西方教育家们都敏锐捕捉到了教育主体多元性和互动性的关键价值，并不断探索和完善协同育人的路径。他们的思想成果共同构筑了一个致力于个体全面成长、教育资源共享、各方积极参与的教育生态环境，为教育事业的可持续进步奠定了坚实基础。

（4）评鉴精微，导引航程

在教育领域中，评价力是指教育系统通过科学、合理、有效的评价手段，对学习者的学习过程与结果进行衡量、判断和反馈的能力。它不仅包括对学生知识掌握程度的评价，更涵盖了对学生情感态度、价值观、创新思维、实践能力以及其他综合素质等方面的全面考察。评价力作为教育体系不可或缺的重要组成部分，在古今中外教育哲学领域得到了广泛而深入的探讨与实践。教育家们从各自独特的理论框架出发，构建并发展了多元化的评价育人理念，为教育评价的演变提供了深厚的理论支撑。

在中国古代教育哲学中，孔子提出的"因材施教"思想，强调针对学生个性差异和能力特点进行教育，并运用观察、交谈等非正式方式进行全面评价，这种评价不仅关注学生的知识与技能的掌握程度，更加重视品德修养、行为习惯以及个人才能的整体发展。西方古典时期，柏拉图倡导的对话式教学法包含了对个体认知发展及道德品质动态评估的理念，开启了尊重学生主体性、注重评价过程的先河。

现代教育阶段，美国教育哲学家约翰·杜威引入了形成性评价的理念，主张评价应是一个连续的、非正式的过程，旨在激励学生的学习进步而非仅仅是对结果的判断。他倡导运用观察、讨论、项目等多种评价形式，全面了解和引导学生的学习进程。中国近现代教育家陶行知在评价方面亦体现出了实用主义倾向，他主张评价应侧重于对学生实际操作能力和创新能力的培养，强调行动导向和实践检验的价值。

当代教育评价改革趋势体现在布鲁姆的目标分类法等理论中，该理论将教育目标划分为不同的认知层次，并针对性地提出了评价策略，推动了教育评价由单纯的知识考核向能力培养的转变。

马克思主义教育评价观强调教育评价应当关注全体人民的需求，包括劳动技能、社会适应能力和道德素质等多方面的全面发展，避免局限于狭隘的知识考核。

与此同时，后现代教育评价观进一步拓宽了评价育人的边界，保罗·弗莱雷等学者倡导从多元智能、主体建构和社会文化背景出发，强调评价的多元化、情境化以及主体参与性，鼓励学生自我反思和同伴互评，力求实现个性化和民主化的评价育人机制。

历史上各个时期的教育哲学家们都深刻认识到评价育人的重要性，倡导的评价理念超越了仅关注学生学习成果的传统观念，而更加重视学生的成长过程、进步程度，尊重每个学生的个性差异，激发其内在潜能，从而有效促进学生的全面发展。随着时代的进步，教育评价的理念和方式日臻完善，积极探讨如何更好地服务于实现教育目标以及准确衡量教育效果，为培养适应时代发展的高素质人才提供了有力保障。

（5）四力合璧，扬帆破浪

无论是以文化熏陶为核心的文化力，注重课程设计与实施的课程力，强调学校、家庭、社区和政府多方互动合作的协同力，还是旨在促进个体全面发展的评价力，均体现了教育哲学家们对人类潜能开发与社会进步的深邃洞察，这也为长郡中学探索构建普通高中高质量特色发展路径提供了坚实的理论基础与实践经验。

长郡中学，这座底蕴深厚、历史悠久的学府，一直致力提升高质量办学效能，紧扣"不让学生输在终点线上"的核心育人理念，积极顺应教育领域的革新趋势与时代诉求，始终坚持党的全面领导和社会主义办学方向，矢志不渝地履行立德树人的根本使命。在教育哲学的广阔视野下，学校独具匠心地构建了"智慧四力"育人范式。该范式的构建，不仅丰富了我们对于教育本质的认识，也为我们提供了应对时代挑战、培养全面发展人才的有效策略。

在长郡中学的卓越办学理念与智慧教育实践中，"四力"这一核心框架得到了生动诠释和深入践行。"文化力"宛如灵魂的熔炉，学校巧妙地将社会主义核心价值观融入浓厚的校园文化底蕴之中，营造出一种既能彰显人文关怀又能紧贴时代脉搏的育人氛围，潜移默化地影响着学生的品格锤炼与情操陶冶，使之成为学生成长历程中的精神支柱。

在教育实践的基石"课程力"方面，学校以高标准执行教育部新课程方案为基础，锐意创新，打造出一套融合了校本特色且充满生机的教学体系。这套体系兼顾学术严谨与创意启发，确保学生不仅能牢固掌握学科知识，还能通过多样化的学习经历激发潜能，锻炼独立思考与创新能力，从而为他们的成人成才之路注入强劲的动力。

"协同力"则是长郡中学推行素质教育的一把金钥匙。学校积极推动学校、家庭、社区和政府四位一体的联动模式，凝聚起强大而有序的教育合力，共同关注并有力保障每一个学生的全面发展和身心健康，使得他们在德育、智育、体育、美育及劳动教育诸方面均衡发展，茁壮成长。

"评价力"方面，长郡中学积极回应教育部《普通高中学校办学质量评价指南》的要求，探索科学合理的评价机制，旨在全面激活学校的办学潜力与育人活力，通过对教学成果和学生综合素质进行公正、全面而个性化地评估，确保每位学生的闪光点得到充分展现，不足之处得到针对性改进，评价机制真正成为推动教育改革与教学质量跃升的重要杠杆，持续助力每一位学子攀登更高层次的学习与发展平台。

犹如一艘在新时代教育海洋中破浪前行的旗舰，长郡中学以其独树一帜的"智慧四力"高质量育人范式为依托，文化力犹如深深植入海底的锚链，稳固守护着立德树人的初心；课程力则像驱动航船疾驰的涡轮，凭借严谨与创新并重的课程结构搭建起学生勇攀学术高峰、遨游知识海洋的坚固跳板；协同力仿佛精准操控航向的舵手，引领各方力量达成共识，共同绘制学生健康成长的美好蓝图；而评价力就像是指引航程的璀璨灯塔，借助公正高效的评价体系，引领每一位学子扬帆远航，探寻自我价值的灿烂天际。

在这浑然一体的"四力"范式中，长郡中学不仅塑造了一片兼容并蓄、活力四射的育人沃土，更是深情传承并光大了其源远流长的文化血脉与前瞻领先的教育智慧。学校深谙行远必自迩之理，明了登高必自卑之道，正以其稳如磐石的步伐与炽热如炬的热忱，引领每一位学子在智慧与品德交织的浩瀚海洋中破浪前行。

二、"1445"范式构建

育人范式体现了一所学校有关教育教学的价值指向、整体特征和实践样态。国务院办公厅印发的《关于新时代推进普通高中育人方式改革的指导意见》强调，要着力深化育人关键环节和重点领域改革，全面提高普通高中教育质量。如果说"智慧四力"构建起高质量育人的思想体系与基本遵循，那么学校还需在具体的育人方式和现代治理等方面做更深入的探索，包括普通高中新课程、新教材的校本化实施，适应学生全面而有个性发展的教育教学改革，选课走班教学管理机制，科学的教育评价和考试制度，德智体美劳等五育并举与五育融合，等等。

这些年来，社会发展的实践探索和学校教育自身实践的发展，也为育人范式的构建提供了重要的经验积累。我们在厘清范式理论渊源的基础上，经过几代长郡人的努力，特别是 2021 年以来的整合升级，建构了长郡中学"1445"高质量育人范式，如图 1 - 1 所示。

图 1 - 1　长郡中学"1445"高质量育人范式

其中,"1"即1个核心理念——不让学生输在终点线上,"4"即4项育人目标——爱生活、善求知、忧天下、有作为,"4"即4大育人路径——课程力、文化力、协同力与评价力,"5"为五育融通化人——立德铸魂、启智润心、健体强身、尚美臻格、崇劳长技。整个育人体系紧紧围绕核心理念和育人目标,以"明大义、修大气、成大美"建构课程框架,用"法治与道德、民主与协同"实现协同育人,以"绿色"和"增值"为评价驱动力,把"校训文化、红色基因、湖湘精神"铸成价值引领,合力培育高质量人才。

(一)构建原理:思想追溯和现实考证

1. 以人为本:培养"完整的人"

"以人为本"是国家历届领导人的关注重点。"以人为本"同样是教育工作者需要遵从的核心理念,因而教育范式构建的首要理念必然是"以人为本"。新时期新背景下构建"以人为本"的教育范式能够弥补当前教育过程中存在的诸多不足,构建一种更为人性化、适切性的教育范式能够丰富和完善我国的教育体系。

长郡中学创建于1904年,是长沙第一所官办中学。学校在20世纪90年代初就提倡"成才先成人",主张"明大义而有专长",强调教育要回归生命的本质,培养完整意义上的"人"。

"完整的人"是指能够摆脱物质占有欲和世俗功利对人的"异化",在各种社会关系中,全面占有人的本质,和谐而全面地发展自身,真实地了解自身和世界,并能为社会创造出新的价值的人。其基本内涵主要表现在:一是拥有健全的体魄和健康的心理,有强烈的求知欲,善于学习;二是具有崇尚自由和独立、善于审美、自觉维护公平与正义等人文素养,拥有崇尚理性、认同多元、强调实践和重视客观事实等科学精神;三是具备履行公民权利与义务的品格与能力和为国家、为社会担当的责任意识、责任能力;四是正确认识自我、社会和世界的关系,能在本体论、认识论和价值论中正确辨析"天、人、物、我"的关系。为了培养"完整的人",我们应该更关注建立良好、平等、和谐的人际关系,更关注激活人的情感、审美、创造力等方面的潜能,更关注获得人生经验,而不是过分强调机械地掌握狭隘的智能和技能。

  "1445"高质量育人范式的创建秉承"以人为本"的理念，充分展示了学校在育人过程中对于学生主体性的高度肯定，强调学生在教育教学过程中占据重要的主体地位、发挥重要的主体作用；注重面向每一位学生，从他们的内在实际需求出发设计课程、开展活动、评价管理。长郡中学的"3＋N"课程体系为师生创造了促进智慧交融、涵养家国情怀、激荡创新潜能的课程生活，护佑学生的优势特长和个性发展，系统引领学生"完整"成长，培养他们成为爱生活、善求知、忧天下、有作为的时代新人。

  2. 高质引领：奠基"拔尖创新"

  党的二十大报告明确提出："全面提高人才自主培养质量，着力造就拔尖创新人才。"这为推进高质量人才培养体系建构提供了理论依据，为高中学校培育拔尖创新人才指明了方向。

  近些年来，学校以"不让学生输在终点线上"为核心育人理念，以建设"高质、民主、文明、和谐、美丽的现代化学校"为办学目标，全面推进"1445"高质量育人体系建构，不断深化"五育融合"的智慧实践，凝练以"高效能治理、高品位教师、高质量人才"为主要特征的品质教育"长郡范式"。学校通过建设文明校园、涵养校园文化、讲好长郡育人故事，培育高文明素养学生；通过民主监督、完善治理体系、推进依法治校，培养更多民主程度高的教师；通过优化家庭教育指导，构建"家庭、学校和社区"和谐互动新局面、改革评价体系形成良好协同育人生态。通过建构"3＋N"优质课程体系，建设高质量教师队伍，培养国之栋梁。通过建构"三阶五维"未来型创新人才成长范式，让学生"全面发展、差异发展和卓越发展"，以三级进阶激活学生潜能、护佑学生特长、激发学生超越自我，从责任自主、文化自信、智慧实践、深度学习和创新驱动五个维度，奠基新时代具有专业素养、时代特点和国际视野的拔尖创新人才培育。

  拔尖创新人才早期培育，是新时期普通高中立德树人的重要使命。学校对"拔尖创新人才"做到"早发现早培养"。随着教育现代化的推进，特别是人工智能时代的到来，给学生塑造一颗成长型的大脑，使他们拥有终身学习、可持续发展的能力，才是适合学生生长的教育。学校一方面注重全体学生创新潜能的培育，另一方面以竞赛强基为抓手，积极推进创新潜能"拔尖"学生的培育工作，力争为高校输送更多优质的拔尖创新预备人才。只有找到最适合生长的环境、方向、方式和节奏，学生才能快乐地成长为堪当民族复兴重任的国际化未来型创新人才。

3. 价值为先：发展"全面自由"

学校坚持以马克思主义理论为指导。长期的革命和建设实践证明，马克思主义是科学的思想理论，是无产阶级和人民群众认识世界、改造世界的强大思想武器。坚持以马克思主义理论为学校教育教学实践的指导思想，从而保证教育的发展方向；坚持马克思主义的一脉相承、与时俱进，是科学信仰之花永不凋零的青春密码。

学校坚持"全面自由发展"的价值目的，围绕"高质、民主、文明、和谐、美丽"的一流办学目标，提升多元育人效能，为学生终身发展奠基。强调对学生给予高度的尊重、理解与关心，引导学生迸发学习的兴趣与热情。强调全面发展，承认并关注学生的个性及个性变化，开展对学生潜能发挥、智力提升、创造力迸发的个性教育并同时进行各方面能力培养，实现自我价值与社会价值的高度融合。

扎实的基础知识和全面的素养能力，是"全面自由发展"的支撑和动力。学校始终坚持素质教育，通过大力发展以"自我教育"为理念的德育、坚持"严""实""细"夯实文化基础的智育、以"普及＋提高"为抓手的体育和美育、以开展"综合实践课程"为特色的劳育，积极推进素质教育，促进学生全面而有个性地发展。学校一直坚持开齐开足国家规定的各门课程，高二年级仍坚持开设音乐和美术课程，体育与健康课程一直开到高考前夕，每天三个大课间共计75分钟，"精毅"体育被选为湖南省首届基础教育创新案例。学校将国家课程校本化，聚焦学科核心素养，开设丰富多彩的校本选修课程，激发学生学习兴趣，促进学生全面自由发展。

4. 持续为要：追崇变革创新

生物学家曾做过一个很有意思的实验，将跳蚤随意往地上一抛，它能跳起一米多高，也就是说跳蚤在正常情况下，可以跳到的高度为自身身高的400倍。如果这时给跳蚤套一个玻璃罩，跳蚤则会撞在玻璃罩的罩顶上，连续几次之后，跳蚤就会逐渐降低跳跃高度，最高只跳到罩顶处。实验继续，随着玻璃罩高度的下降，跳蚤的跳跃高度也会越来越低。到最后，生物学家拿掉了玻璃罩，虽然跳蚤继续在跳，却再也跳不高了。这就是"跳蚤定律"的来由。

跳蚤随着外部环境变化调节了自己跳的目标高度，自己设置了自身的天花板，而且适应了它，不再改变。就像很多人不敢去追求梦想，不是追不到，而是因为心里默认了一个"高度"。这个"高度"常常使他们受限，看不到未来确切的方向。自我设限的真相就是一次失败，终生认输，不是输给了命运，而是输给了自己。励志演说家莱斯·布朗说："生命没有极限，除非你自己设置。"自我设限是我们成长中最大的阻碍，是我们成长的绊脚石，扼杀了我们的潜能和欲望，让我们错失良机。

可持续发展是科学发展观的基本要求，同时也是当前我国政治、经济、文化、社会、生态文明等"五位一体"建设所坚守的发展理念。习近平总书记提出的"创新、协调、绿色、开放、共享"的新发展理念，以科学发展观为指导，力求实现一种可持续性的发展。

可持续发展战略指导下的学校教育具有扬弃性、发展性与前瞻性。所谓扬弃性是指能够对传统的教育内容、手段等进行择优继承与延续；而发展性指教育能够适应时代与社会的需要，跟随时代不断充实自身，实现自身的前进与发展；所谓前瞻性是指教育能够在扬弃性与发展性的基础上对于学生的基本情况进行一定的预测，并制定相应的可行性对策。可持续发展战略指导下的学校教育，发展的必然渠道就是变革与创新。

学校以"不让学生输在终点线上"的办学思想始终坚守立德树人的根本任务，遵循教育规律和人才成长规律，以发展的眼光看"终点"，以"不输"的思想守底线，把教育的目光聚焦到每位学生的可持续发展，让生命与灵魂同在，能力与素养齐飞，全面与个性并进，当下与未来联通，构建素质教育新生态，打造高质量教育新范式。

（二）范式探微：整体构建与要素解析

1. 核心理念：锚定育人终点

党的二十大报告强调，全面贯彻党的教育方针，落实立德树人根本任务，培养德智体美劳全面发展的社会主义建设者和接班人。立德树人是教育的根本。自党的十八大报告首次提出"把立德树人作为教育的根本任务"以来，习近平总书记对"立德树人"作出了很多重要的深刻论述，擘画了

"为党育人、为国育才"的蓝图。我在近四十年的教育管理实践过程中，逐渐提炼出"不让学生输在终点线上"的办学思想，坚定践行"五育融合""全面发展"的育人观。

（1）核心概念

"不让学生输在终点线上"，相对于"不让学生输在起跑线"而言，摒弃了教育短视、功利化思想，引导人们将目光转向人的可持续发展、终身发展。其中的"不让"是指一种主动态度、满怀责任感与使命感的教育情怀；"不输"是指抓住根本，守住底线，非急功近利地一味追求赢；"终点"是从宏观上看，教育是终身受益的教育，其终点理应是人的一生的终点。这并不是消极悲观的理由，我们应该向死而生，积极进取。从微观上看，教育是分阶段的，每个阶段也有每个阶段的终点；从人的成长看，教育的终点甚至随时会出现。当学生受到某种教育，面对某种特定情境，所受教育就会发挥作用，影响到学生成长，这个时候也是某种意义上的"终点"。其内涵解读，如图 1-2 所示。

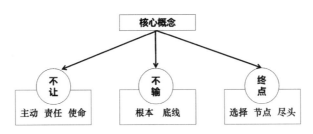

图 1-2　"不让学生输在终点线上"内涵解读

"不让学生输在终点线上"，即学校教育应该着力于学生的"生命发展、素养发展、责任发展和潜能发展"，构建素质教育新生态；学校教育应该坚持以文化人，五育融合，全面落实素质教育和高质量教育发展的现实要求，促进学生在每个教育阶段的关键"终点"上都能够获得个性化、可持续、着眼未来的生长，让学生最终成为全面发展的社会主义建设者和接班人。

（2）内涵诠释

习近平总书记 2023 年 5 月 29 日在二十届中央政治局第五次集体学习时的讲话中指出，要在全社会树立科学的人才观、成才观、教育观，加快扭转教育功利化倾向，形成健康的教育环境和生态。"不让学生输在终点线上"的办学思想就是这一论述的写照，其内涵主要包含以下五个方面：

①文化观——文化立校，以文化人。

文化是学校的根脉、底蕴和动力源泉，育人核心价值理念所营造的校园文化场域，有培根铸魂的根本作用。"朴实沉毅"的校训孕育了长郡中学熔铸师生文化认同和文化自信的底色鲜明的"红色"文化，赋予师生"精神明亮、胸怀敞亮、视野闪亮"的鲜明气质，点燃师生的远大理想抱负，磨砺济世专长，点亮人生灯塔。毛泽东、李立三、任弼时等先辈，彭公达、郭亮等48位先烈，黎介寿、朱建士等14位院士校友就是杰出代表。

②协同观——现代治理，多元育人。

教育治理现代化通过"多元育人"实现学生个性潜能的释放和教育高质量的发展。从垂直到扁平、从单一到多元、从共治到善治，助力学生"身心健康""人格健全"，从而"不让学生输在终点线上"。围绕"高质、民主、文明、和谐、美丽"的一流办学目标，长郡中学持续在观念、制度、环境、评价等方面深化现代治理改革，积极打造"资源数字化、治理智慧化、成长个性化"新范式，提升多元育人效能，为学生终身发展奠基。

③教师观——优师进阶，名师引领。

教师是高质量发展的重要保障，是与学生共成长、与学校同发展的关键力量。"起航工程""青蓝工程""名师工程"等优师进阶"三大工程"队伍建设策略，覆盖"青年、中年、资深"全年龄段教师，引领他们向着更高境界、更大情怀自主成长。

④学生观——以生为本，发展潜能。

教育应培育完整意义上的"人"，以发展眼光看待学生，尊重个体差异和主体地位，挖掘个性潜能和主动精神。学校引领学生逐步形成了"四要四不"追求："学习要沉心、集体要关心、活动要积极、遇事要从容"，"思想不偏执、追求不浮夸、选择不盲从、问题不过夜"，让学生在自我教育中成长为"爱生活、善求知、忧天下、有作为"的时代新人。"与书记、校长面对面"活动、"学生仲裁申诉"制度等，全面激活了学生的发展潜能。

⑤课程观——五育融合，课程育人。

课程是育人的重要载体，"不让学生输在终点线上"是学校课程的价值追求。在实施国家课程的基础上，拓展校本课程体系，"德智体美劳"五育融合，促进学生的全面发展。学校始终坚持"一切活动皆课程"的课程育人理念，倾力打造"3＋N"课程体系，实现国家课程校本化、校本课程特色化、特色课程品牌化，发展学生核心素养，切切实实"不让学生输在终点线上"。

（3）理论基础

1999 年 6 月，《中共中央、国务院关于深化教育改革全面推进素质教育的决定》明确指出："实施素质教育，就是全面贯彻党的教育方针，以提高国民素质为根本宗旨，以培养学生的创新精神和实践能力为重点，造就'有理想、有道德、有文化、有纪律'的德智体美等全面发展的社会主义事业建设者和接班人。"同时强调，"全面推进素质教育，要坚持面向全体学生，为学生的全面发展创造相应的条件，尊重学生身心发展特点和教育规律，使学生生动活泼、积极主动地得到发展"。2019 年，国务院办公厅印发的《关于新时代推进普通高中育人方式改革的指导意见》强调："全面贯彻党的教育方针，落实立德树人根本任务，发展素质教育，遵循教育规律，围绕凝聚人心、完善人格、开发人力、培育人才、造福人民的工作目标，深化育人关键环节和重点领域改革，坚决扭转片面应试教育倾向，切实提高育人水平，为学生适应社会生活、接受高等教育和未来职业发展打好基础，努力培养德智体美劳全面发展的社会主义建设者和接班人。"相关文件精神为"不让学生输在终点线上"的办学思想提供了坚实的政策依据和行动指南。

《中国学生发展核心素养》明确指出，以培养"全面发展的人"为核心，分为文化基础、自主发展、社会参与三个方面，综合表现为人文底蕴、科学精神、学会学习、健康生活、责任担当、实践创新等六大素养及其十八个基本要点。"不让学生输在终点线上"的办学思想正是围绕学生发展所需要的这些必备品格和关键能力的智慧实践。

马克思关于人的全面发展理论告诉我们，人的全面发展是与人的片面发展相对而言的。全面发展的人是精神和身体、个体性和社会性都得到普遍、充分而自由发展的人。

辩证唯物主义的发展观与联系观认为，事物是永恒发展变化的，人的认知也在不断完善。而促成这些变化最重要的因素，就是教育。任何事物都具有普遍性与客观性，学校教育理应将学生当前所学与未来发展所需联系起来。

可持续发展，是在极其复杂的多样性事物的良性循环运动中呈现出来的、相对而言最合乎规律的可能状态。实现可持续发展，事物就必须打破原有发展的孤立性、封闭性、不可逆性。多样性事物走向联合性、共同性、统一性，不断地提升这种联合性、共同性、统一性，是走向可持续发展的必由之路。

这些理论为"不让学生输在终点线上"的办学思想的凝练奠定了辩证唯物主义哲学基础。

（4）迭代实践

"不让学生输在终点线上"经历了"三阶三维"迭代实践。从长沙市第十五中学和明德中学的"三自""三生"理念，到周南中学的"三心"理念，再到长郡中学的"新素质教育"三阶段，以学生"正本清源""激活潜能""终身发展"、教师"进阶引领""以生为本""课程融合"和学校"文化立校、以文化人""现代治理、多元育人""全面发展、立德树人"为三维，全面构建育人实践范式图，如图1-3所示。

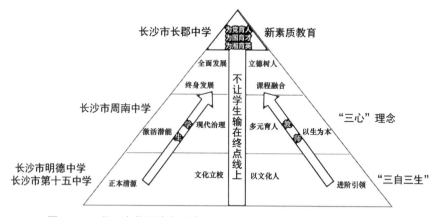

图1-3　"不让学生输在终点线上"的理论构建与迭代实践示意图

①第一阶段：重构"不输"理念，匡正社会不良教育生态观。

长期以来，"以成败论英雄"的历史观，严重影响基础教育生态。"不让孩子输在起跑线上"大行其道，"内卷"现象比比皆是。反观作为教育主体的学生，体质下降，厌学严重，思维禁锢……痛定思痛，回归本源，每个孩子都是世界上独一无二的个体，他们的起点是不一样的。因此，我们必须重构"不输"理念，遵循规律，激活潜能，以"不让孩子输在终点线上"匡正教育生态，并为此积极探索实践。

第一，长沙市第十五中学的"三自"模式。2005年，课题主持人担任长沙市第十五中学副校长，构建学生管理的"三自"模式，并开展相关课题研究，对"如何培养人""培养什么样的人"进行理性思考和自觉探索，把学生的"自我管理、自我教育、自我发展"作为教育目标追求。这是重构"不输"理念的初始阶段，即守住根本、守住底线。

第二，长沙市明德中学的"三生"教育。2008年，课题主持人担任长沙市明德中学教学副校长，在教学管理中，通过探究案例、总结规律，提出"三生"教育思想，即生命教育、生存教育和生活教育，并主持相关课题研究，进一步探索"三生"教育规律。"三生"教育开始摆脱功利性应试教育的目标，指向学生终身发展。这是重构"不输"理念的发展阶段，即非急功近利地一味追求"赢"，且对"终点"的意义产生了新的思考和主张——教育的每个阶段都有"终点"。

②第二阶段：定义"终点"意义，建立终生发展教育生态观。

长沙市周南中学的"三心"理念。2011年，课题主持人调任至长沙市周南中学，先后任党委书记、校长，在前面思考与研究的基础上，挖掘周南校史中老校长朱剑凡先生的"三心"理念，即节制整洁的"自治心"、博爱仁恕的"公共心"、勤勉耐劳的"进取心"，重新诠释提升学生发展核心素养的三个内涵："自治心"强调自主发展，"公共心"强调社会参与，"进取心"强调文化基础。由此期待建立促进学生终身发展的教育生态观，合力培育"全面发展的人"。"三心"理念指向每个教育阶段的"终点"，即便到了人生尽头，也是向死而生，这一理念可贯穿到学校教育和管理的全过程。

③第三阶段：追求"发展"教育，创新素质教育新生态观。

长郡中学的"全面发展"新范式，如图1-4所示。2021年，课题主持人调回长沙市长郡中学任校长，现担任党委书记。基于素质教育是促进人的全面发展和成长的本质，学校紧紧围绕"不让学生输在终点线上"的核心办学思想，着眼学生的全面发展，创新素质教育新生态——关注生命发展、指向素养发展、强化责任发展和激活潜能发展。既面向全体，又面向个性，更面向未来，由学校、家庭、社会共同建构，促进每位学生在普通高中阶段个性化、可持续、高质量生长，培育"爱生活、善求知、忧天下、有作为"的一代新人。

图 1-4 长郡中学"全面发展"新范式示意图

首先，关注生命发展，培育"爱生活"的人。教育要促进人的全面发展，而生命发展是一个人全面发展的基础。因此，"爱生活"是长郡中学的首要育人目标。学校通过推行全员心育、终身体育和"普及+提高"的美育，以"最美长郡人"等品牌美育活动为平台，引导学生热爱生命，培养阳光心态、强健体魄和尚美能力。作为全国心理健康教育特色学校，以《成长导航》《校园心理剧》《心理漫画》等品牌校本必修课程为抓手，着力构建系统式心育生态，将心育工作落实到学生成长的每一个空间和教育教学的每一个细节。

其次，指向素养发展，培育"善求知"的人。教育要提高人的综合素质，而素养发展是一个人素质提升的基础。因此，"善求知"是长郡中学的主要育人目标。为全力培育学生核心素养，促进学生综合素质的整体提升，长郡中学探索构建了"五育融合"的"3+N"课程体系（如图 1-5），着力培育"不输在终点线上"的人。"3+N"课程体系中的"3"，指基础型、拓展型和活动型等三大课程板块；"N"指国家课程、校本必修、课程选学生、学生选课程、校内"四大节""六强社"与校外"三走进""五研学"实践活动等 6 大类 30 小类课程。学校坚持落实基础型课程，夯实学生的文化根基；推进拓展型课程，促进学生的自主发展；构建活动型课程，强化学生的社会参与。目前构建了以"三走进""四大节""五研学"为主体的素质教育活动课程体系。坚持数十年的"走进新农村""红色之旅""绿色之旅"等活动课程，已成为享誉省内外的素质教育品牌。

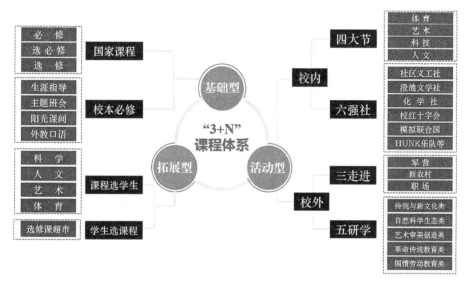

图 1 - 5 长郡中学"3 + N"课程体系图

其三，强化责任发展，培育"忧天下"的人。教育成就人的社会价值，而责任发展是一个人贡献社会的动力。因此，"忧天下"是长郡中学的根本育人目标。学校十分注重以"红色"基因为育人主线，培养学生将个人发展与国家前途命运紧密相连的责任感与使命感。"长郡义工"是学校的一张闪亮名片，通过构建全员参与的"义工"服务长效机制，推进该机制常态化、专业化，培养学生的责任担当意识。

其四，激活潜能发展，培育"有作为"的人。教育激活人的个性发展，而潜能发展是一个人个性发展的前提。因此，"有作为"是长郡中学的核心育人目标。学校始终把学生放在学校的中央，通过搭建丰富的社团平台，让每一个学生都有充分展示自我的平台，让每一个学生都能找到发展特长。学生组织的120多个社团，类别广泛、活动丰富。学校所有的会议室和功能室在课余时间全部向学生开放。在这里，学生自主举办乐队演唱会、开展话剧公演、举行爱心义卖、自编《澄池》杂志、自制电视节目、参加模拟联合国大会、设计文创产品等。

总之，长郡中学在"不让学生输在终点线上"办学思想的引领下，学校管理、教育教学教研等各方面均取得了瞩目的成就。近十年来，各项评价指标连年在省内领先。学生被清华北大录取642人，60%以上的学生进入985大学。"五大"学科竞赛288人入选省集训队，获得162枚全国金牌；97人入选国家集训队，6人获国际奥林匹克金牌。科技创新大赛上，47人获国家级奖励，13人获全国一等奖；体育获国际金牌10枚、银牌12枚、铜牌2枚，全国金牌179枚、银牌205枚、铜牌133枚；艺术教育为清华大学美术学院输送22人，中央美术学院、中国美院等八大美院30余人，学生合唱团和交响乐团蜚声海内外，艺术展演获全国一等奖。学校素质教育硕果累累，获评"全国文明校园"等多项国家级荣誉。

3. 育人目标：熔铸湖湘文化

长郡中学确立的育人目标是"爱生活、善求知、忧天下、有作为"，也就是"1445"高质量育人体系中的"4"所指的育人目标。"爱生活"是关心社会、关爱他人的源泉；"善求知"是创新实践、自我成就的路径；"忧天下"是使命担当、成才成人的动力；"有作为"是复兴中华、爱家报国的赤子底色。这个育人目标在"为党育人"的基础上熔铸了"敢为人先"的湖湘文化精神。

（1）目标解析

长沙市长郡中学建校至今已120周年，建校伊始，长郡就明确了自己成才必先成人的育人宗旨，让教育回归生命的价值，去点亮人性的光辉。"长郡的学生一眼就能看出"是很多老百姓津津乐道、耳熟能详的，也是对长郡学子最高的评价。那么要成为什么样的人才能被称为"长郡人"呢？

历经全校教职员工的数次讨论并集体决议通过后，长郡中学定下了"爱生活、善求知、忧天下、有作为"的12字育人目标。这个育人目标包含两个层面：爱生活、善求知，然后忧天下、有作为。这既是北宋大家张载"为天地立心，为生民立命，为往圣继绝学，为万世开太平"——"横渠四句"的生动体现，也是北宋著名思想家、政治家范仲淹"先天下之忧而忧，后天下之乐而乐"——"先忧后乐"精神的当代诠释。长郡中学120年来为社会培养了许多栋梁，也正在为未来的强国建设储备骨干力量。"成才必先成人"，长郡中学致力于为未来培养"爱生活、善求知、忧天下、有作为"的"完整的人"。

育人目标是学校教育价值观的集中反映，它决定着学校的办学方向，决定着办学方式，是确保人才成长质量的前提。长郡中学提出的育人目标具有以下三个特点：一是它经历了"培养什么样的人"和"如何培养出这样的人"的理性思考，是在长郡百年文化传统的根基上"长"出来的，所以能够立得稳；二是育人目标的落实是与学校整个课程体系相互支撑的，课程才是承载一切的根本；三是让育人目标与学校的各项工作发生紧密联系，因学校的一切工作和一切行为均承载着教育的意义。

①爱生活——关注生命发展，培育"爱生活"的人。

热爱生活，不仅是一种态度，更是一种可贵的能力。"爱生活"是关心社会、关爱他人的源泉。让每个生命感受被爱、自觉施爱、学会自爱，让生命成为爱的聚焦、源泉和堡垒。教育的最终目的是促进人的全面发展，而生命发展是一个人全面发展的基础。因此，"爱生活"是长郡中学的首要育人目标。

②善求知——指向素养发展，培育"善求知"的人。

子曰："我非生而知之者，好古，敏以求之者也。"长郡中学育人目标强调勤于学习，敏于求知，要注重将所学知识内化于心，形成自己的见解，又要外化于行，做到关心国家、关心人民、关心世界，学会担当社会责任。习近平总书记曾寄语中国青年："中华民族伟大复兴的中国梦终将在一代代青年的接力奋斗中变为现实。"育人目标中的"善求知"是创新实践、自我成就的路径。教育的主要功能是提高人的综合素质。因此，"善求知"是长郡中学的主要育人目标。

③忧天下——强化责任发展，培育"忧天下"的人。

百廿长郡，格物致知，躬行实践。长郡中学将"心忧天下、敢为人先"的长沙精神与"朴实、沉毅"的长郡精神融为一体，陶铸了一批批杰出的校友。基于学校深厚的红色文化土壤，长郡中学一直以来十分注重以红色基因为育人主线，厚植家国情怀，培养学生将个人发展与国家前途命运紧密相连的责任感和使命感。育人目标中的"忧天下"是使命担当、成才成人的动力；教育的根本属性是成就人的社会价值，而责任发展是一个人贡献社会的动力。因此，"忧天下"是长郡中学的根本育人目标。

④有作为——激活潜能发展，培育"有作为"的人。

"天下兴亡，匹夫有责"，担当是一种责任，需要树立敢担当的主动意识。当前，世界正处于百年未有之大变局，学校要求长郡学子主动担当，主动作为，努力成长为能够担当民族复兴大任的时代新人。育人目标中的"有作为"是复兴中华、爱家报国的赤子底色。教育的内在核心是激活人的个性发展，潜能发展是一个人个性发展的前提。因此，"有作为"是长郡中学的核心育人目标。

（2）目标落地

①深入人心，全员育人。

在育人模式体系中，育人目标是学校一切工作的出发点。为了让目标入脑入心，长郡中学采取了一系列举措，将目标落实到学校教育教学实践中，通过各种活动和平台，让育人目标与每一位教师和学生紧密联系。学校的一切活动均承载着教育功能，富有教育意义的学校活动会让学生的理想、情操、品德在实践体验中不断升华，智慧、才干不断提高，知识不断丰富。如何将宏观的育人目标变成日常教育教学过程中可操作、可实现、可落实的具体的育人目标，并落实到每一位学生身上，是学校教育工作的重点。

为此，学校搭建了各种平台、创造各种机会、营造良好的育人环境。学校的学生社团覆盖兴趣特长、科技创新、人文社科、学科拓展、社会生活等类别。在这里，学生自主举办乐队演唱会、开展话剧公演、举行爱心义卖、自制电视节目、组织演讲辩论、设计文创产品等。这些活动掀起了校园内师生交往、生生交往、家校互动热潮，增加了师生相处、交流的机会，增加了学生之间传递感情的机会，也增加了家长与孩子沟通的机会。

②融入课程，过程育人。

为了让"爱生活、善求知、忧天下、有作为"的育人目标落到实处，学校探索了"五育融合"的"3＋N"课程体系，着力培育"不输在终点线上"的人，打造了属于"长郡范式"的课程体系，让育人目标与学校的整体课程体系相互支撑。该课程体系注重落实基础型课程，夯实学生的文化根基；推进拓展型课程，促进学生的自主发展；构建活动型课程，强化学生的社会参与。近年长沙市教育局发布的《普通中学教育质量综合评价报告》显示，长郡中学的学业增值与学业负担综合类型属于"高效轻负型"，多项评价指标连续名列第一，体现出学校优良的课程生态。

同时，学校通过评价鼓励学生参与各类活动。长郡中学注重构建学生全面发展与发挥个性特长相得益彰的多维评价模式，基础型课程注重过程性评价和结果性评价相结合，拓展型课程设置的荣誉奖项计入学生的综合素质评价，活动型课程采取等级认定的方式并且集中展示学生成果。长郡中学以评选年度"美丽长郡人"作为学生最高综合荣誉。通过班级评选、年级组推荐、学校综合考察，最终诞生"美丽长郡人"。这项荣誉旨在表彰一批最能体现长郡精神的学生，通过深入寻找、发掘、宣传有代表性的、高素质的长郡人，更好地传递先锋品格、引领栋梁气魄，营造校园向上向善的良好氛围，树立最具校园影响力的正能量典范。

③注入合力，生态育人。

围绕"爱生活、善求知、忧天下、有作为"这个育人目标，长郡中学提出了各个部门的价值观和行为准则。育人目标是学校一切工作的出发点，只有将育人目标与学校各项工作及学校各部门间建立密切的联系，建立跨部门、跨领域的协作机制，确保各个部门和领域之间的顺畅沟通和协作，形成一个有机整体，且与育人目标保持高度的统一，育人目标才能够落地，才具有真实的存在价值，才能起到引领作用。否则，各主要部门之间相互独立、相互割裂，那么某一环节或要素的创新只能是对原有育人模式的局部改进，而无法构建一个充满活力、有机联系的新生态系统。

长郡中学提出的"爱生活、善求知、忧天下、有作为"的育人目标，正是对素质教育新生态的最好诠释。素质教育新生态是关注生命发展的教育，是指向能力素养的教育，是强化责任担当的教育，是激活个性潜能的教育，是既面向全体，又面向个性，既关注当下，又面向未来，由学校、家庭、社会共同建构的教育新生态。

4. 育人路径：贯通四大驱动

从 2010 年 1 月至今，长郡中学"1445"高质量育人模式的构建经历了初步建构期、初步实践期、全面实践期、总结凝练期和广泛推广期第五个阶段。该模式探索构建了育人体系，提出了四大路径，以最终实现"不让学生输在终点线上"的育人目标。各阶段开展高质量育人体系创新与实践，每阶段各有侧重，反刍优化，迭代升级。如图 1 - 6 所示。

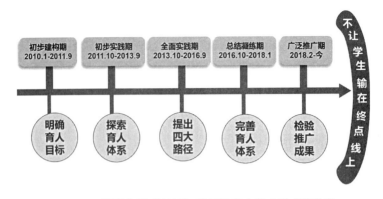

图 1 - 6 长郡中学"1445"高质量育人范式形成的阶段

（1）提炼学校文化内核，实现价值引领

学校价值引领的实现，主要从四个方面着手：一是从学校文化共性特征中，提炼学校文化内核，即校训文化、红色基因、湖湘精神；二是遵循"原生态、人本性、发展性"原则，在文化内核的浸染中，搭建环境、课程、管理三大文化育人平台，凝练文化育人产品（物质载体）；三是再由文化产品反哺文化平台，从而丰富文化内核；四是在学校显性（物质）文化和隐性（精神）文化渗透中，培养出理想高远、信念坚定、品性坚韧、气质卓越的"不输在终点线上的人"。如图 1 - 7 所示。

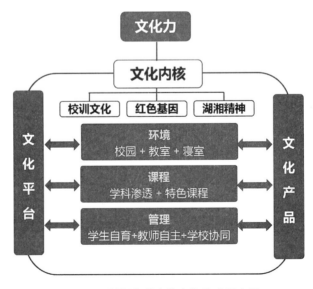

图 1 - 7 长郡中学文化内核构成示意图

学校先从"校训文化"中深挖要义，秉承"朴实沉毅"的校训，提炼出"质朴、笃实、沉静、清毅"的校风，"勤朴、务实、沉心、严毅"的教风和"淳朴、稳实、沉思、弘毅"的学风；再从学校"红色基因"中，依据"人—物—事—魂"的脉络，梳理校史中的红色基因，弘扬革命精神，凸显家国情怀；后从"湖湘精神"中提炼"敢为人先、求真求实、图新图强、开放包容"的学校文化特质。

学校以长郡文化为核心打造环境文化、课程文化、管理文化等三大平台。在学校环境文化平台方面，打造了净化、绿化、亮化、美化与文化的"五化一体"校园环境。整体设计校园景观，以建筑命名、校园标语、人文景观、文化设施等展示学校核心文化。推动形成教室文化，制定"教室布置标准"，开展"班级文化展示"活动。营造新型寝室文化，开展"文明寝室文化展示"活动。在课程文化平台方面，通过学科渗透，在教学中实现长郡文化"全学科渗透"。打造文化类特色课程，固化校史课程、青年党校课程、国旗下讲话课程、模拟联合国课程，在省内首创全媒体和心育课程，建立了记者站微信公众号、《澄池》人文杂志、电视台、B站官方账号等文化宣传平台，公开出版了学生原创文集《青春在发声》等三本书。在管理文化平台方面，优化治理文化，从协调共治走向文化善治。支持学生自我教育，以《学生手册》建立规则培养体系，健全学生成长服务支持系统、资助体系和奖学金体系；公开出版学生自治原创成果集《郡歌长续》等三本专著。激励教师自主发展，实行教师绩效工资分配机制，建立教师发展与激励机制、教师申诉机制。推动学校协同治理，编印了《规章制度汇编》，推行民主管理。构建"家庭、学校和社会"和谐互动新机制，实现"协同化人"。

（2）明确课程体系设计思路，铸造课程品牌

学校的课程整体规划设计主要从三个方面着手：一是在课程整合优化过程中，首先与学校传统育人文化相结合，确立"明大义、修大气、成大美"三大课程目标；二是整合三类九项中国学生发展核心素养目标（自主发展、学会学习与健康生活，文化基础、人文底蕴与科学精神，社会参与、责任担当与实践创新），实现大学科教学，实现课程育人目标的校本特色化、各学科融合化及素养发展一体化；三是开发"三走进""四大节""五

研学""六强社"系列品牌课程，有些已成为湖南省著名的素质教育品牌课程。如图1-8所示。

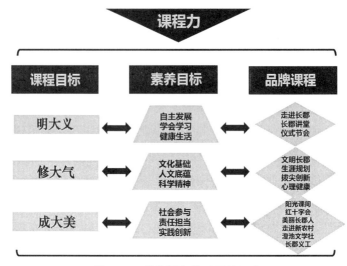

图1-8 学校课程体系设计思路

从学校课程整体设计的路径上来讲，长郡中学采取了三步走策略。

第一步，参照省课程方案，推进课程校本化。2008年12月至2012年12月，以湖南省高中新课改研究基地为依托，参照《湖南省普通高中课程方案（实验）》，研制了《长郡中学高中新课程实施方案》，分教研组制订了十五个校本化实施方案，构建了相对完善的长郡课程体系。《长郡中学综合实践活动校本化课程体系》一书被很多兄弟学校借鉴，出版专著《探索·反思·成长——长郡中学高中新课程校本化实施》。

第二步，初步提炼实践成果，推进课程特色化。2013年1月至2016年11月，在第一阶段课程体系校本化实施以后，学校对前期成果进行了统整，对校本选修课程进行了序列化升级，进一步规范了各校本课程纲要，拓展了研学旅行课程，初步实施创新拔尖人才培养方案，提升了艺体、科技等方面的人才培养效能；对拓展课程进行了升级，《新课程背景下课程文化整合与师生和谐发展的研究》课题成果及深化应用（含课程体系重构）获湖南省第四届基础教育教学成果一等奖。

第三步，坚持实施项目研究，推进课程现代化。2016年12月至2018年2月，学校邀请省市专家指导，对13项省市教育科研项目深入研究，进一步提升课程品质，让整个课程体系更适应高质量人才发展要求，完善6大类30小类课程，更新了122门校本选修课超市，逐步形成了"校红十字会""革命传统教育"等十三门校本选修品牌课程。2018年以来，积极开展信息技术赋能课程体系的创新实践，推动实施智慧教学。长郡课程体系在集团校及省内外被广泛借鉴。

（3）探索学校科学治理机制，实现协同育人

学校协同治理主要从六个方面入手：一是以法德、师生、家校社协同为主要抓手，以学校章程和制度建设依法治校；二是通过教风陶冶和专题研修涵养师德；三是以自主自修、自主管理和团代会、学代会培育学生自我管理能力；四是用"八大活动"推动教师专业自主发展，包括教学开放周、片段教学比赛、优秀课例展示、同课异构、师徒汇报课、解题比赛、讲题比赛、命题比赛；五是以成长导师、家长学校、社会和学校协同构建三位一体育人格局；六是以上下协同和七大管理中心为依托实现部门协同。如图1-9所示。

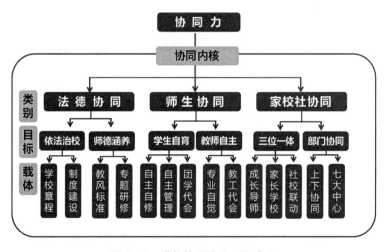

图1-9　学校协同力治理示意图

长郡中学通过构建学校现代化协同治理体系来驱动协同育人，按照"确定治理类别—明晰治理目标—设定治理载体"的路径，围绕"以学生为中心"的协同育人理念，从宏观抓手到微观举措，层层推进，形成现代协同治理力。

第一步，对标国家治理体系，确定学校治理类别。从办学方向层面，确定以法律和道德两个层面作为治理依据，以法律坚守底线，以道德引领行为，坚守治理根本；从学校管理层面，确定以学生自治和教师自觉为抓手，充分激发师生参与学校治理的积极性，优化治理手段，构建民主治理体系；从运行效能层面，确定从学校内部治理和外部治理切入，明确学校、家庭、社会的育人权责，优化学校内部治理机构，提高治理效率，形成协同育人合力。

第二步，基于学校发展要求，明晰学校治理目标。基于学校坚守社会主义办学方向的发展要求，以依法治校和师德涵养作为法治和道德协同目标（简称"法德协同"）；基于学校"以学生为中心"的发展要求，确立以学生自我教育和教师自主发展作为民主共治目标；基于学校构建高质量现代化治理体系的发展要求，以学校、家庭、社会三位一体和优化内部机构，提高运行效能作为协同治理目标。

第三步，突出学校治理重点，设定学校治理载体。建立学校《章程》，规范办学行为；从学校、七大管理中心、年级组、教研组等层面完善制度建设，形成育人长效保障机制，开展"法律专家进校园"等主题教育，提升依法治教和依法治校的能力。确立"让学生喜欢、让家长满意、让同行认可、让学校放心"的教师标准，凝聚"不计得失的奉献精神、不甘落后的拼搏精神、爱生如子的园丁精神、认真执教的敬业精神、终身从教的献身精神"五种教师精神，举办党员读书会、教师论坛、青年教师成长分享会、先进事迹报告会等专题研修，涵养师德师风，打造高素质专业化的教师队伍。通过寒暑假自主学习，培养学生自律能力。打造学生发展管理中心领导下的团委、学生会、社团联合会、义工大队等四大学生自主管理团队，搭建"与书记、校长面对面"等团代会、学代会平台，增强学生的主人翁意识。通过每年8次大型教研活动促进各年龄段教师专业自主发展。教职工代表大会"提前收议案""件件有答复""重点有落实"，民主管理深入人心。实施成长导师制，倡导全员育人、全程育人，办好家长学校，增强学校和社会联动，构建"校家社"三位一体全方位育人机制，组建"七大管理中心"，畅通上下协同，提高学校内部治理和外部治理的效能，形成协同治理合力。

（4）建构增值评价机制，促进师生持续发展。

长郡中学深知，科学合理的评价体系是推动学校持续发展的关键。为此，学校积极探索并构建了一套增值评价体系，旨在全面、客观地评估师生发展状况，激发其内在动力，促进学校整体育人质量的不断提升。如图1-10所示。

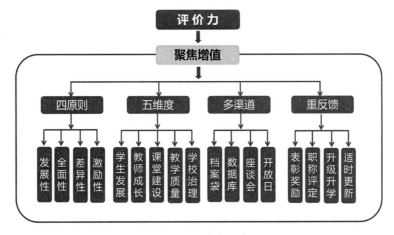

图 1-10 评价力示意图

第一步，明确评价原则，树立科学导向。学校坚持"发展性、全面性、差异性、激励性"四大评价原则，强调评价不仅关注结果，更重视过程与成长；不仅衡量学业成绩，还涵盖品德、能力、身心健康等多方面；尊重师生个体差异，鼓励个性发展；通过正向激励，激发师生潜能，促进自我超越。

第二步，创设增值指标，细化评价标准。学校围绕"学生发展、教师成长、课程建设、教学质量、学校治理"五大维度，设计了一系列增值评价指标。例如，在学生发展方面，除了传统的学业成绩外，还增加了综合素质评价、社会实践参与度、创新能力表现等指标；在教师成长方面，则关注教学科研成果、师德师风建设、指导学生获奖情况等多方面表现。每项指标均设定具体、可量化的评价标准，确保评价的科学性和可操作性。

第三步，评价方式多元，拓宽评价渠道。学校采用自评、互评、他评相结合的方式，开展多维度、多层次的评价活动。通过学生成长档案袋、教师发展档案袋等载体，记录师生发展的点滴进步；利用信息化手段，建立师生评价数据库，实现评价数据的实时收集与分析；定期组织师生座谈会、家长开放日等活动，广泛听取各方意见，确保评价的全面性和公正性。

第四步，强化结果应用，推动持续改进。学校将评价结果作为师生表彰奖励、职称评定、岗位晋升等重要依据，同时针对评价中发现的问题和不足，制定具体的改进措施和计划，明确责任人和时间节点，确保问题得到有效解决。通过持续改进，不断优化评价体系，形成良性循环，推动学校各项工作持续健康发展。

长郡中学通过构建增值评价体系，不仅为师生发展提供了科学的指导和有力的支持，还激发了师生的内在动力，促进了学校整体育人质量提升。这一创新举措得到了社会各界的广泛认可和高度评价，为全省乃至全国基础教育的发展进行了有益探索。

5. 五育融合：激活创新潜能

"1445"高质量育人体系中的"5"即"立德铸魂、启智润心、健体强身、尚美臻格、崇劳长技"五育融通，形成一个相互促进、相互支持的育人范式，促进学生在每个教育阶段的节点都能获得个性化、可持续、高质量生长，并最终成为全面发展的社会主义建设者和接班人。五育融通化人要求学校在教育实践中，注重培养学生具备全面发展的素质，使学生在知识、能力、素质、情感、价值观等方面得到全面提升。

素质教育在国家层面全面实施已有 20 多年，长郡中学在 20 世纪 90 年代初就提倡"成材先成人"，主张"明大义而有专长"，强调教育要回归生命的本质，做一个完整意义上的"人"，并坚持"只只蚂蚁捉上树"——一个也不放弃的全员育人信念，推行思想品德、科学文化、艺术体育、劳动技术和心理素质"五个轮子一起转"的全面育人思想。长郡中学对素质教育的探索与实践一直走在最前沿，并且随着时代发展不断传承创新和丰富发展。学校始终坚持为党育人、为国育才、为湘育英，守正创新，把立德树人与弘扬湖湘文化、长沙精神、长郡文化结合起来，着力培养"有根有魂"的时代新人；坚持对学生德智体美劳全面发展的引导，对接了高考"立德树人、服务选才、引导教学"的核心功能；坚持把握智慧教育的发展机遇，坚持体育和心理健康工作同频推进，不断加强和改进艺术教育工作，把劳动教育纳入人才培养全过程，五育并举涵养学生正气、才气、朝气、灵气与底气，培养德智体美劳全面发展的社会主义建设者和接班人。

（1）立德铸魂——立德树人，铸魂育人

党的十八大以来，习近平总书记提出了一系列富有前瞻性、战略性的育人工作新理念、新思想、新观点，为明确教育的根本方向和目标，深化新时代育人工作重要性的认识提供了根本遵循。其中，铸魂育人、立德树人是新时代育人工作的核心内容。

五育并举、德育为先。德、智、体、美、劳五者之间相互联系、辩证统一。德育居于首位，是方向，具有统帅作用，为智、体、美、劳定向铸魂；智育培养认知能力，促进思维发展，为其他各育储备智能；体育增强体质、健全人格、锤炼意志；美育提高审美和人文素养；劳动教育引导人们崇尚劳动、尊重劳动，培育劳动精神。把德育放在国民教育的首位，将"五育"融入教育教学各环节，是协同培养道德高尚、人格健全、素质全面、特长鲜明的社会主义建设者和接班人的根本要求。

立德，旨在树立正确的道德认知，把握正确的道德方向、原则和立场。立德树人要坚持道德教育为先，发挥社会主义核心价值观的道德涵养作用，致力于培养全面发展的人。以社会主义道德观锤炼道德品质。习近平总书记强调："要继承和弘扬我国人民在长期实践中培育和形成的传统美德，坚持马克思主义道德观、坚持社会主义道德观，在去粗取精、去伪存真的基础上，坚持古为今用、推陈出新，努力实现中华传统美德的创造性转化、创新性发展，引导人们向往和追求讲道德、尊道德、守道德的生活。"新时代中国特色社会主义道德观要求广大青年以立大志、明大德、成大才、担大任为目标要求，坚持在继承传统美德中创新发展，坚持提升道德认知与推动道德实践相结合，注重在日常生活中养成道德，在崇德向善中锤炼品质。

铸魂，即铸塑学生深层次的思想灵魂，打造个体独特的精神标识。由信仰、信念、信心构筑的精神高地，是人类思想灵魂生成的基础和个体精神动力产生的源泉。做好新时代铸魂育人工作，一是对马克思主义的信仰，用马克思主义铸牢科学信仰之魂；二是对中国特色社会主义的信念，用新时代中国特色社会主义思想铸牢理想信念之魂；三是对实现中华民族伟大复兴中国梦的信心，用中华民族伟大复兴的中国梦铸牢精神动力之魂。

筑牢思想阵地，以凝心铸魂培育时代新人。现阶段基础教育培养的学生，到 2035 年正是要担当中国走向世界创新国家前列重任的一代新人。所以，我们要坚持五育并举，德育为先，培养学生的创新精神与实践能力；要积极主动作为，坚守"立德树人"根本任务，护卫学生正确"三观"，使其养成良好的行为习惯，传授生存必备知识，提升其关键能力，激活学生的发展潜力，为党、为国、为湖南培育有理想、有本领、有担当的时代新人。

（2）启智润心——启迪智慧，涵养人格

2023 年 9 月 9 日，习近平总书记致信全国优秀教师代表，深刻阐释了中国特有的教育家精神的丰富内涵和实践要求。其中，习近平总书记强调，教育家要有"启智润心、因材施教的育人智慧"。这为广大教师在新时代背景下躬耕教坛指明了方向和方法，既要注重专业知识技能的传授，也要注重价值观念的培育，根据学生特点进行教学活动。

启智润心、因材施教的育人智慧凝练了中华优秀传统文化中的教育智慧，与古代修身传统中的教育精神一脉相承。孔子是启发式教育的提出者，提倡"不愤不启，不悱不发"，即强调在学生进行独立思考的基础上，对学生进行启发和开导。所谓"启智"，即教师在学生"待发而未发"时，选择恰当的时机启迪学生的智慧。这种干预不是强制、盲目、统一的，而是基于对教育基本规律的洞察和把握，根据不同学生在认知能力、思维特点、情绪表达方面的差异进行引导。传统的方法已经跟不上时代的发展，教师需根据学生的差异进行相应引导。所谓"润心"，是指以润物细无声的长期熏陶，潜移默化地帮助学生涵养健全人格。长郡中学一直坚持"以人为本"，来滋养学生的心灵空间。在一代代长郡人情感和智慧的倾注下，长郡学子的心灵得以呵护、思想得以启发、灵魂得以塑造。

"因材施教"意味着教师要尊重个性，尊重学生的个体差异，从实际情况出发，有的放矢地进行有差别的教育，使得每个学生都能充分发展自身优势、激发潜能，是实现教育均衡发展兼顾教育高质量发展的最优解。强教必先强师。教师是教育发展的第一资源，是建设教育强国、实施高质量教育的根本力量。教师应不断涵养自己的育人智慧，让每个学生都有人生出彩的机会，成长为能担当民族复兴大任的时代新人。成为"学高为师、身正为范、师爱为魂"的高素质教师，积淀启智润心、因材施教的育人智慧，是长郡中学每一位教师的责任和义务，也为长郡教师的专业发展指明了方向。

新时代新征程上，长郡教师敏锐识变、积极应变，大力弘扬教育家精神，自觉涵养育人智慧，当好学生引路人，以广阔的视野和深切的人文关怀，帮助学生塑造健全的人格，努力培养出一批又一批堪当民族复兴大任的时代新人，以高质量人才支撑社会主义现代化强国建设，为教育强国建设贡献更大力量。

（3）健体强身——强筋健骨，育心铸魄

蔡元培先生提出："完全人格，首在体育；德才均备，体魄健全。"长郡中学秉持"强国强身"的优良体育传统，积极推进全员健康教育，助力学生养成终身体育锻炼的习惯，学校所有的体育场馆，每天都有序地向学生开放，这是一项领先其他学校的举措；学校实施体育课程模块教学，开设了十几门体育校本选修课，使学生在高中阶段人人有项目，并掌握两项以上体育运动技能，让体育充分融入学生的生活。

体育不仅强身健体，更能育心铸魄！"少年智则国智，少年富则国富，少年强则国强，少年独立则国独立……少年雄于地球则国雄于地球。"体育之表是增强人民体质，但体育之里其实是一种精神。百余年前，中国正是积贫积弱的晚清时期，各地都在开办西式学堂。由此，西方的体育形式"兵操"也进入了学校，体育救国运动如火如荼。发展到如今，体育的概念和范畴发生了巨大的变化。体育这个词是个舶来品，英文中除了我们常说的"sport"这个单词外，还有另一个更准确的词，即 PE（Physical Education），翻译过来是对身体的教育。

"勇攀高峰"这个词用来形容体育精神是最贴切的。"勇"这个字代表着有愿望、有动力去战胜自然和突破自身的极限，代表着勇气。不爱运动的人其实就是在这个字上缺乏自信；"攀"是完成挑战自我、探索自然这个过程的动作；"高峰"代表人类对自然、自身、科学和文化的未知。同时，"勇攀高峰"这个词，真正注重的是在精神层面上表达一个人由内而外的进取精神。如今"跑团"很流行，越来越多的人都去挑战马拉松，这个以前是专业运动员才会涉及的项目，但现在已经平民化。运动的自信心是慢慢建立起来的。一开始，在公园里跑 3 或 5 圈，会让人逐渐感到轻松和放松。一段时间后，当增添更多的跑步圈数，人会变得更加自信，激起挑战下一个目标的欲望。这个过程，看似是体育运动能力的进步，其实还伴随着内心自信的成长。"勇攀高峰"，无论对成年人还是青少年而言，都是不可或缺的人生一课。有体育精神的人在面对社会挑战和工作压力时，确实更能进入状态，摆脱消极情绪。

因此，体育精神是一种积极的思维方式：看到花园里的种子破土而出，我们会莫名地开心；看到蹒跚学步的孩子，我们会莫名地高兴。这些都是对生命力的致敬。体育精神告诉我们要朝着更高更好的目标前进。每个人都需要正向的思维方式，每个人都在"体育"，每个人都需要体育精神。

体育，能培养一个人的性格。有学者研究表明，意志力脆弱、情绪不稳定、对环境适应能力差、承受挫折能力不强、心理自我调节能力较差等更容易影响学生的情绪，而长期的运动锻炼能有效改善这些情绪。运动既不应该是生活的负累，更不应该成为唯一的生活，相反，运动是我们感受生活的一种方式，而且有可能是最重要的一种。研究表明，运动能帮助人们养成坚持、忍耐、抗挫折能力强的品质；运动能帮助人们深入灵魂，发现自己；运动还能提高人们对不同环境的适应能力。体育，是一种习惯的养成。但帮助学生养成运动的习惯，从来都不只为给学生一个健康的体魄，更是为培养他们完整的人格。

长郡中学把加强体育工作、增进学生身心健康作为全面实施素质教育的重要任务来抓，建立了由一把手负责的学校体育工作机制，确保了体育工作摆在学校工作的重要位置。学校一直坚持开齐开足开好体育课，合理安排学生体育活动时间，以大课间为抓手，着力保障学生每天校内 1 小时体育活动时间。体育与健康课程一直开到高考前夕，确保学生每天运动不少于 1 小时。学校积极组队参加各类阳光体育活动与体育竞赛项目，以赛促练，以赛促教，体育比赛成绩硕果累累，更重要的是让学生养成了积极参与体育锻炼的习惯，使学生具备健康的体魄、良好的运动技能和体育素养。

（4）尚美臻格——美育为基，积淀素养

学校坚持贯彻"普及＋提高"的艺术教育理念，提高学生的尚美赏美能力，培养学生具备良好的审美情趣和艺术素养，具备一定的艺术表现和鉴赏能力。通过培养学生对美的敏感度和鉴赏力，进而丰富学生的内心世界，提高其个人素质，使其拥有更高的情感智慧和社交技能。尚美能力也是创造力的源泉之一，通过美育，能激发学生的创造力，完善人格。

长郡中学一直坚持开齐开足各门国家课程，包括音乐和美术课程。学校利用美育名师工作室及优秀传统文化社团活动，推动美育课程之间的融合，开展丰富多彩的艺术实践活动，营造校园文化艺术氛围，促使学生丰富审美知识、提升审美能力、培育审美认同，促使学生形成"各美其美、美人之美"的审美境界，促进学生全面发展。近年来，长郡中学为国内外一流综合性大学和专业院校输送了一大批高素质艺体特长人才。

（5）崇劳长技——劳育为荣，五育融合

新中国成立以来，我国社会主义教育实践一直努力贯彻落实马克思主义关于促进人的全面发展的教育理论以及教育和生产劳动相结合的教育方针。马克思说的全面发展必须做到"体力和脑力的结合"，全面发展的最终目的是让受教育者具有"按照自己的兴趣"去工作、生活的素养，也就是强调全部教育过程都应当与劳动实践有机结合。事实上，劳动教育在培育劳动价值观意义上就是"德育"，在劳动过程中运用人类智力、科学技术就是"智育"，在学生通过"动动手、流流汗"实现强身健体功能的意义上就是"体育"，而通过劳动教育欣赏、体验、创造劳动之美就是"美育"。若把德、智、体、美四育从劳动教育中去除，劳动教育也就失去了实际的教育内容。劳动教育具有融合其他四育的特殊重要性。只有认真开展劳动教育，才能真正促进受教育者五育融合，全面发展。

长郡中学通过开展"综合实践"为特色的劳育，培养学生具备良好的劳动意识和动手能力，形成尊重劳动、热爱劳动的品质。学校积极开发与实施劳动教育课程，强化实践育人功能，做到了以劳树德、以劳增智、以劳强体、以劳育美、以劳创新的五育融合，从而为学生的终身发展和人生幸福奠定基础。

课堂是课程实施的主渠道，学校将综合实践活动与劳动课程统筹安排，制定合理的课程方案，保证课堂教学的常态化、规范化，培养学生的劳动观念、劳动意识，增长劳动技能。

三、智慧"四力"内涵探析

费孝通先生认为，一所学校发展的历史，就是一所学校文化的自觉史。文化是一所学校的根脉、底蕴和动力之源，蕴含着这所学校的办学品位和育人价值追求。而一所学校的育人理念，决定着这所学校的课程是如何设置与开展的。同时，课程的设计不仅决定着要培养什么样的人才，更决定着在课程落实过程和教学过程中如何培养人才。要培养全面发展的学生，还有赖于建立学校积极主导、家庭主动尽责、社会有效支持、政府统筹协调的协同育人格局，落实各方相应责任及沟通机制。学校教育的各个环节，都需要评价来诊断与促进。因此，文化力、课程力、协同力与评价力是助推学校高品质发展的重要力量。

（一）文化力：浸润风骨

学校文化始终是校园发展、学生成长的源泉，同时也是学校不断发展的高层次追求。"文化兴则国家兴，文化强则民族强。"培养文化自信，传承中华优秀传统文化，弘扬校本特色文化，是基础教育的应有之义。随着教育改革的不断深入和发展，越来越多的学校开始重视对于学校自身的历史文化发掘和精神文化传承。

长郡中学立足于办学 120 周年的深厚文化土壤，承载着厚重的文化基因。在"朴实沉毅"校训的熏陶下，无数革命先贤、国家栋梁从这里走出。在"敢为天下先"的湖湘精神引领下，学校始终致力于以爱国爱党铺就育人底色，以红色基因浸润少年风骨，培养面向未来的创新型人才。

如何弘扬文化力，将深厚悠远的学校文化转化为培育人才的动力，是长郡中学师生一直在探讨的课题与躬行的实践。

1. 文化度人：营建校园文化磁场

校园文化磁场对师生影响深远，它如春风化雨，滋养着师生的精神世界，增强师生凝聚力与归属感，促进师生全面发展，是校园不可或缺的软实力。

（1）匡正理念，激活自主

为贯彻"不让学生输在终点线上"的核心理念，长郡中学始终坚持以一种积极的教育情怀，发扬"只只蚂蚁爬上树"的度人理念，发扬不抛弃不放弃的精神，坚持"一个都不能少"，追求全体学生成人成才，不让任何一个学生掉队。

"只只蚂蚁爬上树"源自于湖湘谚语"只只蚂蚁捉上树"。21世纪初，长郡中学将"只只蚂蚁捉上树"改为"只只蚂蚁爬上树"，旨在发扬学生主动性，培养主动探究、好学求知的长郡人。由"捉"到"爬"的一字之差，反映的却是背后蕴藏的教育理念的深刻变革：学生由"被老师教"的客体变为"自己主动学"的主体。在这一育人理念的引导下，学生对世界充满探求欲，以积极昂扬的心态迎接未来的学习和发展，对未来的成长抱有极大的积极性和主动性。2021年，学校将"只只蚂蚁爬上树"的理念升级为"不让学生输在终点线上"。

为落实"不让学生输在终点线上"的育人目标，长郡中学的教师们以兢兢业业的敬业精神和扎实牢固的专业基础为学生们的追梦路保驾护航，用丰富的教育经验和教育智慧为每一位长郡学子托底。对于长郡教师而言，敬业不仅是为师之本分，更是为师之责任。"试卷不过夜"的长郡特色文化传统从二十余年前开始延续至今，小至平时测试，大到人数规模上十万级别的集团联考，长郡中学教师始终坚持"当天考试、当天出成绩"的工作传统。次日讲评试卷时将所有分析数据落实到课堂教学中，力争将所有一手信息最新、最快、最全地展现给学生，只为能最好地助力学生分析问题，查漏补缺。每逢考试之后，长郡教师还会主动帮助学生分析考试状况，探求进步或退步的原因。课余，在教师办公室，老师经常被学生围得水泄不通、师生和谐探讨交流的画面随处可见。在高二、高三阶段，学校每天为学生设有专门的答疑课程，老师们在教室外给同学们答疑解惑，以求让学生更好地掌握知识。面对一些基础稍弱、跟不上队伍的学生，长郡教师充分发挥教育智慧，设定特定的帮扶小组，充分发挥"传帮带"的积极作用，以先进生带动潜能生。尽管学生基数庞大，但正是因为学校对于"只只蚂蚁爬上树"育人理念的贯彻落实，长郡中学才能以独特的文化力将师生紧紧凝聚在一起，力求在终点线前不让任何一个学生掉队。

与此同时，长郡中学给予学生充分的学习自主权，不仅注重学生素养的全面提升，还致力于促进学生的个性发展，引导学生巧学乐学。"知之者不如好之者，好之者不如乐之者"。学生逐渐养成了爱提问、爱思考、善求知、不留问题过夜的好习惯。学生在学习过程中不仅能感知获得知识的充实，更能感受到能力提升的惊喜。学校倡导的乐学文化，已成为学生漫长学习路上的重要精神支柱，引领学生不断向前、向上蓬勃发展。在高中阶段，鼓励学生主动地进行自我完善，让学生对世界充满主动的求知欲，对自身的发展充满自觉性，逐步成长为"完整的人"，这正是长郡中学文化力的内核所在。

（2）倾力实践，知行合一

"行是知之始，知是行之成。"只会枯坐在教室中学习，不愿将目光投至广袤的社会、切身投入社会实践的学生不是新时代党和国家所真正需要的人才。长郡中学坚持以实践为检验标准，将实践育人贯穿教育过程的始终，在知行合一中引领学生历练成长。

于社会中取真经，于自然间探奥秘。"纸上得来终觉浅，绝知此事要躬行"，为了在真实的社会实践中锻炼能力，检验能力，长郡中学每年都会开展丰富的研学活动，鼓励学生走出校园，走遍祖国河山，去探寻自然的神奇、感受时代的脉搏、倾听社会的律动。在生物教研组的"绿色之旅"研学活动中，长郡学子深入大围山，探寻多样生态的森林奥秘；在地理教研组的"地球之旅"研学实践活动中，教师引领学生探寻张家界的前世今生，叩问生命的价值与地球的秘密；在政治教研组的"政治研学"中，教师带领学生探寻湘西发展密码，探寻人与自然、人与社会、人与文明的关系……在大围山、张家界等真实的自然社会情境中，学生们在教师们的指导引领下自发地探究自然、社会的奥秘，他们以高昂的学习兴趣和浓烈的探究热情自主地发现问题、分析问题、解决问题，以项目化的形式固定学生研究成果。在这样扎实的社会实践中，教师能够做到真正的"情境化教学"，学生的学习激情得到激发，能力得到全方位的培养，在最真实的社会情境中"以知促行，以行求知"。

在书本中涵养青年人的精气神，在生活中砥砺长郡人的责任感。"风声雨声读书声，声声入耳；家事国事天下事，事事关心。"在社会实践中，增长的不只有学生的知识和能力，还有学生的家国情怀与社会责任感。为此，长郡中学鼓励学生从书本走入广阔的社会：学生们走进新农村，通过与当地村民深入交谈、调研、访谈等方式，调查农村特色产业，因地制宜探索农村发展道路；走进军营，接受国防教育，通过军训强健精神，野蛮体魄，切身感悟"国防强国"的重要性；走进职场，开展生涯规划教育，搭建学生了解社会的桥梁，引导学生主动体验社会参与的过程，激发学生自主发展和社会参与的意识。学生在切身体悟社会生活的过程中，见证社会发展，以更高的社会责任感去关注社会、回报社会，在成长中将小我融入大我，用责任担当书写闪亮青春，做到脚下有土地，肩上有担当，心中有祖国。

（3）营造氛围，以文化人

校园是学生学习、生活的地方。长郡中学始终致力于打造有益于学生身心健康成长的校园文化，弘扬校园文化的引领力，在潜移默化中滋养学生的心灵，培养学生的素质，以达到"身居兰室，久而不闻其臭"的效果。

在物质文化建设方面，为了全面落实素质教育，促进五育并举，满足学生多样化、个性化的学习需求，长郡中学配备有图书馆、实验室、体育馆、劳技教室、音乐教室等学习场所。同时，校园人文气息浓厚，人文景观荟萃，学校精心打造了院士路、基石、红色纪念碑、澄池等校园红色标识建筑，"长沙府中学堂"老校门景观彰显百年湖湘文化根基；"抱朴、笃实、沉勇、弘毅"四栋楼宇间，古朴典雅的楹联陶冶学生人文情操；教学楼走道间，名人头像、名言警句抬头可观，二十四字社会主义核心价值观随处可见。长郡中学以优秀的传统文化、红色文化为校园文化根基，长期的校园文化建设使得郡园成为闹市之中的读书之地、修身之处、养性之所。

在精神文化建设方面，为落实"立德树人"的总任务，培养全面发展、个性发展的人才，长郡中学始终坚持落实"以人为本""以生为本"，以丰富的精神文化活动助力学生自由、自主、健康发展。在"与书记、校长面对面"活动中，长郡学子与书记、校长面对面，为校园建设建言献策，展现长郡学子的责任担当，凸显"心忧天下"的家国情怀；校刊《澄池》以"我手写我心"为旨，致力于培养学生的文学创造力，提升审美素养；"自主执勤""学生仲裁申诉委员会"等项目更是促进学生自主管理、自我约束，每个学生都是校园的主人，为未来走入社会掌舵做好充分准备。

长郡中学始终坚持引领学生求真求实健康成长，打造校园文化生态圈，使学生在身处校园环境、参加校园活动时，能浸润思想，提升能力。学校以不服输的文化力度人育人，英才辈出。

2. 校本传承：烙印红色育人基因

红色基因是育人关键，它传承革命精神，培养爱国情怀，塑造坚韧品质；它激发青少年爱国热情，促进全面发展，为国家未来奠定坚实基础。

（1）以史育人，凯歌相续

2022 年 9 月 20 日，习近平总书记在为《复兴文库》所作、题为《在复兴之路上坚定前行》的序言中强调，"历史是最好的教科书，一切都向前走，都不能忘记走过的路；走得再远、走到再光辉的未来，也不能忘记走过的过去"。国以史为鉴，校以史育志。长郡中学立足于延绵悠远的历史，传承"爱国"文化基因，培养了一代又一代以"红色"为底色的青年学子。

长郡中学的诞生本身就承载着极强的历史使命。清朝末年山河破碎，国家积贫积弱，清政府颁布"新政"以求变图存，鼓励"兴学育才"，长郡中学应运而生，其前身为 1904 年创办的"长沙府中学堂"。建校至今，从长郡中学走出了一批又一批心怀济世报国之志的学子，他们心忧天下苍生，身担家国重任，于国家危难之时挺身而出，为长郡中学的历史增添了浓墨重彩的一笔。

百廿年来，长郡中学以"朴实沉毅"为校训陶铸群英。"朴实沉毅"强调面对自身"朴素"为本真，面对工作以"务实"为作风，面对困难以"沉勇"求出路，面对挑战以"坚毅"求卓越，训诫师生生活要简朴，为人要诚实，做事要沉着，面对困难要坚毅。正是在"朴实沉毅"的校训浸润之下，长郡中学这片红色的沃土见证了无数革命先辈、国家栋梁的诞生：萧劲光、任弼时、李立三等 11 位老一辈无产阶级革命家曾在此接受爱国思想的洗礼，"求新求变，崇尚革命"的风尚孕育了彭公达、郭亮、刘畴西等 48 位革命先烈，济世强国的情怀更是为国造就了张孝骞、沈其震等 14 位院士……从立校之初"兴学育才"的初心到如今"育才强国"的使命担当，长郡中学始终不忘初心，高扬爱国主义旗帜，将爱国爱党的基因融入每一位长郡人的血脉，将济世强国的责任担在肩头，"红色基因"始终深植于每一个长郡人的心底。

长郡中学立足于湖湘文化和红色文化，挖掘校训、校史等丰厚历史文化资源的文化力。为培养学生爱国爱党爱校的思想，学校开展了新生校史馆参观课程，引领学生不忘历史、不忘来路；推出青年党校"红色之旅"

研学课程、"校史中的红色基因"主题必修课程、"家国天下"主题活动课程，引导学生在丰富的课程实践中探寻红色宝藏；组织师生到革命遗址、旧址和红色场馆开展党史学习教育现场学习和体验，亲身体验革命之路的艰难险阻，幸福生活的来之不易……长郡中学坚持以"史"为镜，以"史"育人，为学子们正"价值"的衣冠，知"历史"的得失，矢报国之志，践爱国之行。教师们育兴国之才，牢记历史使命，延续文化生命力，确保红色江山代有人出，革命火种永不熄灭，正如校歌中所唱："凯歌声，还相续，让红色火炬永不熄灭，代代相传。"

（2）以文弘新，与时俱进

习近平总书记在参加十四届全国人大一次会议江苏代表团审议时强调："要大力培育创新文化，为创新人才脱颖而出、尽展才华创造良好环境。"新时代的发展呼唤创新，新时代的建设需要创新。基础教育阶段，普通中学应当以高质量、高水平的创新教育助力建设教育强国，培养创新人才。创新求新不仅是时代的要求，更是流淌在湖湘人血脉中的基因。"敢为天下先"的"湖湘精神"将"爱国求新"刻在每一个湖湘人的骨子里，在今天，这一精神焕发出更强的生命力。

为落实培养创新人才的目标，学校始终坚持抓实竞赛强基，挖掘学生创新潜能。随着高考改革不断深化，国家对于创新人才需求不断增加，学校每年都会从高一年级普选一批具有创新潜能、热爱创新钻研的学生，引领他们走上学科竞赛的道路。一般而言，参加竞赛培训的学生，已经初具对某一学科的浓厚兴趣，但要将表层的兴趣转化为内在的热爱还需要学校老师的共同引领以及学生对该科学的深度探索。为此，学校大力发展创新文化，致力于挖掘学生创新潜能，发展学生创新思维，培养学生创新能力。

在培养创新竞赛人才的过程中，学校突出"五个引领"，强调"引领学科美育，引领成功体验，引领正确三观，引领角色定位，引领遵规优能"。"引领学科美育"，强调引导学生在理论实践学习中感受自然规律之美，发掘思维逻辑之妙；"引领成功体验"，强调在学生攀登创新竞赛这座大山时，要适当给予学生正向反馈，让学生感受到成功的喜悦，不能浇灭学生的学习兴趣和斗志；"引领正确三观"，强调"做题先做人"，在校内外课程与实践中引领学生树立正确的人生观、世界观、价值观，培养端正品德，树立团队意识；"引领角色定位"，强调老师、教练和领队根据学生的阶段发展特点以及个性发展，对其进行合适的角色定位，引领学生成长；"引领遵规优能"强调在尊重学生认知发展规律、学习规律的基础上，改进学习策略，优化学生能力。

这是千里马竞相奔腾的新时代，这是创新潮汹涌澎湃的新征程。面对新的时代趋势，长郡中学用创新之力拓宽学生的眼界，以创新之泉浇灌祖国的花朵，引导学生巧乘时代"东风"，做"无人区"的探索者，做"新高峰"的攀登者，做"科学林"的探险者，用与时俱进的文化力开辟出一条创新之路。

（二）课程力：激活潜能

在新高考、新课程、新教材全面聚焦高质量课程的育人效能。新高考"3+1+2"的考试模式为学生的选择提供了更多的可能性，体现的是以学生为中心的育人导向。高校在选才过程中更加注重学生的学业潜力和综合素质，给普通高中人才培养模式带来新挑战；新课程方案创新性设置必修课程、选择性必修课程和选修课程，独立设置信息技术、通用技术、综合实践活动等课程，聚焦培养学生的爱国情怀、社会责任、创新精神和实践能力，强调学生不再是被动接受知识的对象，而是积极参与学习的主体，以更加贴近学生成长需求的课程助力学生全面发展，培养完整的人。新教材是新课程的重要组成部分，更加注重学生学科核心素养的培养，教师在教学中需要回归学科育人本质，培育具有批判和创新精神的人才。

"双减"政策的实施反映的是学习理念的变革，要求学生的学习从原来的注重"听讲"与"练习"更新为注重"自主、合作、探究"，"双减"减去的是重复的、机械的、无意义的课业负担，加上的是综合的、创新的、高质量的学习实践。要求的是以"人"为中心，以更加精简高效的学习在减轻学生课程学习压力的同时培养更加全面的素养，呼唤"学习"本质的回归。

1. 理念引领：不让学生输在终点线上

课程改革离不开教育价值的引领，需要先进教育理念的支撑。在"三新"和"双减"的大背景下，长郡中学立足先进的教育理念，提出了"不让学生输在终点线上"的育人理念。"不输在终点线上"意味着长郡中学推崇的不是急功近利、唯分数论的教育，也不是为了学生一时的成绩而揠苗助长式的教育。相反，长郡中学所提倡的是遵循教育规律、符合学生发展规律，促进学生个性化、可持续、高质量发展的教育，这是一种促进学生终身可持续发展的教育。在课程生活中，学生学会的不应该只有知识，更重要的是学会学习，学会运用。

过往的教学更多地把学习看作一种个体摄取知识的结果，而非社会性的实践过程。然而，学习是一个复杂的人的主动社会化的过程，这一复杂的社会化过程包括了学生所处的课堂、学校、社群等现实生活。立足于"一切活动皆课程"的课程育人理念，长郡中学大力开展活动课程、实践课程，让学生在各式各样的社会实践中运用学习技巧，发展学习能力，检验学习成果，在最真实的社会情境中提升综合素质。

同时，学校在课程设计过程中贯彻"五育融合，课程育人"的课程观，强调学生德智体美劳全面发展：始终坚持立德树人，德育首位，以社会主义核心价值观为导向，以"自我教育"德育项目化课程建设为抓手，促进德育工作专业化、实效化，为学生成长筑牢坚实的价值底座；坚持厚植创新沃土，培养创新拔尖人才，通过学科竞赛课程的开展培育学生的科学精神和创新意识；积极响应"全民健身"号召，杜绝应试教育对体育课程的挤压，在保障体育课时的前提下，为学生设置个性化方案，让体育真正成为学生的终身必修课，起到强健体格、塑造人格的效果；坚持提升学生的审美素养，注重美育课程的开设，通过美术鉴赏与创作、音乐合唱团、交响乐团等多样化的课程陶冶情操，温润心灵，培养乐于发现美、享受美、创造美的学生；劳动教育重教更重育，学校坚持寓教于劳，寓学于勤，探索劳动教育新形式，发掘劳动教育新内涵，以丰富的劳动实践课程培育学生的劳动意识，增强学生动手能力，让学生感受劳动收获的快乐，上好劳动这一成长必修课。

为实践"不让学生输在终点线上"的办学理念，结合一百二十年来的文化底蕴，学校提出了"全面发展"的课程构建理念，着力于学生的"生命发展、素质发展、责任发展和潜能发展"，促进"德智体美劳"五育融合，共同塑造"爱生活、善求知、忧天下、有作为"的长郡人，展现高站位，强落实的特点。

2. 科学统筹："3 + N"课程体系的构建

为落实"三新"和"双减"所提出的育人目标，全力培养学生核心素养，长郡中学在课程改革方面持续深入探究，以20世纪90年代"五个轮子（思想品德、科学文化、艺术体育、劳动技术和心理素质）一起转"初始课程方案为基础，经历了2007年、2016年、2018年三次升级，成功构建了现有的"3 + N"课程育人体系（如图1 - 5）。该体系强调"五育融合"，让学生在每一个成长节点都能有所成长有所收获，在丰富的特色课程和实践活动中获得个性化、可持续、高质量的发展，培育全面发展的人。

基础型课程以夯实学生的文化根基为主。基础型课程分为国家必修课程与校本必修课程两大模块。在基础型课程方面，长郡坚持开齐开足国家必修课程，同时注重课程的二次开发。如积极开展班会活动，各班根据班级特色和实际需求开展丰富多彩的班会课："庆祝祖国华诞，彰显家国大爱"，有的班用心品味历史，培养家国情怀；"诗酒趁年华"主题班会以飞花令、诗词颂等方式玩转诗词，学生们用创新的形式走进经典文化；在"应赞成陶渊明的出世还是曹操的入世"主题辩论赛中，正反方辩手在唇枪舌剑间碰撞思想的火花，寓学于辩，观众与评委更是在思考与对辩中体悟出世与入世的深层智慧……形式多样的班会课程充分发挥了学生的个性特长，提升了学生的综合素质，促进了学生个性化、多样化发展。在体育走班教学的基础上，利用大课间开发了中华传统武术——"太极拳"校本必修课程，该课程融武术、音乐、体操和健美为一体，不仅增强了学生的身体素质，还传承了武术这一中华优秀传统文化，陶冶了学生的情操，增进学生的文化自信。音乐课程开发了《班级合唱》校本必修课程，学生的审美感知素养和艺术表现素养都得到了极大的提高。长郡中学还自主开发了"成长导航""湖湘文化撷英""长郡大讲坛"等校本必修课程，为学生的全面发展和个性延展奠定了深厚的基础。

拓展型课程以促进学生的自主发展为主。拓展型课程以基础型课程为依托，分为课程选学生和学生选课程两大模块。课程选学生类主要是指教师根据学科特色和要求，以拓展课程为平台而开设的各门选修课程，如科学类的数学、物理、化学、生物学、信息学等学科奥赛与科技创新培训，人文类的语文、英语、政治、历史、地理等学科的各类竞赛培训，艺术类的美术、交响乐团、合唱团、舞蹈团等培训，体育类的田径、乒乓球、篮球、羽毛球、武术、健美操等培训；学生选课程类主要是指学生根据自己的个性、爱好选择的，由学校组织从学科特色、教师特长出发，自主开发的122门选修课。这些课程涉及面广，品类丰富，学生可以根据个人兴趣和探究需求进行自主选择，满足学生的发展需求。

活动类课程以强化学生的自主参与为主。活动类课程分为校本必修类和校本选修类。一是"三大类社会实践"必修课程，即走进军营、走进新农村、走进职场，重在培养学生的社会责任、劳动意识和技术运用；二是"四大类主题节"必修课程，即体育节、艺术节、科技节和人文节，重在培养学生的问题解决能力和实践创新素养；三是"五大研学旅行"选修课程，即探究自然奥秘的绿色之旅、感悟中华文明的文学之旅、拓展国际视野的蓝色之旅、体验革命情怀的红色之旅和体验湖湘文化的春秋之旅，重在培养学生的国家认同和国际理解等素养；四是六强社选修课程，即社区义工社、澄池文学社、化学社、红十字会、模拟联合国和HUNK乐队，重在培养学生的自主创新和自主发展能力，参与社会实践和提高社会责任感。

"3＋N"课程体系将激励学生成长的要素牢牢统筹在一起，围绕"一切行为皆教育""一切活动皆课程"理念，将师生行为课程化，通过课程的方式实施，促进课程设计的规范化，在保持传统课程质量的基础上大力开展活动类课程，不断完善课程结构，以完备的课程体系支撑学生德、智、体、美、劳等全面发展。

3. 高效执行：强师密码"四让六不"

所有的课程设计最后都要落实到一线教师的教学实践。教师队伍的水平直接决定着课程的设计理念能否在课堂中得到贯彻，也决定着课程育人功能能否在课堂中落实。课程执行的每一步都与教师的素质密不可分。只有拥有一支高水平教师队伍，学校教育的质量才能得到保障，可以说，教师的水平直接影响着学生的素质发展。

强教必先强师，正是由于深刻认识到教师团队的重要性，长郡中学始终致力于打造高水平教师队伍，以高素质教师队伍推动课程育人的落实，助力学生的成长与发展。

（1）凝心聚力，以价值使命为本

长郡中学建校伊始便汇聚了徐特立、李维汉、易培基等一批名师，他们敢为人先，以"兴学育才"为己任，以救国大业为重，以学生发展为先，以崇高的教育使命感培养出了一大批祖国的栋梁之材。进入新时代，习近平总书记曾在全国优秀教师代表座谈会上致信与会代表，强调新时代教师应该具备"教育家精神"。改革大潮当前，长郡中学始终传承历史薪火，担当民族重任，谱写时代序章，以价值使命为引领，在新的历史起点上推进高质量教师队伍的建设。

打造高质量的教师队伍，首要的便是精神引领、价值导向和使命驱动。长郡教师始终铭记前辈的育人精神，自觉传承前辈们的创新理念，以"立德为先，为国育才"为己任，同时紧跟时代发展，弘扬"教育家精神"，让教育教学闪耀教育家精神之光。在学校的积极引领下，长郡教师形成了"让学生喜欢、让家长满意、让同行认可、让学校放心"和"课堂不出错、上课不拖堂、学生问不倒、作业不超量、试卷不过夜、陪伴不缺席"的"四让六不"的育人价值追求。

在改革浪潮汹涌澎湃的今天，为了培养高质量人才，长郡教师深刻认识到，高中课程改革是时代之大势，事关学校的发展前景，有利于提升学校教学质量，彰显学校特色，同时有利于提升教师专业素养，促进教师发展。树立勇于走出"舒适圈"的意识后，长郡教师积极迎接课程改革的挑战，以革故鼎新的精神和开拓进取的意识重建课堂教学模式，提升课程驾驭能力和自身教学水平，打破思维定式，一切以学生发展为中心，以教学范式的创新促进课程的改革，以使命和担当助力学生成长。

（2）研训提升，以专业成长为基

课程改革在高中阶段的顺利实施，高效课程的有效执行，长郡中学不输之魂的课程力铸造，需要加强教师队伍建设，完善专业成长体系，为课程的改革和实施提供"执行力"保障。为激励教师成长，长郡中学始终推动教师"在教中学"和"在学中教"，在身体力行的教学实践中积淀扎实的知识功底、过硬的教学能力、勤勉的学习态度、科学的教学方法。通过优师进阶工程建设，引领全校教师专业发展。

"青蓝工程"通过师徒结对的形式，发挥一批富有教学经验的骨干教师的示范和引领作用，为青年教师搭建交流和学习的平台，增进教师间的专业交流和学习，全面提升全校教师教学水平；"名师工程"致力于发挥首席名师和名师工作室名师的带头作用、示范作用和辐射作用，促进教学理念更新，积极迎接教育教学改革等挑战，推动学校教学质量稳步提升，促进教学教研共商、共研、共进、共享，为教师队伍建设做出巨大贡献；"卓越工程"面向资深教师，鼓励他们指导中青年教师参加或自己亲自参加优秀课例展示课比赛、同课异构活动、读书征文比赛、高考研讨会等活动，助力资深教师克服职业倦怠，更新教育理念，掌握信息教育技术，充分发挥"传帮带"作用，更好地为教育质量提升服务。

（3）团结共进，以团队支持为要

"孤举者难起，众行者易趋。"教师的成长不是一件容易的事，在短期内要求教师适应课程改革的思路，转变多年来的教学策略和教学方法，需要的是背后强大团队的支持。学校坚持发扬团队精神，通过教研组、备课组的建设打造课程实施共同体，以集体备课、教研会议、教研交流等方式，力求把握新课程的具体要求和核心目标的内在逻辑关联。学校凝聚各方教育共识，催生教育创新，最大程度地团结教师力量，以丰富的教学经验和灵动的教学智慧促进课程改革探究，激发教研教学热情。同时，还通过公开课、研究课、集体研讨、骨干教师示范课等活动带动全体教师共同成长，将民主合作和课程探究融为一体。

（三）协同力：共育新人

教育部、国家发展改革委、财政部联合印发的《关于实施新时代基础教育扩优提质行动计划的意见》指出，要"全面推进协同育人"。学校紧跟教育发展新趋势，积极探索"校家社政"协同育人所具有的新特点、新途径、新价值，团结一切力量，统筹规划各方资源，弘扬不输之气的协同力，共同培育时代新人。

1. 支持引导：用好政府无形之手

一所学校的发展离不开政府的支持和引导。在各级政府的支持引导下，长郡中学将国家政策与自身教育实际紧密结合，提供让学生认可、让家长满意、让社会放心的优质教育。

（1）紧跟政策方向

教育是国之大计，党之大计。习近平总书记在党的二十大报告中指出，"高质量发展是全面建设社会主义现代化国家的首要任务""必须坚持科技是第一生产力、人才是第一资源、创新是第一动力，深入实施科教兴国战略、人才强国战略、创新驱动发展战略，开辟发展新领域新赛道，不断塑造发展新动能新优势"。2023 年召开的中国教育改革发展论坛以"教育强国：政策创新与制度变革"为主题，研讨加快教育强国的政策体系和基本路径。论坛主旨报告指出，建设教育强国是强国战略的先导，是以中国式现代化全面推进中华民族伟大复兴的基础工程，推动政策创新与制度变革必须以习近平新时代中国特色社会主义思想为指导，聚焦中国式现代化这一中心任务和时代主题。

在素质教育的探索发展阶段，依照《长沙市教育事业发展第十四个五年规划》的指导纲领，长沙市人民政府营造了和谐民主的育人环境。在"十三五"规划中，教育事业实现量质齐升，公平而优质的教育得到发展，立德树人工作纵深推进，教育综合改革逐步深化，教育服务发展能力显著增强，教师队伍建设不断加强，教育治理水平有效提升等成果。长沙市基础教育进入全国前列，具有较强竞争力。长沙市整体教育水平的提升为长郡中学高质量育人教育目标的达成奠定了坚实的基础。在长沙市教育大环境引领下，长郡中学积极发展德育，推动集团化办学，推介教学经验，大力建设高素质教师队伍，坚守为党育人、为国育才的方向，全面推进教育高质量发展。

（2）重视督导评估

2022 年，湖南省制定了《湖南省高中阶段学校督导评估方案》，组织全省高中阶段学校全面完成了网络测评，并由各市州教育督导部门抽取辖区内一定比例的学校进行了实地评估，帮助学校挖掘优势、查找问题、研究对策，推动形成布局结构合理、办学多样、特色鲜明、保障有力的多样化高中教育发展新局面。长沙市教育局督导组在长郡中学通过实地考察、资料审核等方式开展工作专项督导，在反馈会上，督导专家在心理健康、用水安全、外籍教师管理等方面逐一进行反馈。学校也认真听取了专家的指导建议，决心以更加扎实的工作、更高的责任意识与更加细致全面的管理，营造良好的教育生态。

在督导组的意见指引下，长郡中学坚持以习近平新时代中国特色社会主义思想为指导，贯彻落实党的指导方针，深化教育改革，推行素质教育，坚持尊重教育规律和人才成长规律，大力发展爱国主义教育，全面落实立德树人根本任务，培养德智体美劳全面发展的社会主义建设者和接班人。学校对照督导评估细则，经常进行自查，及时发现和解决问题，推动学校各方面工作齐头并进。

2. 共治善治：夯实学校治理之本

完备的治理体系是国家教育治理现代化在学校层面积极推进的反映与表现，建立现代化的学校治理体系是实现教育现代化的必由之路。一个学校的治理体系直接决定着这个学校的育人范式。长郡中学充分发挥协同力，通过建立科学、智慧、共享的治理体系，向内求索，扬共治善治之长，以新时代育人范式促进育人质量的提升。

（1）科学治理奠基石

要培育高质量人才，高效科学的治理体系必不可少，而科学的治理体系又有赖于治理制度的规范和落实。常言道，"无规矩不成方圆"。一个学校的平稳运行，离不开科学制度规则的保障。对此，长郡中学坚持高举规范治理的旗帜，以规范治理为学生"扣好人生的第一粒纽扣"。在《未成年人保护法》和《中学生日常行为规范》的基础上，学校将日常行为规范、寄宿生管理、个人评优评先、危机处理办法等20余项学生管理规定汇编成《长郡中学学生守则》，并将其作为学生入学教育的必修内容，强化学生的规矩意识和纪律意识。科学的治理体系和学生的自律意识相辅相成，共同推动学校向前发展。

在教育现代化进程中，治理体系不仅要科学，更要高效。校园事务琐碎繁杂，要求教师事无巨细照管到学校的每一件事是不现实的。面对校园治理这一难题，长郡中学交出了"自主执勤、自我教育、自我服务、自我治理"这一自主治理的答卷。校园日常事务由团委、学生会指导学生自主管理，同时，隶属于学生会的学生仲裁申诉委员会，依照受理学生申诉的程序来保障学生的合法权益。在治理过程中，学校坚持健全学生成长成才的服务支持系统，完善学生权益保障机制，为学生提供宽容的成长环境，支持学生团体自主活动和管理，促进学生履行义务，增强主人翁意识。

（2）智慧治理创未来

进入信息时代，数字化、智能化正在深刻改变人们的生活生产方式和学习方式，可以说，信息技术为学习型社会插上了"飞翔的翅膀"，"时时可学、处处能学、人人皆学"已经从愿景变成现实。数字技术的快速发展既为教育带来前所未有的机遇，也为教育一线的师生们带来不小的困难和挑战：它也正深刻改变着教育理念、教育模式和教育形态，今天的中学教育所走的是一条前人未曾走过的路。

要踏上时代浪潮，防范风险与挑战，坚持高质量育人，智慧治理是破局关键。以数字化赋能中学高质量发展，需要通过智慧治理搭建连接现在和未来的桥梁。长郡中学紧跟时代步伐，积极进行数字治理的探索和实践，坚持以数字化驱动治理体系和治理能力的升级，利用数字技术加快构建灵活便捷的教育体系。

在校园环境智慧化方面，学校积极构建"六维智慧校园孪生模型"，加强智慧校园建设，打造智能化基础设施先进完备、云边端体系结构健全开放、信息化业务系统整合协同、空间应用线上线下融合流畅、数"智"技术赋能精准高效、课程课堂评价整合升级、师生素养发展持续推进、安全保障运行机制健全、学校办学特色与成效显著的现代化校园；师生数字素养培育方面，学校积极响应《中华人民共和国教育行业标准教师数字素养》和《普通高中信息技术课程标准（2017 年版 2020 年修订）》，利用"湖南省信息化 2.0 工程"这一我校全体教师信息素养提升的重要平台，以数字化重塑教育生态，提升教师数字化素养。与此同时，学校坚持课堂是学生核心素养生成的主阵地，执智慧课堂这一学校数字化转型的牛耳，着力培育学生的数字素养，侧重培养学生完成高技术含量、非常规任务的能力。学校智慧管理方面，长郡中学 2019 年即组建了新的功能管理中心——校园大数据信息管理中心，为"教—学—评—管—研"提供数字信息支持。在数字化转型过程中，一方面聘请专家进行希沃智慧课堂应用等专项培训，另一方面加强对"智慧五育""学科渗透"等各级课题的研究，用数字化为学校教育赋予新的温度。

为达到培育高质量人才的育人目标，长郡中学始终坚持走智慧治理之路，创未来校园，以智能技术改变学生学习、教育教学、学校治理和教育生态，构建"师—机—生"三元教学新形态，推动教学从知识传授转变为高阶能力培养和综合素质教育，统筹推进数字教育、数字科技、数字人文，让人工智能更好地造福广大师生。

3. 综合实践：激活社区育人之力

社区是中学生能直接接触到的、最真实的社会，也是中学生开展综合实践活动最方便的园地。可以说，社区是一片广阔的实践天地，青年学生在社区综合实践中大有可为。为推进"校家社"协同育人，培养"不输在终点线"的实践型人才，长郡中学携手社区，广泛挖掘社区资源，利用社区平台，培养学生的家国情怀与责任意识，增进学生的动手能力与实践能力，培育能够于生活实践中求知，心系天下、勇于担当的长郡人。

（1）社区实践育能力

早些年，我国教育常被人们诟病培养的学生多是"死读书、读死书"的书呆子，而这不是我们要培养的新时代人才。"纸上得来终觉浅，绝知此事要躬行"，面向社会，深入实践，知行合一是青年学子成长的最佳途径。长郡中学坚持充分挖掘社区资源，借助社区平台，组织学生开展丰富的社区综合实践活动。如登仁桥社区学雷锋志愿服务站为长郡学子们提供了社会实践的平台，在社区志愿服务活动中，长郡义工们深入社区清扫楼道、看望慰问贫困老人，身体力行践行"雷锋精神"；在"老少同堂韵年味"迎新春活动中，长郡学子们载歌载舞，用精彩热烈的表演陪伴孤寡老人迎来新春，为他们送上新年的美好祝愿。长郡学子们深入社区、深入百姓生活，在实践中锻炼组织、沟通等能力，在社区中将日常所学学以致用，用青春书写无愧于人民、无愧于时代的新篇章。

（2）反哺社区显担当

在社区实践中培养、锻炼能力，更重要的是将所习得的知识运用于真实的社会情境中，用在实践中掌握的技能反哺社区的广大人民群众，以个人的发展反哺社会的进步，让参与者在给予中收获，从而实现社区实践的另一种价值。长郡中学在社区实践活动中培养学生社会责任感，厚植家国情怀，在社区实践中显示长郡学子的担当。校红十字会的学子来到侯家塘社区为居民宣传普及自救互救知识；助残日活动中，长郡学子与残疾人们共同完成活动，更是亲身体会到残疾人日常生活的不易。社区实践活动，既能锻炼学生的能力，又能让学生更加深入地了解社会，以所学的知识技能反哺社会。

4. 教育促进：深化家庭成长之基

习近平总书记强调："家庭是人生的第一所学校，家长是孩子的第一任老师，要给孩子讲好'人生第一课'，帮助扣好人生第一粒扣子。"可以说，家庭教育是一切教育的基础，对孩子的影响深远而持久，其重要性毋庸置疑。在教育孩子的这条路上，教师和家长必然相遇，这种相遇应是信任与协作的邂逅。将学校教育与家庭教育协同起来是基础教育的应有之义。家庭教育和学校教育不能各自为政，而是应该拧成一股绳，形成合力，共同为孩子的发展铺开一条康庄大道。为达到"不让学生输在终点线上"的育人目标，长郡中学始终发扬协同力，积极营造家校协同育人的良好教育生态，打造家校育人共同体，不断提高育人质量。

（1）凝聚教育共识，顺应变局谋新篇

苏霍姆林斯基曾说："教育的一致性取决于家庭教育和学校教育的一致性，如果没有这种一致性，那么学校教育就会像纸做的房子一样倒塌下来。"家校协同育人正是苏霍姆林斯基所言的教育一致性的内核。

时代在进步，教育在革新。在"双减"政策下，为促进孩子健康成长，家长需要同学校一起，不仅要认识到国家和时代对育人要求的变化，还要深刻认识到高中阶段学生的心理发展变化。由此可见，革新教育观念、凝聚教育共识是家校协同育人的首要任务。要促成家庭教育和学校教育的一致性，家长与老师应该有效沟通、密切配合，实时关注学生成长，形成家校共育的整合优势。

有一部分家长存在着这样的心理：孩子送到学校，就应该由老师负责培养，孩子的成长跟家长没有关系了；家长说话孩子不听，只有老师说话孩子才听……为破除这样的错误观念，每逢开学之际，长郡中学校长都会为全体高一新生家长主持"开学第一课"，凝心聚力，在思想上将家长和学校牢牢黏合在一起。在课堂中，校长强调，学校与家庭之间应该是"合伙人"的关系，家校朝着同一目标，共同肩负着对孩子的教育责任，家校齐心共护孩子成长。在与校长、老师们的交流中，家长们也对如何成为一名合格的高中生家长有了更深入的理解，更加深刻地意识到孩子的成长成才不仅需要温暖和谐的家庭环境，还离不开家庭和学校的相互配合。在这样的家校沟通中，家长的教育理论知识和教育素养也得到极大的提升，参与家校合作事务能力显著增强。

（2）加强文化共享，开放平台促沟通

家校共育，关键在"共"。要协调家校职能，促进家校文化共享，积极搭建家校沟通平台是共育的前提。家校之间若缺乏切实沟通，则难有真诚合作，倘若各说各话，家校间缺乏育人共识，则容易产生误解，家校关系甚至可能走向对立。

长郡中学充分发挥协调力，积极拓展沟通渠道，建立开放交流的沟通平台，力求将学生的成长情况快速真实地反馈给家长，针对学生成长过程中产生的问题，能够与家长及时沟通解决。为增进家校联系，促进有效沟通，加强文化共享，长郡中学成立了家长委员会，同时积极推进家长学校的建设，旨在与家长共同探究孩子的成长之道，助力孩子的美好未来。家长也能进一步了解学校教育理念、教学方法和学生成长情况，是支持孩子成人成才的有力保障。在长郡中学家长开放日活动中，教师热心为家长答疑解惑，在一问一答中加强家校间的交流，增进了家长对学校的信任。同时，长郡中学坚持"引进来"和"走出去"结合，通过家长会、家访等家校共育路径，营造和谐共生的家校氛围，共同担当家校共育的责任，营造和谐共赢的家校教育共同体。

（3）家校合力共建，赋能成长重"过程"

"双减"政策，减的是低效、机械、烦琐的无意义课业负担，增的是高效、优质、创新的教育过程，其核心在于"提质增效"。提质，提升的是学生学习的质量；增效，增的是全面发展的效能。在"双减"政策的背景之下，如何达到家校合力共建，共同为学生成长赋能是发挥协同力的重中之重。

为破除"重结果轻过程""唯成绩论"等错误思想，长郡中学坚持以"双减"政策为杠杆撬动学生全面发展，推进"五育并举"，培育"完整的人"。为此，学校强调家校合力共建，深度开发家长资源这一宝藏，让家长也能深度参与孩子的成长，为成长赋能。如建立"家长导师制"，邀请具备人力资源经验的家长助力学生的生涯规划教育，帮助将学校的社团活动、社会实践活动与社会接轨，推动学生核心素养整体提升，引导学生全面而富有个性地发展，为孩子们接触社会、了解社会、规划人生起到指导作用；在"亲子义工行"中，家长与孩子共同参与植树、慰问孤寡老人，家长以身作则激扬"后浪"风采，孩子以榜样之光擦亮青春底色，在亲子互动中领悟助人之美，育奉献之德，弘扬志愿精神，培育文明之风。

在家校共建的过程中，长郡中学充分发挥协调力，协调家校资源。家长既可发挥专业特长、资源优势为学生成长铺路，促进学生全面发展，又可深度参与孩子成长，做到"家长不缺席，孩子不孤单"，时刻关注孩子成长状态，构建了教育合作共赢的理想图景。

（四）评价力：多维引领

在教育改革的大背景下，随着新时代教育理念和人才培养目标的升级，教育早已不能简单地与知识培训画上等号。今天我们所提倡的教育早已突破原有的概念和内涵，拓展到一个全新的、更为广阔的领域和价值空间。中共中央、国务院印发的《深化新时代教育评价改革总体方案》提出了"改进结果评价，强化过程评价，探索增值评价，健全综合评价"的目标，在新的教育生态下，如何正确发挥评价力的指挥棒作用，回答好教育的时代之问，如何通过提高教育评价的客观性、专业性、科学性，为未来的教与学带来更多新的可能？面对校园管理、教师成长、学生发展和教育科研几大教育课题，长郡中学始终坚持发扬不输之气的评价力，以昂扬的姿态和进取的精神面对时代赋予的挑战。

1. 定好基调：建构科学评价体系

科学评价体系对学校发展至关重要，它能精准定位问题，激励师生进步，促进教育资源优化，确保教育质量持续提升，是引领学校迈向卓越的重要导航。长郡中学积极构建了校园管理、教师成长、学生发展和教育科研评价体系，为高质量育人保驾护航。

（1）校园管理评价体系

长郡中学校园管理现代化，通过"多元育人"实现学生个性潜能的释放和教育高质量的发展，从垂直到扁平、从单一到多元、从共治到善治，助力学生"身心健康"与"人格健全"，从而"不让学生输在终点线上"，培育"爱生活、善求知、忧天下、有作为"的学生。

第一，以管理理念促评价。在管理理念方面，学校坚持以"朴实沉毅"的校训为基础，提出了"尊重个性，唤醒自我，激发潜能"的办学理念，形成"质朴、笃实、沉静、清毅"的校风，确立"爱生活、善求知、忧天下、有作为"的育人目标，培养"完整的人"和"拔尖创新人才"；坚持大课程观，推行"一切活动皆课程"的教育理念。在教师管理层面，发扬"勤朴、务实、沉心、严毅"的教风，倡导教师做"教书育人的模范，做学习修身的模范，做爱生奉献的模范"，每个教研组都根据学科特点确立了教育教学目标和学科研究方向。在学生层面，坚持发扬"淳朴、稳实、沉思、弘毅"的学风，引导学生争做勇于担当民族复兴大任的时代新人。根据年级特征和班级特性，各班围绕家国情怀、敦品励志、求学笃行等方面，构建了各富特色的年级和班级文化理念。

第二，以管理制度稳评价。在管理制度方面，根据《长郡中学章程》，按照"严、实、活、新"的要求，进一步完善了学校管理规章制度，并编印了《长郡中学规章制度汇编》和《长郡中学教师岗位职责要求》，对每个工作岗位、每项具体事务都做了详细的规定，实施制度化管理、精细化考核，办事实行流程化审批，减少了工作的随意性，管理效能不断提升。实行校务公开制度，定期召开教代会，财务管理、收费、工程建设项目、教职工奖惩、职称评审、招生事务、学校重大决策等事项必须由教代会讨论通过，推行民主管理。

第三，以校园治理提评价。在环境治理方面，长郡中学积极打造美丽校园，为师生教学活动提供优美的环境。校园环境是办学理念的外在体现和有效载体，是育人、化人的无声课堂。因此，建设好物质文化与精神文化相统一、相协调的校园环境，是学校管理评价体系的重要内容。

校园环境规划体现自身的文化内涵，要"让每一处建筑都会说话"。首先要合理设计所有教学建筑、校园景点，使楼宇场馆、花草树木布局有致，疏密合理，其主色调、建筑风格都要与学校的文化内涵相一致。其次要设计与校训、校风相一致的校服和校歌，校服要体现学校文化特色，要求学生统一着校服上学，从着装上培养学生对学校的认同；在各种集体活动中，组织学生统一唱校歌，体味学校文化的内涵。最后要努力构建数字化校园，在对外交流与宣传活动中，都使用统一的 LOGO，塑造学校良好的社会形象。

良好的育人环境也是学校治理的重点。校园内，做到净化、绿化、亮化、美化与文化"五化一体"，校园人文底蕴深厚，协调统一。校门悬挂规范的校牌，主体建筑都以学校文化命名，如抱朴楼、笃实楼、沉勇楼、弘毅楼、求真楼、图强楼等。外墙书写以管理理念、校风校训为内容的大字。长郡的校训、育人目标等都在校园主建筑的外墙上醒目易见。既有体现长郡历史和特色的院士路、澄池、觉园、鼎园、敏园、基石、红色纪念碑等校园人文景观，又创设了各种文化设施，如宣传长廊、黑板报、名人字画栏等，展示学校精神文化。校园宣传栏、文化长廊大力宣传学校的核心文化。班级教室是师生教学活动的主要场所，对教室的布置进行统一规划，前面粘贴时间表、课程表、值日表、班级简介以及各种规章制度，班级教室的布置兼顾共性与个性，各班师生根据各自的特点创设不同风格与追求的班级文化牌、黑板报，鼓励和引导学生参与班级文化建设，通过班风、学风、教风的建设来体现隐性文化，让教室成为学生表现自我，优化个性的场所。每间教室采用节能、护眼、无闪烁的 LED 绿色光源，体现以学生为中心的教育理念。

办公室文化建设也是学校治理的内容。长郡中学的教师办公室有统一的布局和规划，整洁有序，墙上张贴学校的规章制度和师德师风要求，办公桌椅整齐一致，体现教书育人的要求。教师办公桌上摆放个人铭牌，展示教师的个人风采。

（2）教师成长评价体系

2022 年，教育部等八部门联合印发的《新时代基础教育强师计划》明确指出："好教师应该是学生人生的引路人。"要做好学生人生的引路人，学校应当建立完备的教师评价体系，推动教师成长。长郡中学坚持完善教师评价体系，通过教学评价和教师评价的改革，引导教师自觉追求"敬业、精业、乐业"的精神境界，培育具有"教育家精神"的高素质教师。

首先，以教师评价加强师德建设。在教师评价方面，长郡中学坚持不以升学率作为教师评价的依据，而是把师德师风作为第一标准。学校通过召开全体教职工大会，专题学习贯彻长沙市中小学教师师德师风建设行动计划，全力打造一支师德高尚、业务精湛、结构合理、充满活力的教师队伍。学校通过组织全体教职工学习师德师风建设的核心要点，解读了长沙市中小学教师师德考核提出的 12 条负面清单及长沙市中小学教师师德师风违规行为专项整治方案；学习《教师思想政治和师德师风建设经验交流暨师德专题教育启动部署》视频会议精神，推动思想政治建设与师德师风建设相融合，做到知行合一；开展做"四有"好老师主题活动，进一步改进和创新师德教育内容、方式载体和体制机制，完善师德教育机制、宣传机制、激励机制、监督机制、惩处机制、考核机制和保障机制，推进师德建设工作深入开展。通过师德师风建设活动，培养崇德敬业、严谨治学、锐意进取的工作作风和爱校敬业、爱生爱岗、立德树人的人文精神，形成树师德、铸师魂、正师风的良好氛围。

其次，以教学评价砥砺专业素养。在教学评价方面，长郡中学坚持将教师专业素养视为重要评价指标，推动教师精进专业水平，实现"师强生更优"的良性循环。比如，学校推行的青年教师命题、解题、讲题的"三题"比赛项目，让教师深入研究新课标、新教材、新高考的"三新"教学研究，用老师的"题海遨游"把学生从"题海"中解放出来，从而全面提升师生的学科核心素养。以讲题比赛为例，教研组在近三年的全国各地高考真题中挑选出 100 道题建立题库，提前一个月发给参赛教师，让他们有时间弄懂吃透每道题，然后参加比赛。比赛时，随机抽取题目，要求参赛教师 15 分钟内将该题进行讲解，然后评委评分和点评。这对教师的专业综合素养提出了很高的要求。没有细致领悟题目考查的必备知识、关键能力与学科核心素养，没有深入研究每一道题的答案要点，是不可能过得了这一关的。只有专业过硬，才能率领学生勇攀真理与智慧高峰。再如青年教师片段教学比赛，教师以所教学科新教材为教学内容，进行 12 分钟的有生片段教学展示，要求教师依据课程标准，落实新课程理念，教学设计布局合理，注重艺术性，同时要求在课堂上融合运用现代信息技术，注重实用性和美观性的结合，评委从教材解读与内容处理、学情分析及教学思路、教学过程与方法策略、教学效果和语言教态等五个方面对课堂进行评判。

（3）学生发展评价体系

学生评价是学校管理的重要手段，它重在帮助学生总结学习成果并指明其努力方向。然而，传统评价以分数为唯一标准，导致"考试机器"和"学习机器"的产生。随着时代的发展，社会需要高素质人才，评价体系需要革新。在高中阶段，革新学生发展评价体系是教育体系进步的前提。评价时应尊重学生主体性，激发学生主动性，引导其获得积极愉悦的学习体验。

在国家评价体系的基础上，学校坚持多元评价原则，提出评价要考虑到学生发展的过程性，既强调所有学生创新素养培养的"普育"评价，又兼顾部分学生个性发展需求的"选育"评价。特别重视过程性评价的实效性，以多元的评价体系反推学生注重提高自身综合素质，扭转教育中出现的重知识、轻素质的倾向，达到激发学生的学习主动性，培养学生适应学习型社会需要的正确价值观、必备品格和关键能力的育人目的。

第一，"普育"评价重全面。根据部颁《普通高中学校办学质量评价指南》，评价学生发展具有品德发展、学业发展、身心健康、艺术素养和劳动实践等五项关键指标，旨在考查学生德智体美劳综合素质全面培养、全面发展的情况。长郡中学"1445"高质量育人体系中的"5"即"立德铸魂、启智润心、健体强身、尚美臻格、崇劳长技"，与五项指标吻合。在"立德铸魂"方面，学校坚持立德树人，以德为先，建立全方位、高层次、多维度的学生品德发展评价体系，提高德育评价的系统性与全面性，使德育真正回归"人"的主体，突出自我教育和自主管理的权重，轻说教重内化，促进学生道德人格的健全发展，为学生注入"朴实沉毅"的文化基因。在"启智润心"方面，学校重视智育开发，突出提升学生智力发展水平，培养学生良好的学习习惯，以"严、实、细"夯实文化基础，同时注重与学生发展的整体性、生成性和过程性之间的勾连，在学生评价时不以成绩的高低为唯一的标准，而是更注重学生学习能力的进步和应用能力的提升。在"健体强身"方面，学校的体育工作注重学生体质达标，日常评价突出活动训练和达标考评，引导学生热爱锻炼，形成良好的身体素质。在"尚美臻格"方面，重视对学生美育的熏陶，以学科渗透促进艺术特长的培养，着重强调审美意识和审美能力的评价，使学生形成独特的艺术气质。在"崇劳长技"方面，劳育以开展"综合实践"为特色，学工、学农活动常态化，通过动手实践、劳动体验，培养学生形成正确的劳动观念和自觉的劳动习惯。

第二，"选育"评价重特长。《2021 年长沙市长郡中学普通高中教育质量综合评价报告》显示，长郡中学学生好奇心和求知欲、潜能发展、爱好特长等"兴趣特长"二级指标都名列前茅。这是学校注重在日常学习和实践活动中甄选和培育学生兴趣和特长的结果。学校以"三走进""五研学"等综合实践类课程为载体，通过课程学习成果的展示，来评价学生的能力提升与学习进步程度。学校坚持以评价助推创新拔尖人才的培养工作，力争学科竞赛每届都有国际金银牌，"强基计划"入围全国前三，音体美特长项目蓬勃发展，保持全国领先地位。

（4）教育科研评价体系

党的十九大报告指出，建设教育强国是中华民族伟大复兴的基础工程。而教育科研是推动教育改革和发展的第一生产力。在"科研兴教"和"科研兴校"的时代背景下，基础教育改革进入新阶段，教育科研是促进教师更新教育理念，树立新思想的助推器；是提高教师专业素养，促进教师队伍从经验型向专家型转变的重要基础；更是学校提高教学质量，培养优秀人才的必由之路。中学教师不仅要具备教学能力，还要具备教研科研能力，不仅要成为一名好的教师，更要成为一名优秀的研究者。因此，将教育科研纳入评价体系是建设教育强校的应有之义。

第一，以正确的科研观念引领教育科研活动的开展。科研课题是教师从自身的教育经验和教育实践中不断思考、发掘而提出的。长郡中学坚持帮助教师树立正确的科研观念，推动教育教学与教研科研工作紧密结合，将课题研究作为校本教研的一条重要途径。鼓励教师基于教育现场开展实证研究，对实践经验不断进行反思、分析、总结，探索教育教学规律，解决学校教育教学过程中实实在在存在的问题，实现理论与实践的融合。

第二，以完善的体制机制保障教育科研活动的开展。为提升学校整体科研水平，学校建立了三级课题保障体系：一是决策机构，建立以校长为核心的领导小组，二是执行机构，成立课题研究室，三是实践机构，各学科成立教研组。学校教科室牵头组织制定了《长郡中学教育科研奖励办法》《长郡中学教育教学成果奖评选办法》《长郡中学优秀教研组评选办法》等，保障教育科研工作有章可循、有据可依。长郡中学坚持走教育科研之路，制定学校科研规划，持续有效地推进学校教育科研工作，在此基础上提升学校整体办学品质。

第三，以团结的科研团队支撑教育科研活动的开展。学校科研部门致力于把那些已经被掌握、理解和运用的关于教育科研的"隐性知识"显性化，构建学习型学校制度，让广大教师具备常识性的科研知识，如中国知网的运用、文献的查询、课题申报的基本流程等；名师工作室发挥带头作用，根据教师教育科研能力层次的差异有针对性地设计教育科研培训活动，打牢科研理论基础，增强课题研究能力和成果应用能力，提升教师专业发展的高度。教研组通过形式多样的学习活动、教学活动和沙龙讨论等共享活动，促进教师之间不断学习研讨，同时通过组织成员之间的人际沟通和深层对话，促进教师之间的经验交流，培育经验共享的价值观和团队精神，打造研究共同体。

2. 把准方向：提高多元评价效能

（1）教师评价重专业

教师评价方面，长郡中学以学校为评价主体，实行教职工综合评价机制：建立由"表现＋能力＋绩效"三个综合评价维度和"学生＋教师＋学校"三个层次的民主问卷与量化考核相结合的评价机制，对在岗教职工每学期评价一次，考评结果与绩效工资、续聘解聘、职务评聘、竞岗转岗、评优评先和进修学习挂钩。学校建立教师发展与激励机制：执行国家教师资格认证和专业技术职务评聘制度，学校在执行国家政策的基础上，建立由"量化积分＋考评结果＋专家投票"的岗位晋升和职称评定办法。

同时，长郡中学采取教师民主互评激发教师积极性。学校建立首席名师工作室，三年遴选一次；学校每年评选"十佳魅力"教师、突出贡献教师、优秀骨干教师、优秀青年教师、优秀德育工作者、优秀教研工作者、优秀员工、优秀党员、优秀工会会员，采取民主问卷与考核量化相结合的评选办法，每年评选一次，学校统一表彰和奖励。学校建立教师申诉机制：成立教师仲裁申诉委员会，明确受理教师申诉的部门和程序，保障教职工的合法权益。

完善合理的评价体系能激发教师的内驱力。在民主客观的评价体系下，教师积极性得到极大提升，教师专业素养也水涨船高，长郡中学教师优良的师德师风和扎实的教学功底成为学生成长成才的强大"发动机"。

（2）学生评价重全面

伴随着教育改革的不断推进，全面深化学生评价改革已经成为中学教育寻求新发展和新突破的重要途径。评价的目的不仅仅在于证明，更在于改进、突破、发展。在长郡中学的学生评价体系中，学校、学生、家长等多元的评价主体对学生从理念、知识、能力、情感等多维度进行评价，推动学生综合素质发展，让每一个学生的每一个闪光点都能被看见。

学校评价方面，长郡中学建立学生综合素质评价机制：建立与高考改革和高等院校人才选拔相匹配的学生综合素质评价标准，以定性与定量、过程与结果相结合的评定方法，完善学生综合素质评价。每学期评价一次，评价结果记入学生成长档案。对德智体美劳等方面表现突出或进步显著的学生，予以表彰和奖励，每学年评选一次。

学生评价方面，学校通过采取学生自评和互评的评价方式激励学生进步。每当考试之后，长郡教师都会通过班会课、个别谈话等方式组织学生进行自评自纠，总结进步经验，反思退步原因，探究成长方向，帮助学生更好地学习；而在实践活动方面，长郡中学则鼓励学生通过学生自评发掘自身能力的提升程度，通过学生互评发掘身边同学的闪光点，引导学生走自主发展之路。长郡中学积极开展评价教育，创设良好的评价生态，帮助学生积累评价经验，增强学生综合素质评价效能。

家长评价方面，学校通过成立家长委员会、家长学校等组织，建立教师与家长的日常联系机制，通过班主任家访等活动使得家长可以积极和老师交流，引导家长参与到孩子的成长中来。在教师的引导下，家长们还通过撰写学期评语、给孩子写信等方式对孩子进行评价，积极反馈孩子的日常学习状况，对孩子的学习起到鼓励与督促作用。

第二章
立德铸魂　心忧天下

人性的高度即教育的高度。如何挖掘德育矿藏、重构怎样的德育生态是当今中学教育的重要课题。

教育家鲁洁提出，道德教育的本质在于做成一个人，实现人的自我超越。教育专家李镇西认为，德育就是一种积极的生活方式，德育应该给孩子呈现一种自然的生活常态。

作为一所有着光荣革命传统和鲜明红色基因的百年老校，长郡中学以《中小学德育工作大纲》为指南，坚持育人为本、立德铸魂，大力培育和践行社会主义核心价值观，以培养学生良好思想品德和健全人格为根本，以促进学生形成良好行为习惯为重点，着力构建方向正确、内容完善、学段衔接、载体丰富、常态开展的德育工作体系，大力促进德育工作专业化、规范化、实效化，全员、全程和全方位育人，培育心忧天下的优秀人才。

一、从起跑线到终点线

"新时代，我们需要培养什么样的人才。"这是教育的首要问题。

要看清教育目标在时代洪流中的演变，各学校门口的宣传标语是一个很好的观察入口。

数十年前，我们经常会在学校门口见到诸如"不让学生输在起跑线上""知识改变命运，教育决定未来"之类的标语。而近些年来，"话风"逐渐转向为"以学生的成长为中心""让学生站立在学校的正中央"。回顾近十年的发展，不难看出，我们的教育目标正从过度关注分数、升学、考试、比赛等"身外之物"转向素养、能力、生命、成长，逐渐回归到"人的本身"。

立德是立人之本，将立德放在立人的首位是抓住了教育的本质之举。才者，德之资也；德者，才之帅也。① 德育是五育之首，育德是育人的关键。中学生正处于人生观、世界观、价值观养成的重要时期，为学生扣好人生的第一粒扣子是中学教育的重要任务。

从《大学》中的"大学之道，在明明德"的德育观到蔡元培校长"若无德，则虽体魄智力发达，适足助其为恶。故今日之教育，当以道德为根本"② 的育人理念，可见中华民族历来拥有深厚的德育传统，中华传统文化中亦蕴含着极丰富的德育资源宝藏。

挖掘德育资源是中学德育教育的关键。教育应如树摇树、云唤云，德育则需灵魂唤醒灵魂。孩子非白纸或木偶，而是独立生命体。德育是灵魂间的平等相遇，生命对生命的托举，不是灌输驯化能达成的。

长郡中学立足于"不让学生输在终点线上"的核心理念，以"立德树人"夯实学生道德根基，以红色文化铸牢人的思想之魂，融通德育路径，让教师真正走进学生的心灵世界。

在德育目标方面，长郡中学以培养"完整的人"为育人目标，培育"爱生活、善求知、忧天下、有作为"的时代青年，以科学的教育发展观、人才成长观、德育发展观为学子的成长点亮指路的明灯，培养热爱祖国、品行端正、富有爱心的长郡人。

在德育路径方面，长郡中学致力于延展学校德育路径。如果提起"德育"二字，学生脑海中只能浮现枯燥的说教、呆板的灌输，那这样的德育注定是失败的。长郡中学开展系列课程、创新育德载体，借助青年党校、长郡义工等丰富活动为学生的心田洒下爱的甘霖。

在德育内容方面，长郡中学创新德育内容，立足校史文化，发扬红色精神，帮学生树立正确的价值观，同时将德育内容与高中生成长轨迹密切对接，从高中生成长过程中可能遇到的困难入手，用爱促进师生灵魂交流，用心托举学生健康成长。

---

① 司马光. 资治通鉴［M］. 高山，译注. 青岛：青岛出版社，2021：3.
② 张汝伦. 蔡元培文选［M］. 上海：上海远东出版社，2012：299.

二、内化学生成长动力

师德师风是引领学生成长的内在动力源泉，教师的高尚品质与职业操守能激发学生积极向上，促进自我提升，为学生的全面发展奠定坚实基础。

（一）师德师风：扎稳育人根基

长郡中学组织教师深入开展学习与贯彻习近平新时代中国特色社会主义思想，把师德师风建设摆在重要的位置，切实增强教师为党育人、为国育才的责任感、使命感和紧迫感。

师德是为师之魂，师风是为师之本。西汉杨雄说："师者，人之模范也。"教师是学生成长路上的引路人。老师的一言一行，不仅影响着学生的学业，更塑造着学生的品格。

师德师风直接影响着教师队伍整体素质，关乎培养什么人、怎样培养人、为谁培养人这个教育的根本问题，关乎立德树人根本任务的落实，关涉培养社会主义建设者和接班人的教育职责和使命。

习近平总书记提出，广大教师要大力弘扬"心怀大我、至诚报国的理想信念""言为士则、行为世范的道德情操""启智润心、因材施教的育人智慧""勤学笃行、求是创新的躬耕态度""乐教爱生、甘于奉献的仁爱之心""胸怀天下、以文化人的弘道追求"的教育家精神。

面对新时代教育改革的要求，长郡中学教师以切实的行动积极回应，不仅立于三尺讲台为学生答疑解惑，而且以高标准严格要求自身，担当使命和责任，既做学生知识上的导师，也做学生品德上的榜样。

案例阐述

为全面贯彻党中央、国务院对师德师风建设的部署要求和中央领导同志重要指示批示精神，巩固师德师风建设成果，加强教师职业道德建设，提升教师专业素养，强化广大教师教书育人的责任感与使命感，真正把《新时代中小学教师职业行为十项准则》落到实处，长郡中学结合实际情况，以制度规范师德师风建设。

1. 进一步完善责任机制

为使师德师风建设工作落到实处、收到实效，学校在组织领导上再下功夫，强化责任意识，明晰管理范围，做到分层落实、分块把关。领导小组成员严格落实各项工作要求，各司其职。凡因执行不力、把关不严造成违纪违规行为发生，学校除对当事人依法依规进行严肃查处外，同时追究有关责任人的领导责任和管理责任。学校修订汇总了《长郡中学师德师风考核惩罚制度》，同时制订了《长郡中学定期走访教师家庭工作制度》《长郡中学教师义务辅导学生情况登记表》，鼓励教师建立良好的师德风范。

2. 进一步完善教育机制

系统组织全体教师认真学习《教师法》《教育法》《未成年人保护法（新版）》《中小学教师职业道德规范》《未成年人学校保护规定（教育部）》等教育法规政策及条例规定，提高教师依法从教的意识和能力。

学校对师德师风建设常抓不懈，高标准，严要求，切实提高全校教师的法治意识与规则意识。学校将师德师风教育渗透到每一次教研活动、集体备课。学校领导、教研组长、备课组长利用大会小会、教研活动、集体备课时间，月月讲、周周讲、天天讲，形成"人人遵纪守法、个个严于律己"的良好氛围，坚决杜绝踩踏红线的违规行为。

紧密结合学校教育教学中心，精心组织开展形式多样、内涵丰富的师德师风教育活动，增强教师教书育人的荣誉感和责任感。通过专题学习、主题宣讲、读书交流、主题征文、模范引领等形式提高全校教师的法治意识、理论水平和师德修养，确保全校教师依法廉洁从教，在校园内营造"师德高尚者人人敬仰、违规违纪者人人喊打"的清风正气，在校外赢得人人向往、人人敬重的社会美誉。

加大正面宣传力度，通过学校官网、官微、电视台、校报、校刊、宣传栏、电子屏大力宣传学校师德师风模范人物与事迹。学习、培养、树立师德师风先进典型，弘扬主旋律、传递正能量、引领高境界。

3. 进一步完善监督机制

为严格执行师德师风的相关规定，学校制定了《关于师德师风违规突出问题专项整治工作方案》《长郡中学教师师德考核负面清单》《师德师风问题自我对照检查表》，从严治理教师中违反"十不准"等不正当的行为，学校从不同层面、不同渠道加强督查，对违纪违规的人和事按照有关政策和法规进行严格的查处。为确保该项工作能公开、公平、公正地开展，学校成立师德师风建设群众监督小组，充分发挥师德师风监督小组的作用，加强明察暗访，听取社情民意。随时接受广大学生、家长及社会各方面的监督和举报，并做到有报必查，有报必复。

进一步提高教研组对师德师风建设的重视程度，教研组长、备课组长要利用教研组会、集体备课会以及个别谈话反复强调师德师风的重要性，对组内可能出现苗头的违规违纪问题及时警示、提醒，及时纠偏改错。对组内师德优秀的教师的事迹予以收集、宣传、推广。学校将组内教师的师德师风表现纳入教研组考核内容，组内出现违规违纪现象，教研组评优一票否决。

4. 突出治理重点，重申教师三条禁令

学校组织召开师德师风建设专题民主生活会，全体教职员工签订《师德师风承诺书》，并重申教师三条禁令。

第一，严禁与民办培训机构挂钩。在职教师未经学校批准并报上级教育行政部门备案，不得受聘于民办培训机构参与培训、管理和兼课；不得替民办培训机构进行招生宣传和组织生源、收受招生回扣；不得替民办培训机构向学生收取补习费。

第二，严禁从事有偿家教家养。在职教师不得以任何形式有偿为学生上课，或有偿为学生提供食宿。

第三，严禁违规向学生收取任何费用。在职教师不得以个人或备课组、教研组、年级组等名义违反规定为学生统一征订教辅资料或向学生推销商品；不得以任何名目违反规定向学生收费。

5. 实行责任追究，从严查处违规行为

凡经查实有违反"三条禁令"的在职教师，根据情况至少取消一年内评先评优评职称及晋级加薪的资格，并取消当年的绩效考核奖，年度专业技术考核定为"不称职"。在全校范围内通报批评，责令立刻整改。对整改不到位的、性质特别严重者，学校按有关法律法规和相关程序予以行政处分，直至解聘、开除。

违反有关规定的共产党员，还会按《中国共产党章程》接受党内的相应纪律处分。凡被长沙市教育局、市纪委等上级部门查处到的，则按上级的处理意见执行。若临聘教师或代课教师有违反"三条禁令"等不当行为，一律解聘。

案例评析 ---

　　师德师风是教师职业道德与教育教学行为的集中体现，是教育事业健康发展的基石。教师只有自身立得直、行得正，才能真正教育好学生，为学生起到榜样带头作用，"立德树人"的根本任务也才能真正落实到位。长郡中学强化治理力，将师德师风摆在校园治理的重要位置，从制度的源头保证校园的风清气正。

　　一是以完善的责任机制明确责任划分。从学校层面看，学校作为教育的主体，也是师德师风建设的主要责任主体，通过明确的责任机制划分，全面规划和监督师德师风建设工作，确保工作的顺利进行。从教师个体层面看，明晰的责任划分让教师们从源头明确了自己的责任与义务，让教师充分认识到师德建设的重要性、自觉遵守职业道德规范，做到以身作则。

　　二是以先进的教育机制促进自我学习。通过组织教师们对法规、政策的学习，加强对于教师的思想教育以及教师自我教育，同时营造浓郁的师德师风学习氛围，让师德师风教育渗透在校园的每一个角落。同时，鼓励教师不断自我学习、不断提升自己职业道德修养，培养有道德、堪当时代大任的高质量人才。

　　三是以健全的监督机制加强学校督查。人不以规矩则废，校不以规矩则乱。只有善于发现问题，敢于正视问题，把违反师德师风的问题解决在萌芽状态，才能换来校园的风清气正，乾坤朗朗。健全、公开、透明的监督机制呈现的是长郡中学敢于自我剖析的勇气以及治理校园的决心，是校园德育工作的基石。

　　未来，弘扬师德师风仍是一项至关重要的任务，它直接关系到教育的质量和社会的未来。长郡中学将从以下方面加强师德师风建设。

　　第一，树立榜样和典型。积极发掘和宣传具有高尚师德师风的优秀教师，通过举办师德师风表彰大会、编写优秀教师事迹集、开展师德师风教育等活动，发掘优秀教师的事迹，分享优秀教师的经验，激励更多教师向榜样学习，在学校内形成积极向上的氛围。

　　第二，完善师德评价体系。评价是指挥棒，指挥着教师的行动方向。学校将进一步完善师德评价体系，将师德表现作为教师考核的重要内容。

通过公正、公开、透明的评价体系，表彰优秀教师，对师德失范行为进行严肃处理，形成有效的激励机制和约束机制。

第三，关注教师成长。教师的成长不仅包括教学技能的成长，更包括个人素养和职业道德的完善。学校应当为教师提供必要的职业发展机会和资源，鼓励他们不断提升自己的教育教学能力和专业素养。同时关注教师的心理健康和职业发展需求，为他们提供必要的心理支持和职业规划指导，帮助他们实现自我价值的提升和职业发展的飞跃。

第四，加强家校合作。通过家校合作，共同推动师德师风建设。家长可以参与学校的师德教育活动，了解和支持教师的工作，同时向教师反馈学生的需求和意见，促进教师和家长之间的沟通和理解。

（二）薪火相传：赓续红色基因

陈独秀曾说："青春如初春，如朝日，如百卉之萌动，如利刃之新发于硎，人生最宝贵之时期也。"毛主席在莫斯科大学大礼堂接见中国留苏学生时也曾如此勉励广大青年："世界是你们的，也是我们的，但是归根结底是你们的。你们青年人朝气蓬勃，正在兴旺时期，好像早晨八、九点钟的太阳。希望寄托在你们身上。"诚如是，青年的模样，就是未来中国的模样。

一代人有一代人的使命，一代人有一代人的担当，国家富强、民族振兴的接力棒又传到了校园中的孩子们手中。面对时代重任，我们作为学校、作为老师、作为教育者，该培养出什么样的孩子？又该如何培养孩子呢？

"为国育才，为党育人"肯定是大方向、总方向，这就要求我们培养出来的学生思想要正，觉悟要高，要有爱国心、爱党心。但是，爱国心、爱党心不是凭空产生的，这需要学校的教育发力，尤其是红色教育的发力。我们固然知道学生是需要教育的，但是如何教育，尤其是如何对学生进行红色教育，这其中又大有学问。

"立德树人"首先要"以人为本"。过去的德育沿袭了知识教育中灌输的教学方式，多了一些强硬，少了一些方法，教育中缺失了"以人为本""以生为本"的理念，老师在台上讲得"五谷丰登"，学生在台下"颗粒无收"是常态。

概而言之，由于当今教育实践对红色革命传统存在"拿来主义"的态度，许多青少年对传统革命文化、革命精神、革命故事的理解止于浅层的认识与短暂的感动，并未真正领悟到红色文化的重要性与深刻性，其根源在于对党的光辉历史缺乏系统的认知与深入的感知。

面对新时代的育人需求与社会使命，长郡中学坚持因事而化、因时而进、因事而新的原则，积极发扬文化力，深掘长郡红色历史，寻找革命实践的历史记忆；充分发扬课程力，创新红色课程育人体系，推进知识教授与价值培育同频共振；发扬协同力，校家社共育搭建红色教育新平台；发扬评价力，以常态化的考核路径保障革命传统教育持久稳固地开展。

案例阐述

长郡中学创办于1904年，百年长郡，折射了中国近现代无数志士仁人上下求索、艰苦卓绝的光荣历史。学校一直十分注重引导学生深入了解党史、新中国史、改革开放史、社会主义发展史，延续革命传统，传承红色基因，培养学生对党的政治认同、情感认同、价值认同，树立为共产主义远大理想和中国特色社会主义共同理想而奋斗的信念。

早在2007年7月，长郡中学就被中央党史学习教育领导小组办公室授牌为"中共青少年党史教育活动基地"。一批批青年学生在党史教育的滋养下，成长为与党和人民同心同行的中国特色社会主义建设者和接班人。

进入新时代，特别是开展党史学习教育以来，长郡中学持续深入探索与实践，紧扣"立德树人"的根本目标，设置符合高中生认知规律的红色课程，传承红色理想信念，赓续红色基因。

1. 红色教育主要措施

（1）抓住课堂主阵地

红色教育，课堂是永远的主阵地。为在学科教学中有机融入党史学习教育，长郡中学举行教研组学科建设与发展论坛，立足各学科特点开展党史教育的探究，同时启动教研组轮流负责"国旗下讲话"的机制，各教研组从本学科出发，学党史，悟思想，充分体现学科使命和育人担当。如历史组曾泽老师以长郡辉煌历史激励学生"明大义而有专长"，物理组张湛老师以载人航天精神和"两弹一星"精神激励同学们"忧天下、有作为"。

为提高教师自身的党史学习教育意识和能力，老师们积极开展课题研究，如政治组的"高中生理想信念教育有效性的思考"、历史组的"用红色校友光辉事迹对学生进行理想信念教育""从长郡走出去的中共元勋"、年级党支部的"青年党校红色文化育人体系的实践与创新"等。

（2）开发校本课程

为充分挖掘丰富的党史学习教育资源，学校先后编写了《郡园春秋》《流年碎影》《澄池放歌》《长郡文化读本》等校本课程读本，在高一开设不少于8课时的校史教育必修课，其中重点突出长郡的党建历史和党史人物，引导学生传承红色基因，肩负时代使命。

针对家长群体，学校还开发了家长课程，如每年高一家长学校第一课，是由书记、校长为家长讲长郡的革命传统、育人目标，要求家长与学校形成合力，培养孩子爱党爱国的情感。

此外，由语文、历史、政治等学科教师开设了相关选修课程，全面挖掘富有鲜明长郡特色的党史学习教育资源，如语文老师对创作于1912年的校歌中"中华兴复，共道湘人多造就""看长沙子弟精神运五洲"等歌词意义的解读，总能激发学生的家国情怀和责任担当。青年党校的理论学习，更是重点突出了不少于6课时的党史精品课程，如《发扬"骆驼精神"，传承红色基因》《信仰的力量》等。

（3）利用公共课程资源

互联网时代，有大量优秀的公共课程资源可供学习，老师们精心选择推荐给学生学习，如党史学习教育节目"就认这个理——百年一课《恰同学少年》"、革命历史题材电视剧《觉醒年代》、百集微纪录片《百炼成钢》等深受学生们好评，还重点推荐了"学习强国"平台上介绍我校杰出校友的系列文章，如《朱建士：中国核武器的"执剑士"》《苏纪兰：赤子之心向碧海》《张忠培：中国考古学永远在路上》《我和我的祖国——汪劲武：我与植物分类学的不解之缘》等。

与此同时，师生借助郡园电视台这一平台自主策划"家国天下"系列节目，将校园大事与国家大事编辑成二十分钟左右的新闻，在校园内播放，引导同学们关心校园，关心社会，关心天下大事。

（4）青年党校"红色研学"实践活动课程

长郡中学青年党校开办于1992年，至今已开展32期，旨在宣传党的路线方针，充分发挥基层党组织战斗堡垒作用，加强对青年学生的思想政治教育，落实"立德树人"根本教育任务，传承学校红色基因，每期青年党校招生规模在 150～200 人。

高二年级青年党校课程设置中，包括为期 3～7 天的红色革命圣地实践活动课程。学校的暑期研学实践活动课程，坚持时间久、课程品牌亮、教育成果好，是素质教育的集中体现。研学课程结合"学党史"教育，均选址红色革命圣地，如井冈山、韶山、郴州等。通过游历红色遗址、寻访红色英雄、聆听红色故事，学生的思想受到洗礼，情操得到熏陶。学校用一次次别开生面的党性教育换来学生心灵的升华。

2. 红色教育主要成效

（1）党史学习教育形式多样化

长郡中学注重创新党史教育方法和途径，运用形象化、可接受的方式，精心设计和组织开展主题明确、内容丰富、形式多样、吸引力强的教育实践活动，将有意义的事做得有品位。

一是组织开展"寻访知名校友，传承红色基因"系列活动。充分挖掘知名校友的初心故事和奋斗历程，如校友会与新闻中心专赴南京看望采访杰出校友黎介寿院士、欧阳平凯院士，他们崇高的理想信念和坚定的事业追求，令师生们感动。面对曾在同一片土地学习的"老学长""老前辈"，学生们也更加愿意去倾听校友们的奋斗故事，激励自己不断努力，成为对社会有用的人。

二是开展党史学习教育主题班会。主题有"传承骆驼精神""澄水如鉴""红色在我心中"等，特别是与党的诞辰年同号的 1921 班，开展的"心中有信念，脚下有力量"主题班会，围绕"感信念之重""寻信念之源""守信念之本"三个环节展开学习研讨，内容有深度，思想有高度，育人效果非常好。

三是在学校人文节、科技节等活动中融入党史教育内容，丰富教育载体。如在科技节中推出"红色歌曲中的科学密码"主题征文活动，将传承革命精神与科学探索相结合；化学实验创新视频制作大赛中，有同学别出心裁地将化学实验与党史元素创新结合；在火箭发射、航模展中，学生切实体悟伟大的载人航天精神和"两弹一星"精神；毕业班学生与陈赓校友领导筹建的哈工大、李富春校友任首任院长的北理工等高校开展多层面交流，感悟并传承先辈精神；五月份启动的人文节融入一系列党史学习教育的内容，如"党的光辉照我心——红色经典阅读分享会"和"青春心向党"主题演讲比赛等。

四是将党史学习与艺术表现相结合。学生以时下热门的"阿卡贝拉"演唱形式，唱响《不忘初心》《万泉河水》等红色歌曲并制作成 MV 广泛传播，其中《灯火中的中国》在"学习强国"推出。青年党校学生在学习汇报中巧妙地将党史学习用 RAP 说唱形式进行呈现，还有师生以党史题材创作的配乐诗《弦歌不辍》、故事《三张照片》、视频《百年风华》都生动诠释了共产党人的初心与使命。丰富的艺术表现形式切实增强了红色教育对青少年的吸引力和感染力。

（2）党史学习教育宣传立体化

长郡中学注重红色教育氛围的营造，将长郡红色革命传统与校园文化建设有机结合，在学校文化建设整体设计中精心融入党史学习教育题材，打造革命传统景观，如校史纪念馆、红色纪念碑、党史人物雕像、中共党史长廊、学校党建展及有关红色景点等，在清明节、烈士纪念日等重要日子开展向校园红色纪念碑敬献花篮活动，引导学生不忘英烈、铭记历史、珍惜幸福、报效祖国，形成长郡特色文化品牌，让党史真正"活"起来、"动"起来，潜移默化，润物无声。

通过师生喜闻乐见的短视频、短音频、图文等形式加大党史学习教育力度。两次荣获"长沙市最具影响力政务微信"称号、阅读量超十万的学校微信公众号特别推出"红动郡园""党史中的长郡""党史故事我来讲"等党史学习专题，营造了线上学习的浓郁氛围。在《长郡教育》《澄池》《长郡人》等校报校刊上，特别推出"红色郡园""经师人师""历史的天空"等专栏，影响广泛。

案例评析 --➤

中国红色文化吸收了广大革命群众以及各民族的优秀精神，具有科学性；扎根于中国共产党广阔的革命实践和历史土壤，具有时代性；记录了中国共产党熔铸的红船精神、井冈山精神、长征精神等革命道德，具有极高的教育价值和时代功能。

　　红色教育的重要性早已不必多言，如何让红色教育深入人心则是中学教育亟待解决的难题。面对这一难题，长郡中学强化课程力，给出了包括学科课程、校本课程、公共课程与实践活动课程的"红色文化系列课程"的解决之道。

　　长郡中学红色课程最大的特点在于"活"。在长郡的课程中，课堂是"活"的，故事是"活"的，学生也是"活"的。以往的红色教育中，很容易将德育课变成老师的宣讲课，"老师讲得五谷丰登，学生听得颗粒无收"是常有之事，原因无他，因为没有让课堂"活"起来。

　　在长郡中学的课堂里，处处可以见到迸发的活力。

　　在课堂主阵地中，红色课程与各学科特点紧密结合，发掘学科使命与育人担当，从学科中学生易感兴趣的点着手，潜移默化对学生进行红色教育；在校本课程中，长郡中学依托本校悠久的校史和丰富的红色资源文化，结合湖湘红色文化，让红色文化真正"活"起来、"动"起来，让红色文化真正融入学生的生活；立足互联网的飞速发展，长郡学子通过对于公共课程的学习、借鉴，自己制作栏目，成为"忧天下，有作为"之人；在青年党校红色研学之旅中，长郡学子探寻一大旧址，重温革命风云，奔赴三湘四水，感受乡村振兴，在十三朝古都探访人文历史，在祁连山理解人与自然的和谐共生，在西双版纳探寻生命科学的奥妙，在全国模拟联合国赛场展现青年使命，还以新媒体视角感受星城新力量，学子在行走的课堂中，探索更大的世界，遇见更好的自我。

　　正因为课堂是"活"的，故事是"活"的，学生也才是"活"的。

　　在长郡的课堂里，革命故事不再是书上的一行行字，革命先辈们也从书中走出，成为一个个有血有肉的人，他们的故事仿佛就发生在学生的身边。学生也愿意去走进那看似遥远的故事，他们不再是课堂里被动的听众，而成为一个个主动的探寻者，去寻找先辈们革命的足迹，去讲述一个个动人的故事。

　　而"活课程"的背后，是长郡中学"以人为本""以生为本"的育人理念，是"不让学生输在终点线上"的一片苦心，是真正站在学生的教育去思考：学生愿意接受什么样的课程，学生会对什么样的课程感兴趣，这是从"怎么好教"的教师本位向"怎么好学"的学生本位的转变。

让课程"活"起来，长郡是怎么做到的？

首先，完善红色文化传播机制。在红色文化传播路径上，学校不仅应当注重普适化的显性教育，同时应当注重润物细无声的隐性教育，通过多样化的传播方式，实现红色教育生活化、具象化的传播。一是强化课程力，将红色文化与课程相融通，并与思政课程、专业课程有机融合，同时依托研学活动、国旗下讲话等进行红色革命传统通识教育。在课程开展过程中，充分运用体验式、项目式、专题式学习，激发学生自主探究兴趣，将自主探究学习与良性互动式学习紧密结合。二是强化文化力，潜心发掘长郡中学校史中的红色文化，通过体验型、沉浸型、实践型、互动型的教育模式让学生更好地领悟长郡红色革命传统，传承革命先辈精神，系统认知、深化感知党的光辉奋斗历程，探寻长郡中学"爱生活、善求知、忧天下、有作为"育人目标背后所蕴藏的深厚历史传统与家国精神，让红色教育真正达到内化于心、外化于行的境界。三是打造立体化传播平台，运用大数据、虚拟技术、人工智能等新兴技术，发挥融媒体沉浸感强、可视化程度高等优势，构建红色网站、微电影、动漫、游戏等学生喜闻乐见的网络产品，促进红色文化传播。

其次，构筑红色教育实践机制。习近平总书记指出："'大思政课'我们要善用之，一定要跟现实结合起来。"学校开展红色教育同样应当结合实际，系统地构筑红色教育实践体系。一是组建红色宣讲团，通过朋辈宣讲模式，利用社会实践、社区共建等机会，讲好英雄事迹和革命故事，鼓励学生通过朗诵、演讲和戏剧等方式再现党史，既可将理论知识转变为青少年切身可触、可感、可体验的艺术形式，又能使学生在走心的表演中深入感知红色文化的可贵之处。二是加强与红色革命传统教育实践基地的联系，利用丰厚的湖湘红色文化资源育人，利用研学实践让课堂上的知识真正"活"起来、"动"起来，完成实践教学与课堂教学的相融互补，实现显性教育与隐性教育的相互渗透。三是打造红色教育育人品牌，通过组织化、项目化运作，建设"革命传统+"课程体系，发掘湖湘文化、湖湘先进典型人物的精神内涵，打造长郡特色育人品牌。

最后，搭建红色教育多元协同机制。红色教育要遵循持久性规律与学生的成长规律，在教育主题、教育要素与教育环境等多方面形成育人合力，搭建起融合政府、社会、学校、家庭等主体在内的多元协同教育体系，使红色教育在更高层次实现由制度驱动到内在自我驱动的蜕变。长郡中学充分强化协同力，利用社会资源和力量，活化红色革命资源，搭建红色实践育人平台，加强中学与高校的衔接，形成全方位、多维度、宽领域的红色育人新格局。

（三）长郡义工：铺就和美底色

如果你是一滴水，你是否滋润了一寸土地？

如果你是一线阳光，你是否照亮了一分黑暗？

如果你是一颗粮食，你是否哺乳了有用的生命？

如果你是一颗最小的螺丝钉，你是否永远坚守在你生活的岗位上？①

《雷锋日记》中的这段话，陪伴过无数人实现人生价值。英雄的故事历久弥新，精神的力量超越时空。

小时候，你我可能都有这样一个梦想：如果全中国每个人都给我一元钱，那我就要成为亿万富翁了！几十年过去了，我们也许没有成为亿万富翁，但却成了有能力向他人伸出援手，为需要之人送出"一元钱"的那个人。

不舍微茫，造炬成阳。微光汇聚时代暖流，点滴善举彰显时代的温度和高度。

赠人玫瑰，手留余香。每一次善行不仅照亮他人，也能温暖自己。

长郡中学的师生沐浴着社会关怀成长，在切实的奉献行动中回报社会，也在切实的义工活动中为自己铺就真善美的人生底色。

以奉献为犁，深耕青春；以义工之行，点亮社会，长郡师生永远在路上！

案例阐述

1. "长郡义工"学雷锋志愿服务活动

长郡义工，郡园一道亮丽的风景线，已然成为一个闪亮的德育品牌，

---

① 雷锋. 雷锋日记［M］. 北京：北京教育出版社，2021：1.

成为长郡校园文化的风向标。长郡中学开展青年志愿者活动始于 1994 年，2014 年成立长郡义工志愿者服务队，将义工活动纳入课程，制定了《长郡义工章程》。目前，全校注册"长郡义工"人数 4500 余人，年度参与义工服务活动 22500 余次。在 2022—2023 年度的义工注册中，校团委评选出 22 个年度"优秀义工中队"，181 名年度"优秀义工"，以及 1255 份"优秀义工日记"。树立心忧天下的信念情怀，追求生命价值的自我实现，做义工，已然成为每一位长郡学子生活的一种方式，成为融入他们生命的一种习惯。

长郡学子每年都会参加多次义工活动，在实践中培养责任与担当，崇德向上。在郡园，日日都为雷锋日，人人都是雷锋人，处处都是雷锋行。长郡义工怀着一颗炽热的心和"忧天下，有作为"的抱负，出现在长沙城的各个角落；在活动的主题与形式上，他们紧贴时事，集思广益，加入了更多创新元素。从景区白色垃圾清理到走街串巷垃圾分类宣传，从大街上的交通劝导到地铁站里的文明轮值，他们一直在行动！

（1）开展"学习雷锋，崇德向善"青年志愿服务活动

每年 3 月，郡园学子以"践行雷锋精神，崇德向善向上"为主题，积极启动"学雷锋活动月"，在平时常态开展"长郡义工"志愿服务活动的基础上，以三月学雷锋月为契机，重点推介一批志愿服务典型集体和个人，通过故事分享、申报展示等方式在校园内形成示范引领作用。

（2）树立典型："年度优秀义工中队"申报展示会

为进一步推进各支部"长郡义工"志愿活动的开展，校团委每年会举行"年度优秀义工中队"申报展示会，树立典型，营造创先争优的氛围。

高一、高二各支部参照"优秀义工中队"评选办法并结合各支部义工活动开展情况进行申报，申报班级结合图片或视频进行总结展示，各班派义工中队长参加评价及投票，最终综合评选出高一、二年级的"优秀义工中队"。

（3）深化品牌："亲子义工行"活动分享会

学校团委定期举行"亲子义工行"活动分享会。如 2023 年以"践行雷锋精神，崇德向善向上"为主题的年度长郡义工总结表彰暨高一年级亲子义工行专场活动分享会，隆重表彰了"长郡中学年度优秀义工""优秀义工"及"优秀亲子义工行活动分享者"。分享者们围绕"思考、扶贫、了

解、行走、阅读、相信"等关键词分享了感人的义工故事。义工分享会传承优秀品德，引导广大青年学生践行义工精神，传播先进文化，倡导新风正气。

（4）旧物公益：数年坚守温暖人心，爱心义卖再开卖

长郡中学在每年3月举行爱心义卖传统活动。爱心义卖活动不仅为同学们搭建了爱心交流台，也更为同学们搭建了一个展示创意与自主精神的平台，促进长郡学生多元化发展，培养有爱心有温度爱生活接地气的学生。

"爱心义卖"作为长郡中学学雷锋月的传统活动，已被各届学生传承十余年。每一届学生都会为爱心义卖活动精心准备，大家用精彩纷呈的活动、自制的各类商品或是仍有价值的书籍和物品，献出自己的爱心。

（5）强化推进：加强指导全校义工活动

"长郡义工"作为学校品牌活动，一直以来在校团委的指导下，在义工大队的具体组织下，不断走向常态化、大众化、专业化。以中队为单位推进大众化，让义工成为随处的风景线；以评比促发展推进常态化，为义工注入动力、明晰方向；以项目为中心推进专业化，让义工服务得到品质提升。

在学校义工大队的统一管理下，每一位义工认真完成《义工日记》，每一个义工中队认真完成《义工中队服务手册》，详细记录每次义工活动的信息、过程及评价结果，每个月按时召开义工活动总结会，让义工活动得到有效的反馈与评价。

2. 教工团支部学雷锋志愿服务活动

长郡中学教工团支部是由党委直接领导、由团委牵头指导的长郡青年教师群体，由长郡中学28岁以下的青年教师组成，是学校教师队伍中最具活力的生力军。教工团支部秉承"奉献、友爱、互助、进步"的精神，以教育教学为中心，以服务学校发展为宗旨，严抓基础基本工作，不断夯实团队建设，为推动营造追求卓越、团结互助、共同进步的和谐校园贡献青春力量。

教工团支部以"青年教师成长1+1"主题服务活动为载体，依托"成长导师""社团指导""爱生护校"等活动服务学生，依托党支部、青年党校、年级组、教研组等平台服务学校，在"志愿服务进社区""送课助教"等活动中服务社会。教工团支部还通过学校党支部"授渔工作室""心灵驿

站""牵手吧"等心理健康教育平台为学生提供心理咨询服务，同时针对不同对象开展心理主题活动。教工团支部充分发挥职业优势，以多样的形式开展助学助教服务。曾被授予"长沙市优秀志愿服务队""长沙市学雷锋优秀服务队"等多项荣誉称号。教工团支部俨然成为郡园中一张亮丽的青春名片。教工团支部开展的特色活动主要有以下几个方面：

（1）搭建"成长 1＋1"志愿服务平台，力保常态、常新、长效

教工团支部一直以来坚持开展"青年教师成长 1＋1"主题服务活动，为加强青年师资队伍建设搭建了成长平台，更为青年教师服务学生、学校、社会搭建了服务平台。以"成长 1＋1"命名，意在传达服务宗旨：优化"师生 1＋1"，与学生共同进步；丰富"伙伴 1＋1"，与同仁共同提升；推进"党团 1＋1"，与学校共同发展。

教工团支部自开展"成长 1＋1"志愿服务活动六年来，平台建设不断完善，制定了《长郡中学"成长 1＋1"青年教师志愿服务章程》，组建了文明劝导小队、心理咨询小队、文体社团小队、助学助教小队四支分队，强化了交接、宣誓、表彰三步仪式，设计了服务徽章、旗帜。六年间，教工团支部已逐步形成了"常态""常新""长效"的长郡特色。

（2）团支部服务中心大局工作，不断拓宽服务范围

一是服务学生，做知心人。青年教师通过"成长导师"活动，倾听学生烦恼，成为学生的良师益友。同时，他们是护校志愿服务队主力，保障学生安全。还热心指导学生社团和志愿服务项目，助力学生培养兴趣、服务社会。

二是服务学校，做有心人。青年教师依托党支部等平台，承担党校班主任工作，严把选拔、课程和发展关，引领校园文化。同时，热心参与党建带团建和校园文化活动，展现青春活力。青年教师利用自身优势，积极参与"同课异构""课例研修"等教学科研活动及"党员讲党课"等思想交流活动，展现风采。开展青年教育教学沙龙等活动，促进分享交流、智慧碰撞、合作共赢。

三是服务社会，做热心人。在"党员进社区"活动中，教工团支部青年教师走在前列。逢年过节，青年教师热心慰问社区困难群众；寒暑假及周末，青年教师开展家庭教育咨询；青年教师还积极投身社区治安巡逻，

为保平安竭尽全力。在"区域化党建"活动中,教工团支部也走在前列。青年教师充分发挥职业优势,开展送课助教活动,偏远的希望小学、薄弱的农民工子弟学校、高墙内的长沙市未成年管教所,乃至汶川地震灾区、新疆边远山区,都留下了团支部青年教师"护苗"的足迹。

(3)创新服务载体,为学校和社会增添亮色与暖色

学校创新心理健康服务,通过多条途径提供心理咨询服务。青年教师依托各年级党支部的心理健康教育平台提供心理健康服务,与心理健康教育中心携手强化心育研究并联合开展心理主题活动,开展青年教师户外拓展活动和心育技能培训。同时,针对不同群体,如学生、班主任和家长,开展相应的心理辅导和技能培训活动。此外,学校还创新助学助教服务,青年教师以多种形式开展助学助教活动,包括"牵手黄涓"送课下乡和赴长沙市未成年管教所开展"护苗"行动。在教工团支部的团结引领下,一支优秀青年教师队伍正在成长,为学校和社会增添亮色与暖色。教工团支部更是多次获得省市级褒奖,成为郡园中一张亮丽的青春名片。

案例评析 -- ➤

长郡中学坚持开展师生义工行,以创新和爱心之举打造长郡公益品牌,让校园充满正能量,激发教师的公益意识,用真善美铺就学生的人生底色,具体体现为以下特点:

1. 以家国情怀为育人导向

天下事总是在局外呐喊无益,必须躬身入局。"小公益"体现的是长郡学子的"大情怀",呈现的是"苔花如米小,也学牡丹开"[1] 的盛开之姿,孕育的是"位卑未敢忘忧国"[2] 的家国精神。学生在最青春、最富有热血的年纪,走进社会,心怀天下,去倾听远方的呼声,用自己的微薄之力为需要的人搭把手、送把伞;让学生走进社会,成为一个有血有肉的人,而不是一台只会读书做题的机器,更重要的是培育学生的家国情怀与社会责任心,真正成为"忧天下,有作为"的社会人。

---

① 周舸岷.袁枚诗选注 [M].杭州:浙江古籍出版社,1989:132.
② 游国恩,李易.陆游诗选注 [M].北京:人民文学出版社,1997:46.

2. 以素养培养为育人目标

在过去"唯分数论"的年代，很多家长信奉"分数至上主义"，生怕孩子因为参加义工活动而耽误了刷题和写卷子的时间。但是，要培育"不输在终点线上"的新时代人才，只会刷题做卷子是不够的，刷题刷不出能力与素养。要培育"不输在终点线上"的学生就必须让他们到广阔的社会实践中去磨砺。生动、鲜活、丰富、有趣的义工活动，既可以充当学生紧张学习生活中的节奏调节器，又可以充实学生的课外生活，锻炼学生素养，丰沛学生的情感。

3. 以丰富活动为育人载体

长郡中学借助志愿活动、亲子义工、爱心义卖等丰富的德育活动培育学生综合能力，给予学生将课堂所学知识运用于生活实践的机会；依托申报展示会、分享会等平台，展示师生风采，提升师生参与公益活动的积极性。长郡义工，永远在路上。他们在"参与、互助、奉献、进步"中争做雷锋精神的种子，把雷锋精神撒播在祖国大地上，争做"爱生活、善求知、忧天下、有作为"的时代新人。

4. 以教师模范为育人榜样

培育"不输在终点线上"的学生需要"不输在终点线上"的教师。青年教师充分发挥自身优势，积极参与公益活动，成为志愿服务的先锋，既在实践中磨砺了专业水平，又在活动中增强了立德树人的使命感和责任感。通过参与各类公益活动，青年教师不仅提升了自身的综合素质，还为学生树立了榜样，传递了正能量。正是因为有了这样一群充满活力、勇于示范的青年教师，长郡义工才能不断发展壮大，成为郡园学子成长的金色徽章。

（四）国防教育：铸就强国梦想

《中华人民共和国国防教育法》提出，"国防教育是建设和巩固国防的基础，是增强民族凝聚力、提高全民素质的重要途径""国家通过开展国防教育，使公民增强国防观念，掌握基本的国防知识，学习必要的军事技能，激发爱国热情，自觉履行国防义务"①。

---

① 全国人大常委会办公厅. 中华人民共和国国防教育法［M］. 北京：中国民主法制出版社，2018.

梁启超曾言："少年兴则国兴，少年强则国强。"① 校园国防教育是全民国防教育的基础，是实施素质教育的重要内容。作为教育者，我们要普及和加强学生国防教育，激发学生的爱国热情，提高学生的综合素质，促进国防建设和社会主义精神文明建设。

长郡中学坚持以国防文化育人，通过多年的教育实践活动，学校的国防教育已成为集思想性、知识性、趣味性和教育性于一体的课程，内容丰富，形式多样，在师生中产生了较大影响。通过开设国防课程，致力于培养青年学子的爱国主义精神，引导学生树立正确的世界观、人生观、价值观，滋养民族自豪感，引导学生了解国家安全形势，推动学生成为有担当、有责任感的人。

案例阐述

一直以来，长郡中学非常重视对学生的国防教育工作，同时将国防教育作为学校教育的重要组成部分。近年来，长郡中学大力弘扬爱国主义教育主旋律，把国防教育作为学校进行思想政治教育和品德教育的重要组成部分。通过行之有效、形式多样的国防教育活动，激发学生的国防意识，增强学生的国防观念，成效显著。

1. 健全组织领导机构，落实国防教育工作

学校不断完善国防教育的组织机构，落实人员和经费，保障国防教育工作的顺利开展。一方面，将国防教育纳入到长郡中学文明创建的总体规划中，做到国防教育工作与学校工作协调发展；另一方面，加强教师国防教育工作的责任意识，进一步拓展国防教育工作的覆盖面。

为确保国防教育能够在学校实实在在地开展，长郡中学成立了领导小组，成员由党委书记和学生发展管理中心、教师管理发展中心等多部门负责人，以及国防教育骨干教师组成。工作中，领导小组认真分析国防教育的任务和要求，根据学校实际情况，制定国防教育工作计划，将国防教育作为学校教育的一项常态化工作。学校坚持以书记负总责，学生发展管理中心具体实施，全体师生员工参与的运行机制，把德育工作和国防教育工

---

① 梁启超. 梁启超全集［M］. 北京：北京出版社，1999：409.

作有机结合，深入普及和不断加强国防教育，激发广大教师以及学生的爱国之心、报国之志。同时要求各学科教师在日常课堂教学中渗透国防教育知识，潜移默化增强所有学生的国防观念和国防意识。另一方面，一些重要纪念日的活动由学校团委负责实施。

2. 优化军训必修课程，提升学生国防素养

长郡中学历来重视高一新生的军训工作，始终坚持把组织学生军训和开展国防教育工作作为学校的重要工作。深入贯彻习近平新时代中国特色社会主义思想，贯彻习近平强军思想，落实立德树人根本任务和强军目标，服务国家人才培养战略目标和国防后备力量建设需要，提升学生国防素养，增强其国防观念和国家安全意识，培育爱党爱国爱军情怀，培育爱国主义、集体主义和革命英雄主义精神，培养德智体美劳全面发展的社会主义建设者和接班人。

第一，制定各类工作方案。学生发展管理中心根据实际情况制定了"军事课程安排""军训期间作息时间表""军训会操比赛评选办法""会操比赛方案""跑操比赛""歌咏比赛""拔河比赛"等方案，将各项工作贯穿于活动始终。积极抓好宣传，做到宣传发动到位，达到全员积极参与、活动深入人心的效果。

第二，加强训练质量管理。军训期间，认真贯彻国家军事训练大纲的相关训练要求，严格管理，严抓落实。做好总结表彰，对会操比赛、跑操比赛、歌咏比赛、拔河比赛、内务整理优秀班级、宣传优秀集体、军训优秀个人等颁发奖状，并进行全校通报表彰，激发学生的争先创优意识，促进学校国防教育工作的深入开展。在军训中做到严格把关，认真选派军训教官。教官均由国防科技大学、长沙市天心区人民武装部推荐并通过专业的考核到岗执训，严格挑选思想作风好、军事素质优、管理能力强的军训教官担负军训教学工作。

第三，提升课程管理效能。加强军事教师队伍培训和军事课教学管理。学校严格按照军事训练教学大纲的规定，按纲施教，保证军训内容和课时的落实。班主任跟班军训，不断改进教学手段，为学生创造良好的条件，通过学生军训形成良好的学风、校风，促进学校全面建设。校医跟班巡诊，提供医疗保障，落实必要的防暑降温措施，做好中暑、伤病等突发事件的

救助。

第四，实施全员免费培训。在经费方面，严格落实上级文件，不收取任何费用。军训教练员的训练补贴、住宿费、交通费和学生军训保险等费用均按照文件要求在补助经费中支出。

第五，做好各项保障工作。学生军事训练前，学校对所有参训学生身体健康状况进行摸底，妥善安置不适合参加军训的学生。学校认真检查了服装、场地和教学器材准备情况。训练期间，集中训练场地设置了饮水点、医疗点、卫生间等保障场地和设施，落实好了防暑降温措施。学校也做好了中暑、伤病等突发事件预案，明确了职责和责任人、救助流程及要求、联系人及电话等。校医、保健医生实行跟班巡诊制度，自始至终参与医疗保障，关注学生身体状况，发现身体不适症状，根据情况及时送医或休息。

3. 开设系列教育课程，营建国防教育生态

第一，构建主题班会课程。坚持发挥主题班会的教育作用，将国防教育作为每学期的一次主题班会。组织学生通过开展"我和我的祖国""共筑中国梦""卫国戍边"等主题班会活动，使学生了解我国的国防知识，激发学生的爱国热情，增强学生国防意识。

第二，整合升旗仪式课程。学生发展管理中心统筹安排，将学校每周一的升旗仪式作为国防教育的重要阵地。"唱国歌""国旗下的讲话"等活动时刻提醒学生，要有一种庄严、神圣的紧迫感、使命感。在国旗下的讲话中融入国防教育的内容，培养学生爱国、爱人民、爱集体的荣誉感。

第三，更新讲座培训课程。利用"长郡大讲坛"，邀请老红军陈彦琦给学生们讲述红军长征的故事，培养学生的爱国热情及国防意识。邀请国防科技大学教授到校对学生进行不同主题的国防教育讲座，根据国际国内形势，更换讲座主题，让所有学生都接受生动的国防教育。如国防科技大学文理学院军事思想与军事历史系教授刘祖爱曾到校作了题为《中国共产党如何领导抗日战争》的讲座；长期从事国防科技投资与国防科技资源配置研究的经济学博士、教授、硕士生导师张远军也曾为同学们作了国家安全形势讲座。学生在两位教授的带领下回顾历史，展望未来，对自身肩负的责任有了更清晰的认识。

第四，开设防空演练课程。学校配合上级部门，每学期都进行防空警

报演练，以此提高学生的国防意识，让学生知道什么是防空警报。通过演练，触动学生心灵，使他们树立国家观念，产生爱国情怀。

第五，实施知识竞赛课程。在新生军训时组织国防教育知识竞赛活动，将竞赛知识融思想、知识、教育于一体，让学生感受国防的重要性，巩固国防知识。

第六，开发军事社团活动课程。通过组织丰富多彩的军事社团等活动，丰富学生的军事理论知识，拓宽学生的视野，激发学生学习军事理论知识、关注国际国内军事动态的热情。学校每年组建学生国旗班，增强学生们的爱国主义情怀，丰富他们的校园文化生活。国旗班不只是一个"班"，它代表着中学生对国旗的信仰，彰显了当代中学生昂扬的精神面貌。同时也加强了对学生的爱国主义教育，磨炼学生坚韧不拔的意志，培养学生吃苦耐劳的精神。

第七，拓展"双高"对接课程。长郡中学通过组织西北工业大学、哈尔滨工业大学、北京航空航天大学、哈尔滨工程大学、南京理工大学、北京理工大学、南京航空航天大学国防七校，进行国防军事科技的展演，如放飞小火箭、航模表演、机器人表演、机器鱼、潜航器表演等，进一步普及科技教育，拓宽学生视野，丰富学生的课余生活，发展学生个性特长，倡导团队合作意识，以培养学生的创新精神和提高学生的科技素养，积极推进学生核心素养的培育。同时，长郡中学对接国防科技大学，组织学生前往参观学习，培养学生的爱国情怀，使学生深刻感悟到国家军事力量的强大。

案例评析

长郡中学是一所历史悠久、具有红色革命传统的学府。一直以来，学校高度重视国防教育工作，坚持以习近平总书记的强军思想作为思想灯塔，将国防教育视为立德树人重要内容，不断增强学生的爱国意识和国防观念，使"关心国防、热爱国防、参与国防"的思想深入人心，并于2023年获得"中小学国防教育示范学校"称号。学校在国防教育开展过程中，创新实施"三结合"：

首先，坚持普及与特色相结合。国防教育要开展到位，必须先做好全员普及工作，与此同时，国防教育应当与本校特色相结合，促进国防教育创新性发展。为落实国防教育全员覆盖工作，长郡中学以"新生军训第一课"为国防教育主阵地，培育学生不怕困难、不怕吃苦的精神，同时发扬学校特色文化，以红色校史为育人载体，增强学生国防观念，提升国防技能。

其次，坚持课内与课外相结合。课堂教学是国防教育的重要阵地，学校开设国防教育系列课程，通过班会课、朝会课等课堂教学形式推动国防教育常规化、常态化。国防教育也离不开课外教学的辅助，学校通过开设国防主题讲座、开展军事社团活动，激发学生的学习兴趣，唤醒学生的国防教育热情。

最后，坚持历史与时代相结合。学校坚持发扬国防教育传统，弘扬校史中的红色文化传统，以"朴实沉毅"的校训传承校园精粹文化，通过老红军讲述长征故事等活动，以史育人，以史育志，为国防教育打好根基。同时，长郡中学积极回应时代呼唤，创新红色教育和国防教育内容，通过邀请国防七校来校展演，展示我国国防科技的发展历史与今天强大的军事力量，培育学生的民族自豪感与责任感。

未来的国防教育，不仅要注重内容的深化和形式的创新，更要确保每一个学生都能在国防教育的道路上得到充分的发展，不让他们输在终点线上。

第一，在内容方面，国防教育须更加注重与时俱进，紧密结合国家安全形势和国防科技发展现状，确保教育内容的前沿性和实用性。同时，针对不同年龄段的学生，国防教育应设计更具针对性的课程，使每个学生都能根据自己的兴趣和爱好，得到最合适的教育资源。

第二，在形式方面，国防教育应积极探索新的教学方法和手段，利用现代科技手段，如虚拟现实、增强现实等，提高课程的趣味性和实践性。同时，将国防教育融入学校日常教学中，让学生在轻松愉快的氛围中接受国防教育。

第三，在国防教育的实施过程中，还需注重培养学生的综合素质和创新能力。通过组织丰富多彩的国防教育活动，如军事训练、军事科技竞赛等，激发学生的爱国热情和奉献精神，提高他们的团队协作能力和解决问题的能力。同时，还要鼓励学生今后积极投身对国防科技装备与产品的研发和创新，培养他们的创新意识和实践能力，为国家的国防事业贡献自己的力量。

（五）精准研训：提升育德本领

过去，绝大多数学校更重视可量化的成绩，却忘记倾听学生内心最深处的诉求，这是德育弱化的一大重要原因。"注重成绩，急功近利"，短短八字，一针见血地指出以往教育存在一些不足的根源。

今天，五育并举才是时代育人大势，立德树人已是教育的根本任务，过于着眼"育分"的热潮逐渐被"既要育分更要育人"的观点所代替。时代要求教师真正走进学生的内心，为学生内心深处的道德之苗施肥、浇水、捉虫，护卫学生健康成长。

而这，需要学校加强对德育的研究和培训工作，引领教师转变育人方式，让教育真正从功利处突围，才能让学生真正成为教育的主体，让"德"的种子真正在学生心灵深处生根发芽。

案例阐述

德育不是一件简单的工作，更不是学生分数的附庸。提升教师育德能力，增强班主任德育基本功是德育工作的重中之重。长郡中学通过面向教师开展的精准德育培训活动，引入先进育人理念，提高教师德育素养与教育能力，让教师在教学中真正做到用爱浇灌生命的成长，唤醒学生的生命成长自觉。

1. 长郡教育集团德育研讨会

长郡教育集团德育研讨会是一项旨在提升集团内各学校德育工作水平，促进教师交流，探讨德育新方法与新思路的重要活动。

该研讨会由长郡教育集团组织，并邀请集团内各学校的德育工作者、班主任等共同参与。研讨会的主题紧密围绕当前德育工作的热点和难点，如"五项管理"和"双减"政策的实施路径、科学育人体系的打造、班级有效管理机制的构建等，旨在引导教师深入思考并探索德育工作的新思路、新方法和新途径。

在研讨会上，与会者会分享各自在德育工作中的实践经验，探讨德育工作的难点和热点问题，并寻求解决方案。此外，德育研讨会注重互动交流环节的设置，通过小组讨论、案例分析、互动问答等形式，鼓励与会者积极参与，共同探讨德育工作的未来趋势。

德育研讨会的举办，不仅加强了各学校之间的交流与合作，也促进了德育工作者之间的学习与成长，推动了整个集团德育工作水平的提升。

2. 德育大讲堂

为不断提升班主任及青年教师的德育水平和实践能力，发挥班主任和青年教师在落实立德树人根本任务中的骨干作用，切实增强班主任和青年教师的职业认同感、荣誉感、责任感，长郡中学开设德育大讲堂，它不仅是教师交流德育经验、分享德育智慧的场所，也是推动学校德育工作的力量源泉。

在大讲堂里，教师可以深入探讨德育理念、方法与实践，共同研究如何更好地引导学生健康成长，培养具备高尚品德的未来人才。同时，大讲堂也曾邀请国防科技大学系统工程学院 MPA 中心朱仁崎教授等德育领域的专家、学者，进行主题讲座或经验分享，为教师带来新的启示和思考。

德育大讲堂的内容丰富多彩，既有理论探讨，也有实践案例分析。教师们可以通过参与讲座、讨论和互动，不断提升自己的德育水平，为学生的成长提供更加全面、深入的支持。

此外，大讲堂还注重营造浓厚的德育氛围，鼓励教师在日常教育教学工作中加强德育渗透，让学生在潜移默化中受到良好的德育熏陶。

3. 班主任德育基本功大赛

为加强德育工作的理论研究，提高德育工作的科学性、针对性和实效性，落实立德树人的根本任务，提升班主任的德育能力，增强班主任的职业认同感、荣誉感、责任感，学校定期举办以"奋进新时代，启航新征程"等为主题的德育基本功大赛。

班主任通过设计主题班会方案，明确班会目标，内容紧扣"奋进新时代，启航新征程"等主题，班会的形式新颖，注重学生的体验感和参与度。班会方案包括：班会题目、背景分析、班会目标、班会准备、班会过程、延伸活动、班会反思等。班主任根据主题班会的设计，进行现场解说，并做为时 15 分钟的展示。

4. 长郡中学十佳德育工作者评选

长郡中学十佳德育工作者评选旨在表彰在德育工作中做出杰出贡献的教师。评选标准主要包括德育成果、教学质量、教学管理能力以及专业素养和师德师风等方面。在评选过程中，学校会遵循一定的评选程序，确保评选的公正性和公平性。

授予教师长郡中学十佳德育工作者称号，不仅是对其个人在德育工作中付出努力的肯定，也是对其他教师的激励。优秀的德育工作者通常具有丰富的德育经验、出色的教育教学能力，以及高度的职业道德和责任心。他们通过自己的实际行动，为师生树立了良好的榜样，为学校营造了积极向上的德育氛围。

5. 家访活动

德育工作绝不仅仅是教师与学生之间的互动，与家长的沟通交流也是德育工作中不可或缺的一环。学生许多心理问题的产生与不科学的家庭教育息息相关。因此，让班主任携任课教师进行家访，走进学生背后的一个个家庭，与家长们深入交流，实现家校共育，是德育中极其重要的一环。

无数次的家访为家校沟通搭建起一座座桥梁，在与家长们的耐心沟通间，教师更加全面地了解了孩子们的心理状态与内心想法，在日常教学中更好"对症下药"，帮助孩子走出叛逆期、消除厌学情绪，为孩子的成长保驾护航。同时，在家访过程中，教师也可帮助部分家长改变"分数至上"的教育思想，使他们树立正确的教育理念，让孩子在健康轻松的家庭氛围中成长。

案例评析 --

成长是有规律的，教育是有温度的。教师的工作应在尊重学生发展规律的基础上，用有温度的手把准学生成长之"脉"，在学生成长的不同阶段给予适当的引导和干预，帮助他们健康成长，而这就需要教师充分发挥育德智慧。

育德智慧不是凭空产生的，而是在无数的德育实践、德育交流中积累起来的。长郡中学通过开展丰富的教师德育活动，既有研讨、交流性质的德育研讨会、德育大讲堂，又有竞赛性质的班主任德育基本功大赛、十佳德育工作者评选等。教师通过了解学生们成长中的心路历程，进而在鲜活的德育实践中展现德育智慧，磨砺德育技巧。

长郡中学的教师极其重视家校合作，与家长共同推进对学生的德育工作，他们通过家访等方式积极与家长沟通，了解学生在家庭中的表现与需求，同时向家长传授德育知识与方法，形成家校共育的良好局面。

长郡中学的教师在德育工作中不断创新和探索，力求取得更好的德育效果。在工作中关注时代发展与学生变化，不断更新育人理念和育人手段，让学生在轻松愉快的氛围中接受德育教育，实现全面发展。

未来，学校德育工作还需要继续注重德育工作的创新和提升。随着时代的进步、人工智能的快速发展，德育工作也会出现一些新问题，需要教师与时俱进，融入更多现代教育的理念和元素。教师应不断探索和实践新的智慧德育方法，以更好地培养学生的道德品质和社会责任感。首先，要加强德育工作的针对性和实效性，根据学生不同年龄段、不同性格、不同兴趣爱好特点，制定更具个性化的德育方案，确保德育工作能够真正触及学生的心灵，产生深远的影响；其次，积极寻求家校合作的有效途径，共同推进德育工作。学校通过各类家校活动积极与家长进行沟通，了解学生在家庭中的表现和需求，引导、鼓励家长参与到德育工作中来，形成家校共育的良好氛围。第三，注重培养学生的全球视野和国际竞争力。随着全球化的深入发展和各国交往的日益增多，学生需要具备更加开放和包容的心态，才能更好地适应未来社会的发展。因此，学校将加强与国际学校的交流与合作，引入更多的国际教育资源，为学生提供更广阔的发展空间和机会。

（六）生涯规划：眺望幸福人生

企业需要策划，人生需要规划，不懂规划者，不能明白"磨刀不误砍柴工"的道理。在今天这个人才竞争的时代，人生规划开始成为影响竞争局势的重要因素。

高中是人生非常重要的阶段，就高中生而言，最大的目标是高考的成功，这本无可厚非，但是摆在他们面前的不仅是高考，还有更远的目标，需要他们好好规划自己的将来。

一项对在校大学生的调查显示，70%的大学生对自己所学专业不满意，一些大学校园为此出现了专业"跳槽"现象，还有一些大学生甚至毕业时也不知道自己将来要从事什么职业。这与他们在高中阶段没有认真科学地规划自己的人生不无关系。

作为当代青年，若是一脸茫然地踏入这个复杂多变的社会，怎能满足社会发展的需要，使自己占有一席之地？所以，要想成功突破择业与发展瓶颈，务必为自己设计出清晰的人生规划，以顺应时代发展，为国家发展和民族进步做出应有贡献。

为了适应时代需求，培育"不输在终点线上"的人才，长郡中学开设了生涯规划教育课程，帮助学生及早规划未来，站在时代发展的支点上眺望人生的远方。

案例阐述

生涯规划教育是学校根据学生特点，有计划地进行教育，帮助他们确立人生方向，制订发展计划的系列育人活动。高考是对未来发展的第一次定位。需先科学规划，再选高校及专业。知识经济时代，高中教育肩负重任，孩子的人生规划是教育课题。生涯规划教育需有步骤、分阶段，长郡中学主要通过系列主题班会和问卷调查引导学生思考。

高一第一学期是学生适应高中生活的过渡期，包括初中与高中学科知识的融合、新环境的适应、角色的变化等，因而，生涯规划主题可定为："我的人生，我做主——认识自我，确立目标，规划人生"，并引导学生按照以下阶段对高中进行规划。

第一阶段：生涯规划的重要性及认识自我（高一第二学期至高二第一学期）

学校每学期都有研究性学习的专题，教师可以把生涯规划作为一个研究的课题，让学生对人生规划有初步的了解。

步骤一：布置研究性学习课题——人生规划，激发学生兴趣（高一第二学期）

1. 印发长郡中学高三优秀毕业生的"经验谈"给学生，同时让学生课后写下自己的读后感上交。

2. 利用班会课的时间，全班交流读后感。老师设置问题引导学生思考师姐师兄的成功要素。

3. 布置课题调查问卷，分学习小组课后了解什么是生涯规划，查找有哪些成功人士的案例，目的是引导学生思考规划的重要性。

4. 班会课上，学生汇报了解到的生涯规划重点知识，分享查找到的案例。

说明：在学习小组交流后，老师引导学生进一步明确：何谓生涯规划？为什么需要生涯规划？经过以上几步，学生普遍对生涯规划感兴趣，都意识到它的重要性，都渴望自己也能像别人那样成功，这种渴望让他们有种迫切感，很想老师能指导他们如何开展规划。

步骤二：利用班会让学生了解社会就业状况、了解高校及专业设置等情况（高二第一学期）

此部分分2个小专题，分别由不同的学习小组（A/B）负责。

1. 了解社会就业状况。

2. 了解大学及相关专业介绍。

说明：在了解社会就业现状的基础上，再结合自己的择业倾向来了解相关大学及专业，目的性就强很多。看看自己心仪大学的办学理念、专业设置、专业课程等是否与自己的期待一致。主要选取在国内排名前100的大学中相对热门的大学，但是以省内的大学为重点介绍，这部分由研究性学习 A 小组以课件的形式展示。而相关专业的介绍，包括传统专业和新增专业，以本科专业为主，也涉及本硕合一的专业，这部分由研究性学习 B 小组以课件的形式展示。

3. 近两三年本校学生被普通高校录取的情况介绍。

说明：看到同学们查找到的数据，看到现实中师兄师姐的例子，学生感到很亲切。这样也更容易让学生找到真实榜样，在现实中进行匹配，也利于学生优化自己的定位。

这一部分可结合学生在高二第一学期初次选科前进行，为学生的选科提供指引。

步骤三：认识自我是人生规划的前提（高二第一学期）

说明：经过高一一年，学生已适应高中的生活，并根据自己的实际情况进行了选科，在高二第一学期，应该引导学生认识自我。生涯规划的范围很广，内容也比较多，有学习的、能力的、职业的等，但所有这些都以清晰地知道自己是怎样的人、喜欢干什么、适合干什么为前提，因而，认识自我是人生规划的第一步。认识自我主要是认识自己是一个怎样的人，了解自己的性格、特长、兴趣等。

1. 印发一份关于价值观的测试问卷给学生做，目的是帮学生找到其内心深处的最核心的价值观，从而更好地了解自己。

2. 印发霍兰德（J. Holland）的个性与职业类型的匹配测试让学生做。目的说明：帮助学生发现自己的职业兴趣类型，激发学习兴趣。学生通过对照每个岛屿代表的职业兴趣，可以观察自己所喜欢和不喜欢的职业内容，帮助自己在职业定位的时候校准方向。在学生做了这两个测试之后，设计一些问题引导学生更清晰地了解自己，并根据自己的情况有选择性地写下来并上交。

3. 老师解读此测试并反馈学生交上来的"认识自我"。在第一阶段，学生意识到了生涯规划的重要性，他们通过了解身边的亲戚朋友的职业进而了解社会上的不同职业，了解本校同学被高校录取的情况，在了解自我、认识自我的前提下，积极探索适合自己的人生道路。

第二阶段：确立目标，规划自我（高二）

此阶段主要是让学生借鉴别人的经验，并进行内省与学习。

步骤一：解读成功人士的成功之路。

生涯规划是一个人生的大方向，它还需要确定每一阶段的小目标，因为远景目标是由一个个中期或近期目标所构成，它的时长可以为 5 年、10 年甚至 20 年。现在还没有明确大方向的同学可以尝试分解目标，先做好中期规划。

1. 布置任务：让学生课后查找某个成功人士的资料，并在班会课上以PPT 或图片、视频的方式进行展示。

2. 老师对学生的展示进行小结，并播放他或她的相关视频。

3. 师生交流：找找他们获得成功的原因有哪些？

4. 说说学习他们成功将带给自己怎样的触动？结合"认识自我"的系列班会，想想获得成功有没有什么策略呢？又有何启发？

说明：经过讨论，学生都意识到成功离不开恰当的人生规划。成功的道路都是由目标铺成的，认识自我、设定目标是走向成功的第一步。

步骤二：确立目标，规划我的十年人生。

教师通过让学生绘制自己的十年生命线，重点规划高中三年，帮助学生确立目标。

说明：绘制生命线的目的就是对自己的人生进行展望和安排，以增加人生的目的性和规划性，同时在这条有限的生命线上看到生命的限制而更加热爱生命，为创造理想人生打下坚实的基础。生命线不是掌握在别人的手中，掌握命运的是我们自己，无论生命线是长是短，在人生中的每一笔都是由我们自己来涂画的。

第三阶段：坚定目标，将规划付诸行动，并不断修正（高三）

高一、高二已经过去，剩下高三的时间还可以高效利用起来。为了实现这十年后的目标，学生必须从现在开始找到属于自己的位置，坚持不懈，以一个宏大的目标引领自己人生的方向，用一个个小的目标（如技能学习目标、文化修养目标、职业目标、经济目标、生活目标、情感目标、政治目标……）规划未来，通过各种途径大胆锻炼自己的能力，挖掘自己的潜能，最终实现自我并超越自我，成就精彩的人生！对高中生而言，这些小规划主要应该做好的是学习规划、时间规划和能力规划：

首先是学习规划。学生应该了解企业校招需求，瞄准相应大学专业录取线，针对个人强弱科，强化强科并拉升弱科。具体方法：立足每个知识点，查漏补缺，在规定时间内解决未掌握章节，包括知识点和课后练习。此外，还需制定详细的时间规划，包括月、周、日计划，根据目标灵活调整。

其次是时间规划。合理规划时间能最大限度利用时间，更快接近目标。有效利用时间，不懈努力，把重要事转为"紧急"去做，每分每秒做最重要的事，从而最大限度利用时间。

再次是能力规划。要实现十年规划，考上理想大学是关键，但必要的能力是需要锻炼的，及早规划，才能更好地成就自我。人生规划具有长期性，在实现的过程中需注意：第一，分解目标，逐个击破。第二，认准目标，全力以赴。第三，不断修正，决不放弃。第四，磨炼意志，提高素质。

案例评析 --- ◉

生涯规划教育的核心要义在于让每个学生张扬自己的个性，发展自己的特长，根据时代、社会需求和个人特点达到"人尽其才"的终身教育理想。生涯规划教育不仅是对学生职业生涯准备的具体化，更强调对学生个性的关注，为培育"不输在终点线上"的长郡人提供新的可行思路。

新时代要求我们培育"完整的人"，而培育"完整的人"，重点在于：其一，要认识到学生发展的持续性，学习是陪伴人一生的能力，学生在成长的过程中也在不断地学习和汲取各式各样的知识，及早进行生涯规划是为未来做准备；其二，将学生视作"一个整体"，即关注学生所掌握的知识之间的联结性，寻求经验的整合，认识学生发展的全面性，在生涯规划时审视自身知识能力的掌握情况，扬长补短；其三，将学生视作社会整体的一部分，注重能力与实践的相互连接，为学生提供体验式学习，帮助学生与社会真正联系起来。

围绕以上三点，长郡中学积极开展"生涯规划教育"，帮助学生制定合理的人生规划。

首先，学校在对学生进行生涯规划教育时，会考虑到学情及他们不断发展的学习能力，致力于培养学生终身学习的意识与优秀的学习习惯，以适应学习型社会的发展。

其次，学校在生涯课程的设置中考虑到学生是一个全方位发展的"多面体"，在为学生的人生进行生涯规划时，不能只看他们的长处或短处，要综合、全面地分析具体状况，挖掘兴趣点和擅长点。了解到学生对社会职业了解不够、内驱力不强时，学校设计了"校园模拟招聘会"活动，引进社会特别是家长资源，增强学生对各种职业的真切体验。

最后，要将学生视作完整、独立的个体。现代社会，没有人是"一座孤岛"，所有的学生最后总是要走进社会，最终走上各自的工作岗位。因此，在中学阶段，应积极引导学生有意识地去接触社会、观察社会，将自身兴趣、专业能力与社会需求紧密结合。

长郡中学开展的"生涯规划教育"以生涯发展为导向，积极帮助学生构建职业生涯路径。学校不培养"两耳不闻窗外事"的书呆子，也不培养

"工具人",而是培养将自身特长、生涯规划与国家社会发展结合起来的终身"奋斗者"。

面向未来,要更好地进行生涯规划教育需从以下三点发力:

第一,聚焦智能系统运用,提升生涯"科技感"。科技手段飞速发展、日新月异,如何将新兴的数字媒体技术与传统的学生生涯规划和生涯规划教育相结合是生涯规划教育发展的新方向。生涯规划教育可依托科学技术平台,借助飞速发展的智能技术对学生性格、学识、成长经历、兴趣爱好等进行智能分析,并为学生未来的职业规划给出相应的建议,为学生的职业未来提升"科技感"。

第二,聚焦师资拓展培训,提升生涯"专业度"。虽然对于生涯规划教育的探索早已开始,但对于生涯规划教育师资的培训和拓展还有待进一步加强。生涯规划教育要真正落到实处,还需要高度专业的生涯规划教育师资队伍。学校可通过专家讲座、名师培训等方式聚焦师资培训,专业的生涯规划教育教师通过开展系统的生涯规划教育课程、生涯规划教育活动,将理论与实践进一步融合,为学生的生涯规划教育实践提供价值取向和操作指南。

第三,开辟校外实训基地,提升生涯"实践力"。再美好的生涯规划教育也离不开学生的亲身经历与实践。学校可调度家庭资源与社会资源,要在"校家社"三方之间建立联动机制,开辟校外实训基地,让学生真正走进工厂、走进社会、走近各式各样的职场去体验、去探索、去发现,推动生涯规划教育社会化、全面化。

生涯规划教育对学生极其重要,只有引导学生了解社会、正确认识自我,才能规划自我,进而塑造自我、实现自我,才能在未来的学习、择业、就业和事业上走得更加顺畅,为人生点亮航灯。

三、十纪树人家国常怀

习近平总书记强调:"要努力构建德智体美劳全面培养的教育体系,形成更高水平的人才培养体系",并要求把"立德树人融入思想道德教育、文化知识教育、社会实践教育各环节,贯穿基础教育、职业教育、高等教育各领域。"无论是"德智体美劳"还是"立德树人",德育都排在第一位,足以说明德育在培育青少年家国情怀等立德树人任务中的重要地位和关键作用。

（一）顶层筹划，确定德育坐标

"培养什么人"事关教育的培养目标，这是对教育根本属性的叩问。对此，每一位教育工作者都要给出明晰而坚定的答案。

面向未来，长郡中学的德育工作应当与时俱进，站得更高，看得更远。长郡不仅仅是一所中学，它引领着湖南甚至全国基础教育的风向，它的背后是整个长郡教育集团。未来已来，学校应当做好德育改革的"领头雁"，发挥教育集团的优势，通过共享德育理念、整合德育资源，来提升集团整体的德育水平，为学生和家长提供更多的教育资源和发展机会。

（二）团队建设，凝聚育人队伍

对学生进行德育与叩开一扇门的过程极为相像，只不过我们要叩开的是学生的"心门"。没有走进学生心灵的教师，就没有走进学生内心深处的德育。

学生的"心门"不会随意向教师们敞开，这首先需要教师自身行得直、坐得正，具有高尚的品德和独特的人格魅力。站在"门外"，学生面对老师才不会产生疏离感。教师有"三德"：私德、职业道德和社会公德。私德是职业道德和社会公德的基础，职业道德与社会公德是私德的外在表现。以完备的私德与社会公德为学生树立榜样，以高尚的职业道德悉心关怀学生成长，是长郡教师毕生的追求。唯有"三德"齐备，教师才能做好"立德树人"的标杆。

对教师"师德师风"的高要求并不意味着要以圣人标准要求教师。有温度的老师才能教出有温度的学生。长郡中学十分注重对教师的人文关怀，充分尊重教师人格、理解教师立场，以切实的措施支持教师发展，让教师也能在关爱的氛围中成长。

同时，教师应当掌握一定的"叩门智慧"与"叩门技巧"，在问候与关怀间巧妙地探明学生的内心想法和情感郁结。当学生情绪产生波动，出现厌学、叛逆等行为时，很可能是学生的心理发展与成长环境出现了问题。可能是家庭遭遇变故，也可能是在校园中遇到不平。教师应当掌握育德智慧，去探求学生行为表象变化背后的根源，去寻找问题根源，并坚定地与学生站在一起，共同面对困难，坚决克服困难。

目前，长郡中学强化师德师风建设，着力提升教师德育素养，增强教师德育智慧，全力打造一支素质硬、爱心浓、格局高、视野广的教师队伍，转换德育发展动力，学校德育工作焕发出前所未有的生机与活力。

（三）课程筑基，提升立德品质

德育建设要以学生成长为目标，扎根课程建设，通过德育课程实施育人，将德育课程体系化、模式化，促进德育课程不断创新发展。

首先，进一步丰富德育课程内容，深化对五大主题序列的理解与实践，包括理想信念教育、社会主义核心价值观教育、中华优秀传统文化教育、生态文明教育以及心理健康教育。开展这些内容的教育，不能只停留在理论层面，而要更多地结合现实生活中的案例和实践，让学生在沉浸式学习中成长。

其次，积极探索德育课程与其他课程的融合，将德育元素融入历史、语文、艺术等学科教学中，使学生在学习学科知识的同时，也能受到德育的熏陶。

最后，学校要注重德育课程评估的实效性。在"校家社政一致性"和"教学评一体化"理念的引导下，通过定期收集学生和家长的反馈意见，以及观察学生在日常生活中的行为表现，对德育课程的效果进行客观评价，并根据评估结果对课程及时进行调整和优化。

第三章
启智润心　多元育人

在当今这个信息爆炸、知识洪流涌动的时代，教育的内涵已远远超出了单纯的知识传递范畴，它更像一场关于心智启蒙、品格塑造和灵魂滋养的壮美旅程。"启智润心"不仅致力于为学生推开智慧的大门，更注重润泽其心灵深处，以此促进学生身心的和谐与全面发展。

"启智"，意在点燃学生探索未知的火花，通过激发好奇心、培养批判性思维和创新意识，让学习成为一场探索宇宙和人生奥秘的奇妙旅行。我们坚信，智慧的真谛不仅在于知识的积累，更在于如何灵活地运用并创新这些知识，使其成为解码复杂世界、应对挑战的钥匙。

"润心"则是细腻地观照学生情感与心理状态，借助人文的温情、道德的引导与艺术的熏陶等方式，培育学生兼济天下的胸怀、坚定不移的责任感以及高雅的审美意趣。教育就如同绵绵春雨，悄无声息地滋润着每颗青春的心，使之茁壮且柔韧。

"启智"与"润心"两大理念的完美融合，旨在培养学识渊博、思维创新、人格完善且富有社会责任感的未来社会栋梁。"启智润心"，作为一项复杂而精细的系统工程，呼吁教育者以学生为中心，不断革新教学策略，构建一个开放、包容的学习生态，同时坚持实践与理论并重，确保学生能在亲身体验中学习，在学习中茁壮成长。它不仅关系到学生个体的福祉与成长，也关乎社会的稳步前进和文明的薪火相传。让我们并肩前行，在这条光明而任重道远的教育旅途中，坚持多元育人，共同守望每一份生命的绚烂绽放。

一、把知识转化为智慧

在"五育"中，智育是学校教育最常规的内容，是全面发展教育的重要组成部分。智育，从广义的角度来看，是指开发智力的教育。朱光潜在《谈美感教育》中曾指出："智育叫人研究学问，求知识，寻真理。"这里知识传承只是智育的一部分，关键还是研究、探寻学问与真理的能力。但大多数人是从狭义的角度来理解智育的，把智育仅仅视为文化科学知识的教育，即教育者有目的、有计划、有组织地向学生传授系统的文化科学知识和技能的教育活动。这时，知识传授就成为智育最重要甚至唯一的内容。

智育的真正内涵是什么？其目的又是什么？为数不少的教育者认为知识传授是智育的全部内容，或者至少是主要目的。这种认识显然是片面的，而这种片面的认识，正是"唯知识论""唯分数论"的畸形智育得以泛滥的原因之一。智育当然离不开知识传授，但传授知识并不是智育的真正目的。

著名科学巨匠爱因斯坦在美国高等教育 300 周年纪念会上，曾说过这样一段发人深省的话："如果一个人忘掉了他在学校里所学到的每一样东西，那么留下来的就是教育。"联合国教科文组织出版的《教育——财富蕴藏其中》一书，在谈到"学会认知"时指出："这种学更多的是为了掌握认识的手段，而不是获得经过分类的系统化知识。既可以将其视为一种人生手段，也可将其视为一种人生目的。作为手段，它应使每个人学会了解他周围的世界，至少是使他能够有尊严地生活，能够发展自己的专业能力和进行交往。作为目的，其基础是乐于理解、认识和发现。"

在传统农业社会和工业社会，知识更多的是被视为"经验"的累积，因此，那时候智育的主要目的，甚至唯一的目的就是传授知识，确保它们能够代代相传。然而，在科学技术日新月异的信息时代，学生所学的知识在未来被直接应用的可能性已经大大降低。现在，学生更多的是在学习知识的过程中，把自己培养成有智慧、有文明、有优质精神生活的人。

把考试作为人生的目标，把考进理想大学作为目标的终结而不是真正的起点，这种"智育"在提升学生应试能力的同时，剥夺了他们精神发展的权利。显然，这是一种"急功近利"的智育。英国哲学家、数学家怀特曾说："在你丢失你的课本，焚毁你的听课笔记，忘记你为考试而死记的细节之前，你的学习是无用的。"这表明，理想的智育是把知识转化为智慧，引导真正意义上的心智活动。

知识与智慧是有区别的。知识关注的点是现成的答案、现成的公式、现成历史事件的归纳，而智慧则聚焦于未知世界的探索和求知的过程。因此，我们有必要更新智育观念，明确知识不过是智育的载体。学生学习知识固然重要，但更重要的是在获取知识过程中培养的能力。教师传授的不仅是知识，更是通过这一过程训练学生的思考力、想象力和创造力。通过智育，让学生养成良好的学习习惯和自学能力，并具备持久的学习兴趣、浓厚的学习情感、坚韧的学习意志，为他们今后的终身学习奠定坚实的智力和能力基础。因此，教育，究其本质，是对人灵魂的教育，而非简单的知识堆砌。教育活动更多关注的是如何最大限度地调动和实现人的潜力，以及如何充分激发人的内在灵性与可能性。

在智育的实践中，长郡中学以其创新的实践模式为范例，充分展现了如何全方位、多层次地促进学生的智力发展与能力提升。本章围绕"智育"的核心主题，深入探讨学校通过精心设计的三个维度实践策略，为学生构筑了一个既深且广的学习与发展平台。

首先是基础知识的系统教育。长郡中学聚焦科学文化知识的深化与拓展，通过设立系统化的课程体系和竞赛训练，为学生搭建了一座通往知识前沿的桥梁。该教育模式在夯实基础学科教学的同时，还鼓励学生参与各类学科竞赛，以激发学生对高阶知识的兴趣与探索欲。学校精心策划的课程内容不仅涵盖了对传统学科的深度解析，更整合了最新的科学研究成果和跨学科知识，确保学生能够接触到学术前沿的最新动态。这样的教育模式不仅让学生积累了丰富的知识，还教会了他们在快速变化的信息时代如何持续学习与适应变化。

其次是素养思维的全面培育。长郡中学深入挖掘学生的思维潜能，通过一系列策略着重培养学生的创新思维、批判性思考以及深刻的理解与感悟能力。这包括但不限于批判性阅读课程、创意工作坊，以及辩论和模拟联合国等活动，这些活动旨在打破学生的固定思维模式，鼓励他们多角度审视问题，并培养解决问题的新思路。通过这些活动，学生不仅学会了如何提出问题，更重要的是学会了如何独立思考并提出创新解决方案，为日后成为社会中的思考者和领导者打下坚实的基础。

最后是研学实践的优化与拓展。长郡中学深知理论与实践相结合的重要性，特别强调研学实践拓展的价值。学校通过组织实地考察、研学项目参与、社区服务学习等多种形式的实践活动，让学生得以走出课堂，将书本知识应用于解决现实问题。这种"做中学"的模式不仅加深了学生对理论知识的理解，更培养了他们的实践操作能力、团队合作精神和社会责任感。通过实践学习，学生在体验中成长，将知识转化为实际行动的力量。

长郡中学凭借其精妙构思的教育架构，巧妙融合科学文化知识教育、思维能力的培养，以及研学实践拓展的深度实施，构筑起一座既宏阔全面又精深细致的智育殿堂。这三个核心维度如三角之鼎，互为支撑，协同作用，共同擘画学生全面成长与潜能激发的壮丽画卷。

在这一体系下，学生得以在浩瀚无垠的科学文化知识海洋中遨游，他们通过严谨系统的竞赛训练与前沿导向的课程体系，累积深厚的学识底蕴。同时，学生可以在思维素养的熔炉中，经过创新思维的火花碰撞、批判性思考的锤炼，以及深度理解与感悟的提升，逐步锻造出敏锐的思维与宽广的认知视野。

尤为重要的是，研学实践拓展作为连接知识与现实的桥梁，让学生有机会走出象牙塔，置身五彩斑斓的社会与自然中。通过实地考察、科研探索和社区服务等多元化实践，理论与实践的和谐共鸣不仅激发了学生前所未有的学习活力，让他们亲历"知行合一"的魅力，还在解决实际问题的过程中，锤炼了他们的实践智慧、团队协作力与社会责任感，为其装备上了面向未来挑战的全能盔甲。

长郡中学这一立体化、综合性的智育培养框架，不仅助力学生在知识领域卓越攀登，更在于它深谙"不让学生输在终点线上"的真谛，致力于激发每一位学子的潜能，将他们塑造成拥有创新灵魂、批判眼光和实践力量的时代弄潮儿，从容不迫地迎接无限可能的未来。

二、享受深度学习乐趣

深度学习在培养创新拔尖人才学习兴趣中扮演关键角色。它不仅通过复杂的算法模型激发学生的好奇心与探索欲，还让学生在实际操作中感受技术的魅力与潜力，从而增强对学科的热爱与投入。这种沉浸式的学习体验，有助于培养学生的创新思维与解决问题的能力，为未来的科研道路奠定坚实基础。

（一）拔尖创新：卓越发展试比高

党的二十大报告指出，要"全面提高人才自主培养质量，着力造就拔尖创新人才，聚天下英才而用之"。面对我国在国际竞争中"卡脖子"关键技术领域拔尖创新人才匮乏的挑战，培育拔尖创新人才成为提高国家核心竞争力的必然要求。高中阶段是人才创新素养培育的关键时期，长郡中学作为长沙市高中教育的品牌标杆和带队龙头，积极响应普通高中育人方式改革号召，持续优化拔尖创新人才早期培养机制。学校秉持"不让学生输在终点线上"的教育理念，并将其融入教育教学的各个环节。通过构建"五位一体"的培养模式，包括科目选择的灵活性、课程内容的前瞻设计、专业化指导的精准性、深度学习方法的推广以及科学的课程评价体系，为学生智育成长奠定了坚实的基础。同时，学校通过实施灵活的学科自主选课机制，覆盖数学、物理、化学、生物学和信息科技五大学科领域，不仅促进了学生个性化发展需求，还构建了竞赛与高考并重的培养体系，确保学生在追求学术卓越的同时，实现全面发展。

案例阐述

1. 现实困境

第一，教育宗旨偏离：偏重尖子培养，轻视创新能力。教育的首要使命在于培育品德与才能，这是人才培养的基石，须贯穿教育全环节。然而，长期受到传统教育观念及高考导向的影响，众多高中倾向于采取"拔尖式"教育模式，而非培养创新型人才为目标，这就导致"解题高手"层出不穷，"创新人才"却寥寥无几局面的出现。

社会上对于高中阶段的拔尖创新的理解往往局限于高分录取或名牌大学入学率，这种单一的衡量标准忽略了教育成功的多元性。因此，学校和教师在课程设置、教学方法及评估标准上过度侧重应试，未充分重视学生创新潜能的激发与人文素养的培养，与新时代国家对全面拔尖创新人才的期望存在落差。

第二，教学策略单一：侧重灌输教育，轻视实践操作。激发学生对科学探索的好奇心和内在创新欲望，对于培养拔尖创新人才至关重要。然而，目前的高中课堂大多侧重于系统性知识讲授，并强调解题技巧训练，形成了固定的解题思维框架。这种教学策略短期内确实能有效提升学生的成绩，但也使得某些学校过分追求分数提升的短期成效。这种"重理论轻实践、重成果轻过程"的教学模式导致学生实践机会匮乏，无法将所学知识应用到问题解决实际情境中，进而无法体验知识应用的价值与满足感。缺乏实践操作的机会限制了学生创新能力的深层次发掘，成为拔尖创新人才培养的瓶颈。

2. 实践路径

在拔尖创新人才培育方面，长郡中学已率先揽获五大学科的世界金牌大满贯，彰显了其在高级别竞赛中的卓越实力。近十年来，学校入选国家集训队的人数也位居全省第一。同时，长郡中学在教育合作与认可方面也取得重大突破，不仅成为北京大学博雅人才计划中的四星级共育基地（这一荣誉在全国范围内屈指可数），而且成功获准设立备受瞩目的"丘成桐少年班"，为顶尖学生提供了更为广阔的发展平台。此外，清华大学等多所国内顶尖高等学府也纷纷向长郡中学授牌，将其认定为"优秀生源基地"，这一系列荣誉无疑是对长郡中学学生素质的高度认可，更是对学校在教学质量上的卓越表现及拔尖创新人才培养体系成功实践的充分肯定。

（1）智育课程：让学生"吃得饱"也"有营养"。课程设置是实施拔尖创新人才培养的关键所在。长郡中学深入贯彻以学生为中心的教育理念，精心构建了一个多元化、层次分明的教育生态系统。学校倡导"以兴趣激励学生，以理趣启发学生，以情趣感动学生，以知识丰富学生，以能力提升学生，以实践锻炼学生，以创新引领学生"的个性化理念，突出科学、人文、艺术并重的课程实施模式，旨在激发学生的内在潜能，培养人格健全、富有创造力的优秀人才。其课程主要包括三大类型：一是基础必修型课程。这类课程以"快节奏、大容量、小密度"为特点，旨在高效完成国家必修课程，同时学校积极开设校本必修阅读课、书法课和心理健康课等，以提高学生综合素养，促进学生全面发展。二是学科拓展型课程。以"学科专业、难度超前、自主研修"的方式和特点完成学科拓展课程，围绕数学、物理、化学、生物学和信息科技五大学科奥赛知识内容进行深入拓展，并与大学先修课程对接，促进学生特长和兴趣发展。三是活动探究型课程。以"兴趣爱好、实践创新、技能提升"的方式和特点完成活动探究课程，通过物理、化学、生物奥赛实验与信息技术、科技创新等活动，培养学生的实践探究能力和创新精神。

（2）智育团队：让学生"跑得快"也"跑得远"。创新拔尖人才培养离不开一个优秀的智育团队。"教育智慧＋大师底蕴＋奉献精神＝优秀的竞赛教练"。长郡中学致力打造一支经验丰富、能力卓越的优秀学科竞赛教练团队，用不灭的热爱浇灌人才，用大师的能力抚育人才，用微小的细节雕琢人才，用执着的信念培育祖国栋梁。

①教育智慧的催化作用。长郡中学深知，优质教育不仅是知识的传授，更是智慧的启迪。因此，学校精心选拔并培养了一批具有深厚教育智慧的竞赛教练，他们擅长运用独特的方法激发学生潜能，让学生在学习的赛道上不仅"跑得快"，更能"跑得远"。通过巧妙的教学策略，教师努力让学生在激烈的竞争中保持活力与持久力。

②大师底蕴的深厚滋养。学校依托深厚的历史底蕴，汇聚了一大批在各自学科领域内深耕不辍的专家型教师，把他们作为竞赛教练团队的核心力量。这些教师不仅拥有深厚的学术功底，更有着对学科的无限热爱与执着追求，他们将这份热情与专长无私地传授给学生，为学生提供最前沿的学术指导，让学生在扎实的学科基础上展翅高飞。

③奉献精神的无声培育。竞赛教练团队成员秉承着高度的奉献精神，他们不仅是学科知识的传授者，更是学生心灵的引路人。在日常训练与辅导中，教练们以身作则，用自己的实际行动诠释着教育者的责任与担当，用点滴的关怀和不懈的努力，为学生的成长铺就坚实的道路。

④专家学者的点拨引领。依托竞赛教练团队，长郡中学采取了"请进来"的策略，定期邀请国内外知名高校的教授参与课程设计与讲授。这一举措旨在为学生搭建一座从基础教育向高等教育过渡的桥梁。通过这种方式，学生提前领略到了高等学府的学术氛围，这不仅在他们心中埋下了探索科学的种子，更激发了他们从被动学习向主动研究转变的热情，助力其从"学习者"转变为"研究者"。长郡中学也致力通过这种模式，努力打造

长郡的高质量育人新范式。

（3）反馈迭代：长郡中学在构建拔尖创新人才培养体系上，不仅依靠一支由杰出竞赛教练组成的强大团队，还特别重视反馈与迭代。学校通过定期的复盘和总结会议，不断优化与升级教育策略。比如2023年的竞赛工作总结会议，不仅是对竞赛成果的展示与回顾，更是一次深度的智育实践研讨。其主要目的是提炼与传播在拔尖创新人才培养中的有效策略与实践经验。会议通过各位学科竞赛教练分享实战经验，以及高层领导提供宏观指导，凸显了以下几个核心智育策略的实施效果：

①个性教育与策略制定。周豪教练在数学竞赛中提出的"心力、脑力、体力"模型，以及他坚持的"一个学生一个策略"的教学原则，深刻体现了智育中对学生个体差异的高度关注和因材施教的教育理念，确保每个学生都能获得贴合自身特点的成长路径。

②理论学习与实操结合。易小勇教练在物理竞赛中的实践分享，特别是在实验和试题层面的深入探讨，突出了智育中将理论知识与实践操作紧密结合的重要性，强调通过具体操作和问题解决培养学生的高阶思维。

③情感智力与学习动力。化学竞赛教练周龙深知，通过建立亲密师生关系，如定期与学生深度交流并提供个性化关怀，展示了情感智力在提升学生学习动力和维持长期学习热情方面的作用，这是智育范畴内不可或缺的情感与社会维度。

④系统规划与高效管理。梁俊书教练在生物学竞赛领域的做法，从第一课到常规管理的精细化操作，反映了智育中系统化、科学化的教育规划与管理对于培养学生综合能力的关键作用。

⑤适应策略与前瞻视野。谭献龙教练在信息竞赛领域的策略调整，展现了出色的适应策略与前瞻视野。尤其是面对政策变化，他能快速做出反应，创新教学模式，这不仅体现了他在智育中对环境变化的适应性，更彰显了他对未来趋势的精准预测能力。

案例评析

在当今全球竞争日益激烈的背景下，拔尖创新人才成为推动社会进步和国家发展的重要力量。长郡中学，作为基础教育领域的佼佼者，正以全新的视角和模式重新定义拔尖创新人才的培养路径。学校从过去的精英小众培养模式转向推行全体学生全面发展的教育理念，旨在挖掘每一个学生的创新潜能，构建全员创新的新生态。

1. 培养理念：全员参与，面向未来

长郡中学突破了传统观念的局限，认为"拔尖创新人才"并非少数天才的专属标签，而是所有具备创新潜质学生的共同属性。学校坚持"拔尖"是未来时态，将目光投向每位学生的未来发展潜力，致力于在普通高中教育阶段为全体学生提供平等的创新素养培养机会。通过实施个性化教学和建立多元化评价体系，尊重并激发学生的个体差异与独特性。

2. 培养内容：超越学科，创新发展

长郡中学在培养内容上进行了深刻变革，不再囿于单一学科知识的传授，而是构建了包括创新人格、创新知识、创新思维和创新实践能力在内的全方位培养体系。通过开设跨学科课程，进行批判性思维训练；举办设计思维工作坊以及开展项目式学习等活动，引导学生在实践中学习，在探索中成长，为学生的终身发展奠定坚实基础。

3. 培养路径：多元立体，多方协同

长郡中学创造性地采用了多元立体的培养路径，打破了传统单一的教学模式，实施了一种更为包容、灵活且连贯的培养模式。学校既重视基础教育，又兼顾学生个体的差异性，通过个性化课程设计、内外结合的潜能识别机制，以及与家庭、社会的深度协同，为学生搭建了一个从自我探索到才华展示的连续性成长平台。同时，学校加强与高等教育的衔接，为学生的长远发展铺设桥梁。

长郡中学的拔尖创新人才培养模式，不仅体现了教育公平与质量的双重追求，也为我国基础教育改革提供了宝贵的经验。通过将全体学生纳入拔尖创新人才培养的蓝图，学校成功培育了一批批具有创新精神和实践能力的青年才俊，更为社会输送了能够适应未来挑战、引领时代发展的栋梁之材。长郡中学的实践，完美诠释了"教育要面向全体，创新源于每个人"的教育理念。

对于拔尖创新人才培养的未来展望，结合长郡中学的实践经验，我们可以预见以下发展趋势：

（1）动力从何而来：文化包容 + 价值引导

撬动学生成为拔尖创新人才的动力从何而来？学生只有保持强烈的兴趣和好奇心，具有持久的内生动力，才可能在不断地学习探索中成长为拔尖创新人才。

未来需构建开放包容的学校文化。正如鲁迅先生在《未有天才之前》中所言："想看好花，一定要有好土；没有土，便没有花木了。"普通高中要培养拔尖创新人才，首先要形成良好的学校文化。其一，树立鼓励创新的核心文化理念，培养学生寻根问底、探求未知的钻研精神以及独立思考、敢于质疑的批判精神，从而为拔尖创新人才的成长提供沃土。其二，构建开放包容的制度环境。学校应信任教师和学生，敢于放手，赋予教师自主安排和学生自我管理的机会，同时要保护师生的积极性和主动性，为师生提供创新性的思考空间和实践平台以及开放的合作机制与交流机制。

此外，学校应更加重视价值观教育。通过学生发展指导促进学生树立崇高的理想，并为此不懈努力，这将直接影响到学生能否真正成长为拔尖创新人才。首先，学校需平衡社会价值导向和个体发展需求，引导学生正确认识自己、他人和社会，明确职业道路和学术追求，将内生性需求与外生性要求统一。其次，需平衡功利目标与学生真实兴趣，尤其要关注学生的真实情感、体验和感受，重视他们特殊的心理需求。最后，平衡近期发展与远期目标之间的关系。在个体成长过程中，难免会遇到各种问题和挑战。如何引导学生以积极乐观的态度面对暂时的失败，并为实现人生目标不懈努力是关键。

（2）什么知识合适：底座牢固 + 支柱精深

普通高中要提供什么样的知识才最有利于拔尖创新人才的早期培养？学校在遵循国家课程政策的同时，还需为不同学生提供适合的课程。一方面，要确保"底座牢固"，即重视面向所有学生的基础性课程，尤其是国家课程的校本化实施。另一方面，要实现"支柱精深"，面向不同学生的课程"支柱"不仅是丰富多元的，更要专业精深，课程内容应有一定难度和深度的延展，展现其专业性。

"底座牢固 + 支柱精深"课程体系需从三个方面进行突破。一是探索衔接课程。普通高中既要向上，与大学联合开发相应课程，为具有优势潜能的学生提供深入研究的机会，满足他们对高难度、有挑战性的学习需求；又要向下，与初中课程进行有效衔接，避免出现内容上的重复和空缺。但"衔接"的目的一定不是"知识前移"，而是帮助学生系统地拓展知识、深化思维、拓宽视野。二是探索多元课程通道。基于不同领域拔尖创新人才成长的规律系统设计，形成适合不同类型人才发展的课程通道。既有基础学科人才发展的学科课程通道，也有艺术、体育甚至国防等人才发展的专业课程通道。三是创新课程实施方式。如何在有限的时空内，让学生运用所学知识来解决实际问题，这是课程实施的重点。因此，如何突破当前常规的课程实施，创设真实问题情境，提出让学生创新思维"可见"的实践任务，开展让学生创新成果得以输出表达的活动，都是课程实施亟待创新和突破之处。

（3）如何有效管理：宽识别＋细评价＋程序调整

人才识别要"宽"。识别不是为了"掐尖"，而是为了给有特殊发展需求的学生提供更适合的教育资源和学习机会。创新素养不是一个固定的智商值，而是在培养中得以发展的动态结构，它在不同方面有不同表现。因此，普通高中学校对于具有创新潜能学生的识别，不是简单的学业成绩评价或者智力测验，而应从人文、数理、科技、语言、体育以及艺术等不同方面广泛地去发现并挖掘学生的优势潜能。"入口"要宽，是为了给更多的学生提供有针对性的差异化指导。

评价要"细"。评价既能让学生更好地认识自己，明确"志趣"，也能为学校提供人才培养效果的反馈建议，使之更好地改进完善。一方面，学校对学生的评价是多元的，不限定于特定学科的学业成绩测评，要关注学生创新人格、创新思维、创新知识和实践能力等多个方面的表现。另一方面，评价应是动态、定期、多次的，个体的发展并不是线性的，而是存在"跳跃"的可能。

调整要有"序"。学校要根据学生适应的整体情况，研讨是否对培养方式、内容等进行相应调整。对于个别学生的"不适应"，学校可形成一套"申请—会谈—审批—调整"制度，通过学生、家长以及相关教师的充分交流和分析，以规范的程序对学生提出的调整申请进行审批，决定是否进行相应调整。

（4）怎样保障推进：政策＋研究＋教师＋资源的四重支持

一是专项政策制定。普通高中拔尖创新人才培养离不开国家政策支持。二是强化专业研究。国家或区域应设置专门研究机构，总结我国普通高中拔尖创新人才早期培养的实践经验，研究我国基础教育阶段拔尖创新人才成长规律和培养路径，开发识别工具和早期培养课程与教材，进行相应指导和监测等，形成具有中国特色的拔尖创新人才早期培养研究体系和研究结论。三是专业教师培养。开展有效的教师培训，加强关于拔尖创新人才早期培养的主题教研，建立定期研修制度，提升教师专业能力，探索科教融合的师资队伍建设。四是整合社会相关资源。学校既要积极推动高等学校、科研院所和各级重点实验室、科技馆等社会资源向学生有序开放，又要促使家长更理性、更有效地参与拔尖创新人才早期培养，还要最大限度获取并有效运用包括人工智能在内的"新资源"支持。

（二）人工智能：焕发课堂新气象

当今世界，人工智能成为国际竞争中重要的技术高地，引领着未来的发展。人才的培养是人工智能战略发展的关键，而面向青少年的人工智能教育是其中的重要一环。目前，我国人工智能发展规划已经布局到2030年，目标是人工智能理论、技术与应用总体达到世界领先水平，成为世界主要人工智能创新中心。

在新一代人工智能技术蓬勃发展的背景下，教育领域正经历着前所未有的变革，这对学生的智育发展提出了更高、更新的要求。长郡中学作为教育创新的先锋，敏锐地捕捉到了时代的脉搏，积极响应国家新课标的导向，紧密围绕学生核心素养的全面提升，精心设计并实施了"长郡范式"的人工智能课程体系。这一开创性举措，不仅是对传统教学内容的拓展与深化，更是对未来社会需求的前瞻布局，旨在培养能够适应并引领智能时代浪潮的新型人才。

案例阐述

1. 依托人工智能技术赛课，焕发课堂教学新貌

长郡中学信息组"五只蚂蚁"团队自成立便成为学校智育改革典范，

践行"以赛促成长"理念。他们参与竞赛，拓宽教学视野，将 AI 技术融入教育实践，使课堂成为创新竞赛舞台。技术与学科深度融合通过项目和竞赛实例生动展现。

2020 年，谢秋锋老师团队获湖南省在线集体备课大赛信息技术学科唯一的特等奖，课程"了解声音的数字化"引领学生了解声音从声波到二进制转化过程，为语音识别技术打基础，培养学生信息意识和计算思维，激发学生兴趣，夯实学科核心素养基础。

回溯至 2017 年，李绍鸿老师在青年教师片段教学中凭"模式识别技术"获理科组冠军，展现了"五只蚂蚁"团队在 AI 教育领域的深耕。课程聚焦文字识别，紧跟人脸识别技术热点。李老师设计让学生体验前沿科技，通过科大讯飞案例分析，探究 AI 算法与原理，提升学生的计算思维和创新能力。

2. 构筑"三部曲"式学习体系，强化学生核心素养

长郡中学致力于将高中信息技术教育由"体验式"的人工智能初步接触，转型升级为"探索式"的深入学习模式，着重于人工智能的底层逻辑解析与实践创新。该教学理念旨在深挖学生的计算思维与创新潜能，同时强化其数字化创新技能与信息社会的责任意识，为学生铺设一条平稳过渡至高等教育或职业道路的桥梁。

初期聚焦于 Python 程序设计语言的精研，此语言以其简洁语法与强大数据处理、机器学习能力，被誉为人工智能领域的首选工具。深入学习 Python，不仅为学生奠定坚实的计算思维基础，更为其铺设了一条通向人工智能深层次探索的广阔坦途。继而，学习进程分为三大核心模块，搜索与智能决策、语音识别和图像识别犹如一部引人入胜的"三部曲"：

搜索与智能决策，以扫地机器人和数字华容道为例，融合理论知识与日常生活，激发学生兴趣；语音识别，通过前沿模型如 ChatGPT 4.0 及华为 AI 字幕、百度智能云，学生探究语音识别技术，巩固学科核心素养；图像识别，从基础到高级，学生探索视觉智能，参与图像标注，增强 AI 技术洞察力与实践能力。

3.打造 AI 校本选修课程，引领学生深入探索

高中阶段的人工智能教育面临挑战，但长郡中学信息科技组借助现有

硬件资源，为学生开启人工智能学习之窗。高二阶段，校本选修课程成为桥梁，引领学生深入人工智能领域。校本课程不局限于基础，勇闯技术"无人区"，重视知识传授与实际操作能力。通过设计算法、开发应用、数据分析等实践活动，引领学生掌握人工智能底层逻辑，打造 AI 作品，体验创造乐趣。此模式着力培养未来科技人才，为学生深造及职业生涯打基础。长郡信息技术组将聚焦学生发展核心素养，打造"长郡范式"的人工智能教学体系，辐射更广区域。

4．AI 与各学科紧密结合，提升课堂教学质量

AI 给长郡中学的课堂教学改革吹来了一股强劲的东风。各学科教研组纷纷行动起来，在学校教师发展管理中心和课程发展中心的积极组织下，AI 正悄悄融入学校的课堂，演绎着高质量育人的生动实践。特分享 2024 年上学期高一年级集体备课组朱亮老师一堂骨干教师"示范课"的实录（有删改）：

AI 联动：《游园》电影剧本创作

（1）课堂导入

今年年初，ChatGPT 60 秒短视频横空出世，AI 人工智能成为最热门的词语。人们可以通过 AI，将文字转换成图片甚至是小视频。老师这里有一款简单的中文 AI 软件——豆包，我们试一试它的智能水平。昨天我们学习了汤显祖的《游园》，了解了戏曲《牡丹亭》，你能用几个关键词让 AI 生成杜丽娘的图片吗？

（学生自由发挥，AI 即时生成图片）

我们发现，这些图片与我们想象中的杜丽娘多少有些不一样，这是因为我们同学给出的关键词比较宽泛，这时候我们可以参照汤显祖的原著找一些标签：

年代：南宋　　服饰：翠色衣裙　　　　装饰：花簪八宝钿

活动：花园赏花　　性格：温婉娴雅　人物：闺秀

所以无论 AI 多么强大，我们想要使用它，就需要设计精准的文字指令，这就要求我们在语文学习中要学会跨媒介的阅读与交流，进一步提高文学阅读与创意表达的能力。

今天我们就借必修下册第四单元内容——"信息时代的语文生活"和

第二单元学习任务群中的小任务——集体讨论，形成演出脚本，来完成一个特别的项目式学习——AI联动：《游园》电影剧本创作。

（2）实践活动：创作新剧本

昨天各个团队就已经合作完成了电影剧本的创作，大家群策群力，非常认真。有很多同学的改编让我印象深刻：

PPT展示优秀创作者；

优秀团队展示作品。

（3）挑战AI：激发新创意

①展示AI的改编

刚才各位导演呈现了他们精彩的电影剧本，那么如果这个任务交给AI，会是什么样子呢？我向豆包发出了一个简单指令"将'姹紫嫣红开遍……这韶光贱'改编成电影剧本"，大概在2秒后豆包完成了一个图表（课件展示）。你觉得豆包和我们谁更牛？说说你的理由。

（学生自由作答，随机形成板书）

你觉得AI还能生成更好的剧本吗？

【预设：大家还记得之前我们是如何生成杜丽娘的图片的吗？任务指令越是精准，AI越是强大。如果将我们学案当中的具体要求作为指令输入，AI肯定能够呈现出更优秀的作品。】

有同学可能会担忧，如果AI能如此高效地完成任务，人类会不会被它取代呢？

这个问题不如我们来问问AI：

人类如何才能不被AI替代？

AI回答：（投屏+放大镜　展示）

看来AI的答案跟大家刚刚总结出来的我们的编剧优势相差无几，无论多么强大的人工智能，都需要人类生成相应的指令才能工作。杜牧早就告诉我们"灭六国者六国也，族秦者秦也"，要想不被AI替代，就要从内部入手，重新解构AI。

A，我们可以把它看做"Audacious"，中文翻译是"大胆的"；而I，即为"Innovation"，译为"创新"，因此人类不想被AI取代，最大的法宝就是"大胆的创新"。

板书：

再辅以情感、底蕴、细节描摹、想象、合作学习等独属于人类的活动，那么 AI 只会成为促进人类进步的工具，而永远不会成为人类的主人。

②挑战 AI，大胆创新

我知道，同学们在创作剧本时有很多奇思妙想，只不过因为受到汤显祖原著的约束，没有放开创作。其实创新性的改编反而会给人带来新奇的体验，比如之前跟大家介绍过的周星驰的《大话西游》，它借助独特的喜剧风格、颠覆传统又有迹可循的人物形象和深具时代特色的文化价值观，成了《西游记》著名的衍生作品之一。作为一名"新锐"导演，你是否可以参考《大话西游》，对其中的人物形象、故事情节或者文化价值做一些大胆的创新设计呢？

（注意：人物形象、故事情节、文化价值，可选一个方面改编，也可以综合创作）

现在请各个创作团队用 3 分钟时间交流讨论，给出你们的创新设计。

首先，学生 3~5 人展示；

其次，我们再把这个创新任务明确一个角度交给 AI，给出更精准的任务指令：

参考《大话西游》，对杜丽娘形象进行大胆的创新设计。

AI 即时生成，投屏+放大镜呈现。

我们发现 AI 也能完成创新设计，但创造出来的形象过多依赖《大话西游》的模板设定，比如五彩斑斓的头发、战甲、宝剑、紫霞仙子、穿越、对爱情的执着等等，而与原著割裂感太强，杜丽娘成了一个名字符号，与汤显祖笔下的人物设定没有了丝毫关联。我们再看周星驰的《大话西游》，虽然颠覆传统，但孙悟空仍然叛逆勇敢、唐僧仍然慈悲为怀，猪八戒仍然贪杯好色。所以遇到这种比较复杂的创新任务，现阶段人类还是比 AI 更具优势。

③老师展示

老师也想挑战 AI，拍一部这样的《游园》电影（希沃课件呈现）：

《觉醒》：春光醉人，杜丽娘不觉睡在一片姹紫嫣红之中，梦中恍惚经历了自己的一生，黄粱梦醒，发觉自己的人生是否幸福居然取决于爱人的选择，这仿佛游丝系累卵，缥缈而危险。于是富有挑战精神的杜丽娘决心挣脱封建牢笼，摆脱爱情幻想，实现女性价值。

ChatGPT 横空出世，百度"文心一言"、阿里"通义千问"接踵而至，很多文字从业者受到冲击，但是那些优质的原创作者依旧无法取代；Sora 即便威胁影视工作者，但是无法淘汰那些有无限创意的人。所以与一般人和智能机器人相比，未来你最大的优势应在于：如果你是编剧，要能写出构思更为巧妙的剧本；如果你是模特，要有和他人截然不同的气质；如果你是医生，除了医术精湛还要更有人文情怀；如果你是保姆，要更有情趣更懂生活……

AI 时代，我们当何去何从，值得每一位新青年去思考。

我把这个思考留给在座的每一位同学，希望大家在信息时代，能提高语文核心素养，熟练运用 AI 软件，无惧人工智能的挑战。

案例评析 --- ▶▶

在智慧教育的新时代背景下，新一代人工智能技术的迅猛发展给教育领域带来了全新的挑战与机遇，尤其对学生的智育发展提出了更高层次的要求。长郡中学作为教育创新的领航者，深刻洞察到了这一点，积极响应国家教育战略，依托人工智能技术，针对学生实际需求，对照新课程标准，精心设计并实施了"长郡范式"的人工智能课程体系，旨在通过深度融合信息技术与传统教学，推动学生智育的全面升级，培养面向未来的智慧型人才。

1. 赛课教学相长，重构智育生态

长郡中学的"五只蚂蚁"信息组团队，通过"以赛促教、以赛促学"的模式，成功构建了一个充满活力的智育生态系统。团队成员积极参加各类教育技术竞赛，不仅提升了自身的教学技艺，还将人工智能技术无缝嵌入日常教学中，实现了技术与学科内容的深度融合。例如，谢秋锋老师团队的"了解声音的数字化"课程，通过探索声音的数字化过程，在增强了学生的数字感知与计算思维的同时，激发了学生对人工智能领域的浓厚兴趣，为学生的智育成长播下了创新的种子。

2. 三阶课程体系，深耕智育内核

长郡中学的人工智能课程体系，通过"三部曲"式的分阶段教学，系统性地深化了学生的智育内涵。从 Python 编程的基础构建，到人工智能三大核心模块的深入探索，这一过程不仅教授了学生技术知识，更重要的是培养了他们的逻辑推理、问题解决、批判性思考等高级认知能力。学生在学习搜索与智能决策、语音识别和图像识别等技术时，亲自动手实践，体验到理论与现实碰撞的乐趣，这种深度学习方式极大地促进了学生智育的全面发展。

3. 校本选修设计，彰显智育个性

在高阶课程的设计上，长郡中学通过丰富的校本选修课程，为学生提供了个性化、高挑战性的学习平台。这些课程鼓励学生参与算法设计、智能应用开发等项目，不仅加深了他们对人工智能底层逻辑的理解，还锻造了他们的创新思维与实践能力。通过在"做中学"的方法，学生能够在解决复杂问题的过程中将理论知识转化为实际成果，这种学习模式是对传统智育模式的超越，旨在培养具有创新精神和实践智慧的未来领导者。

4. 融合学科课程，提升智育效能

人工智能与普通高中各学科课程的融合是一个必然趋势。人工智能技术的大数据处理和分析，为各学科课程的课堂教学提供强大的情境创新与即时生成支持，为课堂教学带来别样的惊喜与大数据模型运算成果，为师生提供学习成果范例。朱亮老师的 AI 联动课堂，以 AI 为助手，通过具体的跨单元教学任务——《游园》电影剧本的创作，思辨 AI 具象智能对课堂学习活动的重要辅助作用，引导学生理性面对和使用智能学习工具，体悟到语文学科核心素养的提升才是课堂效益提升的根本。朱亮老师的教学示范，是"师生＋聪明的助手"智育新课堂在长郡数字化转型中的代表。

"长郡范式"人工智能课程实施方案不仅展现了长郡中学在信息技术教育领域的创新与实践，还体现了其对学生个性化发展和未来技能培养的重视，更展现了智育在新时代背景下的新形态，为教育创新提供了宝贵经验。

通过构建以赛促学的智育生态、实施系统化的课程体系，以及推进个性化、实践导向的高阶学习，长郡中学成功地将人工智能技术转化为推动学生智育发展的强大动力，为培养适应智能时代需求的高素质人才奠定了坚实的基础。这是一次教育模式的革新，更是对传统智育观念的深刻反思与重构。

放眼未来，人工智能课程体系应旨在构建一个既深植技术土壤，又跨越学科边界，同时注重情感、审美及社会伦理的全方位教育生态，为学生铺设一条通往未来世界的智慧之路。人工智能课程体系未来可朝以下方向努力：

1. 人工智能课程矩阵构建。持续深化人工智能基础课程体系，打造阶梯式学习路径。从图形化编程启蒙，到 Python 及 C 语言的深入学习，再到高精研究项目，每一步都旨在培养不同层次学生的核心技能。课程内容不断更新，确保与时代前沿同步，同时引入更多实践案例，让学生在动手实践中理解技术原理，为其人工智能的深入探索打下坚实基础。

(1) 跨界融合，"人工智能 + X"课程全面开花。展望未来，"人工智能 + 学科"课程可深度渗透科学、人文、身心健康及艺术等领域，利用扩展现实、5G 全息和大数据等前沿技术，创设沉浸式学习环境，实现精准化教学和个性化反馈。此外，学校还可以探索"人工智能 + 城市""人工智能 + 情感""人工智能 + 审美"等多个维度，让学生不仅掌握技术，更能理解其对社会、情感和审美等多方面的影响，培养全面发展的未来公民。

(2) 社会担当，以 AI 解决真实世界问题。鼓励学生将 AI 技术应用于解决社会实际问题，通过项目式学习，提升学生对社会问题的敏锐洞察力，培养其社会责任感与问题解决能力。学生可在探索与实践中，成长为具备创新思维和行动力的社会贡献者。

(3) 创意无限，激发 AI 时代的创新潜力。在"人工智能 + 创意"课程域，学校可通过科技社团等平台，激发学生的创新潜能，鼓励他们不只是成为技术的使用者，更要成为技术的创新者。通过一系列创意设计项目，让学生在实践中学会思考、勇于创新，为社会输送具有前瞻性和创造力的 AI 时代引领者。

2. 目标行动保障三轮驱动。为了全面实现人工智能课程的目标追求，学校需在目标层、行动层和保障层等方面进行系统构建，努力形成全面的课程教学新样态。

（1）目标引领。在学校科学教育传统和人工智能时代的双重背景下，确定项目的主要目标，具体包括情感、审美、创新、AI 素养和深度学习等方面。

（2）行动践履。建立课程开发和研修机制，有针对性地开展课程经验交流活动，不断优化课堂教学，使课程目标落到实处。根据新课标要求，设计相应的学习载体，采取实践、沉浸和互动等方式，引领学生有效开展课程学习。

（3）保障资源。从学科建设、空间打造和校外资源等方面为课程开发与实施提供保障，激活课程改革技术资源和社会资源。重塑教育外部结构，随时为学生提供个性化的学习资源。

（三）名家讲坛：开阔视野向英豪

长郡中学每学期都会精心策划开学"第一课"，旨在为新学期的智育之旅注入强劲动能。此外，学校"长郡大讲坛"经常举办名家大师进校园系列活动，这些活动已经成为启迪学生智慧、激发学生潜能的璀璨舞台。通过这一平台，学识渊博的前辈专家与莘莘学子展开深入对话，这不仅拓宽了学生的学术视野，更在无形中提升了他们的思想境界和人生格局。

长郡中学积极引导学生胸怀大局，树立"学大师，学名家，做大师，做名家"的远大志向，追求"大胸襟包容万物，大智慧洞察世事，大本领改变未来"的崇高理想，鼓励他们不仅要成为知识的探索者，更要立志在未来成为各自领域内的领航者。这一教育理念旨在为学校的智育发展增添无限活力，培养一批批既有深厚学养又具广阔视野的未来精英，让他们在各自的征途上发光发热。

案例阐述

1. "开学第一课"，启航长郡范式

2023 年新学期伊始，长郡中学以满腔热忱与前瞻性视野全力推进智育教育的深化实践，开展了开学"第一课"。连续两日的专业发展活动紧密贴合"新课程、新教材、新高考"的改革脉络，架构起"长郡范式"的教育新框架，彰显了学校紧跟时代步伐，为教育的高质量转型注入强劲动力，并致力于学生综合智能与核心素养全面发展的教育宏愿。

活动邀请了教育专家姚建民教授等权威人士，聚焦"三新"背景下核心素养与课堂实践的深度融合课题，强调在教学设计中嵌入目标素养化、问题任务化及情境真实化三个维度指标，这恰恰是智育的核心所在——培养学生的批判性思维、问题解决能力以及情境适应力。这样的教学设计将为学生构建起知识与能力并重、理论与实践结合的学习生态系统。副校长肖斌武进一步强化了智育的重要性，强调教育应聚焦于提升学生的深层思考力，通过教学方法的革新，追求更高效、更优质的教育成果，培养具有深度思考、创新精神与强烈社会责任感的未来栋梁。

各学科教师的论坛分享，则是从教学一线生动展现了"长郡范式"下智育的生动实践。如历史组李智老师着重培养学生的历史思维，物理组程瑛老师提倡运用情境教学活化知识，语文组杨葵老师推广单元教学法，化学组李翔老师以核心素养为导向重塑课堂……这些都是智育理念与学科教育深度融合的鲜活例证。

长郡中学的系列举措，不仅是对教师团队智慧与能力的全面升级，更是对构建高品质的智慧导向教育生态的积极探索。它搭建了一个教育创新的活力舞台，为实现学校"高质、民主、文明、和谐、美丽"的现代化愿景奠定了坚实基础，有力提升了长郡品牌在教育领域的示范引领地位，揭示了长郡高质量育人的奥秘。

2. "长郡大讲坛"，驱动教育赋能

讲坛主题一：院士进校园

2024年4月2日中国科学院院士、吉林大学校长张希走进"长郡大讲坛"，为全体高三年级学生呈现了一场融合知识与情怀的科学盛宴。张希院士以《中国化学化工百年概述——进步与展望》为主题，不仅梳理了中国化学化工领域的百年发展历程，更通过时间的脉络，将科学探索与国家命运紧密相连，深刻诠释了科学家的爱国情怀与不懈创新精神。这场讲座不仅是知识的传授，更是智育的深化，张希院士通过讲述一个个科研前辈在艰难条件下的奋斗故事，激发了学生们的民族自豪感与责任感，使"科学无国界，科学家有祖国"的信念深深烙印在每位学生心中。

张希院士鼓励学生认识到，科学道路上的重重挑战，正是激发创新思维与解决问题能力的最佳契机。他强调基础研究中原创性思维的重要性，鼓励学生敢于探索未知，勇于拓展知识的边界。这不仅是对学生们学术追求的指引，也是对他们智育成长的深远期许，旨在培养具有创新意识和独立思考能力的未来科学家。

通过这次讲座，学生不仅在智育层面获得了化学化工领域的历史与前沿知识，更在精神层面受到了深刻启迪，理解了科学研究与国家发展之间的密切联系，以及科学家在推动社会进步中所扮演的关键角色。学校党委书记借此契机，呼吁学生将个人成长与国家命运相结合，继承并发扬"朴实沉毅"的校训精神，勇于承担社会责任，以实际行动践行"忧天下、有作为"的时代使命，为实现个人价值与社会进步贡献力量。在浩瀚无垠的智育天地间，这场讲座犹如一场及时春雨，为正处于关键冲刺阶段的高三学生带来了一场难得的思想洗礼与灵魂滋养盛宴。

讲坛主题二：校友伴成长

2024年4月18日，长郡中学1992届校友、广州奇辉生物科技有限公司创始人朱奇重返母校，给学生带来一场题为《从长郡出发——探索基因与健康的底层逻辑》的精彩讲座。在与长郡中学全体高三学子分享个人成长、学习经历和创业经验时，朱奇热忱鼓励学弟学妹们投身于生物学的浩瀚海洋，并将其视之为一项既富有意义又能直面人类自身挑战的未来产业。他强调，在这个知识越探索越显浩瀚的领域，"知之愈多，未知愈广"，而这正需要一颗沉稳坚韧的心，长郡校训"朴实沉毅"恰是科研探索者必备的品质写照。

作为一个长期从事生物组学研究的学者，朱奇表示，"没有任何一个科目的学习是学得浪费、学得无用的，就像没有任何一段DNA是无用的一样。"他以亲身经历告诫长郡学子，掌握知识的底层逻辑与高效学习方法至关重要，而这一切的起点，或许就在高中生物学课本那看似基础却又博大精深的"中心法则"之中。朱奇的分享，不仅是对科学探索的深刻洞察，更是对后辈学子追求真知、勇于探索的深切寄望，它激励着长郡学子在未来的学习与人生旅途中，不断挖掘知识的深度与广度，成就一番不凡的事业。

案例评析 -->

1. 专业与经验同驱，构建长郡范式

在 2023 年春季学期的序章，长郡中学以满腔热情和前瞻视角，开启了智育深化实践的新征程，通过系列教师专业研训活动，紧密贴合"三新"教育改革方向，构建"长郡范式"的教育框架。此次活动深入融合核心素养与课堂实践，强调目标导向、问题驱动及情境教学的三维教学设计，直击智育核心，旨在培养学生的批判性思维、问题解决与适应能力，构建理论与实践并重的学习生态。

各学科教师的实践分享，生动展现了智育理念与学科教学的深度融合，为"长郡范式"提供了实践样本。此系列举措不仅是教师团队的智慧升级，更是构建智慧导向教育生态的积极探索，为长郡中学迈向现代化教育愿景奠定了坚实基础，彰显了长郡在教育领域的示范引领作用。

2. 智识与情怀并重，深化智育内涵

长郡中学秉承开放与前瞻的教育理念，频繁邀请顶尖的院士专家及杰出校友重返校园，通过"长郡大讲坛"这一平台，为师生搭建起连接学术前沿与人生智慧的桥梁。例如，中国科学院院士张希走进长郡大讲坛，不仅丰富了学生在化学化工领域的知识，更激发了学生们内心深处的民族自豪感与历史使命感。张希院士以其深厚的学术造诣和前瞻性的科学视野，为在场的每一位学子点亮了成为下一代科学家的梦想之灯，指引着他们迈向科技创新与国家复兴的伟大征程。通过与大师的近距离交流，学生深切感受到了科学研究的魅力与责任，进一步坚定了他们为科学技术的进步贡献青春力量的决心与信念。1992 届校友朱奇回归母校，踏上这片曾见证他青葱岁月的土地。朱奇分享了自己在生物科学领域的探索征程、个人成长的点点滴滴以及在创业路上积累的宝贵经验和深刻心得。他尤为强调专业知识的深度积累与广博视野的重要性，以及坚持不懈、精益求精的科研精神对于攀登科学高峰的不可或缺性。朱奇的真挚分享，激励着长郡学子在追求无尽科学真理的征途中，勇于探索、持续精进。

3. 教师与学生共育，推动教育发展

一是教师的智育赋能。通过精心策划的系列提升活动，长郡中学为教师队伍打造了一个智慧碰撞与能力飞跃的舞台。这些活动不仅加速教育理念的更新迭代，促使教学方法向更现代和更高效转型，还促进教师个体专业技能的全面升级，让每位教育者都能成为学生成长路上的卓越引路人。

二是学生的"全人"教育。"长郡大讲坛"作为智育深化的举措，不仅使学生在知识的海洋里汲取丰富养分，更在学生的情感与价值世界播下启迪的种子。这些活动通过名家、校友的亲身讲述，激发了学生对社会责任的深刻认识，点燃了创新思维的火花，培育了独立思考与问题解决的能力。这一过程不仅为学生个人价值的实现铺设了宽广道路，也为社会的持续进步与创新贡献源源不断的新生力量，充分体现了教育赋能在塑造未来公民中的深远影响与价值。

展望未来，长郡中学将矢志不渝地延续"长郡范式"的革新火种，深化智育的实践深度与广度，以开放的胸襟和超前的战略远见，顺应教育新时代的发展潮流。

第一，教育模式的持续创新与优化。长郡中学将进一步探索并完善"长郡范式"，将智育教育的核心理念与教学实践深度融合，形成一套可复制、可推广的教育模式。通过持续引入新技术、新方法，如人工智能辅助教学、虚拟现实沉浸式学习等，不断丰富教学手段，提升教学效果，确保每一位学生都能在个性化与智能化的学习环境中茁壮成长。

第二，师资力量的国际化与专业化。加强与国际顶尖教育机构的合作交流，引进海外优秀教育资源和教学理念，提升教师队伍的国际化水平。同时，深化教师发展体系，定期举办高级研修班、国际教育论坛等，鼓励教师参与国内外学术研究与交流，不断提升教师的专业素养和创新能力，培养一批具备全球视野、深厚学识和卓越教学能力的教育精英。

第三，学生素质培养的拓展与深化。继续加强学生在批判性思维、创新意识和社会责任感等方面的培养，通过跨学科项目、社会实践和科技创新大赛等活动，让学生在实践中学习，在挑战中成长。与此同时，依托"长郡大讲坛"这一交流平台，持续邀请各领域领军人物与学生面对面交流，激发学生对科学、文化和社会问题的兴趣与思考，培养具有全球竞争力和本土情怀的"全人"学生。

第四，教育生态系统的构建与完善。深化与社会各界的交流合作，建立更加紧密的家校合作机制，形成政府、学校、家庭、企业及社区协同育人的良好生态。利用大数据、云计算等信息技术手段，构建智慧校园平台，实现教育资源的优化配置与高效共享，为学生创造更加智能化、人性化的学习环境。同时，将更加主动且坚定地肩负起社会责任的重担，致力于教育公平与质量的双重提升。这不仅要在校内深耕细作，确保提供卓越的教育体验，还要将这份优质的教育资源以辐射状扩展至更广阔的地域，惠及更多渴望知识、怀揣梦想的学子。通过"郡学教育"、师资培训交流和教育资源共享平台等多元化途径，打破地理界限，缩小教育差距，促进教育均衡发展，让智慧之光洒满每一个角落，共同点燃社会进步的希望之火。

（四）科技创新：学科融合壮思飞

长郡中学第十五届科技节，以"科技引领·探索未来"为主旨，举办了为期一个月的科技盛宴，旨在点燃学生对科学技术的热爱之火，同时强化学生的实践操作技能，培养其创新思维。此次科技节包含一系列精心设计的活动，涉及数学、生物学、天文和化学等多个学科领域。活动期间组委会为学生准备了多项集知识性、创造性和趣味性于一体的科技实践活动，其中包括航模表演、"逆风竞速"比赛、高中化学创新视频大赛、"向量为剑，三角为马"数学探究、"抗疫主题微生物作画"活动、地理天文观测活动、青少年机器人竞赛和科学家进校园等。

在这科技与创意交汇的舞台上，长郡学子不仅彰显了在科技探索方面的非凡才华，更难能可贵的是，他们将科学精神与人文关怀深度融合，体现了新一代青年既追求科技进步，又不失文化底蕴的时代特质。每一项活动都是一次思想的碰撞与灵感的迸发，它们共同绘就了一幅幅科技与文化交织的绚丽画卷，展现了长郡学子勇攀科技高峰、心怀家国天下的青春风采。

案例阐述

1. 文理交织的奇幻旅程

在智慧与灵感的编织中，一场穿梭于字句与元素、星河与微尘的文理交织奇幻旅程正徐徐展开，它不仅跨越了传统学科的边界，更深层次地挖掘了知识的内在联系与创新潜力。在这里，化学与诗词共鸣，古韵新解，每一个分子的跃动之间皆蕴含着深远的诗意；在这里，天文地理不再仅仅是教科书中冷硬的知识，而是成为连接心与宇宙的桥梁，激发着少年们对浩渺苍穹无限向往的勇气与梦想。从逆风中疾驰的小车到微观世界绽放的斑斓色彩，从致敬逆行者的微生物画作到翱翔天际的智能物流无人机，每一次尝试与创新，都是青春力量的宣言，展现了文理融合教育下，年轻一代以知识为翼，超越界限，探索未知，共同绘就一幅属于未来的壮丽画卷。

化学与诗歌的交融，让"文"与"化"不再是隔阂的两端，而是携手共舞的伙伴，学生在分子的世界里寻觅诗意，以微小展现宏大，用宏大表达微观，在诗歌与化学的交融中，品味"文"，体会"化"。用化学的语言解读古诗，赋予传统文化新的生命活力。

"我的心大于整个宇宙"，守望书桌，眺望宇宙。地理天文观测小组以明月为引，织就观测之网，每一记录如同诗行，串联起月之阴晴圆缺的无尽篇章，细腻呈现天文地理的幽深与壮美。在学生的巧手之下，地球模型跃然而出，严谨的科学精神与生动的艺术表现浑然一体，将那浩渺宇宙的浪漫图谱，活灵活现地展现于众人眼前。地理天文观测小组的此番探索，让星空不再遥远，也在学生心中播下了勇于探索未知的好奇种子，每一次仰望星空，皆是对无垠宇宙奥秘的深切渴望与勇敢追寻。

"逆风竞速"项目不仅是一场比赛，更是一堂生动的实践课。逆风竞速小组巧妙利用自然之力，以风为翼，驱动小车在赛道上破风疾行。历经无数次改良与测试的车辆，无畏风雨，不惧任何障碍，宛如青年学子面对逆境时那股坚韧不拔的精神写照。这不仅仅是一场技术与速度的比拼，更是对新一代勇者无畏、不断突破自我边界的信念与决心的颂歌。在挑战中成长，在逆境中翱翔，学生以行动诠释了青春最绚烂的姿态——即便前路多舛，亦要逆风飞翔，驶向梦想的彼岸。

微生物画作的创作，以别出心裁的艺术手法揭示了生命的微观宇宙，展现了大自然那不为人知的奇迹。化学世界的缤纷，正如青春的斑斓。适逢中国共产主义青年团百年华诞，这一群年轻的心灵，以试管为笔，试剂作颜料，在时间的画布上尽情挥洒。每一次精准的溶解、微妙的沉淀，以及色彩的魔术般显现，是科学的严谨过程，更是青年们对未来无限可能的憧憬与探索。

青春是什么颜色？是彩色！在科学与艺术的巧妙碰撞下，学生以微生物为媒介，将无形的菌落转化为有形的墨宝，利用培养皿作为创意的画板，诠释着"您看不到它们，但它们在这里"的生命奥秘。微生物，这些地球上既渺小又强大的存在，正以它们独特的方式，绘制出一幅幅细腻且震撼的自然画卷，证明了伟大往往源自于微小。长郡学子以菌为墨，以皿为纸，绘制出了以"敬礼逆行者"为题的微生物画，这幅画作不但传达出山河无恙、人间静好的美好愿景，还饱含对那些在疫情肆虐时挺身而出，逆流而上的勇士们的崇高敬意。学生以这种创新的艺术语言，展现了对前线人员深沉的感激之情，也表达了他们对每一个宝贵生命的尊重与敬畏之情。

智能物流，这一科技前沿的璀璨新星，正乘着时代的东风，展现出无人机技术的无限可能。长郡学子中就有一些"工程师"，利用无人机实现了纸杯的精准夹取与叠放、颜色识别、轨迹寻线、智能选择和计数堆叠。智能物流无人机项目的实践，预示着科技与创新正引领着学生向更广阔的未来翱翔。

2. 智育实践的青春颂歌

在智慧与激情的火花交映之下，国防科技大学赵玉新教授对长郡中学的科技节如是点评："我感受到了同学们的创新精神与钻研精神……要接下时代的接力棒，能够在国防科技领域扎扎实实地为国家做贡献。"这不仅是对长郡学子创新精神的赞歌，更是对年轻一代深切的期许与激励。国防科技大学对长郡中学的"优质生源基地"授牌是对长郡教育质量的认可，标志着两校合作升级，为学生铺就科技报国的黄金大道。

科技节的颁奖典礼上，每一份荣誉背后都是汗水与智慧的结晶，获奖的小组成了校园内的明星，他们的成就激励着更多的同学参与到科技创新的浪潮中。"在一次次探索与反复钻研下，彻底被科学的理性和人文的魅力结合而深深感动。"这是一位参与者的深刻感悟，反映了科技节不仅培养了学生们解决复杂问题的能力，更重要的是它连接了理性的科学逻辑与温暖的人文情怀，让学生学会了以科学的视角审视世界，以人文的情怀理解生活。在本次科技节活动月中，同学们感受到了科学的浪漫、可爱与浩瀚。

长郡中学校园科技节至今已举办十七届。历经十七载的长郡中学校园科技节，已远远超越了一个单纯的比赛或展览，它演化成了一场科学与青春交织的盛宴。这里，不仅有思维的碰撞与技术的较量，还有对科学精神的传承与发扬。学生们在参与的过程中增长了见识、锻炼了能力，还在心中种下了勇于创新、敢于创新的种子。长郡中学以此为契机，持续推动科学教育的深入发展，鼓励学生保持好奇心，培养批判性思维，让科学精神成为伴随他们一生的宝贵财富。

案例评析 --- ◆

长郡中学科技节，作为一年一度的智慧盛宴，既是对科技探索的热情展现，更是一次次智慧火花的接力，是一场深植于学生内心的科技觉醒。它不仅激发学生对科学技术的无限向往，还引导他们将个人理想融入国家发展的洪流，为实现科技强国的伟大愿景积蓄力量。

在这场科技节中，有科学诗词的和谐共鸣、星辰大海的浪漫追寻、微观世界的艺术献礼，亦有创新坚韧的精神磨砺。在这里，每一位郡园学子都是探索未知的勇士，每一次实验、每一场讲座、每一轮比赛，都是他们向科学高峰攀登的坚实步伐。科技节不仅让学生领略到科学的理性之美，还让他们感受到人文关怀的温度，这种独特的教育体验，培养了他们既能用科学的钥匙开启自然奥秘，又能用人文的视角审视社会发展，为培养兼具科技智慧与人文情怀的未来领导者奠定了坚实基础。

因此，长郡中学科技节除了是一个庆典，它还是智育教育的生动实践，是点燃学生科技梦想的火种，是培养学生创新精神和实践能力的摇篮，更是孕育科技与人文和谐共生理念的沃土。在这个平台上，郡园学子得以在科技与人文的双轨上并驾齐驱，向着更加辉煌灿烂的未来迈进，共同书写属于长郡、属于国家、属于时代的科技与人文新篇章。

未来，长郡中学科技节将在科技创新与教育实践的深度融合中，进一步树立和强化其品牌影响力，通过以下几个核心策略，开启一段崭新的科技教育旅程：

1. 活动制度建设：精耕细作，树品牌之基

学校将构建一套科学、系统的活动管理体系，从活动规划到执行监督，每一步都做到有章可循、有据可依。这包括但不限于制订详尽的品牌活动建设计划、竞赛章程，明确活动主题、目的及宗旨，确保活动内容丰富且

目标导向明确。实施严格的组织实施方案，并建立评委承诺书、作品评审细则等，确保竞赛的公平性与专业性。此外，通过设立单项奖、优秀组织奖及指导教师奖等方式，激励多方参与，提升整体质量，同时建立有效的信息反馈机制，促进活动持续优化与创新。设立明确的活动规划、竞赛规则与评审标准，保障活动的公平性与专业性，引导学生树立严谨的科研态度，养成规范的操作习惯，为学生科研素养的培养奠定坚实基础。

2. 竞技内容创新：深挖潜能，立品牌之魂

科技节将不再满足于表面的创新展示，而是深入挖掘学校特色与学生特质，鼓励原创思维与奇思妙想的碰撞，孵化出既有理论深度又具备实践价值的研究成果。学校将推动学生与教师共同参与创意研讨，通过专业指导与跨学科合作，将灵感转化为高质量论文或实用创新作品，真正体现科技节"立品牌"的核心价值。通过设置跨学科项目挑战，让学生在解决实际问题的过程中，学会从多角度思考，促进知识的立体构建，从而在智育上实现深度与广度的双重提升。

3. 师生广泛参与：携手并进，创品牌之力

打破个体孤岛，构建全员参与的创新生态系统。鼓励每位学生主动参与，激发他们的创新潜能，并建立以教师为核心的辅导团队，提供专业培训与个性化指导。通过师生密切合作，将学生的新颖想法与教师的专业技能有机结合，共同孕育具有社会影响力的品牌项目。通过个性化指导计划、学生自主项目等形式，激发每位学生的内在潜能，促进学生的知识学习，注重个体创造力与批判性思维的培养，实现学生的个性化成长与全面发展。

4. 团队协作升级：集智聚力，建品牌之舰

强调团队协作的重要性，通过整合资源，搭建包含学生创意、教师指导和先进设备的创新平台，形成强大的协同创新舰队。利用学校的师资力量和实验室设施等，促进跨领域、跨年级的团队合作，共同攻克技术难关，打造具有"长郡特色"的科技创新品牌。通过模拟真实的科研环境，让学生在项目管理、资源共享与决策制定中锻炼其领导力与团队协作能力，为未来社会角色的担当打下坚实基础。

5. 激励机制优化：表彰卓越，书品牌之名

建立更加多元化与层次化的激励体系，除了传统的奖项与物质奖励，

更注重精神鼓励与社会价值的肯定，如设置创新贡献奖、社会责任奖等，激励学生追求科技成就，关注科技的社会效益与伦理道德，培养具有人文关怀与社会责任感的科技人才。通过这些综合激励措施，激发全体师生的创新活力，共筑科技节品牌。

（五）研学盛宴：实践育人强素养

2022年暑期，长郡中学精心策划了一场研学之旅，引领学生跨越书本的界限，触碰更广阔天地的脉搏，于旅途中遇见更优秀的自己。这场多元化的研学盛宴，让学生在移动的教室与自然的怀抱中亲历探索、收获真知，不仅激发了他们对知识的渴望，也点燃了他们以行动贡献社会的激情与担当，更激励他们脚踏实地，勇于实践，成为怀抱理想、勇于担当、坚韧不拔、奋发有为的新时期青年典范。

案例阐述

2022年12月16日，长郡中学隆重举办了暑期研学旅行与综合社会实践成果汇报展示会。学生紧密围绕党的二十大报告精髓，从加速媒体融合的创新实践、积极践行绿色生态理念、投身乡村振兴战略以及坚定推动文化自信等多个维度，呈现丰硕成果并深刻反思与总结了暑期研学的宝贵体验。

此次汇报盛会汇聚了高校专家学者和来自高一年级各班级的大众评审团，采用现场直播形式，吸引了超过3000名观众实时观看，收获了上万次点赞，彰显了长郡学子的风采与研学实践的广泛影响力。

1. 启迪思维：智慧碰撞下的精彩汇报

来自觉园记者站、郡园电视台、长郡之声广播台的学生在暑假踏上了探秘青春长沙、寻迹媒体底色的青春之旅。他们以镜头为笔，以声音为墨，共同绘制出一幅幅关于新媒体时代底色的青春画卷。他们以视频解读和节目访谈的创新形式进行汇报，探寻新媒体三底色——信仰红、创新蓝和扎根黄。这三种原色在新媒体的调色盘上交织融合，不仅调和出了独特的色彩鲜明的行业底色，更预示着一个充满活力、勇于创新、深植本土而又面向世界的媒体未来。在学生精心制作的视频与节目中，每一帧画面、每一句话语，都是对新媒体光辉未来的热烈期待与深情告白，他们用青春的视角，为媒体的底色增添了无限生机与可能。

风雨无阻入围山，细查丛林定课题。生物教研组"绿色之旅"的学生深入大围山，投入自然的怀抱，享受绿意的涤荡。仰观天阔山高、绿叶苍翠，俯察细枝末节、花草虫鱼。在细致的观察与深入的思索后，学生提出课题《木叶成泥，芳草欣荣——从林下草本与土壤营养的相关性看大围山的生境变迁》，探寻不同林种下生物究竟有何差异、生物因素与非生物因素有何关联、次生竹林的大肆扩张是否会影响生态多样性的森林奥秘。此次探索不仅是对自然的一次深刻致敬，也是对环境保护与可持续发展的一次知识蓄能，学生正以科学之名，书写着与自然和谐共生的新篇章。

从湘西蜿蜒崎岖的山路到辽阔壮美的田野，政治教研组"政治研学"的学生以脚步丈量大地，以心灵触碰真知，在人与自然和谐共生的哲学中寻觅解答，在人与社会交织互动的网络里构建认知，在人与文明传承创新的脉络中汲取灵感。作为承载着"忧天下，有作为"精神的新时代长郡学子，他们通过这一次研学旅行的洗礼，心中不仅种下了对乡土的深情厚谊，更燃起了改变世界、贡献社会的熊熊志向。他们的未来，无疑将如湘西的前景一般，光明而广阔，注定要在新时代的征程上绽放耀眼的光芒。

在五天的时间里，地理小组的学生在"地球之旅"的研学中书写了他们的故事。从碧蓝的海水到险峻的奇峰，从狭隘的山谷到宁静的山庄，他们看到了自然的变化，感受到了传承下来的智慧，他们探究的不仅仅是张家界的前世今生，更是在叩问地球的秘密和生命的价值。通过这次旅行，学生不仅积累了丰富的地理知识，更重要的是，他们学会了以更加敬畏和谦卑的态度看待这个星球，理解了人类与自然共生共存的深刻联系。

"走进新农村"第五和第九大队分别做了社会实践活动汇报。第五大队的学生躬身田野，方塘寻蟹，围绕螃蟹产业发展现状及对居民生活影响开展实地调查研究。他们以点滴理想，抽穗结实。以荧烛末光，增辉日月。第九大队的学生则用脚步感受土地的丝丝脉络，追寻大街小巷中与平江相融的辣条文化。在走访与探寻间，不断突破自我，他们相会于平江，蜕变于路上。

十七个《澄池》少年，乘语文的"文学之旅"之风一头闯进湘西山水，以笔力、眼力和脚力探秘崇文真谛。他们回归本我,以旅行与文学的方式治愈成长必经之路上的孤独;他们在星空下相拥,敞开心扉;他们在边城寻觅沈从文先生的悠悠文脉,放眼国之安定、乡之勃兴、民之痛痒、人之温爱。

2. 洞悉未来:专家视角下的深度点评

"这是一场出乎意料的优秀汇报会。"湖南师范大学郑群明教授对长郡学子走进社会、走进自然,以实现自己的探索、求知和思考表示高度赞赏,称赞长郡学子的实践汇报不仅是一次知识的展现,更是一次智识与社会责任感的深度融合。郑群明教授进一步强调,长郡学子通过深入社会、亲近自然,将个人成长与时代脉搏紧密相连,以科学严谨的态度探索未知,这种结合了理论与实践、个体与社会的深度学习方式,正是智育教育追求的至高境界。他鼓励学生继续怀抱探索精神,让这份对未知世界的好奇与渴望成为终身学习的动力。

副校长肖斌武则以"感受路,莫赶路"的哲言,深刻阐释了长郡中学教育理念的精髓。他认为,真正的学习不应只是匆匆赶路,追求表面的速度与结果,而是要深入体验,用心感受每一步成长的足迹。研学活动正是这一理念的生动实践,它促使学生以饱满的热情、严谨的态度,主动地在探索和实践中感受知识的魅力,享受成长的快乐。

此次汇报会不仅是对长郡学子智育成果的一次集中展示,更是一次对教育本质的深刻探讨,展现了长郡中学在培养未来创新人才上的前瞻视野和深厚积淀。长郡中学在知识传授上追求卓越,在学生的人格培养、社会责任感以及终身学习能力的塑造上迈出了坚实的步伐,为智育教育的未来发展提供了宝贵的实践经验与启示。

案例评析 --- ➤➤

1. 研学活动的智育特色与创新

第一,通过全媒体实践,培养学生的媒体素养与创新思维。觉园记者站、郡园电视台和长郡之声广播台的学生通过全媒体研学,学习了媒体融合创新的知识,通过亲身体验视频制作、节目访谈等活动,实践了媒体底色理念,增强了他们的媒体素养,也激发了他们的创新精神与社会责任感,体现了智育与实践结合的深度。

第二，通过自然科学探索，提升学生的生态意识与科研能力。生物教研组的"绿色之旅"让学生深入自然，提出并研究课题，这一过程不仅增长了学生的生态学知识，还锻炼了学生观察、分析和解决问题的能力，是自然科学教育与环保意识培养的完美结合，是智育与实践相辅相成的范例。

第三，通过社会科学考察，增强学生的国情关切与时代担当。政治教研组通过"乡村振兴"主题的研学，使学生深入理解国家政策与社会发展的密切关系，培养了他们的家国情怀和时代责任感，展现了智育在培养学生解决实际问题能力方面的独特作用。

第四，通过人文艺术熏陶，深化学生的文化自信与情感教育。"文学之旅""走进新农村"等项目是学科知识与社会实践的结合，这些项目让学生在感受文化魅力的同时，深刻体会到个人成长与国家命运的休戚相关，促进了学生的文化自信与情感教育的内化。

2. 研学活动的智育检验与激励

本次研学成果汇报会凭借其开放性与互动性，成功搭建了一个跨越时空的知识共享平台。本次汇报会通过现场直播技术，吸引了超过3000名观众在线同步观看，收获了上万次的热烈点赞，有力证明了长郡中学研学活动的社会影响力及公众对学校智育实践成效的高度认可。郑群明教授的精湛点评，不仅是对学生学术探索与个人综合成长的深切肯定，更是在为他们未来的求知之旅点亮智慧的灯塔，启发学生在智育探索之路上要保持持之以恒的探索精神。副校长肖斌武的深情寄语，则进一步激励学子们珍惜每一步的成长经历，鼓励他们在求知的征途上既要脚踏实地，也要仰望星空，预示着长郡学子拥有无限可能的璀璨未来。这样的交流互动，促进了知识的传播与创新思维的激发，为提升教育的开放性与社会参与度提供了参考。

3. 研学活动的智育启示与展望

第一，理念转变，政策落实。面对新时代教育的需求，学校应深入贯彻国家关于研学旅行的政策导向，将生活教育、自然主义教育和休闲教育的理念融入血液，转变传统封闭式的教学观念。教育应如春风化雨，让学生的天性在自然与生活中自由生长。为此，学校积极探索教育新模式，将是否践行此类先进教育理念纳入学校评估体系，确保素质教育的全面实施，为学生打造一个既符合天性又充满挑战的成长环境。

第二，搭建平台，组建联盟。为突破传统教学体制的局限，学校应主动搭建平台，携手教育研究机构、文化旅游企业及地方政府，共同构建研学旅行联盟。通过这一平台，整合丰富的乡土乡情、县情市情和省情国情等资源，共同研发系统化、层次分明的研学课程体系，确保学生在不同学段均能享受量身定制的研学体验，实现教育与旅游的深度融合，拓宽学生的认知边界。

第三，自然适应，循序渐进。鼓励研学活动课程化、规范化，按照学生年龄层次的不同，开发具体的课程模块，课程活动要可操作、可考核、可量化和可评价。学校根据教学计划、学生活动的实际情况和需要，灵活安排研学旅行时间。不同年级结合旅行的时间与研学的内容，设置分级化的研学课程设计。

第四，专业引领，学游兼顾。重点培养一支专业化的研学实践教师队伍，使其成为知识的引路人和旅途的陪伴者。这批教师将接受严格的专业训练，不仅要精通教育心理学，还要深谙旅行管理，能够在实践中灵活运用教育技巧，巧妙融合学习与游玩，让学生在探索中学习，在体验中成长。研学实践要兼顾教师与导游的双重功能，既要善于研学的辅导，又要善于旅行的组织。一般而言，研学实践教师要根据研学课程要求，创设研学情境，要善于在研学旅行的过程中，巧妙地将研学内容、旅行知识和人生智慧等元素融入课程体系之中。

第五，注重体验，寓教于乐。研学实践要注重"体验化"，即课程设置活动化。研学过程要注重受众身心体验，注重"润物无声"的原则，充分利用"听、观、触、演、感"全方位立体化、不同模式进行教育。

听，是指听研学实践教师的讲解，也可以是听当地专家的讲解。讲解要体现趣味化、故事化，避免空洞灌输和说教；观，指参观、欣赏、游览和观看，是对研学对象进行感性的了解；触，是指触摸体验，引导学生动手参与、近距离接触；演，则是指角色扮演、游戏体验。富有研学特色的游戏，能使学生很快融入研学的氛围，通过游戏，提升学生知识与情趣的水平；感，则是指感想、感悟和感发。学生在研学的过程中，好奇心与灵感的激发必然会产生很多新鲜的感受，那么可以组织学生将其对研学对象及研学过程的感想、感悟用笔记录下来，口头表达出来，这是增强研学旅行教育意义的重要途径。

第六，过程考核，柔性评价。研学实践，是在校外异地举行，运用寓教于乐的方法，以体验为主，以快乐学习为原则，以全面发展为目的的一种休闲教育。这种教育模式如何进行考核，成为开展研学旅行课程的难点。对研学实践课程的考核应侧重过程性评价和发展性评价。考核的方式也要遵循灵活多样化、个性化的原则，重点考核学生的综合素质。知识性的评价，也可以纳入考核范围，但一般不应作为主要的考核内容。

（六）融媒素养：勇承使命发新声

"青春的故事由青年书写，青年的精神由青年传承"。2022 年暑期，长郡中学新闻中心联合中南大学新媒体中心、麓山青年学院及湖南教育电视台、长沙晚报等为学生搭建高标准实践平台，旨在打造校园媒体的青年先锋，提高校园媒体人的媒介素养和专业意识，增强校园媒体人在新时代讲好青春故事的责任感和使命感。

案例阐述

长郡中学觉园记者站、郡园电视台、长郡之声广播台的成员们于 2022 年暑期深入参与了一系列青年素养提升课程，这些课程不仅包括理论学习，更侧重实践操作。学生有幸踏入主流媒体的大门，亲身体验新闻工作的日常，通过实地学习和交流，深化了对媒体行业的理解。此外，学生们还走访了代表长沙青春活力的知名企业，这些实地探访不仅开阔了他们的视野，更激发了他们从新颖的视角捕捉故事的灵感，从而在实践中创作出一系列富有创意和深度的媒体报道。

此次活动的影响力广泛，不仅在校园内引起热烈反响，更获得了湖南教育电视台、三湘都市报、长沙晚报、红网和华声在线等省市权威媒体的关注与报道，展现了长郡学子在媒体实践中的青春风采。这是一次媒体素养的提升之旅，更是一次青春力量的展示，长郡中学的青年媒体人用镜头、文字和声音，向社会宣告着青春的担当与梦想。

1. 素养大课堂：踔厉奋发，笃行不怠

研修课程涵盖传播、理财、表演与生活以及揭秘采编播等多个领域，这四堂内容丰富、风格各异的课以其独特魅力，引领学生步入知识的殿堂，开阔了学生的视野，提升了学生的综合素养。

《传播让生活更美好》——新时代的媒介力量与社会责任。在信息爆炸的新时代，新闻工作者作为党和政府的喉舌，承担着前所未有的重任。中南大学新媒体中心主任王轩老师，以其深厚的学术功底与行业洞察，带领学生深入探讨传播学在新时代的全新意义。他不仅剖析高中生如何在新媒体视角下提升媒介素养，更强调传播如何成为美化生活、推动社会进步的关键力量。

《理财与生活》——投资自我，拥抱财富增值之路。"投资自己，就是投资未来。"青年领导力发展中心副主任李小茜老师，凭借其在青年领导力提升领域的丰富经验，为长郡学子揭开理财的神秘面纱。她将生活哲学与经济智慧巧妙融合，教导学生如何为未来筹划，让金钱成为实现个人梦想和提升生活质量的坚实后盾。

《表演与生活》——舞台之下，生活之上的艺术演绎。表演，不仅是聚光灯下的艺术展现，更是日常生活的生动体现。长沙歌舞剧院特聘演员吴志强老师，以其丰富的舞台经验和深刻的生活领悟，向学生诠释每一个日常瞬间——无论是公共演讲还是简单对话，都蕴含着表演的艺术与对人生的理解，他引导学生发现，生活处处是舞台，每一次表达都是对自我情感的真诚演绎。

《揭秘采编播》——媒体背后的匠心与汗水。从采编到播出，每一次精彩呈现的背后，都凝聚着媒体人的匠心独运与不懈努力。湖南广电著名主持人郝长鸿老师，通过《揭秘采编播》一课，带领学生走进幕后，深入了解节目制作的流程，揭秘每一个创意的诞生、每一篇稿件的打磨和每一次访谈的策划，让学生体会到传媒工作的艰辛与荣耀，激发他们对媒体行业的浓厚兴趣与职业憧憬。

这一系列课程，不仅是知识的盛宴，更是对生活智慧与艺术审美的深度探索，它启发学生在多元智慧的碰撞中，发现自我，提升自我，从而为未来的广阔天空插上知识与梦想的翅膀。

2. 探秘新星城：触碰前沿，体悟青春

星城日新月异的背后，有无数个企业与品牌在发光发热。本次研修中，长郡学子们深入华为体验店，了解其技术与理念；走进费大厨门店，学习其品牌的传承与产品的更迭。无论是体验前沿高端的鸿蒙系统，还是品尝热气腾腾的辣椒炒肉，这些活动都让学生更加了解长沙，品味长沙和爱上长沙。

步入华为体验中心的瞬间，学生立即被琳琅满目的尖端科技展品所震撼。从小巧精致的折叠屏手机，到视觉震撼的智慧大屏，再到威武帅气的智慧汽车，每一项产品都是科技进步的缩影。在专业讲解员的引导下，同学们不仅近距离接触了鸿蒙操作系统，更深刻领悟到创新是驱动时代发展的关键引擎，是民族永续前进的活水源头。

随后，同学们来到费大厨门店。这家自 2003 年起便专注于烹饪一道小炒肉的企业，以匠心精神将其雕琢至极，成了小炒肉领域的领军品牌。费大厨在坚守烹饪传统的同时，亦不畏前行，勇于革新。在看似平凡的辣椒炒肉中，学生们不仅享受到了美味，更感受到了品牌对传统技艺的尊重、传承与创新。在费大厨，传统与创新和谐共存，学生们见证了一盘小炒肉如何承载着企业锐意进取的品牌精神。

3. 走进新媒体：亲入媒体，百闻一见

传媒几度变迁，初心始终如一。长郡校园媒体人先后走访长沙晚报社和湖南教育电视台，在学习、探索和体验中，增长才干，践行"四力"。在历史悠久的长沙晚报社，学生们仿佛穿越了时间的长廊，从一份份承载着岁月印记的黑白报纸，到如今色彩斑斓、即时更新的电子报版面，从古老的黑白相机定格的历史瞬间，到无人机在蓝天翱翔捕捉的动态画面，每一步都见证了媒体技术的日新月异。而在报社的核心区域——"中央厨房"，数据与信息的流动如同血脉，快速而精准，展现了数字化转型的蓬勃生机。这不仅是一次技术的革新，更是媒体人对传播使命忠诚不渝的体现。

随后，学生们的脚步迈向了湖南教育电视台，这个以教育为核心辐射全省乃至全国的主流媒体平台。从宽广的电视荧幕到便捷的移动终端，变化的是媒介形态，不变的是媒体人对教育事业的深情厚谊和对内容创新的不懈追求。电视台不仅致力于传播优质教育资源，更是在教育信息化的浪潮中乘风破浪，不断拓宽传播渠道，深化内容影响力。通过亲自参与节目录制，学生们不仅揭开了电视新闻制作的神秘面纱，更深刻体会到了镜头背后媒体人对专业精神的坚守和对教育事业的挚爱。

此次研学之旅，让长郡校园媒体人见证了媒体行业的变迁与坚守，在实践与体验中点燃了他们对传媒事业的热情，激励他们在未来的学习与探索中，不忘初心，砥砺前行，为传媒事业的发展贡献自己的青春力量。

4. 实践汇报会：回看来路，展示成果

这次全媒体实践课程不仅是一次对媒体技能的训练，更是一次深刻的智性启迪和综合素质的提升。在这个过程中，学生需要掌握多媒体制作、信息整合与表达等具体技能，他们要学会如何将理论知识转化为实践成果，这是智育过程中的关键一环。

汇报展示会上，"长沙青春正当时""热忱长沙，火由心生""吾侪正年少，星城正青春"三个小组依次上台，围绕"青春长沙"的主题，各展所长进行了精彩的汇报展示。采用电台模式汇报的小组，不仅锻炼了成员们的语言组织与音频编辑能力，更体现了智育中对创新思维与媒介素养的重视；而借助PPT与文稿汇报的小组，则展示了他们在信息筛选、整理与视觉传达的能力，这无疑是对批判性思维与审美教育的重要培养；制作Vlog视频的小组，则融合了影像叙事技巧与个人视角的独特性，促进了技术操作与艺术表达的结合，丰富了智育的实践维度。通过多元化的表现形式，学生们展示了他们对"青春长沙"这一主题的独到见解。

"不忘初心，方得始终；因为真挚，所以动人；争创优秀，成为习惯；因为有为，所以有味。"中南大学新媒体中心主任王轩老师用32个字给予了长郡学子高度评价。"长郡的学生落落大方，充满自信，每一场汇报都是一篇优秀且诗意的散文。"湖南教育电视台制片人彭汝平充分肯定同学们的三场汇报，并寄语"中学生要有梦想，才有目标，才有动力"，鼓励学生在追梦的路上持续前进，将个人梦想与城市发展紧密相连，体现了智育对于培养学生远大理想、激发内在动力的重要性。

案例评析 -- ▶

全媒体实践课程远非一次简单的实践活动，它还深刻地融入了智育的多维目标，包括但不限于创新思维的激发、审美能力的培养、信息处理技能的提升以及价值观与人生观的塑造，为学生的全面发展奠定了坚实的基础。

长郡中学历来重视学生的实践能力的培养，重视活动实践课程的构建。此次研学也是长沙市教育科学"十四五"规划重点资助课题"中国学生发展核心素养视域下高中全媒体实践课程建构研究"（课题批准号CJK2021001）的重要实践成果。该课题以中学全媒体实践课程体系为研究主体，以校园学生媒体《澄池》校刊、觉园记者站、郡园电视台和长郡之声广播台为对象，旨在通过建立校园传媒课程体系，整合四大学生媒体的媒介资源，融合学生媒体的表现样态，建立"媒体理论课——校园传媒实践课——媒体社会实践研学课"三级课程序列，打造媒体融合型课程，构建中学生全媒体综合实践课程体系，构建全媒体时代学习共同体的新范式，并以学校四大学生媒体团队实践平台为载体，提供多维度、多层次、多角度、情境化和个性化的学生媒体素养发展的实践平台，为促进学生发展核心素养的形成发挥作用。

1. 全媒体实践的精粹

第一，高水平合作平台。长郡中学与中南大学新媒体中心、麓山青年学院以及多家主流媒体单位合作，为学生提供与业界直接交流的机会，包括专业课程培训、实地探访主流媒体和知名企业，让学生在实践中理解媒体运作过程与社会责任内核。

第二，多元课程体系。课程涵盖媒介素养提升、理财知识、表演艺术与采编播揭秘等方面，邀请业内专家进行授课，内容丰富，针对性强。

第三，实践探索汇报。学生深入企业、媒体一线，体验前沿科技，感受城市发展脉搏，并通过汇报会展示实践成果，形式多样，创意十足，有效提升了学生的综合素养和实践能力。

第四，核心素养培育。实践课程与长沙市教育科学"十四五"规划课题紧密结合，通过构建完整的校园全媒体实践课程体系，不仅传授媒体理论知识，更注重培养学生实践操作能力和创新思维，致力于培育学生全面发展的核心素养。

长郡中学暑期全媒体实践课程通过深度整合校内外资源，构建了理论与实践相结合的教育模式，不仅使学生在专业技能上有所收获，更在人文素养、社会责任感及创新思维等方面得到了全面提升，真正实现了"学以致用，知行合一"的研学目标。

2. 全媒体实践的展望

智育，作为教育体系的中流砥柱，不仅承载着知识传承与技能锻造的使命，更在塑造学生批判性思维、创新精神及强烈的社会责任感方面发挥着不可估量的作用。在当前全媒体时代的大潮中，信息的海量化与传播方式的多样化为高中教育开辟了新的蓝海，同时带来了前所未有的挑战与变革需求。长郡中学利用多种优质资源，精心打造的全媒体实践项目，正是对这一时代命题的深刻洞察与主动作为。以下是全媒体时代下学校擘画的智育新蓝图：

第一，媒介素养与综合智能的跃升进化。全媒体实践应跳出单纯知识领域的拓展，着重培育学生的综合智能素质，涵盖高级信息分析技巧、批判性思维训练以及在全球语境下跨文化传播的敏感度与效能等。学生需在日益复杂的信息环境中砥砺前行，掌握如何运用多媒体工具正面且高效地参与社会进程，共同营造一个健康、积极的信息生态。这一历程不仅是对传统智育的深化革新，更是为全球数字化时代中的未来公民铺就一条预见性的发展路径，装备他们的头脑以应对未来的挑战与机遇。

第二，创新实践与探索精神的持续激发。随着时间的推移，实践项目需持续迭代演进。学校推出诸如"未来探索者计划""新媒体沉浸式体验"等紧贴时代前沿的活动，使学生置身于行业创新的浪尖。这些实践需打破传统教育的边界，以点燃学生内心的求知火花与探索欲望，通过解决现实世界的复杂问题，锻造一批批既拥有前沿技术创新力又深植人文关怀理念的未来领航者。

第三，社会责任与全球视野的深度融合。深化学生作为媒体传播者的责任意识与使命担当，并引导他们以全球化的视角来审视问题，认识到个人行为对社会乃至国际格局的影响。通过讲述和传播具有全球共情力的故事，培育出一代具有强烈社会责任感、擅长跨文化沟通、致力于推动构建人类命运共同体的未来精英，使其成为连接不同文化和推动世界和谐发展的桥梁。

第四，面向未来，构建多元化人才发展路径。面向未来的教育图景，全媒体实践将以前瞻性的视角，构建符合快速变迁的世界所需求的教育新模式。通过设计灵活多样的课程体系、深化与国际顶级机构的战略合作、融入最新科技与理论成果，为学生提供跨学科融合的学习机会，培养其快速适应变化、持续学习的能力以及宽广的全球视野。这条专为未来铺设的多元化发展航道，将指引学生走向世界舞台的中心，成为驱动与引领社会进步的关键力量，共创一个充满无限可能的未来。

长郡中学的全媒体实践项目将持续作为教育创新的先行者，不断探索和实践智育的新模式，为培养能够应对未来挑战、引领时代潮流的全能型青年精英奠定坚实基础，共创一个更加智慧、包容、具有创新性的美好未来。

三、引领每位学生成功

教育的真正价值，在于点燃每个学生内心深处的火焰，激发他们的潜能，让他们敢于梦想，勇于探索，不懈追求。教育不仅是知识的传授，更是灵魂的触动，引导学生发现自我价值，培养创新思维与批判性思考。通过教育的滋养，每位学生都能获得自我成长的钥匙，解锁通往成功与幸福的大门，实现个人潜能的最大化，绽放独一无二的光彩。

（一）因材施教，成就快乐学习

未来智育应该注重个性发展，助力快乐学习，确保每个学生都能感受到学习的成功与乐趣。秉承"因材施教"的核心理念，学校致力于打造一个张扬个性、鼓励创新、洋溢快乐的学习环境。正如《学习的革命》所启示，我们的目标是设计出一套引领每位学生走向成功的教育体系，彻底摒弃导致部分学生挫败的传统框架。

在长郡中学的未来愿景中，个性化教育不再停留于理论层面，而是通过先进的教育技术、精细的学情分析以及定制化的课程设计，确保每位学生的独特性被看见、被尊重和被激发。正如苏霍姆林斯基所强调的，每个学生都有其独特的潜能与创造力，教育的任务在于发掘并点燃每个人内心的火花，使之成为自信而坚韧的个体。对于那些在学习旅程中暂时落后的学生，应更加重视"因材施教"的实践，不仅关注行为习惯的培养，更着重于通过小步子、多频率的成功体验来重塑他们的学习自信，让学生在不断地尝试与实践中累积成功的喜悦，逐步树立自我效能感，从而转变为自我驱动的学习者。

此外，学校还将借助智能教育工具，为学生量身定制学习路径，同时强化师生互动，确保每位学生在遇到困难时都能得到及时且有效的指导，让课堂成为思维碰撞的舞台，鼓励学生主动探索、合作学习，让思考与创造的快乐成为学生学习最宝贵的收获。

（二）协调和谐，着眼全面发展

注重协调和谐，融德智体美劳于一体，构建一个和谐共生、全面而个性化的教育生态系统，以促进学生的全面发展为核心，致力于培育新一代青年。理想的智育不应仅局限于知识的灌输，而应是知识、能力、情感、道德情操、审美和实践技能的全面培养，使学生在学习中体验到成长的喜悦与成就，享受知识探索的快乐。

智育还应该处理好"减负"与"增负"的关系。"减负"绝不是简单地少布置作业或减少课时，其实质是让学生变被动学习为主动学习，减少教育中师生的无效劳动，增加学生发展的目标。在"减轻学生过重课业负担"的同时，"加重"学生思维训练的"负担"。正如爱因斯坦在应《纽约时报》教育编辑而写的声明中所说："由于太多和太杂的学科造成青年人的过重负担，大大危害了这种独立思考的发展。负担过重必然导致肤浅。"因此，"减负"后学校要从应试技巧的训练转向学习能力的培养。另外，在"减轻学生课业负担"的同时，应"加重"学生能力培养的"负担"。发展智育必然使学生学得主动和轻松，从而有更多的时间和精力多方面地拓宽视野，培养能力。这要求教师在提高学生学习效率的同时，加大对学生其他能力——尤其是创造能力和社会实践能力的培养。尤为关键的是，在强调学生和谐、全面发展的同时，注重个性化教育，反对"一刀切"，鼓励在全面发展中寻找并培养学生的独特才能与特长，不能使学生变成千人一面的"雷同体"，成为没有个性的"克隆儿"。

长郡中学未来将致力于为每个学生提供舞台，让他们发掘自我潜能，鼓励独特性发展，成为既满足社会所需，又有独到之处的个性化人才。长郡中学的智育未来图景，是追求一个和谐共生、全面发展与个性并重的教育生态，让每个学生在知识的海洋中自由探索，让他们的能力在锻炼中成长，在个性的舞台上绽放，最终，为社会与人类的繁荣添彩。

（三）超越分数，融合科学人文

著名学者徐惟诚先生在《爱心与教育》一书的序言中写道："（教育者）

首先要认清自己教育活动的目标，不是一张张的成绩单，不是一堆分数，不是高一级学校的录取通知，而是活生生的人，是人才，是能够在未来社会中站住脚跟，开创事业的人才。这样的人才，不仅要在学校里读书，通过读书获得一定的扎实的知识，更需要终身有读书的兴趣、求知的欲望，并且有能力自己学习，有能力找到所需要的知识，有能力吸取这些知识。"未来，学校应致力于打破传统分数至上的樊篱，重构教育的内涵与外延，使之成为孕育科学精神与人文情怀的沃土。真正的智育是引导学生在知识的海洋中遨游，在追求优异学业成绩的同时，更重视思维的深度、广度与灵活性，激发对未知世界的探索欲和创造潜能。

学校积极采纳国际先进教育理念，反思并革新评估体系，不再以分数为唯一标尺，而是通过多元评价机制，如综合素质报告、项目式学习成果展示等，全面反映学生的智力发展与能力提升。长郡中学鼓励学生跨越时空界限，与古今中外的思想家对话，以此拓宽学生视野，滋养他们的心灵，并培养其深厚的文化底蕴和高尚的人文情怀。在长郡中学的教育理念中，教师不仅是知识的传递者，更是学生精神成长的引路人，他们将指导学生发现自我，培养批判性思维，增强社会责任感，让每一名学生都能成为具备独立思考能力、勇于创新、心怀天下的文明传承者与开拓者。

（四）联系实际，构建智育体系

智育应该具有开放性，注重实践性，它需与生活紧密相连，与社会无缝衔接，使学生关注窗外的世界。在面向未来的教育愿景中，长郡中学致力于打造一种理想的智育模式，旨在突破传统教育的束缚，让教学活动不再是闭门造车，而是转变为学生与多姿多彩世界之间的纽带。我们深信，教育的真正价值在于培养学生观察窗外世界、探索校外天空的能力，将他们塑造成活跃的思考者与实践者。

1. 深度整合，融合教育开放性与实践性

我国教育家陶行知提倡："生活即教育，社会即学校。"他主张"把笼里的小鸟放到天空中去，使他能任意飞翔，把学校的一切伸张到大自然里去"。由此可见，素质教育的重点是培养学生的创新能力和实践能力，而这两种能力的培养，都必须与社会、与生活相联系，这样教育才能真正发挥效用。

在借鉴先贤陶行知先生的教育理念的基础上，释放学生的潜能，鼓励他们独立思考、动手实践、观察世界和自由表达。长郡中学的课程设计将紧密联系现实生活与社会发展，不仅关注课堂内的知识传授，更重视课外的"修学旅行"、野外实践考察等开放性学习活动。学生在实践中学习，在探索中成长。

2. 活化课堂，促进知识实践与情感进阶

理想的智育课堂应充满活力、情趣与智慧。学校通过提升课堂的参与度、亲和度、自由度、整合度、练习度与延展度，确保每位学生都能在愉悦的氛围中积极参与、自由思考、深入实践。课堂将被打造成一个微缩的社会，学生在这里经历各种挑战，体验合作与竞争的乐趣，培养解决问题的能力，同时进一步巩固和深化对知识的理解与应用。

3. 课程改革，推进"4R"核心素养发展

在智育课程设计上，长郡中学将积极引入"丰富性、回归性、关联性、严密性"的4R理念，构建多元、立体的课程体系。这意味着课程不仅需要内容丰富、引人深思，而且能够促进师生与环境、文化的深度互动，建立知识与生活的紧密联系，通过严谨且富有创造性的教学方法，引导学生主动发现、批判性思考，从而培养出既有深厚学识底蕴，又具备创新能力与社会责任感的未来公民。总之，长郡中学的智育未来图景，是让学生走出分数至上的迷雾，拥抱一个开放、实践、智慧与人文并重的教育环境。期待在这样的教育环境中培养出的学子都能成为拥有广阔视野、深厚学养、创新精神和社会责任感的文明传承者。

苏霍姆林斯基曾把教育比作一朵花，而智育只是其中的花瓣之一。从某种意义上讲，智育本身不是目的，只是手段，是让人成为"人"的手段。培根早就说过："读史使人明智，读诗使人聪慧，演算使人思维精密，哲理使人思想深刻，伦理学使人有修养，逻辑修辞使人善辩。总之，知识能塑造人的性格。"因此，就根本目的而言，智育是服务于学生的人格塑造的——通过与德育、体育、美育以及劳动技术教育等其他教育形式的和谐融合，让学生终身秉持科学态度、科学精神和科学的世界观。它帮助学生学会正确认识自己、理解他人、洞察人类社会和自然世界，并处理好这几者之间的和谐关系，通过这样的教育，学生将拥有一颗充满智慧的大脑，成长为一个在精神上永远富足的人。

第四章
健体强身　青春飞扬

"健体"乃构筑坚韧体格与卓越运动才能之基石，其深远意义远超乎肌肉与耐力的增强，而是在每一次奋力奔跑、每一次团队协作中，学生不仅学会坚持不懈与勇于挑战，更在汗水中收获宝贵的团队协作精神、公平竞争的道德意识以及面对逆境时不屈不挠的勇气。

"强身"旨在构建学生全面且持久的健康体系，力图培养学生健康的生活习惯和高效的自我管理技巧。在这条道路上，学生将掌握如何在繁忙的学习生活中维持最佳状态，如何有效管理压力和调适情绪，从而将压力转化为动力，以积极乐观的心态去拥抱每一个黎明。"强身"教育着重于健康生活模式的培养，通过理论与实践的融合，深化学生对自我保健和情绪智能等的理解，将之转化为日常生活的行为指南，从而教会学生如何在复杂多变的环境中，依然保持身心的和谐与强韧，为人生的每一步旅程铺设健康的跑道。

"健体"与"强身"的精髓需深度融合于教育的每一环节，借助丰富多彩的体育赛事和体育活动，让学生在亲身参与和深刻体验中领悟健康生活的核心价值，逐步形成伴随一生的健康生活方式。这一过程不仅是对学生身体的锻炼，更是对其人格的精雕细琢，通过传承体育的不屈精神，激励学生勇于超越自我，培养具有强烈社会责任感、优秀身体素质和卓越自我管理能力的新时代精英。

"健体强身"是实现学生全面发展的重要教育策略，它以体育锻炼为纽带，以促进健康为最终目的，以培养全面发展的人才为核心，为青少年提供了一个展现自我、勇攀高峰的广阔平台，更为他们的长远幸福与社会的持续进步注入了无限潜力。

一、立起三大核心支柱

　　长期以来，体育课不幸沦为了文化课的"陪衬"，许多家长更看重的是文化课成绩，却未曾意识到体育课在学生心中的重要地位。在追求成绩和升学率的焦虑下，许多家长推着孩子"抢跑"或"提前冲刺"，实际上这种做法是在扼杀孩子的探索欲和创造力。长此以往，孩子们在持续的学习重压下，可能会逐渐陷入一种错觉，认为个人价值经由他人的评价来确定，而非源自自我探索和体验。在这样的误解下，孩子们会坚信只有不断提前学习、沉浸在题海战术中，才能在考试中取得高分，似乎这便是他们证明自己存在意义的途径。

　　然而，教育是一种长期主义，只有让孩子自然地成长，才是最好的教育，而体育作为一种"最形象"的德育，容易唤醒学生的内驱力，让他们终身受益，是教育中非常重要的组成部分，让学生坚持运动，才能获得更加完善的教育。《中华人民共和国体育法》明确提出，"国家优先发展青少年和学校体育，坚持体育和教育融合，文化学习和体育锻炼协调，体魄与人格并重，促进青少年全面发展"，体育科目纳入初高中学业水平考试范围，并新增"保证体育课时不被占用"和"在校期间每天参加不少于 1 小时体育锻炼"等条款。

　　17 世纪的英国思想家约翰·洛克在其著作《教育漫话》中深刻指出："人生幸福有一个简短而充分的描述——健全的心智寓于健康的身体。"体育的重要性不言自明，它是培养"全人"的主课。

　　体育是智育的催化剂。芝加哥内珀维尔中央高中推行了一项清晨体育计划，学生们需要在上课前进行跑步等运动，心率需维持在最高心率的80%～90%区间。起初，家长们普遍担忧晨间剧烈运动会导致孩子上课精力不集中，但事实截然相反——学生们展现出更高的专注度和更佳的精神面貌。学校进一步的分组实验证实，与未进行晨练的下午班相比，上午参与运动后上数学课的学生，在阅读理解和数学计算能力方面竟提升了 10 个百分点。英国邓迪大学的一项跟踪调查，覆盖了 4755 名学生，清晰地显示日常运动量与学业成绩之间呈正相关，坚持每日 1 小时的体育活动，足以让学生的成绩实现跨越式的进步，如由 C 等级跃升至 B 等级。

体育是素质教育的护航标。伦敦奥组委负责人指出，体育教会孩子们对待赢与输的态度。体育不仅是运动，更关乎成长与民族性格塑造。参与体育能培养自信、自尊等品质，并学会社会技能。体育通过比赛和汗水磨砺意志，提升民族精神。体育教育远超体质锻炼，是素质教育的基石，塑造民族精神与国家竞争力。其核心在于"育"，而非"体"。重视体育教育，即投资于未来。

长郡中学深谙体育教育之于学生成长的重要性，在学校体育教育方面不断探索与革新，全方位实施健体强身育人策略。学校围绕体育锻炼、体育课程、体育竞技这三大核心支柱，构建了涵盖日常体育锻炼、特色体育课程、体育社团活动和体育赛事于一体的立体化体育教育体系。学校不仅积极鼓励学生参与日常体育锻炼和各级体育竞赛，以此激励学生挑战自我，勇攀高峰，还确保每位学生在日常体育锻炼中得到充分的身心锻炼，利用现代化的体育设施，提供个性化、差异化的锻炼方案，满足每位学生的成长需求。长郡中学的体育教育实践，不仅着眼于学生体质的强化，更在于通过多元化的体育参与，陶冶学生的情操，培养其持之以恒的运动习惯，磨炼其坚忍不拔的意志品质。

二、弘扬中华体育精神

中华体育精神蕴含坚韧不拔、团结协作、勇于拼搏等重要品质，是育人不可多得的宝贵资源。它激励学生面对挑战不退缩，培养团队协作能力和集体荣誉感，同时激发个人的奋斗精神和爱国情怀。在教育中融入中华体育精神，有助于学生全面发展，成为有责任感、有担当的新时代青年。

（一）课程：体教相融裁云锦

湘江之畔，岳麓山下，底蕴深厚的湖南省长沙市长郡中学体育教育改革如火如荼地进行着。在基础教育冲刺阶段，体育曾一度蒙尘遇冷。但长郡中学以破冰者的姿态，积极回应时代呼唤，紧随国家政策导向，响应"发展体育运动，增强人民体质"的号召，力促体育回归教育主战场，推出了一场别开生面的"精毅体育"变革。

案例阐述

1. 深化"以体育人"思想

普通高中处于基础教育冲刺阶段，由于升学压力的传导，体育学科长期以来被弱化甚至边缘化，学生的体质与体能水平也一直徘徊不前。《中华人民共和国体育法》将青少年和学校体育的目标与要求上升为国家意志，为学校体育的教学、训练和竞技作出了详细规定，足见政府"发展体育运动，增强人民体质"打造体育强国的强大决心。党的二十大报告提出，要加快建设教育强国、科技强国、人才强国，体育是基础。百年长郡是湖南省示范性普通高级中学和新课程改革样板校，近二十年来，在胡立、王建华、卢鸿鸣等几位校长的办学思想指引下，特别是在现阶段"不让学生输在终点线上"育人观的影响下，学校大胆创新，不断实践，踏上了一段"以体育人"的教育探索之旅，创建了"长郡精毅体育课程"新模式，深化新课程改革，促进师生和谐发展，破解了少数人对长郡教育重"应试"轻"素养"的误解，生动诠释着"完全人格，首在体育"的教育哲学理念。

2. 精毅体育课程为载体

长郡精毅体育课程实施模块教学、延伸训练和体育竞赛一体化，突出目标精准、过程精致和成长精彩，锚定培养学生的刚毅体魄、勇毅特长和坚毅灵魂，从而达到"三化三毅"，撬动五育融合，实现较为理想的育人效果，如图4-1所示。

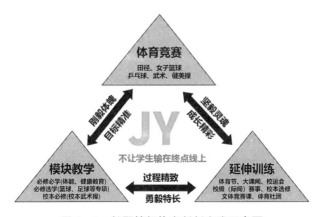

图4-1　长郡精毅体育创新实践示意图

（1）模块教学：目标精准，锻造全体学生刚毅体魄

锻造学生刚毅体魄首先要掌握运动技能，通过模块教学提升学生专项运动能力。自21世纪初以来，长郡中学在省内率先建构了"普及＋特色"体育选项走班教学模式，每周超开3学时（包括2学时常规课和1学时活动课）的体育课程。

在普及方面，学校根据学生的兴趣爱好，在高中三年实施选项教学。高一和高二，每4个行政班被分成7个选项小班进行走班教学（每班人数控制在30人以内）；到了高三，则采用大班选项走班教学模式。针对同一运动项目，学校按学生的习得能力，将三年的教学内容分为初、中、高三阶（如图4-2所示），并一体化设计了专项主题大单元。每个主题大单元包含3个模块，每个模块18课时。目前，学校开设了篮球、乒乓球、排球、田径、羽毛球、足球、健美操、啦啦操、街舞、瑜伽、武术和跆拳道等优质选修课程。学生可根据兴趣爱好，在三年内选择1~3个项目进行学习。为了创新智慧体育课堂，学校运用多媒体手段帮助学生更好地理解动作技能。同时，使用心率监测手环实时监测练习密度和强度，安全有效地提升了课程育人效果。此外，学校还运用AI技术来落实体育作业，进行运动能力考评和体感教学，参照学校主编的《高中体育与健康模块教学创新设计》进行大单元教学，以实现精准育人。

年级	学期	运动项目	课的规格	组织形式
		长郡中学高中体育与健康专项大单元教学三年整体规划		
高一	上学期	武术操《武之魂》学练与展示	必修必学大单元（18课时）	行政班级授课制
	下学期	各专项初阶大单元（模块1）	初阶大单元（54课时）	体育选项走班制
		各专项初阶大单元（模块2~3）		
高二	上学期	各专项初阶大单元（模块1）	初阶大单元（54课时）	体育选项走班制（根据学业水平考核结果确定初、中阶开始学习）
	下学期	各专项初阶大单元（模块2~3）		
	上学期	各专项中阶大单元（模块4）	中阶大单元（54课时）	
	下学期	各专项中阶大单元（模块5~6）		
高三	上学期	各专项初阶大单元（模块1）	初阶大单元（54课时）	体育选项走班制（根据学业水平考核结果确定初、中、高阶开始学习）
	下学期	各专项初阶大单元（模块2~3）		
	上学期	各专项中阶大单元（模块4）	中阶大单元（54课时）	
	下学期	各专项中阶大单元（模块5~6）		
	上学期	各专项高阶大单元（模块7）	高阶大单元（54课时）	
	下学期	各专项高阶大单元（模块8~9）		

图4-2 长郡中学高中体育与健康专项大单元教学三年整体规划

普及模块教学激发了学生对群体运动的热爱，锻造了全体学生的刚毅体质。甚至有5%的普通学生通过参与专项运动模块的选修，达到了较高水平。他们代表学校参加省市级体育赛事获得多个奖项，还有学生成为国家二级运动员。

在特色方面，长郡中学作为一所国家级武术传统项目学校，肩负着弘扬中华优秀传统文化的重任。为此，学校将《自编武术操学练与展示》主题大单元设为校本必修模块。这一举措旨在让学生享受传统体育技能学练乐趣的同时，形成终身体育意识，为"健康工作五十年，幸福生活一辈子"铸就刚毅体魄。

（2）延伸训练：过程精致，激活专项学生勇毅特长

体育活动作为模块教学项目的延伸训练，一方面可以展现学生模块教学专项技能掌握情况，另一方面可以优化学生的健康行为，激活学生培养勇毅体艺特长。

学校每天安排三个时段，共计75分钟，用于组织大课间体育活动。自2006年起，长郡中学根据男女生心理和生理特征，分别创编了两套具有特色的体操：男生操"武之魂"融合了跆拳道、搏击操、太极和武术，民族气息浓厚；而女生操"春之韵"则展现了健美感、健身性和青春活力，动感韵律十足。这两套体操已成为长沙市大课间的旗帜，驰誉全省乃至全国。2014年，学校的大课间活动录像视频在网上发布后，短短三天内点击率就突破了30万，被《人民日报》《今日头条》等主流媒体争相报道，一时之间成为全国的网红热点。此外，长郡中学主编的《阳光大课间体育活动的创新与设计》一书，为基础教育提供了精美范本。

学校每周增设一节课外活动课，用于举行各种大型班级、楼层、校级赛事，旨在激发学生体育潜能，培养他们的体育兴趣，展示体艺特长。高三备课组根据学生的特殊性，开展一系列培养学生团队意识、增强班级凝聚力，又能避免运动损伤的趣味项目，如集体俯卧撑、平板支撑、旋风跑、拔河、智勇大闯关以及"Just Dance"挑战赛等，旨在为学生减压并让他们有机会展示自我，使临考的学生享受运动特长增值的幸福与快乐。

此外，学校每年坚持举办为期一个月的体育节。体育节赛事缤纷，组织精致，覆盖面广，全面展示模块教学、智慧跳绳等成果，可谓"人人有

项目，个个在运动，生生有特长"。开幕式的德育主题班级展示环节，师生体艺特长比拼成为举校期待的精神盛宴。

（3）体育竞赛：成长精彩，熔铸拔尖人才坚毅灵魂

党的二十大报告强调要"全面提高人才自主培养质量"。长郡中学良好的群众体育氛围为拔尖创新人才的培养奠定了基础，二者相辅相成，共同演绎了精彩的成长史诗，培育了学生的体育品德，熔铸了坚毅灵魂。

首先是科学选材。各专项对运动员的身体形态、身体素质、专项能力、神经反应能力和遗传因素等科学分析，经过一段时间考察，遴选合适人选。课堂教学和校级比赛，常常是老师们挖掘特长学生的契机，现任教研组长周游老师就是当年在校运会上被体育老师发现，后经专业指导，成为全国中学生110米栏冠军。

其次是创新模式。各项目采用"1+3+3"模式，即预选小学六年级学生跟队训练1年，初中训练3年达到二级运动员水准，高中训练3年达到最高水平即一级运动员或健将级水平。目前各竞技队含梯队建设队员从小学五年级至高三八个年级共计300余人，与长郡中学蓬勃发展的群体运动相得益彰。

最后是畅通渠道。在拔尖创新人才培育机制上，长郡中学贯通小学与高校培育渠道，设置了多个小学体育后备人才培养基地，同时成为多个高校的体育后备人才培养基地，畅通了人才培育与输送渠道。

3. 精毅体育科研为助力

在当今教育体系中，体育教育早已超越简单的身体锻炼，成为培养学生全面素质、创新能力与团队精神的重要载体。长郡中学体育教研组，正是在这一教育理念的指引下，以其卓越的科研成果和教学实践，书写体育教育新篇章，铆足劲助力精毅体育科研。

体育教研组凭借深厚的教学底蕴与前瞻性的科研探索，成功完成6项省级教育科学规划课题，其中包含2项规划课题与2项重点课题，这些课题不仅聚焦体育教学方法的创新，更深入探讨了体育教育如何更好地服务学生综合素质的提升，为"精毅体育"模式提供宝贵的理论依据和实践范例。

科研成果的转化与学术论文的发表紧密相连。教研组成员积极投身学术研究，累计发表了近百篇高质量学术论文，其中近半数获得了各类奖项。

这一斐然成绩不仅体现了团队成员深厚的学术功底，也意味着长郡中学在体育科研道路上深耕不辍。此外，两部专著的出版，更是对学校体育教育理念和实践成果的系统总结。

在教学实践方面，长郡中学体育教师团队的杰出代表，如季顺志老师、刘金鹏老师和吴涛老师，分别在跆拳道、篮球及踏板操等特色体育模块中取得了全国赛课一等奖的佳绩。这些荣誉不仅是对他们专业技能的高度认可，更是对长郡中学体育教育模式创新与实践效果的有力证明。通过这些特色课程的开设，学生不仅掌握了专项运动技能，更重要的是，他们在团队合作、毅力培养、抗压能力等方面得到了全方位的锻炼，真正实现了以体育人的目标。

长郡中学体育教研组通过扎实的科研工作与卓越的教学实践，提升了自身的教育科研水平，为精毅体育模式注入了新的活力与思考，引领着体育教育向着更高层次、更广领域迈进，为培养具有健康体魄、坚韧意志和创新精神的未来人才奠定基础。

4. 精毅体育的实施效果

长郡中学推行的"精毅体育模式"，秉承以体强体，以体育德，以体润心，以体益智的理念，经过多年实践，已证明其在五育融合方面的强大推动力，并取得了显著成效。该模式在省内乃至全国范围内产生了深远的影响。

（1）精毅体育立德

每一场精毅体育竞赛都如同一堂生动的德育课。学生在激烈的竞争与团队合作中，磨砺出不屈不挠的坚毅品质，深刻体会到集体主义的力量以及团结协作对于达成共同目标的重要性。这种体育与德育的融合，让长郡中学的体育教育独树一帜，赢得了社会的广泛赞誉。学校四次荣获"全国先进群众体育"表彰，这份荣耀是对其体育教育卓越贡献的最好证明，也是对学校持续致力于培养学生良好品德和团队精神的认可。此外，长郡中学两度被评为"全国学校体育卫生工作先进单位"，进一步凸显了其在促进学生身心健康和全面发展方面的成就。精毅体育不仅塑造了学生强健的体魄，更培育了他们高尚的道德情操和强烈的社会责任感，为他们将来成为社会的栋梁之材打下了坚实的基础。

（2）精毅体育增智

精毅体育课程体系的构建，不仅让学生浸润于体育知识的海洋，掌握科学有效的运动技能，更在深层次上通过系统化的体育训练，激发学生内在的认知潜能。学生在运动中学会了如何集中注意力，如何在策略与反应中锻炼思维敏锐度，以及如何在运动创造中放飞想象力，这些都极大促进了他们的智力运动能力发展。长郡中学秉承"以体育人"的核心教育理念，将体育教育与德育、智育、美育、劳动教育有机融合，形成了五育并举的教育新模式。这一创新实践不仅促进了学校教学质量的持续攀升，也赢得了国家体育总局的高度肯定和赞扬，使"精毅体育"品牌成为业界典范，深入人心，并随着时代发展焕发勃勃生机。尤为值得一提的是，体育与学术并重的教育理念在长郡中学开花结果，17 名体育特长生凭借优异的体育成绩与全面发展的个人素质，成功考上清华大学和北京大学，这充分展现了体育与学术双轨并行的教育成就。同时，长郡中学利用体育名师工作室这一平台，如辜美华、刘金鹏两位体育名师的工作室，为长沙市乃至湖南省培育了接近 200 名体育名师，促进了区域体育教育人才的梯队建设。近年来，全国超过 600 所学校的教育同仁纷纷慕名前来，学习与交流长郡中学在体育教育领域的先进经验和成功模式，进一步扩大了"精毅体育"品牌的影响力，为中国体育教育的未来发展注入了新活力与新思路。

（3）精毅体育健体

精毅体育通过日常体育教学与多彩的课外活动，不仅推广了体育运动，更促进了学生体育技能的提升，实现了体育与卫生保健的有机结合，全面提升了学生的健康水平。得益于"精毅体育模式"的深入实践，长郡中学学生的体质健康监测数据连年上升，综合素质评估呈现积极趋势，展现了体育教育对青少年健康成长的显著促进作用。

在竞技层面，长郡学子在国内外体育赛事中捷报频传。他们在世界舞台上斩获 11 枚金牌，同时在全国中学生运动会中也赢得了 12 枚金牌，这些成就仅是他们卓越体育表现的冰山一角。自 2005 年以来，学校在国家级体育竞赛中累计收获了 565 枚金牌，培养了 20 名健将级运动员和 200 多名一级运动员，为国家及各高校高水平运动队输送了超过 350 名体育精英。

值得骄傲的是，长郡中学的杰出校友武桐桐，凭借在篮球领域的出色表现，成功入选中国女子篮球队，不仅在东京奥运会和女篮世界杯上代表国家出战，更在 2022 年女篮世界杯中贡献了自己的力量，帮助中国队获得亚军，为国争光。这充分展现了"精毅体育"教育理念下培养出的体育健儿的风采与实力。

这些成就不仅是体育竞技的胜利，更是体育精神与教育理念的成功体现。它们激励着更多长郡学子在追求卓越的道路上不断前行。通过精毅体育和课外活动，学校以增强体质为目标，带动各项体育活动广泛开展，坚持体育普及与提高相结合、体育与卫生相结合，从而提高学生的健康水平。

（4）精毅体育审美

精毅体育不仅致力于体质与智能的培养，更在美的教育上精耕细作。通过体育活动的广泛开展，学生在运动中展现出机敏灵活的智慧之美、力与美的和谐统一、自信从容的气质之美，以及阳光健康的形态之美。在每一次跳跃、奔跑、投掷中，学生对美的感知与鉴赏能力得以提升，审美情趣在潜移默化中丰富与升华，体育因此成为美的教育不可或缺的一部分。

"精毅体育"作为长郡中学的标志性品牌，其独特的教育理念与显著的实践成效，吸引了央视、《人民日报》、新华网、"学习强国"和湖南卫视等诸多主流媒体的广泛关注与深入报道。这些报道有力地提升了精毅体育的社会影响力，也进一步推动了区域乃至全国范围内"以体育人"理念的普及与实践深化。

案例评析 --▶

模块教学、延伸训练和体育竞赛是长郡中学"精毅体育课程"中紧密联系且互为支撑的三个方面，它们各有侧重又相互融合，分别致力培养学生的刚毅体魄、勇毅特长和坚毅灵魂，又共同服务于学生体质提升和综合素养的发展，从而实现"精毅体育"的辩证交融。

1. 模块教学与刚毅体魄

模块教学是精毅体育的基础环节，通过科学合理地设计和实施，目标精准地提升全体学生的运动能力和专项技能，确保每个学生在丰富的体育项目中发掘并找准自身兴趣。这种分层次、多元化、有针对性的教学方式，使得广大学生群体能够在长期坚持的锻炼过程中逐渐养成优良的运动习惯，并最终锻造出刚毅的体魄。

2. 延伸训练与勇毅特长

延伸训练是模块教学的延展和深化，通过丰富多彩的大课间体育活动、课外活动课以及各类体育赛事，为学生提供一个将课堂所学专项技能付诸实践，并在实战中不断提升的机会。这一过程中的挑战、付出与成长，进一步打磨了学生的体育技能，也激发出他们的体育潜能，更锻炼了他们勇于面对困难、持之以恒的勇气和毅力，使他们在某个体育领域崭露头角，展现独特的勇毅特长。

3. 体育竞赛与坚毅灵魂

体育竞赛作为一个重要的竞技舞台，对学生而言，不仅是技艺的比拼，更是精神的淬炼。依托于科学的人才选拔机制、严格的训练制度，以及创新性的"1+3+3"培养模式，学生在艰苦的训练和激烈的赛场上，逐步铸就了不屈不挠的坚毅品质，树立了超越自我、奋发向前的坚定信念，这些共同构筑了学生坚毅的灵魂。

模块教学、延伸训练和体育竞赛共同搭建起了一套多维度、全方位的体育教育架构，这套架构不仅关注学生身体素质和体育技能的提升，更深深植根于借助体育锻炼来孕育和塑造学生内在的刚毅、勇毅与坚毅品质之中，完美践行了"以体育人"的教育宗旨，生动展现了新时代我国教育对推进素质教育全面发展、提升人才培养质量的高度关切和不懈追求。

虽然长沙市长郡中学在"精毅体育"实践探索中已经取得了令人瞩目的成就，然而面对教育改革的滚滚洪流，学校在持续推进体育教育深化的过程中，亦面临着一系列亟待破解的难题与对未来发展方向的深入思索。这些挑战与探索不仅是对既有成绩的审视与反思，更是对未来教育版图擘画崭新航程的期许与预见。"精毅体育"的可持续发展可以从以下方面着手：

一是深度融合，强化理论体系与技术创新的探索。在未来实践中，如何在保持现有精毅体育模式有效性的同时，进一步完善和发展其理论体系与方法论。虽然"精毅体育课程"已经在模块教学、延伸训练与体育竞赛等方面进行了深度融合与创新，但随着社会对身心健康教育认知的升级，以及科技手段的日新月异，需要探讨如何利用虚拟现实、人工智能等前沿技术，更加精准地对学生个体体质差异、技能习得路径进行个性化定制，使得精毅体育更加贴合每一位学生的实际需求。

二是双轨齐驱，一体化课程与个性化路径的整合发展。拓宽课程体系的纵深度，响应国家关于全面提升青少年体质健康的号召，探索小学至高中阶段体育教育的一体化衔接策略。可尝试在低年级阶段引入初级运动项目，提早开发学生潜在的运动天赋，并逐步完善"1+3+3"模式，使其覆盖更广泛的运动领域，助力各类运动人才的早期发掘与长期培养。同时，加强对学生运动心理、运动康复和运动伦理等方面的教育，确保他们在追求卓越的同时，养成良好的运动习惯和健康的生活方式。

三是立体拓展，全人教育观下精毅模式的纵深挖掘。在面向未来的体育教育实践中，还需关注如何将精毅体育模式融入全人教育的整体框架，除了传统的体质锻炼和技能传授，还要注重培养学生的体育道德、团队协作、领导力以及抗压能力等综合素养。与此同时，随着全社会对青少年心理健康关注度的提高，如何通过体育活动促进学生的心理调适与情感管理能力，也是值得深入研究和实践的方向。同时需要拓宽视野，积极与其他学科领域交叉融合，探索体育与文化、艺术、科技等多元元素相结合的新型体育课程，从而实现真正的五育并举，全面提升学生的综合素质。

四是蓝图共绘，跨区域体育教育网络的协同构建。长郡中学的精毅体育模式已在区域内产生了广泛影响，借助跨校际、跨区域的体育教育资源互动平台，学校构筑了广域的体育资源共享机制，以及师资力量的协同发展和互学互鉴体系。具体举措涵盖但不限于远程实时授课、云端专业指导、联手教研培训等多元化途径，以期突破地理疆界，携手推进我国体育教育事业的普惠均衡发展。

五是品牌辐射，品牌势能和多方力量的激活联动。充分发挥精毅体育的品牌效应与示范引领作用，通过与政府、社区、企业等多方合作，构建开放、多元和包容的社会体育生态，吸引更多社会资本投入体育教育，共同推动体育设施升级，丰富赛事活动，进而促进体育文化繁荣，从而在整个社会范围内形成崇尚体育、热爱运动的良好风尚。着眼长远战略，欲使精毅体育模式由点到面、自地方辐射至全国，需关注如何将这种模式标准化、可复制化，以便其实践经验能便捷地被全国各地学校学习借鉴并成功应用。与此同时，强化与各级教育行政机构及体育职能单位的紧密协作，积极推动相关政策出台，加大对体育教育在财政、制度等方面的扶持力度，保证体育师资队伍建设及体育场地设施建设等核心要素的有效供给，构建有利于精毅体育模式持续创新和发展的政策与机制支撑体系。

长郡中学推行的精毅体育模式已收获了卓著成果，然探索之旅如江河绵延，奔涌向前，永无止歇。面对新时代教育浪潮的涌动变迁，需如翠竹迎风，敞怀纳新，以更为开放的胸襟拥抱变革，孜孜不倦地找寻那顺应时代潮涌的体育教育新灵感、新航标与新蓝本。唯此，方能让莘莘学子沐浴在高质量体育教育的阳光雨露中，滋养其茁壮成长，铸就刚劲有力的体格，锤炼锐意进取的技艺，涵养坚定不移的精神内核，从而成长为具有刚毅体魄、勇毅特长和坚毅灵魂的全能型人才。

（二）竞技：逐鹿赛场辉日月

体育竞技对中学生成长至关重要，它锻炼体魄，培养坚韧意志，促进团队合作，激发竞争精神，同时帮助中学生学会面对挑战与失败，是全面发展不可或缺的一环。

案例阐述

1. 根深叶茂的体育之树

长郡中学在体育领域拥有悠久而辉煌的历史，自新中国成立以来，便展现出其在体育教育与竞技上的深厚底蕴。体操运动员孙孝贞就是新中国第一批八名健将级运动员之一，见证了学校体育荣耀的开端。早在1913年，时任校长彭国钧先生高瞻远瞩，倡导和开辟了学校运动会的先河，并由此成功举办了湖南中学界第一届运动会。

历经百年沧桑，长郡中学的体育传统历久弥新。彭国钧校长提出"求新务实"与"强国强身"理念，不仅体现在对体育设施的完善和师资力量的加强上，更深深植入了长郡的教育哲学之中，使得学校的体育运动在当时蔚然成风，成就斐然。

2. 百花齐放的荣耀之路

迈入新中国，长郡中学在体育特色项目上再创佳绩，武术与体操项目的卓越表现，使之在全国范围内小有名气。步入新时代，学校积极响应党的教育方针，致力于素质教育的深入实施，体育教育的地位进一步提升。学校不仅在体育教学上保持着创新与活力，更在体育科学研究和业余训练方面引领全省，保持领先地位。

长郡中学在体育教育领域的持续努力和追求，远远超越了单纯的比赛成绩和奖牌的积累，它深刻体现在对学生身心健康的全面塑造以及坚韧不拔性格的培养上。通过体育，长郡中学成功培育了一代又一代体魄强健、意志坚定的青年才俊，为社会贡献了诸多在各个领域都能独当一面的全面发展型人才。

学校精心打造了包括田径、女篮、武术、乒乓球、健美操在内的五支专业性竞技队伍，目前约有 90 名在校高水平运动员。在国际赛场上，长郡学子多次代表国家出征，累计赢得 11 枚金牌，其中体操队更是连续 7 次参赛，独揽 5 枚金牌。羽毛球项目也在国际赛事中取得了显著成绩，分别在 2012 年的葡萄牙和 2016 年的马耳他赛事中获得 2 枚金牌。同时，健美操项目在 2016 年美国赛事中勇夺 3 枚金牌。这些辉煌成就不仅为国争光，也体现了长郡体育教育的国际竞争力。

在国内，长郡中学在历届全国中学生运动会中都有出色的表现，累计荣获 12 枚金牌。特别是在武术和田径项目上，学校成绩斐然，共获得 4 枚武术金牌和 6 枚田径金牌，同时乒乓球项目也有 2 枚金牌入账。自 2005 年以来，长郡中学的体育代表队在全国各级体育竞赛中屡创佳绩，共收获 565 枚金牌，期间，学校培养出 20 名健将级运动员和超过 200 名一级运动员。这些成就不仅巩固了学校在体育教育领域的领军地位，更为各大高校输送了近 350 名高水平运动员，其中 17 人更是凭借其出色的体育才能考入清华大学和北京大学，实现了体育与学术的双重突破，充分展现了长郡中学体育教育的深远影响和辉煌成果。

3. 香远益清的励志之风

长郡中学女篮队在 2023—2024 年度耐克中国高中篮球联赛南区赛中的表现，无疑是对长郡中学体育竞技精神与"精毅体育"理念的生动诠释与高光展现。在这场备受瞩目的赛事中，女篮队员们面对来自八省十六支强队的激烈竞争，凭借坚持不懈的训练、默契无间的团队配合以及在逆境中愈挫愈勇的意志力，奋勇拼搏，最终夺得了南区赛亚军，刷新了长郡女篮在该项赛事中的最佳纪录。这一成就不仅为球队赢得了宝贵的全国八强附加赛席位，更是在长郡中学体育史上书写了辉煌的一页。

本次比赛，长郡女篮面对无数强劲的对手，充分展现了敢打敢拼的精神。在湖南省基层赛半决赛对阵郴州雅礼高级中学时，她们在最后 8 秒以一记绝平三分将比赛拖入加时。长郡女篮的队员凭借顽强的意志和冷静的心态，最终以一分优势险胜。在南区八进四淘汰赛中，她们对阵强敌广州科学城中学女篮，这支球队是学校与专业队共建的，实力不俗。尽管上半场长郡女篮一度大比分落后，但下半场她们开启强势反攻，最终逆转取胜，挺进赛区四强。在半决赛中，当常规时间仅剩 19 秒时，她们再次上演中投绝平的戏码，并在加时赛以 5 分优势击败对手，顺利进入南区决赛。

长郡女篮的征途确实充满挑战与自我超越。面对身高上的不利条件，她们展现出了超乎常人的决心与毅力，深知唯有加倍努力，方能弥补差距。寒假，本应是休息时间，但队员们毅然选择了一天两训的高强度训练模式，主动针对个人技术短板进行加码练习。训练之余，她们每天都会写下训练日记，总结自己一天的表现和不足，并对第二天的训练提出展望。这种自我驱动的学习态度是她们不断进步的重要动力。教练员也会每日解答队员们的困惑，帮助队员更好地成长。

比赛期间，长郡女篮与教练团队紧密协作，通过反复观看比赛录像的方式，来分析对手特点，制定战术策略。这不仅增强了比赛的针对性，也大幅提升了团队的凝聚力和应变能力。在赛场上，她们以专注的状态和坚不可摧的意志品质，展现了竞技体育的魅力，赢得了尊重与荣誉。

长郡女篮的故事是对"朴实沉毅"校训的生动演绎。她们的经历证明，体育不仅能锤炼技艺，更能塑造坚韧不拔的意志和积极向上的人格。这种精神力量正是体育教育最为宝贵的价值所在。

案例评析 -- ➤

长郡中学体育竞技的成就与传统竞技队的表现，不是一系列奖牌与荣誉的堆砌，而是一部关于传承、创新与超越的壮丽史诗。在这部史诗中，长郡女篮的崛起便是范例，她们在体育竞技的广阔天地里，以实际行动诠释了体育精神的真谛，为体育教育的内涵增添了丰富而深刻的注脚。

1. 历史沿革与传统积淀

长郡中学体育之树根深叶茂，源于其悠久的历史传统与深厚的文化底蕴。从彭国钧校长的远见卓识，到新中国成立后首批健将级运动员的诞生，学校体育教育始终与时代同频共振，不断焕发新生。这种传统与积淀，为后续的体育教育与竞技成就铺就了坚实的基石。

2. 体育特色与竞技成就

长郡女篮作为该校的传统竞技队，近年来取得了突飞猛进的发展，这是学校体育特色与竞技实力的集中展现。她们在省市乃至全国赛事中的连创佳绩，不仅验证了学校在体育人才培养上的高效机制，也凸显了学校在体育教学与训练方面的深厚底蕴。近年来，长郡女篮在体育竞技领域内持续创造新的辉煌，不仅在省市各级赛事中屡创佳绩，更在全国性的舞台上大放异彩，展现了卓越的竞技水平与团队风貌。尤其值得关注的是，在短短一年内，球队就成功培养出了 17 名国家一级运动员。这一成就既需要精准的选材眼光，更离不开系统化、科学化的训练体系，以及学校对每位队员个性化潜力的最大化发掘。

3. 体育精神与精毅之魂

伴随着一连串的胜利与荣誉，长郡女篮逐渐锻造出"敢打敢拼，永不言弃"的精神。这精神也成了球队的灵魂，它不仅仅体现在球场上的每一次突破与防守，每一个关键球的争夺，更渗透进了队员们的日常训练与生活中，渗透进了她们的生活态度与人生哲学中。长郡女篮精神，是长郡中学体育教育精神和精毅体育内涵的高度凝练，它激励着每位队员在面对困难与挑战时，展现出不屈不挠的斗志与坚持到底的决心。这种精神的培养，是体育教育在促进学生全面发展过程中最具价值的部分，它超越了体育技能的传授，触及人格塑造与品质锤炼的深层内涵。

4. 体育成果与示范效应

长郡女篮的辉煌并非孤立存在，而是学校整体体育文化繁荣的缩影，是学校体育文化深度耕耘的结果，也是全体教练员辛勤付出以及队员们刻苦努力、团结协作的共同结晶。它们共同构建了一个良性循环，既提升了学校的体育品牌影响力，也为校园体育文化的传承与创新提供了鲜活案例，激励着更多青少年在体育的道路上追求卓越，实现自我超越。

从历史悠久的传统积淀，到特色鲜明的竞技成就，再到深入人心的体育精神传承，长郡中学以体育之名，培育时代新人，展现了体育教育在促进学生全面发展中的独特价值与深远意义。

长郡中学在竞技体育领域取得的显著成效，无疑是其坚持"以体育人"教育理念的生动体现。为进一步发挥既有优势，持续推动学校体育事业的蓬勃发展，未来的发展策略着眼于以下几个方面：

第一，深化体教融合，构建全面培养体系。继续深化体育与教育的融合，构建涵盖基础教育、专业训练、心理健康和文化素养等多维度的全面培养体系。通过优化课程设置，确保学生运动员在追求体育卓越的同时，能够接受高质量的文化教育，实现体育技能与学术知识的双丰收。

第二，强化师资建设，提升训练科学性。加大体育师资队伍建设力度，引进高水平教练与体育科研人员，提升训练的科学化和专业化水平。通过定期培训和国际交流，使教练团队掌握最新训练方法和理念，为学生提供个性化、高效能的训练指导。

第三，完善竞赛体系，拓宽竞技平台。建立和完善多层次、宽领域的体育竞赛体系，不仅要在校内定期举办各类体育赛事，更要积极参与国内外高水平体育竞赛，为学生提供更多实战机会，增强竞技经验和心理素质，同时拓宽学生的国际视野。

第四，注重体育科研，驱动创新发展。加大对体育科学研究的投入，设立专项基金支持体育训练理论、运动损伤预防与康复和运动心理学等相关领域的研究。通过科研成果的应用，不断优化训练方案，提升训练效果，同时促进体育学科的理论与实践创新。

第五，强化体育文化建设，弘扬体育精神。进一步加强体育文化建设，通过举办体育文化节、体育精神论坛等活动，传播"敢打敢拼，永不言弃"的体育精神，增强学生的集体荣誉感和团队协作能力，培育积极向上的校园体育文化氛围。

第六，促进国际合作，拓宽人才培养路径。加强与国际知名体育院校、机构的交流合作，为学生运动员提供海外训练、比赛和留学深造的机会。通过国际合作，引进先进的体育教育资源，拓宽学生的发展路径，同时提升学校的国际影响力。

第七，关注学生全面发展，强化生涯规划指导。在专注于竞技能力培养的同时，加强对学生运动员的职业规划和生涯发展指导，提供多元化发展路径，包括体育产业管理、体育科技和体育教育等多个方向，确保每位学生在体育之外找到适合自己的发展道路。

通过以上策略的深入实施，长郡中学不仅能够进一步巩固和拓宽在竞技体育领域的领先地位，还将深化"以体育人"的教育实践内涵，为社会培养出更多集道德品质、智力发展、体质健康、审美素养和劳动技能于一体的复合型高素质人才，从而在促进学生全面发展的道路上迈出更加坚实的步伐。

（三）节会：活力四射颂韶华

2023年度的长郡中学体育文化节，再度掀起了一场席卷校园的体育风暴。紧随国家关于青少年体育健康发展战略的步伐，体育文化节高举"运动青春，闪耀未来"的旗帜，不仅是一场青春活力的集中展现，更是对学校体育教育成果的全面检阅。学生们在竞技场上一展身手，展现个人风采，提升自我，在团队协作中增强集体凝聚力。长郡中学体育文化节通过一系列精心设计的体育活动，提升了学生的体质健康，促进了学生综合素质的全面提升，展现了校园体育文化的深厚底蕴与创新活力。

案例阐述

1. 背景：更新理念与科学架构

随着《关于全面加强和改进新时代学校体育工作的意见》的深入实施，长郡中学体育文化节紧跟时代步伐，旨在通过丰富多彩的体育活动，进一步激发学生参与体育锻炼的热情，培养终身体育意识，增强体质，健全人格，锤炼意志，从而全面提高学生体质健康水平，实现立德树人、健康第一的教育目标。

为确保体育文化节的顺利进行，学校特成立了包括时任校长翁光龙在内的众多教职员工为委员的体育节组委会。委员会从全局出发，统一领导，统一部署，确保活动的高效运行。各年级需按照要求，结合本年级实际情况，组织各项比赛，为学生精心搭建展示自我的舞台，同时营造欢乐和谐的体育氛围，鼓励学生全员参与，培养学生良好的体育锻炼习惯。

2. 内容：精心设计与有序安排

（1）田径运动会

作为体育文化节的重头戏，第39届田径运动会在贺龙体育场如期举行。国旗、校旗、标语、花束和刀旗方阵引人注目，学生们踏着整齐有力的步伐，拂着飒爽轻柔的秋风，执旗在手，步履铿锵，飒沓如流星，目光灼灼，意气风发，挥斥方遒，在生动激扬的乐曲中，展现靓丽的风采。他们的口号声振奋人心，抒发揽九天星辰之豪情。除了方阵表演，还有武术和舞蹈的特色表演。武术表演以其独特的魅力震撼全场，学生们的动作行云流水，刚劲有力，一招一式，或虎虎生风，或刚柔并济，激荡着少年的蓬勃朝气，尽显中华武学的博大精深，引得现场掌声雷动。舞蹈表演则以优美的旋律和曼妙的舞姿，编织一幅幅梦幻般的画面，展现独属于郡园学子的青春魅力。

在跑步比赛中，短跑选手如离弦之箭，中长跑健儿则以顽强的毅力诠释着坚持的力量；在接力赛中，学生传递的不仅是接力棒，更是彼此之间的信任与合作；在跳高跳远区，运动员们腾空一跃，划出一道道优美的弧线；在实心球赛场上，选手通过力与美的碰撞，让在场的观众连连称赞。每一项赛事，都是对学生身体极限的挑战，也是对其意志品质的磨砺。

班主任则成了这场盛宴中最温暖的存在，他们是比赛的记录者，用镜头定格下每一个珍贵瞬间，更是知心者和守护神，传递温暖力量。而那些未直接参与比赛的同学，作为啦啦队，用震耳欲聋的加油声为赛场上的每一位勇士提供坚实的后盾力量。

此次田径运动会是对个人体育技能的检阅，展现了团队协作、班级凝聚力和校园文化。它激发了学生的集体荣誉感，促进了师生之间的情感交流，更在每一位参与者心中种下了勇于挑战、永不言败的种子。贺龙体育场见证了长郡学子青春的汗水与泪水，也见证了他们的成长与蜕变。

（2）三人制篮球赛

三人制篮球赛不仅是一场体育竞技的盛宴，更是校园文化多样性与活力的展现。此项赛事有助于在实践中提升学生的团队协作能力、策略应变能力和组织适应能力。赛事采取分年级班级赛与总决赛相结合的模式，学生们以班级为单位组建队伍，这不仅有助于加深同窗间的友谊，还能激发集体荣誉感与归属感。在一轮轮激烈的对抗中，各班级全力以赴，这一过程不仅是技巧与体能的比拼，更是智慧与策略的较量。

通过这样的活动，篮球不再是一项体育运动，它成为培养团队精神、锻炼心理素质和展现青春风采的重要载体。每场比赛都是一堂生动的实践课，教会学生如何在竞争中保持尊重与风度，在合作中学会信任与责任。最终，那些在赛场上挥洒汗水、奋力拼搏的队伍，将成为运动赛场上的佼佼者，他们的故事和精神将激励更多学生参与到篮球运动中来，共同推动校园体育文化的繁荣发展。

（3）传统球类比赛

传统球类比赛为长郡中学的校园平添了竞技的炽热与团队的温馨情怀。篮球联赛以其迅雷般的速度和激烈的身体对抗，点燃了赛场上的每一寸空气；而11人制足球联赛则是一场智慧与默契的较量，球员们在绿茵场上巧妙布局，展现了战略思维与无缝团队协作的力量。与此同时，乒乓球桌旁，选手们以电光石火般的反应速度和毫米级的精准控制，演绎着技巧与策略的双重交响曲；羽毛球赛场上，每一次挥拍都划破空气，留下一道道优美的轨迹，力量与美感的结合达到了极致，令人叹为观止。

体育赛事的设置超越了班级与年级界限，巧妙融入了跨年级交流赛的板块，这一举措不仅拓宽了赛事的维度，更拓展了其深度，使得竞技舞台更加多元而立体。在个人技能的比拼中，学生们不断地挑战自我极限；而在团体项目中，他们深刻领会到团队协作的力量，学会了在集体中找到自己的定位，学会如何携手并肩，同舟共济，共同迎接胜利与挑战。

通过循环赛，每一支队伍都获得了充分展现风采的舞台，而淘汰赛的高压环境则如同磨刀石，锻炼了学生们面对逆境时不屈的毅力。在这一系列赛程中，竞技的火花点燃了学生的激情，每一次为集体荣誉而战的呐喊，每一次挫败后互相温暖的鼓舞，都成为他们人生中难以忘怀的宝贵经历。

此外，这些赛事还促进了不同年级、班级之间的交流与友谊，打破了学习生活中的界限，让学生们在体育竞技的平台上找到共同的语言，加深彼此间的理解和尊重。校园内的体育氛围因此而更加浓厚，体育精神和集体主义价值观得到了进一步弘扬。

（4）"啦啦宝贝"大赛

"啦啦宝贝"大赛，作为体育文化节中一抹亮丽的风景线，不仅是一场视觉与艺术的盛宴，更是一次体育精神与创意表达的激情碰撞。它促进了学生间的跨班级合作，激发了团队创造力与协作精神，为校园文化注入了无限生机与活力，展现了当代学子青春洋溢、勇于探索的风貌。比赛分为双人项目、小集体组和大集体组，鼓励学生跨班级自由组队。

在比赛中，双人项目以细腻的互动与默契的配合展现了啦啦操的技巧与美感；小集体组和大集体组则通过精心编排的队形变换与高难度动作，彰显了团队的力量与和谐。长郡学子在舞蹈中巧妙融合了芭蕾的优雅、爵士的灵动与街舞的自由，通过音乐与动作的精准匹配，融合对不同舞蹈风格的独到见解与创新整合，为传统的啦啦操艺术赋予了新的生命。学生们在编排上大胆尝试，如音乐节奏的巧妙切分、舞蹈层次的丰富构建，无不令人耳目一新。

赛场上，学生们每一个动作都精准到位，每一次跳跃都充满力量与美感，背景音乐的选择与表演内容相得益彰，激昂的旋律与动感的节奏将现场氛围推向高潮。台上，健儿们的每一次旋转、每一次跳跃，都充满了青春的激情与自信；台下，学生们被这份热情所感染，掌声与欢呼声此起彼伏，整个赛场成为欢乐与激情的海洋。

长郡学子在"啦啦宝贝"大赛中的出色表现，展示了他们对体育文化的深刻理解与尊重，更体现了他们对艺术创新的不懈追求与实践。评委们对他们的专业性、创意性以及团队协作能力给予了高度赞扬，认为这不仅是一场比赛，更是一次关于团队精神、创新思维与艺术表现力的生动教育，充分展现了体育与艺术结合所能带来的无限魅力。

3. 保障：规范竞赛与防护并重

体育文化节的举办是一系列体育赛事的集合，也是一次校园文化和体育精神的全面展示。为保障活动的专业水准与公平公正，所有比赛严格遵照国家体育总局最新审定的规则执行，这不仅维护了比赛的正规性，也为学生提供了一个体验专业体育竞赛的平台。参赛者在追求卓越成绩的同时，被教导尊重规则、重视赛风赛纪，通过规范的报名、检录流程，确保赛事秩序井然，而针对安全性的特别强调，则体现了学校对学生健康负责的态度，提醒每位运动员重视赛前热身与赛后放松，预防运动伤害。

裁判员们以高度的责任心和专业素养，坚守在比赛场地旁，目光如炬，明察秋毫，手执旗帜、名册、发令枪，"悬衡而知平，设规而知圆"，心怀规则天平，以坚决守护正义，以原则捍卫权威。

奖惩机制方面，体育文化节设计了丰富的激励措施，旨在从多维度激发学生的积极性与成就感，同时传达努力与成就被认可的价值观。对于违规行为的零容忍政策，进一步强化了公平竞争的环境，确保了竞赛的纯洁性。

安全是体育文化节顺利进行的基石。从赛前全面的安全教育，到应急预案的制定与演练，再到比赛期间的医疗应急响应与场地安全监控，学校构建了一张严密的安全防护网，确保每位参与者能够在无忧的环境下尽情挥洒汗水，享受运动的快乐。

案例评析 --▶

"体育文化节"作为校园文化的重要组成部分，近年来呈现出蓬勃发展的态势，迅速成为校园文化的新焦点。它以体育活动为载体，健康教育为核心内容，通过多样化的形式，借助轻松愉快的氛围，达到强身健体与心灵愉悦的双重目的。这种模式不仅鼓励学生彰显个性，勇于表现，同时也培养合作意识与集体荣誉感，实现健身、娱乐、竞技与教育的完美结合，对学生体育兴趣的激发、参与体育锻炼的积极性、体育观念的树立、体育素养的提升，以及知识广度、综合能力的增强均产生了深远影响。

体育文化节相较于传统校运会，其革新不仅体现在名称的更改上，更体现在这是一场深层次的变革，其显著特点体现在四个方面：一是性质的转变。从单一的竞技比拼转变为集竞技性、健身性和娱乐性于一体的综合体育文化盛会。这一变化让体育文化节超越了纯粹的体育竞技范畴，成了一个促进学生全面发展的大舞台；二是参与主体的扩展。彻底颠覆了"少数人竞技，多数人旁观"的旧模式，转而面向全体学生，确保每个人都能根据自己的兴趣和能力找到合适的参与方式，展现自我，实现自我价值；三是目标定位的调整。从过去过分追求奖牌和竞技成绩，转向全面挖掘和发展学生的潜能，强化体育实践与创新能力，培养既有体育技能又有高尚道德情操的全面发展人才；四是功能的多元化。体育文化节不再局限于体育技能的展示和竞赛，而是成为促进身心健康、智力发展、品德养成的多功能平台，强化了体育在促进学生全面发展中的基础作用，让其成为联结师生情感、增强校园凝聚力的有效媒介。

由此可见，体育文化节的兴起与推广，是长郡中学对传统体育赛事模式的重大突破，它标志着校园体育文化向更加开放、包容、全面发展的方向转型，对于提升校园文化品位，促进学生综合素质提升有着不可估量的价值。

长郡中学 2023 年体育文化节是一次集竞技性、教育性、娱乐性于一体的校园体育盛宴，通过多样化的体育活动，提升了学生的身体素质，更促进了学生之间的交流与合作，培养了学生的团队精神和责任感。活动的成功举办，展示了长郡中学在推动体育教育改革，培养全面发展型人才方面的积极探索与显著成效，为校园体育文化建设树立了良好典范。具体来说，具有以下亮点与特色：

1. 活动背景与目标的前瞻性和时代性

紧跟国家政策导向。长郡中学体育文化节紧贴《关于全面加强和改进新时代学校体育工作的意见》的政策脉搏，积极响应国家对青少年体质健康和素质教育的高度重视，此举不仅彰显了学校教育理念与国家战略的同频共振，更体现了教育管理者对未来人才培养模式的深刻洞察与前瞻布局。通过与国家方针的高度契合，活动从一开始就占据了教育创新的高地，引领校园体育文化向现代化转型。

深度挖掘全面发展目标。此次活动以全面提升学生综合素养为核心，旨在通过多样化的体育项目，塑造学生强健的体魄，通过体育精神的培养，助力学生人格的完善与意志力的提升。具体而言，活动设计围绕"立德树人"的根本任务，通过团队合作、竞技挑战等形式，激发学生的责任感、合作精神与公平竞争意识，促进学生道德品质、智力发展与身体健康的和谐统一。尤为重要的是，活动通过体育这一载体，寓教于乐，让学生在享受运动乐趣的同时，内化为社会主义核心价值观，外化为积极参与、勇于挑战的行为习惯，真正实现了从身体到心灵、从知识到品德的"全人"教育目标。

2. 组织架构与筹备的专业性与细致性

组织体系的精细化运作。长郡中学体育文化节构建了以校长亲自挂帅的体育节组委会为核心，集各职能部门、年级组与教师代表于一体的高效率组织架构。这种自上而下的管理模式确保了决策的迅速传达与执行。同时，通过设立专项小组负责具体赛事的策划与执行，如竞赛组、宣传组和后勤保障组等，实现了从宏观策略规划到微观操作执行的无缝对接，保证了活动的流畅推进与高质量完成。

广泛参与的氛围营造。活动筹备期间，学校不仅倡导全体学生的积极参与，还鼓励教师、家长乃至校友加入，形成了全校动员、多方支持的良好态势。通过设置丰富多样的比赛项目和表演环节，覆盖了从竞技性强的田径、球类比赛到艺术气息浓厚的啦啦操表演等，确保每位学生都能找到适合的舞台，从而极大提高学生的参与度与积极性。此外，利用校园广播、社交媒体、海报等多种媒介手段进行预热宣传，营造浓厚的体育文化节氛围，激发全校师生对体育运动的热爱与期待，使得体育文化节成为校园文化中的一大亮点，有效促进校园文化的繁荣与学生身心健康的同步发展。

3. 活动内容与安排的丰富性与创新性

多样化体育项目的全面覆盖。长郡中学体育文化节精心设计了一系列精彩纷呈的体育赛事，从紧张激烈的田径运动会到技巧与策略并重的三人制篮球赛，再到篮球、足球、乒乓球和羽毛球等传统球类比赛，以及活力四射的啦啦宝贝大赛，实现了体育项目的多元化布局。这种全面的项目设置为拥有不同体育特长与兴趣爱好的学生提供了展示自我、挑战极限的广阔舞台，还促进了学生间的技能交流，激励了学生探索未知领域的好奇心，拓宽了其体育视野。

文化与体育深度融合的创新实践。文化节不仅仅局限于体育竞技本身，更是在活动中融入了丰富的文化元素与艺术创新。特色表演如开幕式中的传统武术与现代舞蹈融合，充分展现了体育的阳刚之美，也体现了艺术的柔美与创意，促进了中华优秀传统文化与现代体育精神的交相辉映。团队赛制的设计鼓励学生在比赛中加强沟通与协作，通过集体智慧与创意编排，如在啦啦操大赛中融入多种舞蹈风格，如芭蕾的优雅、爵士的灵动与街舞的自由，展现了体育与艺术的完美融合，极大提升了活动的文化内涵与观赏性。这种创新性的内容安排，不仅丰富了学生的体育文化体验，更促进了学生审美能力与创新能力的双重提升，深化了校园文化的多元发展与时代气息。

4. 竞赛规程与安全保障的严格性与全面性

公平竞赛的坚实保障。长郡中学体育文化节严格遵循国家体育总局审定的最新竞赛规则，确保所有赛事的组织与评判均符合国家级专业标准。通过赛前的技术会议与规则说明会，使参赛者、教练员及裁判团队充分理解并认同竞赛规程，从根本上保障了赛事的专业性与竞赛的公平公正性。为维护比赛的纯洁性，组委会还设立了监督机制，对比赛过程进行全程监督，对任何违规行为采取零容忍态度，确保每一场竞技都是对体育精神的纯粹致敬。

安全优先的全方位守护。安全是体育文化节成功举办的前提，学校对此高度重视，采取了多层次、立体化的安全保障措施。赛前，对所有参与者进行详细的安全教育，包括但不限于运动损伤预防、急救知识普及等，提升学生的安全意识与自我保护能力。同时，精心制定了详尽的安全应急预案，涵盖突发事件如意外伤害、极端天气等情况的应对措施，确保紧急情况下的迅速响应与妥善处理。活动现场配置了专业的医疗救护团队与设备，对突发状况能够立即进行救治。此外，场地安全检查、设施设备的安全评估亦作为常规工作严格执行，力求为所有参赛者、观众及工作人员营造一个安全无忧的竞赛与观赛环境。通过制定一系列严格的规程，加强全面的安全保障措施，长郡中学体育文化节顺利进行，体现了学校对每一位参与者身心健康的高度负责。

展望未来，体育文化节的发展可着重于四大关键领域，以期进一步提升其影响力、参与度与教育价值，具体包括：

1. 鲜明主题与精神弘扬。未来的体育文化节将更加注重主题的鲜明性与时代感，确保体育与文化、体育精神与团队精神的深度融合，以鲜明的主题引领活动，强化体育精神的传播与人文关怀的实践。活动设计可紧密围绕主题，通过参与使师生在精神层面上得到提升，强化团队协作能力，并培养终身体育锻炼的习惯，形成积极向上的校园文化生态。

2. 规范管理与传统形成。体育文化节的管理将趋向规范化与专业化，建立健全的管理体系，确保活动组织有序，减少外部干扰等问题。通过设立专门机构协调各方资源，实现统一管理和分工合作，形成稳定的活动传统，发挥长期的教育与健康促进作用，成为素质教育的重要组成部分。

3. 提高认识与加强宣传。为增强师生对体育文化节的认知与参与度，学校加大宣传力度，利用多渠道，如讲座、校园广播、校刊及新媒体平台等，深入挖掘体育文化节的教育与社会价值，提升师生体育文化素养。通过广泛宣传，提高活动的知名度，深化其教育意义，促进校园文化的多元化发展。

4. 项目多元与特色发展。体育文化节的项目设置将更加注重丰富性与针对性，既要保留传统体育项目的竞技性，也要创新融入趣味游戏、体育表演、摄影展览和健康讲座等多元形式，以满足不同师生的需求与兴趣。依据学校特色，精选并突出具有竞争力、趣味性与宣传效应的特色项目，通过这些活动展现学校的特色文化，促进学生德智体美劳全面发展。

未来的体育文化节将向更加专业化、品牌化、特色化方向发展，通过加强管理、深化认识、丰富内容与强化特色，使其成为校园文化中不可或缺的传统盛事，为师生提供一个展现自我、增进健康和促进友谊的广阔舞台。

（四）品牌：阳光体育健身心

秉持"强国强身"的优良体育传统，长郡中学积极推进全员健康教育，打造了以"阳光大课间"为特色的群众体育工作品牌。即使教学任务重，长郡中学也始终坚持学生体育锻炼不能少的原则，按教育部要求，每周开足 2 节体育课，还增设 1 节文体活动课。此外，每天安排 3 个时段，每个时段 25 分钟的阳光体育大课间活动，确保每位学生每天至少能有一小时的体育活动时间，让学生能幸福生活一辈子。

案例阐述

在长郡中学，"以体育人"不只是一句口号，还是每一天生动实践的教育理念。学校通过融合创新与传统，将体育锻炼提升至校园文化的新高度，为校园描绘出一幅青春洋溢、活力四射的美丽画卷。

深知强健体魄与健康心态对于青少年成长不可或缺，长郡中学在课程规划上勇于创新，不仅扎实落实国家体育课程标准，更致力于拓展多元化的体育与文化活动，以此滋养学生的心灵。其中，每日 3 次、每次 25 分钟的大课间活动，犹如甘露般滋润着学生的心田。这些活动不仅帮助学生释放学习的压力，更为其注入无限活力，已经成为校园生活的一大亮点。

阳光体育大课间活动，作为长郡中学的一张亮丽名片，以其独特的魅力吸引了全校师生的广泛参与。该活动精心编排，包含八个环节：从集合整队时的纪律严明，到行进间队列训练的默契考验；从环形阳光跑操的集体活力展现，到原地队列训练的精准执行；还有自编街舞的个性释放和改编版的高中校园集体舞《阳光季节》的青春飞扬。此外，寓教于乐的放松游戏——穿越成功之门，锻炼了学生的反应能力与团队协作能力。最后以有序的退场仪式，为阳光体育大课间活动画上圆满句号。

第一部分：集合整队（2分钟）

活动开始，所有学生按照指令迅速集结，以班级为单位男女分列，快速形成整齐队形，旗手与领操员就位，整个过程强调"快、静、齐"，为活动的开端奠定了良好的基础。

第二部分：行进间队列训练（5分钟）

此环节通过原地踏步、齐步走和队列交叉等训练方式，使学生在音乐节奏中练习，从而强化了他们的节奏感与团队协作能力。在这一过程中，特别强调动作的规范与整齐划一（如图4-3所示）。

图4-3　行进间队列训练图

第三部分：环形阳光跑操（8分钟）

环形阳光跑操分三段完成。第一段整体完成3圈；第二段女生原地跑，男生绕女生纵队环形跑3圈；第三段男生原地跑，女生绕男生纵队环形跑3圈。通过不同性别学生间的互动，增加了跑操的趣味性与团队协作性，同时锻炼了学生的耐力与协调性，整个跑操过程要求动作到位，展现青春活力（如图4-4所示）。

图4-4　环形阳光跑操图

第四部分：原地队列（2分钟）

通过原地三面转法练习，巩固了学生的队列纪律，确保动作迅速准确，体现了活动的严谨性（如图4-5所示）。

图4-5　原地队列图

第五部分：自编街舞（2分钟）

学生展示自编街舞，体现了他们的创造力与个性。表演要求学生展现自信，面带微笑，增强了活动的趣味性和观赏性（如图4-6所示）。

图4-6 自编街舞图

第六部分：阳光季节（4分钟）

伴随着特定音乐，学生进行舞蹈表演，要求动作到位、表情丰富，促进了学生情感的表达与集体的默契配合（如图4-7所示）。

图4-7 阳光季节 舞蹈图

第七部分：放松——快乐出发（4分钟）

通过轻松愉悦的慢跑练习，配以创意的"穿越成功之门"环节，有效放松学生身心，同时培养了其团队合作与快速反应能力（如图4-8所示）。

图4-8　放松——快乐出发　舞蹈图

第八部分：退场（3分钟）

活动以有序的退场作为结束，通过明确的口令与节奏感强烈的击掌，展现学生良好的组织性和纪律性，确保活动圆满结束（如图4-9所示）。

图4-9　退场图

阳光大课间如同一幅流动的画卷，随着时间的推移徐徐展开，充分展现了学生们的蓬勃朝气。体育教研组的老师们，仿佛魔术师一般，将传统武术与现代元素奇妙地结合起来，编排了一系列别出心裁的课间操。这些课间操的内容包括跑操、武术自编操、太极自编操和体能激活操，蕴含着浓厚的民族气息和轻快的节奏韵律。抱拳礼、起势、转身……学生们动作有力且连贯，一招一式都透露着自信与骄傲。通过这些操练，学生们不仅学习到了传统的抱拳礼、起势等武术基本动作，还在现代体能激活操中感受到了运动的趣味。他们的每一个动作都伴随着心跳的节奏，彰显了对传统文化的尊重和对现代生活的热爱。一到大课间，出了教室的高中生们如离巢的乳燕，轻快地飞向运动的场地。

《武之魂》与《春之韵》作为大课间的两大亮点，用各自独特的方式诠释了体育与艺术的完美融合。《武之魂》以其阳刚之美，融合跆拳道、搏击操、太极与武术的元素，男生们以矫健的身姿展现了力量与技巧的完美结合，他们的每一拳、每一踢都充满了力量与爆发力，这不仅强健体魄，更是在一攻一守之间传递出男儿当自强的精神；而《春之韵》则以健美动作为基础，它强调的是青春的活力与韵律，女生们在轻盈的跳跃与优雅的转身中，展现青春独有的柔美与灵动，她们每一个旋转、每一次伸展都是对生命力的赞美，对美好青春的颂歌。

长郡中学在大课间活动方面的创新与实践体现了对传统与现代文化融合的深刻理解，也展现了其教育理念的前瞻性。《武之魂》与《春之韵》这两套量身定制的课间操，不仅贴合了青少年成长的需求，更在全省乃至全国范围内树立了典范。其成功之处在于精准把握了青少年身心发展的特点，巧妙地将传统武术文化的精粹与现代审美及流行趋势相结合，让学生在享受运动的同时，增强了对中华文化的认同感与自豪感。

长郡中学阳光大课间受到了省内各家媒体的报道和赞扬，在历年长沙市教育局组织的大课间评比中均获一等奖第一名，进一步印证了学校大课间改革的成功。如今阳光大课间已成为长沙市大课间一面旗帜，在全市、全省乃至全国都具有极高的影响力。长郡中学与时俱进，将街舞等流行元素融入集体舞大课间，这一创新举措得到了很多关注与肯定。2019年融入街舞元素的校园集体舞大课间视频一度火爆网络，《人民日报》还以《让校园体育更有趣》为题刊文点赞长郡中学的"大课间"，这标志着学校在创新校园体育活动方面的积极探索赢得了社会的广泛关注与高度评价。

案例评析 --▶

　　传统课间操往往仅包含一套部颁广播操，常忽视学生的个体差异，只强调国家与社会的需要，未充分考虑到学生作为学习主体的需要。同时，传统课间操过于注重学生学习的外在强化，却忽视学习兴趣的培养。长郡中学在大课间活动上的做法是对传统模式的突破与创新。除了街舞操，学生还可以体验武术操等多种活动，而且不同学年的课间活动也各有特色。这种多样化的活动，作为校园体育文化创新的典范，展现了一系列独特创新与鲜明特色，极大地丰富了学生的校园生活，有效提升了学生体质与综合素质。

　　1. 内容创新与文化传承

　　如《武之魂》与《春之韵》，不仅传承了民族文化，也赋予了传统体育新的时代感，让学生在强身健体的同时，感受到文化的魅力和艺术的熏陶。这种融合传统与现代、体育与艺术的创新模式，成功打破了传统课间操的单一模式，使得大课间成为校园文化的一道亮丽风景线，让学生在日常体育活动中体会到文化的厚度与运动的乐趣。

　　2. 个性考量与性别差异

　　阳光大课间活动的编排充分考虑到男女生不同的心理和生理特征，设计出符合各自特点的操练内容，如《武之魂》彰显男生的力量与勇气，而《春之韵》则突出女生的柔美与自信，这样的设计不仅增强了锻炼的针对性，也促进了性别平等意识的培养。

　　3. 流行文化与创新发展

　　长郡中学紧跟时代步伐，将街舞等流行元素融入集体舞大课间，这一创新举措极大地激发了学生们的参与热情，使得大课间活动更加贴近学生兴趣，让学生在享受运动乐趣的同时，无形中提高了身体素质，使得课间操不再是单一的体能锻炼，而是成为展现个性、释放活力的舞台，提高了学生的参与度和满意度，也为校园文化生活增添了新的色彩。

　　4. 目标深化与全面发展

　　长郡中学的阳光大课间，不仅着眼于学生体质的提升，更注重学生综合素质的发展，揭示了教育创新在提升学生体质、培养学生全面能力方面的重要作用。在日常学习的紧张节奏中，大课间活动成为学生释放压力、激发活力的宝贵时刻，它既锻炼了学生的身体，又通过团队合作完成各种队列变换、集体舞蹈等活动，让学生在实践中学会了沟通，团队协作能力得以增强。个性化的自编舞蹈与街舞元素的融入，则鼓励学生表达自我，提升自信心，形成了独特的校园文化特色。学校成功构建了一个健康、积极、向上的校园环境，真正实现了"寓教于乐、以体促智"的教育目标，为学生的全面发展提供了强有力的支撑。

中学阶段是学生彰显个性的关键时期，要引导和保护他们对新鲜事物的兴趣。因此，校园体育活动需要改变单一的活动形式和枯燥乏味的内容，不但要融入即兴、率真、活泼和时尚的元素，还要常换常新，给学生们更多选择。当然，不同的学生兴趣也各不相同，各个学校还需因地制宜，找到符合学校特色且学生真正感兴趣的项目，从而让更广大的学生群体享受到校园体育活动的快乐。更重要的是，要在兴趣的引领下，提升校园体育的质量，达到合理强度，让学生不仅强身健体，还要掌握体育技能，最终养成受益终身的锻炼习惯。具体而言，未来在组织阳光大课间体育活动时，可以从以下几方面着手：

（1）注重教育性。在大课间体育活动中，要把德育、智育、美育和体育融合在一起，让学生在活动中充分展示自我、完善自我，从而接受全面的教育，即真正达到既"育体"又"育心"的效果。

（2）注重自主性。学生的兴趣是影响大课间活动开展的直接因素，只有抓住学生的兴趣才能抓住发展大课间体育活动的根本，也才能从根本上为学生的终身体育奠定基础。终身体育要求一个人能终身进行体育锻炼和学习，而维持状态的唯一主线是体育兴趣，在兴趣的基础上养成良好的习惯，而习惯的形成就得依靠兴趣的实践强化来实现。因此，在活动中，应根据各年龄阶段学生的心理特点来安排活动内容，以激发学生参加体育活动的兴趣和动机，使学生真正地动起来，既增强体质，又为终身锻炼奠定基础。

（3）注重因地制宜。各省市、各地区的经济、文化、教育、体育等发展的不平衡性，加之其他种种原因，造成了学校及学校体育的千差万别。在这种千差万别的情况面前，要搞好课间操改革，必须从本校的实际出发，不能再在目标上搞一个标准、一种规格，在方法上采用一个模式、一种程序，更不能在时间上要求"一刀切""齐步走"。因此，各学校应根据本校的场地、器材设备和学生人数等实际情况来组织安排体育活动，突出校本特色，使学生的态度由"要我练"向"我要练"转变。

（4）注重合理安排。运动生理学的研究表明，正常人取得最佳健身效果的心率区间确定为 120～140 次/分，而每次锻炼时将心率保持在该区间的时间应占该次锻炼总时间的 2/3 左右为最佳。据此，在大课间活动中，每次体育活动的运动负荷要符合学生的年龄和生理特点，要依据季节的变化，适时调整体育活动的内容和运动量，既丰富活动的内容，提高学生的兴趣，保证活动的效果，又不能影响后面的课程学习。

（五）续航：体育作业进假期

在新时代教育背景下，为响应中共中央办公厅、国务院办公厅关于全面加强和改进学校体育工作的战略部署，以及落实教育部发布的《综合防控儿童青少年近视实施方案》的具体要求，长郡中学积极探索，勇于创新，于 2022 年寒假推出了一项旨在全面提升学生体质健康水平的体育作业实施方案，为促进学生德智体美劳全面发展迈出了坚实的一步。

案例阐述

面对青少年体质健康下滑及近视问题日益严峻的现状，长郡中学深刻认识到体育教育在促进学生全面发展中的重要性。寒假是学生摆脱日常学习压力、调整身心状态的关键时期，成为实施体育作业、培养学生体育锻炼习惯的绝佳契机。学校旨在通过此方案，激发学生的运动热情，强化体育锻炼意识，为学生终身体育习惯的养成奠定基石。

1. 寒假体育作业的亮点：活力激发与个性设计

方案规划科学，实现全员和全程覆盖。寒假体育作业面向全校高一至高三学生，确保每个学生都能在寒假期间参与进来，享受体育锻炼的乐趣，实现体质健康水平的普遍提升。2022 年 1 月 17 日至 2 月 14 日被精心规划为体育作业的实施周期，确保寒假锻炼的连续性和完整性，让学生在假期中也能保持良好的锻炼习惯。寒假体育作业的实施具有诸多亮点：

（1）方案多样，多方兼顾

方案一：借助长沙市第三届"绳彩飞扬"快乐寒假跳绳比赛的平台，学校制订了细致的性别与日期对应的锻炼计划，结合跳绳、仰卧起坐和平板支撑等多种运动，鼓励学生每日打卡，记录成长。

方案二：引入自选 APP 模式，尊重学生个性，要求学生每日至少进行一小时的个性化锻炼，灵活多样，满足不同学生的锻炼需求。

长郡中学寒假体育作业的设计充分体现了对学生个体差异的尊重。通过举办"绳彩飞扬"跳绳比赛与提供自选 APP 锻炼模式，学校既设置了统一的锻炼标准，又赋予了学生自主选择权，满足了不同兴趣和体能水平学生的需要，激发了学生的参与热情。

（2）家校互动，协同育人

方案创新性地引入家长监督机制，要求家长监督学生完成体育作业，并填写完成情况调查表，有效增强了家庭与学校在体育上的协同效应。引入家长作为体育作业监督者的角色，不仅增强了家庭与学校的互动，还使得体育锻炼成为家庭教育的一部分，形成了家校共育的良好生态，有助于学生体育习惯的稳定形成。

（3）检测评价，确保成效

开学后，学校组织了"体育寒假作业检测运动会"，通过素质测试、体育艺术展示和班级球类比赛等多元化方式，科学评估学生的锻炼成果，对表现优异者给予表彰，激发其成就感与荣誉感。

通过"体育寒假作业检测运动会"，学校构建了系统的检测与评价机制，不仅量化了体育锻炼的效果，还通过表彰优秀，营造了积极的竞争氛围，进一步激发了学生的体育锻炼动力。

（4）安全管理，科学指导

方案特别强调安全第一，明确体育锻炼的安全注意事项，倡导科学、适度的锻炼原则，尊重学生个体差异，鼓励在自愿原则下安全开展体育活动。

方案特别强调安全教育与科学锻炼的重要性，确保了学生在锻炼过程中的安全，体现了教育的人文关怀和专业性，为体育锻炼的可持续性提供了保障。

2. 寒假体育作业的实效：体质增强与习惯养成

通过寒假体育作业的实施，长郡中学不仅改善了学生的体质状况，还提升了学生参与体育活动的积极性与持久性，为他们的身心健康构筑了坚实的基础。此举措通过体育锻炼的方式，有效缓解了学生因长时间学习产生的心理压力，增强了学生的情绪调节能力，从而间接促进了学习效率的提升。学生在体育活动中找到了释放压力的出口，学习与生活状态得到了良好平衡。

长远视角下，长郡中学的做法促进了校园体育文化的正向发展，营造了一种崇尚健康、活力与团队合作的氛围。它不仅强化了学生对体育锻炼重要性的认识，更是在他们心中种下了终身体育的种子，为培养未来社会所需——既有深厚专业知识，又具备强健体魄和全面素养的人才奠定了坚实基础。此外，这种将体育锻炼融入假期作业的创新模式，为解决青少年体质下降及近视增加问题提供了实践样本，展示了教育创新的可能性。

案例评析

长郡中学体育寒假作业的实施，是一个集创新性、实效性与前瞻性于一体的教育实践案例。它不仅展示了体育教育在促进学生身心健康，提升学习效率方面的重要作用，更为如何在假期这一特殊时间段有效落实体育锻炼提供了新的思路和方法。

我国体育教学评价理论和实践起步较晚，理论体系尚待完善，实践活动也面临诸多挑战。然而，在当前全面倡导"素质教育"和"健康第一"教育理念的背景下，体育学科在假期作业中的缺失显得尤为突出。究其缘由，主要集中在作业执行难度大、评价体系单一且缺乏针对性。

针对这些问题，长郡中学寒假体育作业实施方案的推出，无疑为体育学科假期作业的设计与实施提供了宝贵经验和启示。该方案通过精心设计的多样化体育活动，如个性化APP锻炼计划等，有效解决了操作难的问题。同时，鼓励学生在家中或家附近利用现有资源完成锻炼，减少了场地和器材的限制。

为了克服评价单一化，长郡中学构建了更为全面的评价体系，不仅关注学生作业完成情况，而且重视学生体育兴趣的激发、自我挑战的勇气以及健康习惯的培养等问题。通过家长监督、自我记录与开学后的实际检测相结合的方式，实现了对学生体育活动参与度、进步幅度及个人努力程度的多维度评价，真正发挥了评价的激励与反馈功能。

展望未来，假期体育作业的设计与评价可以从以下几个方面进一步优化：

1. 弹性教育体系

假期体育作业的设计需融合刚性指导与弹性空间，既设置体育锻炼的基本框架以确保活动质量，又赋予学生足够的自由度去探索和选择符合个人兴趣与条件的锻炼方式。不拘泥于特定项目或数量的硬性指标，转而侧重通过评价体系捕捉学生的实际参与度和成长轨迹。这种评价不仅关注学生是否完成任务，更重视学生通过体育活动展现出的知识掌握、技能提升及行为习惯的形成，从而显示出教育成果的深度与广度。评价内容与标准的透明化，能促进学生、家长与教师之间的有效沟通，为后续的教学调整提供精准的反馈信息。

2. 实践融入教育

假期体育作业的实践性在于它将体育教育从校园延伸至社会生活，鼓励学生将所学知识与技能应用于真实情境中。作业内容紧密联系学生日常生活，鼓励家庭共融，如设计家庭成员共同参与的体育活动，既培养学生的体育习惯，又增进家庭成员间的互动与情感交流。学生可根据个人爱好与特长选择活动形式，这种自主性不仅可增强活动的吸引力，还能促进学生个性与创造力的发展。在实践过程中，学生不仅能通过观察、倾听、分析与思考，来加强身体锻炼，还能在人际交往中学习社会适应和团队协作的宝贵技能。评价体系的开放性允许学生、教师及家长共享反馈信息，这种多方参与的评价方式不仅提升了体育教学计划的公信力，还能使学生在完成任务的过程中的积极表现得到全面认可，从而真正实现体育教育与社会实践的深度融合。

3. 特长引领发展

体育教育的核心在于持续发展与个性化培养。寒假不应被视为体育教育的中断，而应是个人体育特长发展的黄金时期。在日常教学中，学生可能受限于课程安排，难以充分挖掘和发展自身的体育特长。假期则为学生提供了无学习进度压力的环境，让他们能集中精力于个人特长的发展上。为此，学校可以设立小规模的特长训练小组，如合作小组、家庭训练单元或特长生集中培训营，制定明确、具体的评价标准，鼓励学生在特长领域取得突破性进展。这种针对性的强化不仅能促进学生体育技能的精进，还有助于加深他们对体育项目的热爱和投入。

4. 科学评价体系

为了确保假期体育作业的有效性，学校应在开学后组织学生进行展示、评比和表彰。评价是检验学习成果的工具，更是一种教育和学习的过程。在这一过程中，学校应鼓励学生积极参与自我评价和同伴评价，甚至允许他们在某些评价环节拥有选择权，包括评价标准的制定，学生主体意识的增强，自我反思和相互学习的促进。评价方式应丰富多样，包括小组讨论、项目展示、口头报告、实地观察、主题辩论和视频记录等，以全面、公正地反映学生的努力与进步。一个设计得当、执行到位的评价体系，应当是真实且可感知、公平且具有激励性的，能有效提升学生体育作业的完成质量，并为未来假期体育活动的持续优化提供强大的推动力。

随着我国体育教学评价理论的逐步成熟与国际化视野的拓宽，学校在借鉴与融合国际先进经验的同时，应立足实际，注重理论与实践的创新，确保体育教育改革能够贴合时代需求，促进学生全面发展。通过将假期体育作业融入个性化特长培养、实施多元化评价机制，激发学生对体育的热情，有效提升体育教学的整体质量和学生的身心健康水平。

三、热情促进身心和谐

在长郡中学的示范带动下，体育教育的未来发展图景逐渐清晰，其核心目标在于深度挖掘每位学生的内在潜能，培植持之以恒的体育热情，最终促进学生身心的和谐成长。

（一）完善课程设置和教学内容

根据学生的实际情况和个性化需求，精心设计体育课程框架并编排教学内容，以确保体育教育的针对性与实用性。同时，强调体育教育与日常生活接轨，将实际情景融入课堂，如在体育与健康教育中融入日常饮食指导，让学生在解决现实问题中深化理解并能高效应用所学的体育知识。

（二）创新教学方法和教学手段

采用多样化的教学方法和手段，注重与现代技术的结合，激发学生的学习兴趣和积极性，引导学生主动参与、自主探究和合作交流。如深入探索虚拟现实、增强现实等现代技术在体育教学中的应用，让学生在虚拟环境中体验极限运动或参与国际赛事，提升学习体验感。同时，采用项目式学习、翻转课堂等创新教学法，鼓励学生自我设定运动目标，设计训练计划，如通过 APP 监测训练进展，实现个性化学习与自我管理，提升学生自主学习与合作能力。

（三）丰富体育形式和课外活动

通过组织各种形式的课外体育活动，鼓励学生积极参与，培养学生的体育兴趣和习惯。同时，要注重活动的多样性和趣味性，满足不同层次和兴趣爱好的学生的需求。如设立校园体育社团联盟，鼓励跨年级、跨校际的体育交流，举办体育文化节、电子竞技与实体运动结合的混合赛事以及环保马拉松等，培养学生团队精神与社会责任感，还可通过智能穿戴设备追踪活动数据，增加活动趣味性与参与度，鼓励学生持续参与。

（四）注重教师发展与素质提升

构建教师发展平台，引入国内外体育教育专家在线培训，结合线下工作坊，提升教师专业技能与开阔其国际视野。重视师德建设，通过心理辅导与师德论坛，提升教师对学生心理健康的敏感度与社会担当。建立教师互助社群，鼓励经验分享，形成持续学习与成长的教师文化。

（五）健全教学评价和管理机制

构建智能化评价体系，如利用 AI 技术实时收集学生体育活动数据，进行动态评估，形成个性化报告。评价体系将纳入多元视角，结合学生自我反思、同伴评价、家长反馈和教师评价，确保评价的全面性和公正性。强调形成性评价，及时反馈，调整教学策略。同时，强化家校沟通平台，促进家长参与，共同关注学生健康成长，构建和谐教育生态。

（六）优化体育资源和教学条件

积极融合校内外资源，为学生营造优越的体育教学环境，提供更佳的学习条件与成长空间，从而有力推进高中体育的创新与进步。学校应主动建立与社区、企事业单位的联系，借助这些外部资源改善体育教学条件，如增设各类体育设施、更新体育器材等，以满足学生多样化的体育活动需求。同时，学校可与专业机构携手，引进先进的教学装备和教学资源，进一步提升教学质量与教育层次。

（七）关注个体差异和因材施教

鉴于每个学生拥有独特的兴趣、个性、学习偏好和能力，高中体育发展需充分考量每位学生的特性和需求，实行个性化教学，为每位学生量身定制发展路径，助其在擅长领域达到最优发展。具体实践中，教师可根据学生实际情况，设计个性化教学方案，针对不同学生的特性，灵活运用多种教学策略与方法，以最大化激发每位学生的潜能，提升教学成效，同时增强学生的自信心，激发其学习潜力。

总之，长郡中学体育教育的未来将开创一个科技与人文融合、个性化与全面发展的新纪元。学校通过不断创新与实践，把学生培养成为身心健康、富有社会责任感、拥有终身体育精神的新时代青年。

第五章
尚美臻格　桃李争妍

"美"这个字在《说文解字》中是这样解释的："美，甘也。从羊从大。羊在六畜主给膳也。"意思是"美"是甘美、爽口的，字形上来看，由"羊"与"大"两个部分构成，羊大即为美，体现了远古时期人们对"美"的认识。"美育"二字，拆分来看即审美与教育，最早见于十八世纪席勒著作《美育书简》。现代教学中的美育主要是指学生通过审美教育获得认识美、理解美、欣赏美、创作美的能力，以及美的品格的培养。从古至今，人们对"美"的感知与探索都未曾止步，而且随着时代的发展，"美育"也被赋予了更深刻的内涵。新时期，长郡中学从校园建筑改造、美育实践熏陶、教师美育研训等多维度推进美育建设。

一、涌动美育浸润春潮

习近平总书记在文化传承发展座谈会上强调："在新的起点上继续推动文化繁荣、建设文化强国、建设中华民族现代文明，是我们在新时代新的文化使命。"全面建设社会主义现代化离不开文化的建设，而文化的建设正是基于对这个时代美的探索。在中国文联十一大、中国作协十大开幕会上习近平总书记进一步强调了文化的建设与美的精神关联："要挖掘中华优秀传统文化的思想观念人文精神、道德规范，把艺术创造力和中华文化价值融合起来，把中华美学精神和当代审美追求结合起来，激活中华文化生命力。"欲以文立国，则应以美立人。通过美育，提高个人的审美素养，树立健康正确的审美价值观。美育能促进个人的创新意识与创造能力，"美"能激发个人内心热情，点燃灵感的火花。

2023 年 12 月，教育部《关于全面实施学校美育浸润行动的通知》明确提出："以美育浸润学生，全面提升学生文化理解、审美感知、艺术表现和创意实践等核心素养，丰富学生的精神文化生活，让学生身心更加愉悦，活力更加彰显，人格更加健全。以美育浸润教师，发挥教师职业的美育功能，提升全员美育意识和美育素养，塑造人格魅力，涵养美育情怀。以美育浸润学校，打造昂扬向上、文明高雅、充满活力的校园文化，建设时时、处处、人人的美育育人环境。"

新时期，长郡中学美育培育赓续前行，以"浸润"为主要手段，以学校建设、教师素养和学生发展为重要切入点，建立了长郡中学特色美育培育体系：

一是美育浸润学校。对旧校园进行改造，建立起与历史街道和谐共生的校园建筑群，以"分、立、围、游"等方式展现校园建筑和谐之美；重视校园美育文化的建设，校园美育文化以艺术类社团与艺术团为基点，落实全体学生美育文化浸润。

二是美育浸润学生。从校本课程、社团课程、艺术研学课程等美育课程引领，到艺术社团与艺术团的艺术实践活动推广普及，艺术课程、实践活动、校园文化三位一体、共同发力，提升学生审美素养。

三是美育浸润教师。教师不断提升自身的美育素养和教育教学能力，积极参与各类艺术活动和学术研究。此外，学校和社会也为美育浸润提供支持和保障。

美育对学生综合素养的提升、学科界限的打破以及五育融合的促进具有重要意义。未来，长郡中学的美育培育路径也会不断完善：第一，从顶层设计上构建美育课程体系，实现对校园美育体系的集成规划；第二，完善校园美育课程的发展，利用美育的渗透融合特点，推动五育融合与跨学科课程的落实；第三，加强数智技术在美育中的应用，实现信息化、数字化、智能化下的美育创新；第四，落实美育过程性评价，使美育成果可观可测；第五，发动多方力量，构建美育资源多方协调机制。

二、铺陈心灵滋养画卷

长郡中学，隐于繁华的长沙南门口，校园内绿树成荫，香樟参天，闹中取静。教学楼错落有致，装修一新的校园显露出历史的厚重与现代的活力。四季更迭，春花烂漫、夏荫浓郁、秋叶金黄、冬雪皑皑，美不胜收。学子们穿梭其间，书声琅琅，青春洋溢，与校园美景相得益彰，共同绘就了一幅幅生动的美育画卷。

（一）焕然一新：共生家园魂梦牵

"校园文化是师生的心灵家园，要把美育融入校园生活全方面。"校园建筑是校园文化重要的彰显，体现着学校的文化底蕴与审美育人的思路。下面以卢金春撰写的论文《长沙长郡中学的校园改造及其历史街区共生》为引，共览长郡校园建筑群改造历程，感受校园场景设计下美育的熏陶。

城市化进程放缓后，许多城市中心的学校面临校舍老旧、空间不足和更新难等问题，且无法进行重建。为了解决这些问题，这些学校通常会通过不断增加建筑密度、改造既有建筑来扩展使用空间不足问题。但这些建造往往在一种自主建造之下进行，且导致了校园建筑风格杂乱和公共空间匮乏。更重要的是，这些学校往往处在复杂的历史建成环境之中，还需要对周围复杂的环境信息作出回应，需要设计通过有全局视野的空间介入来调和校园和街区之间的关系，以期望未来建筑能够提升城市环境，重构城市形象。长郡中学老校区外立面改造的设计也在此背景下进行，旨在通过共生理念来调和各方面的矛盾，以实现校园和城市环境的和谐共处。

案例阐述

1. 共生理念下的建筑改造

2022 年春天，学校委托笔者对校园所有建筑的外立面进行改造设计。在预算有限且施工周期仅有暑期的限制下，设计任务显得极具挑战。为应对这些限制，笔者采取了一种适应性策略，将有限的资源集中到校前区的改造中，以便迅速提升学校在复杂的外部环境中的城市形象。为了更好地进行立面改造设计，笔者对学校和周边街区进行了深入的研究，认识到这不仅仅是一个建筑单体形态的问题，而是一个涉及城市、街道、历史和记忆等多个方面相关的"校园与历史街区共生"的复杂议题。

以长郡中学和文庙坪街区的紧密关系为出发点，笔者试图将共生理念贯穿于校园外立面改造的始终。共生并非简单地将这些要素拼贴并置，而是将其纳入从街区到校园环境再到校舍内部的场所叙事之中，使之成为校园与历史街区之间对话的中介。通过在符号、空间序列、材料和景观间建立对话机制，实现长郡中学立面改造的不同层次和要素的共生。

针对长郡中学教学建筑群体量过大、立面庞杂、景观无序等问题，笔者试图将凯文·林奇的《城市意象》的要素嫁接至更小尺度的建筑群场所叙事策略中。具体做法是将环境拆分为人们可以具身感知的区域、标志物、边界和路径四个层次，并在此基础上发展出"分、立、围、游"的操作策略来重构环境意象，进而构建新的场所叙事。对建筑的外部形象和室外公共环境的改造与再组织，旨在让学生、老师及参观者更加深入地了解和认同学校。共生理念能够全视角、综合性地看待和解决这些在传统校园改造过程被忽视的问题，如从城市到校园的空间连续性问题以及人们的体验感知问题。接下来笔者将结合设计对每一步操作策略进一步阐释。

长郡中学是湖南省的一所示范性高级中学，也是湖南省首批挂牌的重点中学之一。学校位于长沙古城中心，总用地面积为3.87公顷，校园内共有教学楼、食堂、体育馆和宿舍等7栋建筑，共设有67个高中班级。学校建筑以"E"字型布局均匀地分布在场地西侧，紧靠外部街区的民居与小巷。学校以运动操场为界形成两个大的组团。校前区组团以"院士大道"为轴线，3栋建筑分置排列于道路两侧，同时路两侧竖立着学校培养出的14位院士的塑像。后区组团则以操场为中心，与场地外的步行街建筑共同围合出校园空间。此外，校园内还保留着长沙市级文物"汉长沙太守韩玄墓"与"清学政衙门围墙"。尽管长郡中学拥有悠久的历史，伴随时代的变迁，但学校曾经历多次建设和改造，导致校园内建筑风格各异，环境显得杂乱无序。同时，部分建筑因年久失修，外立面破旧不堪，建筑物之间缺乏协调性。校园的整体布局缺乏明确的秩序，且未能形成统一的风格，而这些问题都掩盖了学校的历史特征。

而从文教历史的角度看，长郡中学继承了文庙坪街区作为长沙传统文化教育中心的影响力，是整个历史街区的文脉载体。自北宋治平元年，潭州知州吴仲复在文庙坪兴建了"长沙府学宫"，该街区即成为长沙最高教育机构的所在地。历经多次损毁、复建、扩建和更名，文庙与学宫仍然是彰显长沙城市教化水平的标识性建筑，"道冠古今"石坊保存至今。清朝同治年间，湖南学政衙门设立于此，成为长沙府办学的顶峰。作为长沙历史最高学府的所在地，文庙坪街区的学府文化不仅对街区内地名、建筑功能和道路走向产生了深远的影响，成为一种无形的文化遗产，而且对近现代学校与街区的关系产生了影响，其中就包括长郡中学所在地的学院街。基于地理和历史上的中心位置，校园改造需要展示湖南当代中学教育的最高水平，通过改造来凸显历史文化名城的教育名片。

2. 共生式更新与环境意象重构

（1）分：巨型体量拆分与人性尺度适调

分是基于场地特质对校园内建筑进行的人性尺度改造，笔者界定了校园中的不同区域，同时消解校园教学楼对历史街区的尺度压迫感。

在校园规划中，我们充分考虑了场地特质和学生活动的多样性，对建筑进行了人性化改造，从而实现近人尺度的公共空间，促进学生之间的交流与互动。在校园建筑的设计过程中，笔者着重突出建筑的共性特征，并通过基于活动和体验的空间设置进行差异化设计，其中包括纹理、空间、形式、细节、材料和色彩等方面。

在长郡中学的项目中，笔者通过体量的拆分和立面形象的调整，建立明确的区域感，使公共环境呈现一种被包围和温馨的感觉，更有利于促进人们的沟通交流。公共环境和公共性形成梯度关系，涵盖了最公共、次公共组团和学习空间等不同的公共性序列。在学习空间的序列中，笔者保持了外立面的简洁纯净，同时，通过点缀渐变色立板，既弱化了建筑立面的宏大尺度感，又增强了校园建筑在街区中的特色和形态感。

（2）立：标志物建立与精神场域塑造

立是校园内标志物的建立，一方面在于建立教学楼、学校、街区之间更为紧密的联系；另一方面则在于为原本离散的建筑群体树立一个精神地标。

长郡中学的现有校园空间受到校外拥挤的环境和超大规模的学生宿舍楼的影响，难以建立具有城市标识性的建筑。为了克服这一难题，学校采用因势利导的改造策略。具体来说，将局部教学楼划分为竖向实体，并通过装饰层与塔身的相互协调，将教学楼顶部的广播室机房进行增高，从而打造一个能够辐射整个校园的精神灯塔。通过城市尺度的视线分析确认灯塔的高度，使其更加精准地统合了标志物的位置与功能。在标志物的动线上，大树为观察者提供了多种视角来感受标志物的存在，同时强化了原有教学楼的局部立面。这种设计不仅确立了灯塔与学校、学校与街区之间的嵌套关系，还提高了标志物的辨识度，并为其注入了更丰富的意义。标志塔的建立为校前区、院士路、运动操场以及教学楼赋予了中心性与方向感，成为校园内不可或缺的精神象征。

（3）围：空间秩序的强化

围是对建筑边界的复合化处理，它既试图建立有序且相互融合渗透的空间秩序，也让喧闹城市与静谧校园之间的过渡更为平滑。

围的目标是通过处理建筑外立面，让立面空间化并在原有校园环境中建立新的秩序。这样做可以创建适度的边界感，调节室外空间。立面设计不仅是建筑室内外的边界，也定义了公共场所之间的过渡，创造了一个丰富的边界。设计扩大了建筑入口的檐廊尺度，并将檐廊相互连接，形成了一个巨大的"院"空间，环绕着校园前区。

此外，通过对校门和景观的改造，笔者将校前区的公共环境界定为集散区、主题广场、边院和院士路的公共空间序列。檐廊和裙房空间的材料统一在一起，创造具有阅读深度和动态的空间边界。立面的复合化设计可以为公共空间的连接和交流提供更多的可能性和丰富性，为校园外立面改造带来更加开放和多样化的空间体验。这一檐廊语汇不断向外延伸，与校门和围墙的改造相结合，建立了连续的立面形象，消解了原有宿舍楼尺度过大的问题，并对市井的小尺度街巷环境作出了回应。

（4）游：剩余空间与微庭院叙事

游是统合了学生动线和社交行为的场所深化设计，其目的是从微观的个体出发，营造具有传统书院特质的公共空间。

在历史建筑更新和特色体验中，主题化的空间是设计的关键。对于长郡百年名校这样历史悠久的建筑，通过空间秩序的重建和传统学府形制的转译，以及基于学生行为动线的空间体验塑造，创造了复杂而有机的空间序列。通过在围合校前区建立鱼骨式空间结构，加强了原有场地内的主从秩序，而节点场所之间的连廊则成为容纳学生社交活动、融合学府主题叙事、赋予场所空间深度的游廊空间。廊下根据不同入口尺度和畸零空间的特点，结合校园历史的非物质文化展示，加强了廊子行径路的可读性。这些空间设计为学生提供了更丰富的空间体验和感知。

案例评析 --➤

"要求以美育浸润学校，打造昂扬向上、文明高雅、充满活力的校园文化，建设时时、处处、人人的美育育人环境。""校园之美"是一个系统化的集成——场景、文化、课程、管理、活动等都应该体现集成式的统一之美，其中校园建筑更是集成之美的起点。学校建筑固然能带给学生与职工美的享受，但它更是校园文化底蕴与其他美育教学环节的反映。美的校园场景设计不仅源自校园顶层规划者与校园设计师，它也可以是师生在各类艺术实践活动中生成的展现。当然，美的校园场景更得益于学生与老师后期对校园的维护与完善。校园建筑不是冰冷物件陈设，它承载着学校的精神底蕴，是学校精神文明的外化。

长郡中学新一轮校园建筑改造中就蕴含着丰富的美学理念。卢金春工程师对长郡中学的建筑改造采取了"校园与历史街区共生"的理念，并以"分、立、围、游"四类思想进行了具体的改造。校园与历史街道属于一空异化——同一段街道空间，但在时间与功用的差异下，衍生了不同的文化特点。本次建筑改造正属于对不同空间美学协调的改变——建造出风格统一，求同存异，共生互惠建筑街群。除了追寻上述校园建筑布局上的美之外，长郡校园在纹理、空间、形式、细节、材料和色彩等方面都倾注了规划者独到的美学理念。长郡中学校园建筑群在颜色设计上，以蓝色与黄色为主色调——黄色是大地，代表"朴实"，蓝色是"大海"，代表"沉毅"。校园进门是院士广场，两排是历年长郡中学走出的中国院士。院士塑像是长郡学子优良学风的展现，更体现了"爱生活、善求知、忧天下、有作为"的目标追求……种种校园场景细节的设计，让人感受到了校园建筑所蕴含的美，也体会到了长郡中学文化度人的力量。

美育浸润学校，以场景设计带动美育的落实。场景美学除了对细节元素的把控与情感文化的传递，还应该重视校园场景下校园管理与人的场景美学关系的落实。无论是从校园文化视角来看，还是从场景美学的视角来看，校园管理同样是美育中不能被忽略的一部分。校园管理应该重视对管理结构、发生机制、流程发展、关系连接等管理美学元素的梳理，展现长郡中学的管理之美。长郡中学的场景构成离不开对"人"这一要素的倾注。校园中师生的着装、行为、表达等都是长郡中学校园场景美育的点缀与提升。

（二）生命炫舞：铿锵鼓点撼灵府

长郡中学积极建设个性鲜明的校园艺术社团，推进各类艺术社团发展。长郡中学 Hunk 乐队与合唱团是高悬校园中的两颗音乐新星——一个以乐器的奏响点燃校园热情，一个则以独特歌喉感染台下观众。

案例阐述

1. 铿锵的鼓点——Hunk 乐队

Hunk 乐队是长郡中学最具特色的社团之一，已经有十六年的历史。Hunk 乐队旨在为热爱音乐的学生提供一个互相交流学习及展示的平台。乐队成员各有所长，在本校学生及外校学生中的影响力较大。该社团活跃度高，经常通过参加跨校展演及交流活动来提升社员的审美素养。

（1）随处可见，也是离不开的点睛之笔

Hunk 乐队是被人群围绕的，令人瞩目的音乐社团。木吉他、电吉他、架子鼓，它们伴随着主唱富有磁性的嗓音，一同演奏出完美的乐音。吉他伴奏点缀着富有动感的节拍；架子鼓如浪涛怒吼，铿锵有力，将歌曲推向高潮；键盘手专注地看着眼前的乐谱，弹奏出美妙的乐章。在人声鼎沸的校园中，Hunk 乐队是一道独特的风景线，吸引了不少同学驻足欣赏。

Hunk 乐队也是社团节中最具人气的音乐社团。伴随着台下的欢呼声，Hunk 乐队缓缓登场。他们演唱的 *I Just Wanna Run* 和《一个人》尽显歌声与乐器的和谐合拍。

在成人节典礼中，Hunk 乐队更是成为难以忘怀的惊喜社团。几个少年走上台，拿起话筒，歌唱起"希望我们都能够如此相信未来的每一天"。一曲《我是如此相信》响起，掀起了阵阵热浪，大家纷纷打开手电筒，仿佛一片星光在闪烁……

（2）长郡中学"神秘组织"十岁啦

体育馆内荧光棒挥舞，镁光灯闪烁。灰色的穹顶之下，宁静被飞驰而来的电音打破。他们，通过音乐沉淀自己的性灵；他们，通过音乐来诠释自己的青春；他们坚守初衷，给大家带来最纯粹的享受。他们就是长郡中学的 Hunk 乐队！

2018 年，长郡中学 Hunk 乐队迎来了成立的第十个年头。这十年间，他们唱响的不仅是青春，更是传递了音乐少年的心声；Hunk 的专场演出中，师生放下一切，跟随他们最纯粹的心，沉浸在这一场音乐盛会之中。

这场十年磨一剑的音乐盛会，呈现了长郡学子最多样的音乐面孔。

热情洋溢流行摇滚风音乐 Counting Stars 由主唱黄思琦以独特的磁性嗓音引领师生遨游浩瀚夜空，共同享受这美好时光；另类金属风音乐 How You Remind Me 以急促的鼓点唤起师生对《海贼王》的童年回忆，直击内心，让人明白坚定信念，无需后悔；Love the Way You Lie 这首歌更是燃爆全场，主唱黄思琦以自己的视角诠释这首摇滚乐，带动全场跟随一起摇摆哼唱；还有狂拽酷炫的"Rapper"张鸿康，劲爆的狂欢动人心弦，台下人潮涌动，激情澎湃。

同时也有轻快和宛如天籁抒情曲。《天后》由"无敌"倾情演唱，低沉优雅的男低音随着音乐的起伏而变化，观众的情绪也随之起伏；民谣《小半》轻松愉悦，听众们挥舞着手中的荧光棒，现场宁静而又祥和；Hunk 新成员精心准备的《光年之外》在灯光的明暗变化中牵动观众的心弦，带来独特的情感体验。

此外，还有信手拈来 Solo 个人秀。吉他手演奏的一首轻松的指弹曲，活泼欢快的音符就像是翩跹的蝴蝶、叮咚的泉水和璀璨的星辰，让人"沉醉不知归路"。咚咚咚……有力的鼓声引爆同学们的热情，架子鼓手一扬头，一甩发，以极快的速度敲击每一个嗵鼓。强有力的节奏震撼着每个人的心灵。全场观众情不自禁地为他打着拍子，阵阵掌声将气氛推向高潮。接下来的键盘手表演则与之形成鲜明对比，抒情柔缓的旋律如一朵朵绵薄的夏云悠悠地飘向蓝天。

对于 Hunk 乐队，他们想说，音符乘着歌声的翅膀飞向遥远的天际，而 Hunk 的梦想也乘着新年渐进的脚步愈飞愈高。最后一个泛音悠悠然而又饱含深情。"这是 Hunk，这是长郡的 Hunk"，每一个走出场馆的人都哼着音乐，延续着 Hunk 留下的自由心绪。这些音乐和情感不该被放逐。十年之约，"此心安处是吾乡"。

2. 群星闪耀，绕梁不绝

长郡中学合唱团成立于 1995 年，其成员主要由热爱音乐的普通高中学生组成。在历任校领导的大力支持与合唱团指挥黄琦老师的带领下，合唱团现已成为湖南省最高水平的中学生混声合唱团。自成立以来，师生利用课余时间坚持进行科学系统的训练，每届都吸引了近百名学生参与其中。

（1）郡园最独特的风景线

长郡中学合唱团是长郡校园中最独特的一道风景线。在校园内，他们用歌声传递着最真挚的情感；而在校外，则代表长郡中学给人带来最惊艳的演唱。

在教师节来临之际，校新闻中心携手校合唱团，精心制作了长郡中学阿卡贝拉版《稻香》MV。这部作品以青春动感的风格为基调，将传统戏曲元素与现代通俗音乐融合碰撞，为所有老师送上一份别具一格的礼物。值得一提的是，长郡中学阿卡贝拉版《稻香》MV 被"学习强国"、湖南教育发布、长沙发布以及湖南电视台等多个平台转载。

长郡中学合唱团及其指挥黄琦老师受邀参加了湖南卫视的全新综艺节目《惊喜来敲门》。在节目的收官之夜，他们担任了出题嘉宾，并先后演唱了 *Try Everything*、《送你一朵小红花》、《稻香》、*Do Re Mi* 以及《达拉崩吧》等歌曲，并与明星嘉宾共同演唱了《美丽新世界》。

此外，长沙市长郡中学合唱团和香港拔萃女书院合唱团联袂演出的湘港青年文化交流音乐会在长沙音乐厅精彩上演，为现场千余名观众献上了一场融汇中西、精彩绝伦的艺术盛宴。

（2）夺冠！长郡中学合唱团唱响第十二届中国魅力校园合唱节

2023 年 7 月 25 日，"相约星城长沙·唱响新时代"第十二届中国魅力校园合唱节在长沙音乐厅圆满闭幕。经过了两天三场的精彩角逐，来自全国各地近 60 支优秀校园合唱团呈现了精彩纷呈的合唱作品。其中，长郡中学合唱团凭借《失落世界的回声》和《木偶人之梦》两首曲目，以出色的演绎和完美的艺术呈现，一举夺得全场最高分，荣获一等奖。同时，合唱团指挥黄琦老师荣获"优秀指挥奖"。当晚的闭幕式上，长郡中学合唱团再次登台，为观众带来了一场唱片级水准的专场音乐会，让在场观众聆听饱含青春与梦想的声音，感受合唱艺术之美。

赛后，组委会还对长郡中学合唱团进行了专访。在专访中，合唱团指挥黄琦老师表示，长郡中学合唱团都是由普通的学生组成，旨在践行素质教育理念，而非仅仅为了比赛。合唱团成员钟璨宇同学说道："很多同学高一才接触合唱，经过一年的磨合，逐步融入一个团队的构建，学校的素质教育为每位学生提供了发挥才能的空间。"刘卓妍同学说道："在合唱团，我们每个人都得到了成长。不仅学会了如何发声，如何合唱，也学会了与他人沟通交流，承担了自己应负的责任。"

长郡中学合唱团被中国音乐协会授予"全国优秀合唱团"称号。合唱团由热爱音乐的普通学生组成，他们利用课余时间坚持进行系统训练，已成为长郡中学素质教育成果的重要体现。在充分发挥合唱美育在落实立德树人、推进五育并举的育人作用的同时，合唱团还为中国音乐学院、上海音乐学院等专业艺术院校输送了大批高水平的专业人才，也为北京大学、清华大学等国内一流高校培养了许多高素质艺术特长生。

案例评析 --->

"建设丰富多样的艺术社团，加强国家级示范性大中小学生艺术团建设，建立国家重大演出与学校社团的活动交流机制。"校园艺术社团及艺术团的建设对校园美育文化理念的落实、浸润学生的内心发挥着特殊作用。校园美育的落实离不开实践活动，而艺术社团及艺术团则是校园美育实践活动的重要载体。各类社团及艺术团对提升长郡学子发现美、感知美、表现美、鉴赏美、创造美的审美素养发挥着重要作用。

长郡中学以"不让学生输在终点线上"为办学理念，重视美育实践活动在培育学生审美素养中的重要价值。Hunk 乐队和校园合唱团的存在，丰富了校园文化的内涵，提升了校园文化的品位。通过乐队和合唱团的演出，学校向师生和社会展示了美育成果和艺术教育水平，推动学校的美育建设进一步发展。Hunk 乐队和合唱团作为长郡中学美育建设的重要组成部分，为学生提供了展示才华、发展兴趣的平台。通过参与乐队和合唱团的排练和演出，学生能深入体验音乐艺术的魅力，提升音乐素养和审美能力。同时，乐队和合唱团的活动丰富了学生的课余生活，让他们在紧张的学习之余能够放松心情，享受艺术带来的愉悦。长郡中学的 Hunk 乐队、合唱团与美育建设之间存在着紧密的联系和相互促进的关系。它们共同为学校的美育建设和发展作出了积极的贡献，也为五育融合和学生的全面发展提供了有力的支持。

Hunk 乐队与学校合唱团呈现出校园美育"点"的落实，而美育的发展要带动全体学生整体"面"的高度发展。长郡中学未来艺术实践类活动将重视以点带面，加强各类艺术社团与艺术团的奋进发展，重视艺术实践影响力的传播，打造更全面的艺术实践活动体系，带动全体郡园学子参与美育教学及各类活动。长郡中学将进一步丰富艺术实践活动的形式和内容，注重活动的创新性和实践性，让学生在参与活动的过程中真正体验到艺术的魅力。

（三）绚烂如我：青春梦想排云上

在长沙古城的文脉中，长郡中学以其深厚的历史底蕴和卓越的教育理念独树一帜。作为一所致力于全面培养学生综合素质的学府，长郡中学在美育方面的探索尤为引人注目。在这里，美育不仅仅是艺术的传授，更是一种灵魂的熏陶与升华。从冬奥会的宣传海报到舞台上的戏剧演绎，长郡学子以他们的才华和热情，诠释着美育的深刻内涵。通过丰富多彩的艺术实践活动，他们不仅提升了自身的审美情趣和创造力，还在潜移默化中培育了坚韧不拔的意志和团队协作的精神。长郡中学的美育之旅，正是一场关于青春、梦想与创造力的华丽交响。

案例阐述

1. 冬奥会上的长郡身影

在 2022 年北京冬奥会中，一批毕业于长郡中学的青年校友，以蓬勃的朝气和饱满的精神，成为赛场内外一道亮丽的风景线。冰墩墩、雪容融是冬奥会上当之无愧的大明星，大家不禁感叹设计者的深厚功力。而 2022 年北京冬奥会官方宣传的海报设计，也有长郡人的身影——柳懿芸是长郡中学 2019 届 1621 班毕业生，也是本届冬奥会宣传海报《激情冰雪，点燃心火》的设计者。

北京冬奥组委面向社会发布了北京冬奥会宣传海报征集公告后，通过线上线下的形式广泛征集宣传海报的设计方案。这一公告得到了百余家设计机构及各界媒体、全国艺术设计类院校师生的积极响应，共征集到 1565 套（件）作品。经过多轮评选，从 50 套（件）入围作品中评出 20 套（件）作品进行深化修改、查重，最终确定了 11 套（件）优秀设计作品。长郡中学 2019 届毕业生、广州美术学院平面设计专业 2019 级本科生柳懿芸设计的作品《激情冰雪，点燃心火》成功入选。

柳懿芸介绍，《激情奥运，点燃心火》以冬奥文化特色的元素作为主图形，结合插画设计，其中包含冬奥会与冬残奥会吉祥物、奥运会火炬、灯笼等中国传统元素，意在祝福中国人民在洁白的雪花与运动的激情中，吉祥如意地迎接春节。冰墩墩手掌心的心形图案，代表着主办国对全世界朋友的热情欢迎，配色采用红蓝色，红色代表冬奥会的火焰与运动员的激情，蓝色则象征着冬日冰雪的纯洁。整个创作过程经历了一年的时间，期间有多次方案的修改和调整。

除在冬奥会宣传海报设计大赛中获优秀奖外，柳懿芸还在 2021CGDA 设计比赛中获入围奖。作品入选并在 2021 "粤享粤美"岭南文化创意设计展和"文艺两新"中青年民间文艺家作品展上展出。

"设计驱使我去探寻事物的框架，逻辑严谨地去创造东西。我希望自己可以在逻辑和结构的支撑下多做真诚的、感受性的东西。希望未来能有更多平台可以将自己的设计与更多人对话，传递更多理念。"柳懿芸说道。

2. 向美而行，百变戏剧体悟多样人生

在戏剧的宇宙中，学生切身去感受生命的痛苦与快乐，体悟超乎生命的诗意。在场景切换、角色流转间，学生在舞台上探寻生命的悲欢离合与五彩斑斓。渺小的个人生命在戏剧中被拓宽，学生也在他人的人生中感悟自己生命的真谛。秉持着"一切活动皆课程"的育人理念，长郡中学大力构建美育实践课程，强化学生的社会参与。在学校大力支持下，长沙首家中学生戏剧社团随莺戏剧社独立创排的戏剧《广陵散》在长沙实验剧场拉开帷幕。

《广陵散》的导演2210班的王梓涵同学，在戏剧圆满演出后，记录下了这台前幕后的故事：

2024年4月26日晚，长郡中学随鸢戏剧社首次校外展演圆满成功。伴着谢幕曲最后一个乐句的旋律，我拉起身旁副导演的手、奔向镁光灯照耀的舞台正中，带领全体演员再次向观众鞠躬致谢。台下掌声雷动，身侧鲜花环绕，文联的领导亲切地同我握手，声声鼓励使我产生恍在梦中之感。回首《广陵散》剧组走来一路坎坷，半年前的我哪能想到今天这一幕呢……

晚上7时40分，近600名观众济济一堂，翘首以盼。

大幕拉开，台上的演员们超常发挥，将一个个人物演绎得活灵活现，每一幕结束后都收获雷鸣般的掌声。谢幕曲《花外流莺》响起，山呼海啸的掌声中，话筒被递到我的手中，我落下泪来——半年苦心经营，今日不负众望。一一谢过领导和老师，我转身向全体剧组成员深鞠一躬，15位并肩作战半年之久的同学们躬身回礼，一切尽在不言中。

欢声笑语逐渐淡去，连日来积攒的疲惫涌上身躯。合上最后一口道具箱子，在这个暮春温暖的夜晚，我人生中组织的第一场大型活动，长郡戏剧社第一场专业演出，画上了一个圆满的句号。

案例评析 ┈┈┈┈┈┈┈┈┈┈┈┈┈┈┈┈┈┈┈┈┈┈┈┈┈┈➤

《关于全面实施学校美育浸润行动的通知》中强调："健全学校美育协同推进机制"。针对学校美育协同机制的建设，提出了"挖掘在地文化""强化家庭、学校、社会协同，鼓励开展家校共建和社会服务""推动引进来、走出去相结合的交流模式"三条美育协同实践路径，引导各中小学校积极挖掘当地文化资源，连接当地公共文化艺术场馆、文艺院团，鼓励家校共建，打造具有区域和国际影响力的校园美育展示活动。

长郡中学积极开展社会美育资源整合，促进学生美育素养的发展。柳懿芸冬奥会宣传海报的设计，彰显了长郡中学美育课程体系与社会公共资源的有效协作。柳懿芸积极投身于对外的社会征集活动中，让自身设计才能与社会资源同频共振，实现美育社会资源的整合。再如《广陵散》戏剧的成功演出将挖掘在地文化展现得淋漓尽致。在戏剧准备过程中，学校团委、长沙实验剧场、当地文艺院团多方协作，促成了这场精彩戏剧的成功落地。王梓涵等同学巧妙地将剧本内容与民国年间的历史背景相结合，展现出了深厚的历史文化底蕴和艺术内涵。在《广陵散》的排练中，我校借助社会的力量，落实场馆展出的硬件设施要求——设计布景与舞美，道具、服装的选择也与剧情相得益彰，营造出浓郁的艺术氛围。除了上述案例，校合唱团在国际上多次获得各类荣誉，将长郡中学的风采带出国门，也集中体现了长郡中学"引进来、走出去相结合的交流模式"，全方面落实了校园对社会美育资源的整合与协作。

在追逐月亮的过程中，他们自己亦被月光照亮，这又何尝不是一种深入心灵的美育呢？柳懿芸冬奥会宣传海报的设计和随鸢戏剧社《广陵散》的成功演出，充分展示了长郡中学在美育教育方面的卓越成果和实践经验。这些活动不仅厚植学生家国情怀与艺术素养，更让学生感受到了艺术的价值与力量，为培育"爱生活、善求知"的长郡学子奠定了坚实的基础。

（四）乐学覃思：大美旷野探天籁

长郡中学坚持在教育中将美的种子撒播到学生心田，引导学生向美而行。美，并不囿于校园的四方高墙，而是藏在社会、藏在自然之中，等着我们去感受、去发现。长郡中学发扬美育课程力，让教师、学生们在艺术的旷野中去发现美、追寻美、欣赏美。美的形式是多样的，美的课程亦是多样的。在省博物馆倾听远古历史的呼唤，于光影色彩间追寻美的踪迹，于湘西风景间追寻文学的澄澈……在丰富的美育课堂之中，唤醒学生内心深处对美的渴望与向往。

案例阐述

1. 走！长郡老师带你去省博物馆上美术课

拓展美术课堂活动，提升整体美术思维，加强博物馆展览的鉴赏能力，感受人类文明的魅力，体会东方智慧，增强文化自信。长郡中学美术教研组前往湖南省博物院开展了"博物馆的美术课"微型研学活动，通过对博物院"我们亚洲"展览的参观和导览，深度了解"我们亚洲"相关文物的历史渊源和艺术特征表现，以打造沉浸式美术课堂的形式，让学生面对面感受艺术作品的语言形式与创作背景，提升审美感知力，体验不同时代背景下的艺术表现力。

亚洲，全名"亚细亚洲"，被称作"太阳升起的地方"，是七大洲中面积之最。世界四大文明古国有三个位于亚洲，人类最早的文字、城市等都诞生在这块大陆。"我们亚洲"亚细亚古代文明展以历史时间为脉络，共分为3个单元，将10个国家222件（套）展品，按区域和内容组合，直观地呈现文明兴起阶段亚洲文明多元共生的特征，文明发展阶段亚洲各地东西交汇、商贸物质交流的盛况，以及文明传播阶段亚洲的宗教哲学思想流变。

在参观过程中，美术老师夏欣欣就"思想流变与艺术表现"设置了五个核心问题，与同学们展开了深度讨论。一件艺术作品的欣赏，不仅是停留于它表面的艺术造型特色，还要学会深入发掘，多元扩散，通过心理置换进行鉴赏，去思考为什么是这样造型？这样的目的和意义在哪里？和其他同类艺术作品对比，这件艺术品的优劣在何处？通过激烈的探讨，让大家学会辨析艺术发展的脉络，形成整体分析和思考艺术表现的能力。

学生参观博物院后发表了感受，分享了本次特别课程的收获。"从自然到自我，从对万物的崇拜到对人类本身的尊重，生命的美永不过时。"2023班沈博如是说。2024班黄彦宗则认为"在'我们亚洲'的展馆里，我真正感受到了'美的呼唤'，在默默无言中，表达了自己的谦卑与尊敬。"2025班刘媛的思考则更为深刻："'艺术源于生活而又高于生活'，我想这是对艺术起源和价值最精炼的表述。艺术从生活中发掘灵感，随着时代的发展而发展，又剥离出现实生活中具象且具有局限性的外衣，融合了人的情感表达，再将其展现于世人，带来美的感受。相较于科学技术而言，也许很多人不懂文化与艺术的现实作用，这些文物和艺术品在当下或许看似是无用的，但让我们拉长时间坐标轴，经过时间的流逝与岁月的沉淀，先民们的生活和美好愿景将会因此得以保存下来，为后世诉说属于他们那个时代的故事，成为时代的烙印。而后人们，也会秉承先人的愿景不断探索着这个世界。"

2. 摹大师笔迹，追光影绚丽

诗人艾里略说："一个在自然中寻找出新节奏的人，就是一个拓展了我们的情感并使它更为高明的人。"艺术的创作正是将自己内心感受具体地表现出来，以此来感动旁人，同时使自己发现自己内心世界的美好。高二年级美术组的学子们用画笔为乐器，颜料做音符，以十九世纪印象派绘画大师的经典作品为曲谱，演奏出一场静谧悠远的色彩合奏曲。

十九世纪法国印象派绘画，追求的是一种画面整体效果，与画者内心自然柔和的默契感受。画作题材一般为寻常生活中转瞬即逝的色彩光影，其画面效果丰富。本次临摹主要选择了莫奈、西斯莱、毕沙罗、莫里索等人的作品，分为印象派大师的风景和静物两大主题，在这之中又集中挑选了光感强烈的作品来进行临摹练习。

在这惠风和畅的时节里，用一种明媚、梦幻、活跃、欢快的色彩来表现光影无疑是非常适合的。这不正是画者内心与当下时节的美好呼应吗？清澈蔚蓝的天空、波光粼粼的海面、春光乍泄的庭院、随风招展的窗帘、姹紫嫣红的花朵……站在这些画面前不由让人觉得，春天的阳光多了点温暖，微风里多了些芬芳，甚至连春天本身，也在画中停下了匆忙前行的脚步，尽享美好……

这次学习是以理解印象派绘画理念，掌握绘画技巧为初衷。同时整个练习过程亦是学生自我感知成长以及审美意识提升的过程。尽管同学们与印象派大师们所处时代不同，文化有别，但当大家在面对绘画范本动笔临摹那一刻，光色、形状、笔痕就统统成为他们与大师进行情感和思想交流的载体，这不正是艺术学习的本质吗？

在全面培育学生艺术素质的教学理念指导下，长郡中学美术教研组以国家课程为依托，研发开设了校本课程、社团课程、艺术研学课程和美术专业课程等多个教学板块。以全面的美术课程为全校学生提供丰富多彩的艺术学习，为全国顶尖艺术高校输送了一大批优秀美术专业生。

3. 没有一朵花，从一开始就是花

美育的宗旨，正是为了塑造全面完整的人生。——题记

我喜爱养花，也发现育人与养花相似。两者都有喜忧笑泪，花色果香，乐趣无穷。少年们如花种，稚嫩且充满未知。我作为花匠，以温暖关怀为引，耐心等待馨香满怀的日子。

满天星：潜心暗寻银河梦

高二时，一男孩转至我班，性格内敛，数学优异，但总体成绩平平。

他常于课间、晚自习后，在窗外鲜花旁驻足，流露出不甘平凡之心。我依据卡尔·罗杰斯的"学习者中心"理念，关注其潜能。然而他学习紧迫感不足，常神游英语课堂，作业小错不断。一天晚自习，我与他交心，鼓励他相信自己有成为佼佼者的能力。此后，他蜕变明显，周末自习积极，我亦加强鞭策，与他的母亲共促其成长。无数个夜晚，他独自在教室学习，我鼓励他坚持。两年后，他如满天星般绽放，虽非最耀眼，却沉潜蓄势，满室芬芳。高考后，他赠我窗台上之花，感激之情溢于言表，高考成绩亦耀眼如云。

向日葵：风雨难撼向阳心

你如橘黄向日葵，灿烂明媚，逐光而生。在我的教育旅程中，有位向日葵女孩，她全能且活泼，非书呆子，而是古灵精怪。然而，高二时她遇挫，成绩退步，我引导她调整心态，她迅速恢复。高三压力更大，我适度关心，鼓励她在生活中保持轻松。她心态成长，用幽默面对挑战。高考前，她虽紧张，但已比高二时更自信。她如愿考入理想学府，我深知她有自己的坚持和骄傲，心中明灯指引前行。我期待她自如洒落金光的那一天。

郁金香：厚积流光绽芳华

能否将你比作红郁金香，明媚热烈，向上生长。我带她两年，她爱笑爱问。高一英语学得好，高二理科吃力，成绩不佳，我尽力帮她。课上鼓励，建议找老师分析，心态上教她养花。她找回笑容，积极投入学习。女生节发言，她感恩养花激发了她的热情。后来，她高考发挥得很好，感谢高二经历磨炼了心性，激发了斗志。师生情感通过养花链接，用灵魂唤醒灵魂，真是幸运之事。

风信子：总向苍穹寄深情

我愿称你为蓝色风信子，沉静稳重，温润如玉。这男孩是众人眼中的神，学业卓越，待人谦和，乐于分享。他如黄山之巅的大树，根深叶茂，向上生长。《易经·序卦传》言："聚而上者谓之升。"他在长郡的三年，是认识世界的最佳时机，历经挑战，终获辉煌。他留心美好，用心生活；他热爱生活，记录美好点滴；他胸怀天下，勇敢追求诗和远方。愿你保持对美的感知力，怀有大将风度和少年心气，不断求索，臻于极致，奔赴星辰大海。我期待你带给我更广阔的世界。唤醒种子，给予勇气，是养花人的善意。

结语：花非天生，需要引导。教育之"duce"，意在引导。我全心投入教育，源于相信爱与陪伴能引导年轻人绽放独特之美。花蕾成熟时，向日葵厚重，郁金香盎然，风信子华美，满天星灿烂，皆我所爱。栽培虽长，但等待是幸福的。花开无声，雪落无痕，满园花香如是诉说：我愿续写郡园花种与种花人的故事。

案例评析 --▶

曾经有一位老人这样问一群孩子："你们知道一片树叶落下需要多久吗？""三秒！""五秒！"孩子们争相回答。"那么你们是否真正看到过一片树叶是怎样落下呢？"老人又问道。孩子们都摇了摇头。吴冠中说："今天的文盲已经不多了，但美盲很多。"美是有力量的，没有美的教育也是不完整的教育。

为什么提倡美育？因为生活需要"美"。人不只是动物，吃饱穿暖便可无忧无虑地度过一生。我们是"一根会思想的芦苇"，内心始终保留着对美好事物最本真的向往，我们就像逐日的夸父，总是不懈地寻找美、追求美。尽管人对于"美"的追求是天生的，但仍需通过美育，去"做一个脱离低级趣味的人"。

长郡中学建构"三化"美育课程体系，通过"直观化教学""生活化教学""情感化教学"课程，由浅入深，层层深入学生心灵，帮助学生实现美育课堂中的深度学习。直观化教学始于形象，注重美育课程中学生的情感体验。所有审美都起源于美的形象性，美存在于实在的、可感知的形象之中。审美形象是学生美感萌芽产生的媒介，也是美育实施的基础。可以说，若是没有学生与审美形象的接触，则不会产生美的启蒙。因此，长郡中学不仅通过音乐课、美术课等课程让学生在校园内领悟艺术美、人文美，更是带领学生走出校园，走进更广阔的自然与社会，去与形形色色的景、物、人接触，感受多元的审美形象，产生多样的审美体验。在博物院、艺术馆中，去探寻那沉睡千年的陶俑的形体美、青铜器背后的历史美、简牍上字里行间的故事美；丁良老师是一位特别懂得用爱与美去培育学生的好老师。她所带的班级，被学生所养的鲜花簇拥，她的每一位学生，都是她用心呵护的花儿，在她的智慧与美的熏陶下，每一朵花儿最后都尽情绽放，不仅她的班级，最后在她的示范引领下，整个郡园都变成了一个美丽的大花园。在许许多多像她一样爱生如花的园丁的爱与美的滋养下，孩子们幸福而欢愉地成长着。

生活化教学根植于生活，强调通过情境学习让学生对核心知识产生深度理解。审美是人对外物的鲜活感知，而这种感知则产生于学生的生活。长郡中学美育课程致力于培养学生追求美好生活的意愿和塑造美好生活的能力。因此，为了在高中课堂更好地实现美育深度学习，长郡中学反对碎片化、割裂生活情境的美育教学方式，强调美育与生活情境之间的关系以及美育跨学科之间的知识融合。

情感化教学着重培育学生情感，教师在美育课堂关注学生的心灵陶冶。情感性是美育最突出的特征。美育是一种非功利性的教育，并不外化为具体的成绩、排名，而是通过对于学生审美情感的培养，使学生的心灵更澄澈，精神境界更高远，最后达到自身审美素养和人文情怀的统一，以美化情，引导学生向美而生。

（五）以美育心：纯粹人格向阳生

美育在培育学生人格中占据举足轻重的地位。它不仅是艺术的传授，更是心灵的滋养。通过美的熏陶，学生学会欣赏自然之美、人文之美，从而在内心深处激发对生活的热爱与向往。美育能培养学生的审美情趣，提升他们的创造力与想象力，使他们在追求美的过程中不断完善自我，形成积极向上、健康和谐的人格特质。

案例阐述

杜甫《赠花卿》中写道："此曲只应天上有，人间能得几回闻。"悠扬的歌声给予人美的感受，浸润着听者心怀。长郡中学黄琦老师带领校园合唱团唱响长郡之声，将美的声音、美的感受、美的精神传递到海内外。黄琦老师回忆自己的执教生涯，记录下自己的美育发展历程。

音乐教育在学校的课程中经常被边缘化，被视为非核心学科。在很多人眼里音乐教育是可有可无的，家长们普遍觉得孩子们在文化学习方面已经很有压力，音乐课堂就让他们轻松一下。大多数的音乐课堂都只是学生唱歌，如果音乐老师对音乐教育的理解也局限于此，那是音乐教育的失败。音乐教育在促进学生的全面发展中具备独特和多维作用。音乐不仅能够丰富学生的文化生活，还能在情感、认知和社交能力上起到关键作用。作为一名音乐老师应该了解音乐教育的重要性，分析音乐教育对学生个人成长的积极影响，并且在教育教学过程中通过教育政策和学校实践来强化音乐教育，提高其在教育体系中的地位和效果。通过多年教学实践，长郡中学音乐教育形成了"普及＋提高"的教育模式。普及就是通过面向全体学生的普通高中音乐模块选修课程开设来实施；提高是开设针对有特长及有兴趣学生的课外活动课程，全面提高学生的尚美、赏美能力，增强学生的艺术素养，努力发挥美育在立德树人中的重要功能。

1. 课程普及策略

作为音乐课堂教学音乐普及教育的音乐教师要有扎实的专业能力，能把教育学心理学知识运用在实际教学中，树立终身学习的理念，不断提高自己的专业素养和教育教学水平，不断更新自己的知识结构，要对自己的学科有正确的认识和思考——音乐课堂不是培养音乐精英，不应该是一种单纯的技能技巧训练，当然这并不意味音乐基本技能技巧不重要，常规教学必须重视，只有掌握了音乐的技能技巧，学生才可能提升发现美、表现美、创造美的能力。那要怎么教呢？笔者认为在音乐课堂的教学中应根据音乐课特点，培养学生对音乐的兴趣爱好和对真善美的追求，引导他们形成乐观开朗、积极向上的生活态度。这就要求教师不仅仅关注学生音乐技能上的培养，更要开拓学生人文素养、情感表达和创造力发展的关键途径。

在音乐课堂教学中要重视培养学生的音乐兴趣。兴趣是最好的老师，通过多样化的教学方法激发学生的学习动机，增强他们对音乐的喜爱。教师的教学要深入浅出，避免把学科知识讲得高深莫测，让学生难以理解从而产生畏难情绪，而应该在轻松愉快的氛围中传授知识技能。实践证明长郡中学的音乐课堂是高效的，历年来学校的班级合唱均获得省、市班级合唱比赛一等奖，2019年11月获第一届全国班级合唱比赛一等奖。

在音乐课堂教学中要致力于培养学生对真善美的追求。音乐本身就是情感和美的传达，引导学生通过音乐作品来感悟生活，理解作品背后的情感和价值，让学生成为一个有感情的人，而不是除了学习什么都不会干的学习机器。

音乐课堂教学应帮助学生形成乐观开朗、积极向上的生活态度。音乐有调节情绪、减轻压力的作用。现在学生的学习压力大，教师可以通过教学活动帮助学生认识到音乐在调节个人情绪、改善心理健康中的作用。

音乐课堂教学应关注学生的个性化发展。每个学生的音乐兴趣和能力都不尽相同，教师要有一双慧眼，通过观察和了解发现学生的音乐才能，提供适合他们的学习路径和方法。如有教师发现吴晓亮同学有歌唱方面的天赋，便鼓励他加入学校合唱团。该同学也通过这项音乐特长的加分，顺利考入中山大学。顾艺璇同学活泼可爱，教师挖掘了她的音乐天赋加以培养，后来在高考中以降50分的成绩进入北京大学外交学院深造，之后，在老师的鼓励和家人的支持下，她最终考上伯克利音乐学院的研究生，勇敢去追逐她的音乐梦。这样的教学实例还有很多。教师在关注学生个性成长的同时，还应注重音乐教育与其他学科教育相结合，形成跨学科的教育模式。如音乐与文学、历史、艺术、社会学等学科结合，让学生在学习音乐的同时，获得更广泛的知识和更深入的文化理解。

音乐课堂教学在践行素质教育理念中扮演了不可或缺的角色，对学生的全面发展具有深远的影响。

2. 活动提升途径

音乐教育作为实施美育和推进素质教育的重要手段，不仅在课堂上发挥作用，更要通过丰富的课外活动来深化其教育影响。音乐课外活动是培养学生音乐兴趣，提高音乐能力和艺术素养的有效途径，也是立德树人教育理念的重要实践领域。

合唱团是音乐课堂教学的有效延伸。在合唱团，教师除了传授专业的知识和技能，更注重团队精神、协作能力的培养，引导学生的团结协作，营造轻松愉快的氛围，使学生在繁重的学习之余身心得到放松。

经过多年努力，合唱团已成为湖南省颇具影响力的合唱团，被中国合唱协会授予"全国优秀合唱团"称号。团队在世界比赛、全国中小学生艺术展演等各项比赛中获得了优异成绩。合唱团历年来获得的国际奖项有第九届世界合唱比赛情景民谣组银奖、第十四届中国国际合唱比赛银奖、黄龙音乐季国际合唱艺术周合唱比赛少年组金奖等；国家级奖项如第一、三、五、六届全国中小学生艺术展演二等奖，第四届全国中小学艺术展演一等奖，2018年10月获全国军歌小合唱一等奖等。

学校还经常组织团队进行国际文化交流，举办专场音乐会，参加各种公益活动。2021年2月和4月教师指导排练阿卡贝拉曲目《送你一朵小红花》《灯火里的中国》，均在"学习强国"平台和湖南平台上线，并且在人民日报海外网、教育频道、"青春中国"频道、百灵等多家媒体进行推荐，彰显新时代中国学生新风采。

音乐教育在当代中国教育体系中的作用不应被忽视。它能丰富学生的精神世界，还能在培养学生的多种能力方面发挥独特作用。通过持续的教育实践和改进，可以期待音乐教育在未来形成一个更加完善和系统的教学体系，真正实现教育的"全人"发展目标。而教育者，应该重新审视对音乐教育的态度，不仅仅是把它作为一种娱乐或放松的手段，而是当作一种全面提升学生内在素质的重要途径。

案例评析 --->

"发挥教师职业的美育功能，提升全员美育意识和美育素养，塑造人格魅力，涵养美育情怀。"《关于全面实施学校美育浸润行动通知》构建了"美育浸润学生、美育浸润老师、美育浸润学校"三位一体的实施路径，其中"美育浸润教师"是一个承前启后的重要环节。"美育浸润教师"中教师指向对"全员"培育，即艺术类课程教师、其他学科教师及行政教职工教师。法国文学家、哲学家罗曼·罗兰在《安妮·勃朗宁》中曾写过"真正的艺术家只有一双眼睛，那就是发现美的眼睛"的名言，一位优秀的教师应具备基础的美育意识——留心身边美的事物，探知关于美的精神。教师应该具备较高的美育素养，对学生起到引导示范作用，为校园美育增添亮色。教师应加强美育践行，重视反思总结，让美育素养上升到美的品格层次，感染身边的每一个人。

长郡中学拥有高质量美育教育团队，黄琦老师就是其中一位。黄琦老师重视课堂，立足音乐学科核心素养发展，以课堂带动学生美育素养普及。在这一过程中，兴趣、真善美及个性成为黄琦老师挖掘学生美育素养的重要支点。她力图让每一位学生收获美的感受。除了立足课堂，课外丰富的艺术实践活动也是黄琦老师进一步提升学生美育素养的又一途径。黄琦老师带领的合唱团是长郡中学最闪耀的名片。合唱团每一场精彩表演都感染着郡园学子。2024 年 2 月，在上海保利大剧院举办的"美育圆梦"第二十四届魅力校园春节大联欢暨 2023 年度校园文艺榜中榜荣耀盛典中，长郡中学获 2023 年度美育名校，校合唱团指挥黄琦老师获 2023 年度美育名师荣誉称号。以黄琦老师为代表的长郡中学优秀美育教师，重视艺术教学与实践，将美育思考纳入学生的个人成长与教师专业发展中，引领长郡中学美育培育进阶之路。

未来，长郡中学在"美育浸润教师"路径上应迈向更专业化的培育道路。"通过实施教师美育素养提升行动，强化与提升各学科教师的美育意识和美育素养，将美育纳入教育系统领导干部和教师培训计划。"一方面重视教师美育素养的培育。艺术不全然等同美育，应加强全体教师美学理论基础的学习与实践，弥补中小学教师美育素养的不足。另一方面，长郡中学还应重视"美育教师源头培育"，积极招纳专业性美育人才，改善校园美育基础面貌。

三、构建多维支持体系

校园美育担负着新时期青年审美教育的任务。美育既包含了对中华优秀传统文化的传承，又起到落实国民文化自信的助推作用，更是国家现代文明建设的重要组成。《关于全面实施学校美育浸润行动的通知》中指出："美育是提升国家文化软实力、增强国家核心竞争力的重要内容，具有陶冶情操、温润心灵、激发创新创造力的价值功能。"无论是个人审美素养发展，还是国家文化与核心竞争力的提升都离不开校园美育的落实。新时期，长郡中学从美育浸润学校、美育浸润学生、美育浸润教师三条主线出发，构建了立体全面的美育培养体系。然而，面对未来社会的发展，长郡中学美育教育远不应止步于此，还应积极开拓更加完善的校园美育培育体系，落实美育集成化的顶层设计，打破传统课程局限，迈出学科交融与五育融合的步伐，借助数字技术，化抽象为具体，转变美育教育模式，改变美育评价缺失现状，运用多种评价方式或手段测评美育过程，重视社会、家庭、学校等多方资源的整合，构建多维支持的美育培育系统。

（一）顶层设计：美育体系的集成规划

顶层设计是设计的起点，指向全面而系统的规划。顶层设计具有全面性，从全局出发落实系统中的每一要素；顶层设计具有系统性，要素与要素之间的排列讲求前与后、轻与重，旨在呈现一个循序渐进、逐层深化的系统；顶层设计具有资源配置的优化性，可以尽可能避免资源的浪费与重叠，达到系统运作的高效与精准。依照《关于全面实施学校美育浸润行动的通知》文件要求，中国特色现代化的美育体系则应该从教学改革深化、教师素养提升、艺术实践活动普及、美育文化营造、评价机制优化、乡村提质发展、智慧教育赋能、社会资源整合八大领域着手。在美学理论中，强调对美的整体感受，学校美育也应该落实美育的顶层设计思路，保证校园美育的整体和谐发展。

长郡中学美育的顶层设计可以从以下角度出发：一是校园美育设计者应该具备对美育的全面而深入的认知，勾画出校园美育的整体图景，保证要素与要素之间的和谐统一。二是在基点的规划下，细化美育落实细节，如校园美育发展理念、校园美育发展目标、校园美育组织内容和校园美育评价开展等环节，促进学生美育素养的综合发展。

（二）课程发展：美育课堂的跨越共融

美育课程是落实美育的核心载体。长郡中学美育课程系统而全面，包括艺术类课程、校本课程、社团课程、艺术类研学课程。在深入构建的基础上，应发挥美育的创新价值，加强对其他学科浸润融合以及跨学科课程项目的搭建。《关于全面实施学校美育浸润行动的通知》中强调："加强美育与德育、智育、体育、劳动教育的融合，挖掘和运用各学科蕴含的丰富美育资源""跨学科优质美育资源体系初步建成"等内容。"美"有其特别之处——处处皆含美，美是无处不在的，其存在的广泛性及其本身的柔软性，决定了"浸润"是美育的核心实施途径。

除了艺术类课程的美育价值，其他学科同样具备美育价值，比如语文课程中对汉字构造形态的分析、文字的意境鉴赏、对文字蕴含的思想感情的感悟。长郡中学积极落实其他学科的美育培育，在此基础上重视美育培育的系统深化。同样，长郡中学可以积极建设跨学科学习项目或综合实践活动，如学校围绕"尼罗河探秘"这一主题，开展了对尼罗河艺术项目的探究，包括音乐、美术、绘画、舞蹈和民俗等，并在研究的基础上进行艺术项目的成果汇报。"美育之目的，在陶冶活泼敏锐之心灵，养成高尚纯洁之人格"，各类美育课程的设置与融合最终指向对审美价值观及其品格的养成。

（三）智慧赋能：美育态势的模式更新

校园美育的智慧赋能是基于当今信息化、数字化和智能化高速发展的时代特征提出的重要议题。教育变革与青少年的身心发展紧密相连，这决定了校园美育智慧赋能需提上议程。智慧赋能可丰富美育的表现形式和传播途径。

传统的美育教学往往受限于时间、空间和资源，而智慧教育则可以借助现代科技手段，如数字绘画、数字音乐制作等，打破这些限制，为学生提供更加多样化和个性化的学习体验。智慧赋能有助于提升美育的教学效果。通过利用大数据、云计算、人工智能等先进技术，教师可以更精准地掌握学生的学习情况，制定更个性化的教学计划，实现因材施教。同时，学生也可以通过智能化的学习平台，随时随地进行自主学习和创作，提高学习效率。

此外，智慧赋能还有助于推动美育的创新发展。通过引入新技术和新理念，教师可以探索更多元化、更具创意的教学方式，进而激发学生的创造力和想象力。同时，学生可以通过智慧教育平台，接触到更多的艺术资源和信息，拓宽视野，提高审美素养。

长郡中学校园美育的智慧赋能途径则应该从信息化、数字化、智能化的路径发展，凸显技术的运用，并重视更新技术的运用。可以构建智慧美育教学平台，利用大数据、云计算、人工智能等技术，搭建一个集教学资源、在线教学、学生互动、作品展示等功能于一体的智慧美育教学平台。平台应提供丰富的美育教学资源，包括视频教程、电子书籍、艺术作品库等，供学生自主学习和欣赏。教师可以通过平台进行在线授课、布置作业、组织讨论等教学活动，实现线上线下的无缝衔接。利用虚拟现实（VR）和增强现实（AR）技术，为学生创造沉浸式的艺术学习体验，使他们能够身临其境地感受艺术作品的魅力和内涵。利用这些技术，可以模拟真实的艺术创作环境，让学生在虚拟空间中进行绘画、雕塑等创作实践。

（四）档案记录：美育评价的过程升格

美育档案袋评价是一种针对学生在美育领域的成长和发展进行的全面、系统的记录与评估方法。这种评价方式不仅关注学生的学习成果，更重视学生在学习过程中的表现、体验和反思，旨在帮助学生提升美育素养和情感认知能力。首先，明确美育档案袋评价的目标和意义，包括理解档案袋评价不仅可以评估学生在美育领域的成果，还能反映他们在学习过程中的表现、体验和反思，从而帮助学生全面提升美育素养和情感认知能力。其次，制定详细的美育档案袋评价标准和内容。这些标准和内容应该涵盖学生的基本信息、美育学习计划、美育活动记录、美育评价和美育自主学习等方面。接下来，收集学生的美育档案袋资料，包括学生的作品、研习记录、构想草图、设计方案、创作过程的说明以及自我反思等。然后，按照评价标准对档案袋内容进行评价。评价过程中，应该注重评价的多元性和客观性，鼓励学生、教师、家长等多方参与评价，从多个角度对学生的作品和表现进行综合评价。同时，要关注学生在创作过程中的思考、创新和解决问题的能力，以及他们的自我反思和成长情况。最后，对评价结果进行分析和总结。

在整个评价过程中，要确保评价标准的公正性和一致性，鼓励学生积极参与评价过程，提高他们的自我认知和自我管理能力。同时，要加强与家长的沟通和合作，共同推动学生在美育领域的全面发展。这样，长郡中学就能有效地实施美育档案袋评价，更全面地了解学生在美育领域的成长和发展情况，为他们提供更加个性化的美育教育。

（五）资源整合：美育支持的多维协同

美育中的资源整合指的是将校内外各种与艺术、美学相关的资源进行选择、组织和创造性加工，以服务于幼儿及青少年的美育教育。通过资源整合，丰富美育教学内容，提升教学质量，为学生提供更多元化的学习体验。

从学生发展角度来看，美育资源整合有助于培养学生的审美能力、艺术表现和创造力，促进其全面发展。从教师成长角度来看，美育资源的整合可以提升教师的教学水平和专业素养，激发其教学热情和创新精神。从学校发展角度来看，通过整合多方美育资源，能够丰富学校的美育教育内容，提升学校整体教育质量和社会影响力。然而美育教育是一个长期且需要多方协同的过程。在长郡已有的美育实践中，尽管美育教育属于学校打造"五育融合"培养"完整的人"育人目标的重要一环，但由于社会对美育的认知度不高，因此常常导致美育资源协同缺乏足够的社会支持和理解。如在长郡的美育工作中，极少见到家长的身影，一些家长可能更关注孩子的学习成绩而忽视甚至不支持美育教育，进而影响到学校和社会在美育资源协同方面的积极性，"校家社"三方育人目标的错位导致学校美育教育的效果无法达到预期的成效。

　　未来，长郡中学会在对学生进行美育教育的同时，关注到家长这一育人群体，通过家长会、家长沙龙活动等形式，向家长普及美育教育对孩子全面发展的重要性，或是组织研讨会，让教育者、家长和学生共同探讨美育的现状和未来，增强家长认知度和参与感。同时，学校将提供资源和指导，帮助家长在家庭教育中融入美育元素。此外，进一步加强校园美育资源与社会美育资源的整合，保持好已有的优良传统，继续发掘社会美育资源，推进其与学校的双向互动，优化美育实践活动，为学生提供良好的学习环境，促进美育成果互鉴和文化创新。

第六章
崇劳长技　实践育人

在平江县，从走访平江观光农业，到参观平江茶产业，从平江"九龙舞"，到平江垃圾分类；在桃花源，从烈阳与暴雨，到挨家挨户走访；在浏阳市，从浏阳蒸菜，到浏阳水产养殖和皮影戏……这是长郡中学走出校园，亲近生活，感受具有湖南乡土特色的劳动教育景象。劳动是创造物质财富和精神财富的过程，是人类特有的基本社会实践活动。恩格斯的名言很好地诠释了劳动的内涵："劳动是整个人类生活的第一个基本条件，而且达到这样的程度，以致我们在某种意义上不得不说：劳动创造了人的本身。"劳动是人生存发展不可或缺的一部分，劳动教育自然也是学校教育中重要的组成部分。新时代的劳动教育内涵如何界定，劳动能带给学子们什么样的价值，学校应该如何践行劳动教育？带着这些时代叩问，长郡中学紧跟时代发展步伐，拓宽劳动教育发展新路径，完善劳动教育教学体系，开启了智能时代劳动教育的整体布局。

一、挖掘劳育融合价值

在"五育融合"的新时代，劳动教育是实现学生全面发展的重要保障，亦对于中小学生德育培养有重要意义。劳动教育中包含了对学生劳动精神、劳动习惯及品质的培养。劳动教育对引导学生树立正确的劳动观，体验劳动的艰辛与不易，形成爱岗敬业、吃苦耐劳、诚实守信等品质起着重要的引导作用。

学生在劳动过程中可以直观地获得与生活、自然相关联的经验，为打通各个领域的知识脉络奠定坚实基础。劳动同样是培养学生的创新能力和动手能力，实现知行合一的重要路径。正如恩格斯指出的"首先是劳动，然后是语言和劳动一起，成了两个最主要的推动力，在它们的影响下，猿脑就逐渐过渡到人脑"，由此可知劳动对人类认知发展的意义。

当前，学生身体健康发展所面临的突出问题：学生视力不良和近视率偏高、学生超重肥胖率上升、学生握力水平有所下降、身体素质下滑等。劳动教育不仅包含了对身体的锻炼，还蕴含了对学生劳动价值观、劳动能力、劳动精神及劳动习惯和品质的培育，对学生身心发展多有裨益。

劳动教育也蕴含了丰富的美育价值。在劳动中可以体悟劳动之美，贴近自然之美，感受人文之美，为学生的美育奠定基础。基于对新时代劳动教育的认识，长郡中学积极开拓丰富可行的劳动教育实践路径，促进郡园学子的全面发展。在这一阶段，学校从以下几个领域发力，构建具有郡园特色的劳动教育体系：

一是劳动教育课程的体系化：以通用技术课与其他学科课程的自然渗透为课程核心，以"五研学"中的国情劳动教育类研学课程、"三走进"之走进农村的专题实践活动——走进新农村、"四大节"之校园科技节以及"六大社"之创新科技社作为劳动教育的重要补充。

二是劳动教育实践的多样化：将劳动教育纳入人才培养的全过程，重视课程中劳动知识与技能的培育；开拓校内外各类劳动实践活动作为劳动教育的重要支撑；打破校园局限，以教工团支部活动为主线，校家社共育，提升学生劳动品质。

三是劳动教育文化的陶冶化：重视对特殊节日资源与榜样模范作用的宣传，积极挖掘诸如雷锋纪念日资源，开办劳动示范人物事迹宣传讲座，将劳动文化的种子播撒到学子心中。

四是劳动教育技术的智慧化：构建信息化校园，转变教师的劳动教育观念；运用硬件配套扎根基，创新校园劳动教育模式；郡园软件建设增效能，促进劳动教育资源配置；教师技术素养立高标，激活学生劳动创造潜能。

二、劳动造就全面发展

劳动是实现人全面发展的重要基石。它不仅为个体提供了生活所需，还是实现自我价值、培养技能与品德的重要途径。通过劳动，人们能够锻炼身体、发展智力，同时学会团队合作、责任担当等社会能力。劳动还促进了人与社会的紧密联系，使人在贡献与收获中感受到生命的价值与意义。

（一）深思躬行：情满山河大地

国情劳动教育类研学课程是长郡中学落实劳动教育的重要载体。暑假期间，长郡中学曾组织学生前往梅田湖教育基地开展了丰富多彩的研学活动，孩子们走进乡野田间，感受到劳动带给他们的快乐。

案例阐述

1. 在希望的田野上体验劳动实践

在梅田湖教育基地，长郡中学高一年级1000余名师生曾在这里开展了为期一周的"劳动与实践"教育研学。学生们伴着泥土清香、清脆鸟鸣，感受到农村特有的清风拂面，开启他们的"劳动与实践"研学之旅。以下为劳动教育的场景。

DAY 1　初入乡间投身劳动

同学们分成几个生产大队，分别开展打草鞋、划竹筏、撒网捕鱼、耕牛犁田等活动。

草鞋师傅不仅教给同学制作工艺和要求，还讲述着传统农业时期和革命年代关于"草鞋"的励志故事。大家沉浸在故事中，仿佛穿越到革命时期，手中的草鞋也变得意义非凡。

牛耕体验更是让同学们感受到劳动人民踏实朴素、吃苦耐劳的精神。在体验中，不少同学"碰了壁"，一直没找到技巧，经过当地村民的耐心指导和同学们的反复尝试，终于领会了牛耕的要领。

在众多劳动实践中，划竹筏是最具挑战性的，需要在不断变换方向中前进，木桨还要配合风向。同学们想着靠这些技能在水上捕鱼为生的农民伯伯们，不禁感慨，劳动虽光荣但也很艰辛。

日出而作，日落而息。经过一天的忙碌，同学们似乎没有一点疲倦感。为感谢当地村民的热情接待，同学们办了一场晚会表达对村民的感谢之情。大家拿出十八般武艺，独唱、小品、相声、舞蹈、乐队……20多个节目让原本寂静的乡村顿时热火朝天，灯光交相辉映，让乡村的夜晚宛如白昼，每个人脸上都浮现出喜悦的笑容。

DAY 2 气温骤降不减热情

长沙的天气变化莫测，第二天温度下降。然而这点考验是难不倒同学们的。同学们发挥吃苦耐劳的劳动精神，起了个早，和村民一起前往捕鱼基地。

撒网捕鱼和钓龙虾最磨炼耐心，大家几个人一伙静静地等待小鱼上钩。等了许久之后，终于有鱼上钩，几个人齐心协力，兴奋地收鱼竿，互相拍手叫好。但也是这一叫，把其他队的鱼吓跑了。

无人机组装和试飞实践完全吸引了同学们的目光。新农村与科学技术的结合，使得农村劳作更便捷，生产更高效。同学们在深度体验中收获颇多，一方面了解了农业生产力的提升，另一方面还专门学习了无人机辅助农村劳作技术，切实增强了同学们的劳动实践能力。

两天一晚的劳动与实践研学活动转瞬即逝。短短两天，同学们就与当地村民建立了深厚感情，对这片土地也有了无限牵挂。

这次"劳动与实践"研学，激发了同学们对劳动的热爱，使他们明白了在劳动实践中该如何学习、如何探究，懂得了应该尊重每一位劳动者、尊重劳动成果的道理，也更加明确新时期青年肩上的使命和责任。

"长郡中学这群孩子太有才华了，他们不仅学习顶呱呱，而且懂事、素质高，在我家里吃饭没有一个剩饭的，还主动帮忙烧火，做家务，出来就随身带个垃圾袋，随时随地捡拾地上的垃圾，真的是太棒了，教育得真好啊。"联欢晚会上，几个村民边聊着天，边看着节目，话语之中尽是对同学们由衷的赞美。

青春风采，绽放在劳动实践中，映射在一言一行中。"爱生活、善求知、忧天下、有作为"，长郡学子必将成为有担当的新一代，为国家和社会作出贡献。

2. 立足实践，为新时代"向往的生活"奋斗

百年风雨兼程，世纪沧桑巨变。在建党百年之际，为深入贯彻习近平总书记关于教育的重要论述，上好新时代劳动教育必修课。2021年6月16日至21日，学校组织高一、高二年级共2000余名学生分批分别开展"调研

梅田新村，践行劳动教育"及"传承红色基因，赓续精神血脉"主题研学活动，引导学子深入实践、独立思考，做新时代的有为少年。

（1）返璞归真做劳动

天朗气清，惠风和畅，青山连翠，屋舍俨然。教官和村民们早在此等候，带领同学们穿过成片的农田，开启研学之旅。

同学们组建生产队，开展趣味项目，感恩劳动，珍惜劳动。一面面红旗迎风飘展，既是责任与担当，亦是勇气与自信，熔炼团队意识，展现团队风采。

同学们夯土造屋，与队友齐心协力搭建小房子，强化动手实践能力与团队协作能力。脚踏细软的泥土，鼻尖荡漾着草木的芬芳，手握嫩绿的秧苗，躬身田间，经过暖阳照拂和细雨滋润后，汇聚成一片沃野。小小一排竹筏，漂在水面上却仿佛蕴含着大大的能量，同舟共济，乘风破浪，开展一场畅快的竹筏竞赛。同学们挽起裤脚，与同伴合作，对鱼儿围追堵截，最终收获满满，纵享捕鱼乐趣。同学们在梅田湖村开展赶集活动，还原真实的农村赶集场景，开启了一场独特的商业体验活动。

（2）乘风破浪励少年

学生们手持调查笔记，走进梅田新村，通过在梅田村乡间小路的徒步活动，观察、调研路边田地的种植用途，了解新农村的农业发展现状；通过与农户的访谈，记录美丽新农村建设。在访谈调研中，学生们感受着新农村建设的美好现状，更加坚定了努力为新农村建设、为中国的发展贡献自己的一份力量的信念。

（3）赓续血脉振精神

青年是祖国的未来、民族的希望，也是党的未来和希望。在庆祝中国共产党成立100周年之际，长郡学子走进胡耀邦故里，一起追随伟人足迹，追忆红色岁月，赓续精神血脉，坚定理想信念，点燃激情梦想，开启一段意义非凡的研学活动！研学活动通过"学耀邦精神、课堂在田野、吃住在农家"的沉浸式场景，融讲授式、研讨式、模拟式、体验式等多种教学方法于一体，引领长郡学子在实践中成长。

活动在聆听红色文化课程的专家报告和观看电影《青春激荡的岁月》中结束，同学们更加深入地领略了胡耀邦同志的伟人风采。学生们在研学实践基地开展了"开垦南泥湾"的自给自足的红军生活，开荒播种，动手体验"自己动手、发展生产"的乐趣；在实践中增进团队成员间的凝聚力，领悟到"青春是用来奋斗的"的人生真谛。

案例评析 --►

"研学"，中国自古有之。春秋之际，孔子携其子弟周游列国；初唐时节，玄奘法师西行天竺取经；至明代晚期，徐霞客饱览山河大地，写下《徐霞客游记》，名垂千古。研学课程打破传统教学纸上得来的惯性，让学子走出一方空间见万里江山，做到"读万卷"与"行万里路"的知行合一。

2013 年国务院办公厅印发的《国民旅游休闲纲要（2013—2020 年）》文件，首次提出了推行中小学生研学的想法。2016 年初，教育部发布了《关于做好全国中小学研学旅行实验区工作的通知》，文件明确了十个全国中小学研学旅行实验区及研学相关规定。2017 年 9 月教育部印发《中小学综合实践活动课程指导纲要》，明确了研学旅行属于综合实践活动课程的范畴。"研学"一词从陌生到熟悉，从概括化到具体化，体现了新时期研学课程在教育体系中的重要价值。研学旅行作为五育融合的重要课程载体，承载着学生劳动意识、劳动能力及劳动精神。长郡中学以"不让学生输在终点线上"作为核心育人理念，设置了"国情劳动类"研学课程，学生们多次前往梅田湖村进行"劳动与实践"研学活动，收获了丰富的劳动育人成果。

2023 年及 2021 年长郡中学组织学生前往梅田湖新村，开启他们美好的研学时光。在 2023 年短暂的两日研学中，长郡学子体验了农村各项农务，感受了区别于城市的生活面貌，领略了新农村振兴下劳动与新技术的结合，也给居民们留下了深刻的印象。乡间田埂中汗水的挥洒与劳动的体验，都成为他们独一无二的宝贵记忆。2021 年的研学之旅则更显特别——恰逢党的诞辰百年之际，长郡学子走进梅田湖村，开启了"调研梅田新村，践行劳动教育"及"传承红色基因，赓续精神血脉"多主题研学活动。在梅田湖村，长郡学子投身劳动，一起搭建小房子、划小竹筏、捕鱼，还体验直播带货，感受农村新发展。在行走中学习，在学习中收获感动，劳动与红色主题的结合，让学生从多维的视角认识了新农村建设与劳动的独特意义。

国外同样兴起了研学旅行的浪潮。第二次世界大战后，欧美国家发展营地教育，日本于 1946 年发展了修学旅行。国外研学旅行课程化的历史较我国发展更长，部分劳动研学课程特点值得借鉴。一是国外的劳动研学旅行注重需求的分化：区别于统一的课程学习，研学课程的开展应突出学生的具体个性发展需要。二是教师在劳动研学中的特殊角色定位：劳动研学课程区别于学科课程，教师应重视研学过程中对学生的促进引导作用。约翰·洛克《教育漫画》中写道："教育的最后一部分通常是旅行；一般认为，旅行之后便大功告成，造就一个绅士的工作终告结束。"长郡中学将进一步针对国情劳动类研学课程实施进行完善，促进学生德智体美劳的综合发展，为学生开发更为适配的国情劳动类研学课程。

（二）战天斗地：真知喷涌如泉

五天时间里，长郡中学走进新农村 9 个大队，从南门口出发，带着挑战与思考，奔赴江西萍乡、湖南长沙县、湘阴、浏阳、平江、韶山、安化、衡阳、怀化等不同省市区县，进驻基地学校，投身劳动实践，从多个领域开展沉浸式课题研究。以湖南平江为例，学生们进行了为期 4 天的劳动实践。

案例阐述

1. 下乡归来！又是一年丰收季

……

DAY 2   胸怀大志提灼见，兼济苍生求真知

烈阳破晓，盛夏已至。不知不觉中，长郡中学学子走进新农村活动已进行到第二天。清晨，长郡中学第八大队的同学们吃过早饭后，又开始了新的任务，迎接新的挑战。

简单的讨论后，许多小组的同学们开始进行校外的问卷调查、实地考察。刘语凌组的同学们帮助村民拾起被夏风吹散的辣椒。夏风吹散了辣椒，还吹动了少年们朴实的心，拉近了与村民的距离。张伟彬组积极帮助横冲村宣传发展，村支书热情地邀请大家吃本地土特产"贵妃桃"，大家心中都涌入一股如"贵妃桃"般甜的甘泉，冲刷去炎夏的燥热。蒋柠宇组的同学

们给当地贫困户送物资，将温暖传递。他们将盛夏的温暖传播至有需要的地方，温暖他人的同时也绽放绚烂的自己。这些温情点滴，无不彰显出长郡学子的朴实沉毅，无不彰显出平江人的热心善良，无不彰显出属于他们的美好。长郡学子以自己发光发热的方式在平江留下了深深的印记！

2023 年的蝉鸣比哪一年都要聒噪，窗外的枝叶挡不住烈阳。夏日是远道而来的热情与烂漫，长郡学子在盛夏的暑气中收获一份份调查成果，也更加坚定了前行的信念。下午，同学们回到学校，进行数据整理，开始撰写报告，收获颇丰，亦步履不停。

日落归山海，歌舞伴青春。学生们在准备过程中精益求精，不遗余力；表演时美妙绝伦，光彩照人。少年的活力点燃平江的仲夏，吟唱着独属于青春的魅力。

2. 品平江麻辣风味，探麻辣产业发展

将镜头拉近，让我们一同观摩徐好等同学共同调研的《平江麻辣》专题报告。

溯源头：平江麻辣的前世今生

古时"麻辣"可以追溯到清康熙年间，平江人发明的酱干，就是当时清朝宫廷贡品。1998 年，辣条横空出世，一场洪水让 3 位平江青年用供应充足的面粉代替豆粉发明了辣条。之后，辣条更是以麻辣的风味特点，风靡中国南方。2001 年开始了甜辣远传模式，平江人走出湖南，形成了甜辣味麻辣食品，广受北方消费者的喜爱，甚至远销国外。2009 年迎来了麻辣的健康发展，湖南平江作为辣条发源地，不断创新升级，引领麻辣食品走向健康，撕掉低端标签，实现产业蝶变。

暗潮涌：平江麻辣的现实困境

根据问卷调查与访谈法，小组成员发现了平江麻辣存在如下发展特点：

第一，平江麻辣的受众年轻化。调查问卷显示："00 后"表示"非常喜欢"的占比 50%，高居各年龄段榜首；"90 后"表示"非常喜欢"的占比 24.39%，紧随其后；"50 后""60 后""70 后"表示"喜欢程度一般及以下"的，分别占比 41.17%、33.33%、41.34%。所以不难发现，麻辣食品更受年轻人喜欢，大多数年轻人（主要集中在"80 后"至"00 后"）重口味，追求辣味的刺激感；反观中年人和老年人（主要集中在"50 后"至

"00后"）对麻辣食品喜爱度不高，有刻板印象。

第二，平江麻辣在大众中喜爱度与流行度高。对大众的调查显示：对麻辣食品的喜爱程度中，"非常喜欢"的占比20.39%，"喜欢"的占比48.03%，麻辣食品的口味整体较符合大众化口味；针对"身边麻辣食品的流行程度"的调查结果显示，"非常流行"占比25%，"比较流行"占比46.67%。整体看来，发现在人民群众当中比较流行。

第三，平江麻辣走避"重"就"轻"路线。访谈平江食品工业园经济合作部苏部长，他表示："平江是麻辣之乡。你如果去做高新科技产业，相对于那些主攻高尖精的园区来说，因为没有基础，做长沙不赢，做浏阳不赢，做汨罗不赢。客商投资它是要看环境的，所以我们主攻这些产业。"根据访谈的摘录，可以发现由于平江高新科技基础薄弱，因此平江产业只能以麻辣食品等轻工业作为依托。

第四，平江麻辣形成了成熟的产业链。平江食品工业园经济合作部苏部长针对平江麻辣的产业做出如下补充："这里围绕麻辣食品产业开设了不同类型的工厂，有杀菌的、包装的、运输的企业，这些企业围绕麻辣食品产业展开生产，这个叫产业链。我在园区内就可以对接，以减少物流。整个园区还形成了较为完善的产业链。"在麻辣食品行业，以工业园为单位的企业群生产效率高，生产链联系紧密，工业园对企业的管理也很到位。

依据文献查找的方法，发现平江麻辣除了上述特点，还有它的独特优势。平江麻辣风味极佳，承袭了平江一贯的"辣"风味，口味纯正；平江麻辣价格实惠，企业瞄准了下沉市场，贴近消费者生活；平江麻辣具有地方特色，融合了当地较为重口味的风格；麻辣的原料通过了精选，源于平江有大量花椒等原料生产地；平江麻辣企业自主性强，政府重视麻辣企业发展，给予企业较大的自主性；平江麻辣形成企业社区，以麻辣为主要产业，形成百花齐放的发展模式。

平江麻辣带动了平江其他产业发展，麻辣产业上、中、下游具有极强的延展性和带动效应。平江麻辣增加了当地居民的就业机会，平江麻辣产业安排就业20多万人，年发放工人工资20多亿元。平江麻辣还提高了平江知名度，平江县先后被中国食品工业协会授予"中国面筋（辣条）食品之乡""全国食品工业强县""中国（平江）休闲食品文化节永久主办地"。

平江麻辣同样存在不足，亟待解决。从消费者层面上来看，食品安全问题与宣传不足，导致品牌形象差，公众刻板印象严重。此外，平江麻辣产业一家独大的现象较为严重，大品牌对产业其他企业的带动作用不明显。从零售业层面上来看，部分假冒伪劣商品损害了店铺形象，贴牌现象导致品牌效应减弱，难以固定忠实消费者群体等问题同样侵害了品牌的效益。从厂家层面上来看，透明包装经太阳暴晒易变质，大包袋装食品不方便食用，油渍难以处理。从工业园层面上来看，麻辣食品产业利润低，依靠销量取胜，与当今人才发展趋势难以对接，人才的外流进一步导致技术的阻滞。

……

扬长帆：平江麻辣的未来方向

"麻辣食品作为一种零食，单凭几种简单的原辅料便可从十多年前的'五毛食品'中脱颖而出，构筑一个 500 亿元的庞大市场，并于近几年成功走出国门，成为其他国家进口货架上的奢侈品，这无疑是'五毛零食界'的奇迹！"未来，平江麻辣将走向生产标准化、产品健康化、发展集约化、销售国际化的道路，开创属于平江麻辣的新辉煌！

案例评析 ------------------------------------- ▶▶

教育部于 2020 年印发了《大中小学劳动教育指导纲要（试行）》，其中指出普通高中劳动教育的目标是：注重围绕丰富职业体验，开展服务性劳动和生产劳动，理解劳动创造价值，接受锻炼、磨炼意志，具有劳动自立意识和主动服务他人、服务社会的情怀。劳动的开展与综合实践有着千丝万缕的关联，可以统筹实施。除了独立的劳动必修课程与学科中劳动教育内容的有机渗透，课外和校外的劳动实践依旧是劳动教育实施的重要载体。

长郡中学的劳动教育除了以劳动课程为承载，还开设了诸如"走进新农村"劳动周，以此作为重要补充。长郡中学"走进新农村"的专题实践活动，从 2006 年至今已延续了十八年。每年暑假，大批长郡学子奔向中国农村这片广阔的土地，深入了解和认识当下的中国乡土，践行长郡中学"爱生活、善求知、忧天下、有作为"的育人目标，为担当中华民族伟大复兴重任而不懈努力。2022 年暑假，全体高一年级同学 1000 余人，在老师的带领下分成 10 个大队，奔赴贵州贵阳、江西萍乡、湖南岳阳等不同省市，开展为期五天的社会调研和课题研究。在研学期间，各个队伍积极走进乡村，参与生产劳动、社会调研、课题研究，加深了对农村现状的全面认识。走进平江的这支队伍，采用科学严谨的调查方法，对平江麻辣进行了全面的调研分析，针对具体情况从多角度提出了自己的建议，展望未来平江麻辣的发展。从有序的组织策划，到各支队伍的安排推进，再到调研成果的展示分享，"走进新农村"专题实践活动无疑对学生劳动素养的提升起到了重要作用。

"走进新农村"活动让学生体验新农村劳动生活，培养创新和协作能力。需要注意解决以下几个问题：明确劳动实践与综合实践的界限，避免混淆；重视劳动课题的调研，解决实际问题；打破校家社界限，注重调研课题的连贯性。学生劳动素养提升需循序渐进，学校应利用综合实践活动课程。劳动教育基于实践活动，学生应积极投身实践，提升劳动素养。

（三）模范践行：雷锋精神永存

校园劳动不仅是学生锻炼体魄、学习技能的途径，更在育人过程中占据举足轻重的地位。它让学生在实践中体验劳动的艰辛与价值，培养勤劳、节俭、尊重他人的美德。通过共同完成任务，学生学会了团队合作与沟通协调，增强了集体荣誉感和社会责任感。此外，校园劳动还激发了学生对生活的热爱和对未来的憧憬，为成为全面发展的社会栋梁奠定了坚实基础。

案例阐述

良好的校园劳动文化氛围，能潜移默化地使学生发扬艰苦奋斗、吃苦耐劳的精神品质，对学生践行劳动教育起到一定的价值引导作用。长郡中学积极推动校园义工团队建设，挖掘校园劳动的感人事迹，树立校园劳动的榜样人物，营造了"焕发劳动热情，释放创造潜能，通过劳动创造更加美好生活"的校园文化氛围。

1. 全国道德模范、中国好人走进长郡中学

由全国道德模范代表任菲利、中国好人代表唐林、中国好人代表汤俊杰组成的"讲好雷锋故事，传承雷锋精神"2023年"雷锋传人·长沙榜样"巡讲团走进长郡中学。活动伊始，宣传片里播放了很多雷锋传人的动

人故事。长沙好人胡联喜是一名掏粪工，他不在意职业特殊，坚持数十载春秋。逢雨天井盖堵塞，他除了完成本职工作，还主动用手疏通堵塞物，给过路车辆指引；助残兴农的汤俊杰，包括自己一家六口均身患残疾，但他不惧困难，除了支撑家庭外还主动加入志愿者队伍，从受助者变成志愿者；还有池凤英、彭友良……每一个名字背后，都是值得崇敬的伟大灵魂。"锋涌湘江，爱满星城"，你为他人点灯，他人为你点星。雷锋精神在新时代熠熠生辉，光芒璀璨。

接着，巡讲团的成员以自身志愿服务经历为同学们生动宣传雷锋精神。讲好雷锋故事，传承雷锋精神，诠释生命意义，感悟生命价值。本次巡讲团的成员是新时代千万个"雷锋"代表，他们跳出"小我"，心系"大我"，以无私的大爱和奉献，让同学们重新审视劳动创造生命的意义和价值。

2. "长沙好人·身边雷锋"陈诗懿

陈诗懿是长郡中学义工大队主席，在校期间多次被评为"三好学生""校级优秀学生干部"，获得"长郡中学百年百万优秀学生干部奖学金""校园活动突出贡献奖"。她热爱义工，乐于奉献，组织推进长郡中学义工大队的发展，统筹管理全校义工活动。作为负责人组织和协助开展艺术节、体育节等校园主题活动；参与策划并实施"学雷锋月活动"、"国际志愿者日校园志愿周活动"、"长郡义工"总结表彰、"寒假亲子义工行"分享会等志愿服务活动，带领"长郡义工团支部"获"湖南省五四红旗团支部"荣誉称号。

谈到义工活动对成长的帮助时，她感叹道："通俗来说，义工等于奉献，但对于我来说，义工活动对于我而言是一扇感知世界另一面的窗口，也是完善自我的一个平台。我能在图书馆整理书籍之后明白归还书籍放回原位的重要性，会在去福利院陪伴老人后更加想要多陪陪自己的爸爸妈妈，在去听障中心做完义教后更加感恩自己所拥有的幸福生活同时也会对这些听障孩子更多一份关爱等等。总的来说是一边奉献一边收获，在给社会提供一些力所能及的帮助以外也让自己成长为一个更善良、更具有社会责任感的人。"

3. 星火不忘雷锋志，青春当属志愿红

李柳臻同学从2019年至今，参与并组织了4次对口帮扶藏区的暖冬行动。五年来，她号召身边的同学一起累计帮扶两所藏区小学，捐助衣物3100余件，筹集善款75431元，还有数十箱学习用品和御寒物资。李柳臻同学表示，雷锋精神犹如一座巍然矗立的灯塔，不断散发出夺目的光芒，感召着一代又一代中国青年。

案例评析 ···▶

校园劳动教育的践行，应重视对劳动文化的宣传与陶冶。文化陶冶是一种"润物细无声"的过程，但其带来的影响效力却是最深刻、最久远的。劳动文化根植于中华优秀传统文化中，"民生在勤，勤则不匮""谁知盘中餐，粒粒皆辛苦""一分耕耘一分收获"等名言都体现了中华民族对劳动文化的崇尚。长郡中学重视对学生劳动文化的落实，从一次又一次劳动模范讲座或座谈会的开展，到校园一人一事的挖掘，再到学校宣传栏标语的标示，可以说长郡中学将劳动文化带到了校园的每一个角落，感染了郡园每一位学子。

长郡中学重视节日或特殊纪念日的文化资源挖掘，开启了以"雷锋精神"为重点的劳动文化宣传。《大中小学劳动教育指导纲要（试行）》指出要"在校园文化建设中强化劳动教育"，并建议"结合植树节、学雷锋纪念日、五一劳动节、农民丰收节、志愿者日等，开展丰富的劳动主题活动，营造劳动光荣、创造伟大的校园文化"。在全国道德模范、中国好人走进长郡校园之际，学生们听完模范代表的讲话后无不触动心灵，领悟到了模范劳动者们的勤勉敬业精神。长郡中学校园中同样遍布着追"锋"者，他们的动人事迹感染了无数长郡学子。陈诗懿同学就是这样一位具有代表性的小雷锋。品学兼优的她，将青春时光与长郡义工大队结合起来，组织协调各项活动，把自己的辛勤汗水挥洒到长郡校园各个角落。陈诗懿同学践行"参与、互助、奉献、进步"的长郡义工精神，以自己的方式建设着更加美好的长郡校园。李柳臻同学跨越千里，组织了多次对口帮扶藏区的暖冬行动，每一次帮扶都是她内心最真挚的善意传达。李柳臻同学有着对雷锋精神深刻独到的理解，致力于将雷锋精神落实在生活点滴处。雷锋精神的内涵在于实践，在于落实身边的每一件小事，在于时刻不忘帮助与温暖他人。

在教工团支部的带领下，长郡中学义工团队斩获多项殊荣。长郡中学教工团支部"成长1+1"志愿服务队曾被评为"长沙市教育系统共产党员志愿服务队";长郡中学"成长1+1"青年教师志愿服务队曾被团省委推荐参评"全国共青团员示范岗(队)";团支部成员中多人荣获"长沙市优秀志愿者"等荣誉称号,教工团支部带领下的义工团队俨然成为郡园中一张亮丽的青春名片。

长郡中学积极开展丰富的劳动榜样示范人物进校园活动,学生在耳濡目染中养成了劳动习惯,感受劳动的真切价值;长郡中学大力推广劳动榜样人物事迹,组织学生学习《60年代·六个时代,长沙教育人这样学雷锋》《致敬榜样力量!长沙"云盛典"邀你一起线上学雷锋》等弘扬雷锋精神的视频;注重挖掘校园中普通劳动者的故事,如《争做全国文明典范城市!长郡"雷小锋在行动"》《学雷锋,做雷锋!长郡一直在路上》,让师生近距离接触劳动模范,感受并践行人物的劳动精神与劳动品质。

新时代劳动文化蕴含了对优秀劳动代表与时代工匠精神的阐释,展现了劳动者在时代潮流中做出的突出贡献,孕育着伟大的劳动情怀。正如习近平总书记所说:"一切劳动,无论是体力劳动还是脑力劳动,都值得尊重和鼓励。"以劳模精神与工匠精神为代表的劳动文化,正引导中学生在劳动教育中发挥他们的青春力量。

(四) 匠心荟萃:鲜衣美食多娇

长郡中学的劳动教育还立足于其他学科课程与主题活动的渗透。在面对研究性课程选题时,学生能细心观察,探知生活中的研究课题,开启一场关于校服设计的劳动改造设计;教室内外成为学生烹饪、插花的场所,教室不再是专为读书开设的地方。在校园闲暇时光中,也可以领略长郡学子投入日常劳动的热情。

案例阐述

1. 长郡新校服,学生自己"造"

美国原第一夫人米歇尔来华参观北京某中学时,该校学生所穿的"丑"校服引来诸多吐槽。央视新闻1+1特别制作了《校服如何致青春》进行探讨,更是引起人们对校服的广泛关注。

长郡中学学生社团校服委员会（CJUA）发布了一组长郡中学新校服展示图片，十几套样服着实养眼，春秋装、夏装、冬装、卫衣，无不被青春洋溢的长郡中学学生演绎得光彩四溢，黑白色小礼服更是颠覆了几十年来的旧校服形象，引起网友疯传，电视、报纸、网络媒体争相报道。

长郡校服的设计，源起于两位女生——陈格钰和熊钦雯。当时，长郡中学高一年级研究性课程进入选题阶段，两位女生与班上的其他同学一起做了一个校服满意度调查。她们根据调查情况，向校长信箱递交了一封《关于长郡中学校服改造的建议信》。

这封信引起了学校领导的高度重视，学校领导也非常支持学生自主开展校服设计活动。校长觉得，学生的想法值得鼓励，既能提高学生的能力，又能改善校园文化氛围。经研究，同意让这两位同学牵头，在学生中成立长郡中学校服委员会，由全体学生来共同设计他们的校服。

2. 如此幸福！长郡学子一起包饺子、插花……

美食不容错过，美景不可辜负，美好不曾缺席。高二年级开展"品味生活，热爱生命"主题活动。这场活动的主人，不仅仅选学生与老师，还邀请了家长参与。

当零散的食材被一一重组，经由配料的调制，成为属于自己独一无二的"作品"时，劳动的意义瞬时真切起来。同学们将教室书桌拼接一起，组成一道道"灶台"，摆放上油、盐、酱、醋等各色调味品，教室瞬时成了最有人间烟火气的"小厨房"。起初，不太熟练的同学只能勉强将馅包入皮中，捏出的花纹也是歪七扭八。随后，反复观摩熟手们的包裹技艺后，一排又一排的精巧饺子呈现在同学们眼前。同学们准备了各类饺子馅，韭菜肉馅、莲藕猪肉、玉米香菇，尝起来美味可口。包好饺子，同学们大呼过瘾。见沸水煮开，便迫不及待端着包好的饺子下锅。沸腾的热水冒起迷人双眼的水汽，饺子入水沉下，不一会纷纷浮起，一只只饺子像是舒适地泡着温泉，惬意地漂在水面。同学们见状，已经"摩拳霍霍"，准备好调味酱料，一品饺子风味。

除了包饺子，同学们还带来了寿司之类的食材。只见其中一位同学在教室的一角，铺上砧板，散开竹帘，放上米饭，均匀抹平，放上寿司中心的食材，卷起竹帘，瞬时成型的寿司便呈现在大家眼前。围观的同学越来越多，都直呼"精彩！原来高手在民间啊！"各类美食做好以后，同学们都想着与朋友一同分享，端着美食走到各个朋友身边，一起品味劳动的幸福味道。

制作美食的环节，让我们看到了学生学习之外的一面。长郡学子不仅善于学习，同样会生活、善生活、爱生活，在劳动中绽放了属于自己的绚丽之花。

在"爱生活、善求知、忧天下、有作为"的育人目标中，长郡中学将"爱生活"摆在首位，灌溉心灵、助力成长。长郡学子在品味生活中，发现生活的美，在践行劳动之中，享受劳动之美。

案例评析

劳动教育同样可以采取有机渗透的方式，融入到校园的方方面面中来。学科课程为劳动教育的渗透提供了先天的条件，《大中小学劳动教育指导纲要（试行）》就指出了"中小学道德与法治（思想政治）、语文、历史、艺术等学科要有重点地纳入劳动创造人本身、劳动创造历史、劳动创造世界、劳动不分贵贱等马克思主义劳动观"，"数学、科学、地理、技术、体育与健康等学科要注重培养学生劳动的科学态度、规范意识、效率观念和创新精神"。比如高中语文必修上册中，开设了劳动单元，语文学科可以通过对文学作品的品析，激发学生们对劳动的热情，树立正确的劳动观，感知劳动品质的可贵。

长郡中学重视劳动教育在其他学科课程与主题活动的融入。"学校校服自己'造'"这一案例中，陈格钰和熊钦雯同学立足于研究性课程选题这一契机，积极思考且勇于创新，开启了一场"自定义"校服的劳动设计活动；在案例二"如此幸福！长郡学子一起包饺子、插花……"中，则体现了心理课程和主题班会与劳动教育的结合，学生们在劳动中感知生活的美好，形成健康的心理。区别于其他学科渗透，长郡中学将劳动教育的培育融入校园生活中的每一契机之中。试想，陈格钰和熊钦雯同学在投递校长信箱时如被忽略，这场由全校师生一起投入设计的校服大会能否开展？又如何能得到丰富多样的校服成品？劳动教育的实效，在于全方面、全时段地落实。只有让学生身处一个时时可践行劳动、处处皆融合劳动的环境中，劳动才能成为学生学习生活中自然而然的一部分。

正如水滴石穿的过程一般，"渗透"是一种自然的联结，也是一种自然的融合。在实际教育教学过程中，应该有机地搭建起其他学科和劳动教育的桥梁，找寻到一个准确有效的联结点，让劳动教育自然生发。为了渗透而勉强渗透的情况也时有发生，其结果往往也只能是造成劳动教育在其中的格格不入，引起学生对劳动教育的误解。在案例一中，劳动教育与心理教育的融合恰到好处，因为会生活、会劳动的人，往往是能自然感受生活的美好与善意的，而人们心中的阴霾、抑郁在此过程中也将自然而然地消散。劳动在学科中的渗透同样离不开教师的支持与引导。比如案例二中，校长在接到信件反馈后，着手让两位同学主持校服的设计，并提供相应的支持，才铸成了这场校服佳话；再比如当学生缺乏情感认知时，教师动人的语言将打破学生心灵的禁锢。如果说课程体系是长郡中学落实劳动教育坚实的根系，那么文化熏陶与其他学科的渗透则是春日滋润心扉的细雨。润物无声下，孩子这一棵树苗方能茁壮成长。

（五）科技筑梦：遨游数智世界

远古时代，农耕离不开农具的使用，信息技术则是信息化时代不可或缺的劳动技术。在长郡中学，教师们努力提升信息技术应用能力，树立智慧课堂转变传统劳动教育的观念，完善劳动教育场地与设施，创新校园劳动教育模式，努力探索劳动教育新路径。

案例阐述

1. 构建教育信息化校园，转变传统劳动教育观念

2018 年长郡中学已开始智慧校园建设的三部曲。首先是升级了 5G 区域无线网，实现校内所有智慧屏显设施及移动终端与互联网的"秒接"。其次，逐步更新和装配智慧校园硬件：学校图书馆新配数字阅读机，适配新生代数字化阅读方式；所有教室升级了最新版的"希沃一体化触控智能机"，为智慧劳动教育教学服务；配套建设了校园宣传高清数字屏，智慧推送《最美长郡人》等最新资讯，让最美劳动精神播撒校园各地。第三，建设"校园智慧一卡通"系统，增设校内自动售卖系统，落实校园劳动服务

的数字化。长郡中学校园环境的智慧化，不仅给教职工与学生们带来了方便，还更新了师生们的智慧劳动观念。

2. 运用硬件配套扎根基，创新校园劳动教育模式

课堂是素养生成的主阵地，智慧课堂则是学校劳动教育数字化转型的窗口。先进的人工智能技术和数字化设备，应该与创新思维能力培育和生活实际问题综合解决能力的提升深度融合。在智慧教育环境下，基于深度学习的智慧课堂应运而生。学校以平板、电子白板、智慧教学平台等工具为依托，为师生提供丰富、优质的数字资源，助力师生数字素养提升。此外，学校还将数字技术和劳动教育宣传融合，技术赋能班级文化、朝会活动、班会课等劳动教育工作的项目化实施，定期推出技术赋能的劳动教育宣传讲座，促进了劳动教育工作数字化转型。

3. 郡园软件建设增效能，完善劳动教育资源配置

在校外，长郡中学依托 2004 年孵化的郡学教育（原长郡远程卫星学校）实现优质资源的拓展与辐射，助推劳动教育资源公平配置。利用数字技术把长郡直播课等数字化劳动教育资源传输到全国各地的合作学校，发展成为百校联盟的教育航母，惠及 800 余所学校，10 余万名教师和 30 余万名学子。建构了专属教学资源库——智慧教学平台，成为全国师生的数字化教学辅助工具。2022 年长郡中学通过郡园学堂平台发布"长郡中学研学旅行与社会实践活动课程总结汇报会"直播，1.2 万人在线共同观看，将走进新农村社会实践、模拟联合国、研学等实践成果对外展示。郡学教育将优秀的劳动教育课程资源传送到全国各地，使劳动教育资源的公平配置成为可能。

4. 教师技术素养立高标，激活学生劳动创造潜能

长郡中学信息教研组在教师数字化素养提升中，发挥了先锋示范作用。信息组"五只蚂蚁"团队成立至今，坚持与时俱进，坚持"以研促学"和"以赛促成长"，一方面加强数字化素养的日常研训，一方面在多次比赛中，以人工智能技术为切入口，将专业素养与课堂教学推到高标准示范与竞赛舞台，取得了突出的成绩。平时其他学科的老师们在数字化技术运用过程中碰到任何问题，信息教师都会于第一时间施以援手。信息组教师还会在教育集团的各类竞赛课上，展现出数字技术教学绝活，一方面引领全校教

师的教学技术革新潮流，另一方面也能在自己平时的教学中大展身手，成为教师在学科渗透中培育学生创新素养的领头雁。

"湖南省信息化 2.0 工程"是我校全体教师信息素养提升的重要平台。我校建构了"校长负责、骨干引领、学科联动、团队互助、整体提升"的研修共同体。全校在岗 283 名教职员工，做到了应培尽培，合格率 100%。考核验收分数达到 90＋，跻身市直学校四强。信息化校本培训，智慧校园和未来学校建设工程持续推过程中，全校老师都能熟练应用信息技术赋能常态教学，熟练使用希沃智慧课堂和智学口袋课堂，教学的互动、生成和精准得到进一步彰显，为学生思维的可视化和创造发展插上数字素养的翅膀。

在市融合研究团队核心专家、省级评审专家喻建军、肖杨老师作为整校推进工作质量总监的推动下，一系列部、省、市级研讨依次展开。在《提升工程 2.0 长沙指南》制定、提升工程 2.0 考核方案解读、省集体备课大赛赛制升级、长沙市智慧课堂比赛的评比方面，提供了一大批高质量的长郡案例。喻建军、肖杨、谭波、李翔等人在国家级远程培训项目和省、市、县级提升工程 2.0 "国培"项目中，开展送教、送培等活动，起到了很好的辐射作用。在 2021、2022 年全国中小学教师信息技术应用能力提升工程 2.0 典型案例征集中，我校喻建军、肖杨、林夕蜂、钟玮玮老师的案例入选并参加线上展播，我校是全国唯一一所入选三项案例的学校。喻建军老师的课例获中小学生创新课堂教学实践观摩活动"创新课例"。彭湖老师获全国基础教育技术创新优质课组一等奖。林夕蜂老师的课例入选教育部2022 年"基础教育精品课"。2023 年，我校陈晓斌老师的跨学科数字化综合课例《寻根悟理共情——天心阁的文化变迁》，入选中国教育报优秀课例。

案例评析 --➤

"很多劳动离不开技术和工具，现代劳动工具、设备技术含量高，劳动教育必须加强技术学习指导，但是仅有技术学习还不是完整劳动教育。劳动教育要以技术为重要载体，培养学生的劳动情感、劳动能力和劳动品质，在劳动素养的培育上下功夫"，在就《中小学劳动教育指导纲要（实行）》答记者问中，教育部教材负责人如是回答。劳动离不开技术的支持，而在这个信息化、数字化、智能化的时代，"劳动"的"劳"更体现为一种智力上的创新劳动，在技术上则表现为信息化、数字化、智能化。

学校教育中，劳动教育的运用同样离不开技术的支持与运用。长郡中学建设信息化校园，各类数字化图书阅读机助力劳动教育知识广泛传播，数字展播屏幕则是劳动文化宣传的助推器。各项服务设施的数字化同样带来了劳动服务的便捷，各类教学设施的更新换代，带来了教学模式的转变，劳动教育在其中同样呈现为更加鲜活有趣的教育模式。远程教育系统的配置，带来了劳动教育资源公平开放的分享。信息组的教师们更是树立了数字化应用的榜样，带给学生更加开阔的思考空间。

技术的应用不在于技术的本身，而在于劳动观念的塑造。劳动教育也常被误解为某项技能或工具的学习，这也是偏狭的理解。比如"德国中小学劳动教育以激发和培育每一个学生的劳动兴趣、劳动观念以及基本的劳动技能为目的。"德国劳动教育重视劳动价值观的塑造，以观念上的教化为切入点，促进学生素质的全面发展。针对劳动技术教育的学习，应该重视劳动热情、劳动精神、劳动品质的养成，并在此基础上提升现代化技能或工具的掌握能力。同样，技术在劳动观念上的延伸，更应该落实到创新理念上。习近平总书记指出："当代工人不仅要有力量，还要有智慧、有技术，能发明、会创新，以实际行动奏响时代主旋律。""创新"是时代发展的第一生产力，劳动教育尤其是技术性的实践应该与时俱进，重视对创新劳动观的培养。长郡中学在未来发展中将重视学生劳动创新精神与劳动技术素养的培育。学校通过开设通用技术课、信息技术课及组建科技社团等途径，引导学生关注科技创新前沿，开展创新技术类项目探究；在研学课程与专题实践活动中，引导学生关注劳动工具或技术的改变与创新；加强学校与社区、企业的合作，为学生提供劳动实践平台，使学生了解不同行业的劳动特点和技能要求，带领学生全面地认识理解劳动的价值与意义。

三、开启智能劳动纪元

"勤劳"的品质根植于中华优秀传统文化中，"劳动创造人"也是马克思主义劳动观，"劳动的价值与意义"更是新时期国家重要方针政策制定的依据。中共中央、国务院印发《关于全面加强新时代大中小学劳动教育的意见》中指出："把劳动教育纳入人才培育全过程，贯通大中小学各学段，贯穿家庭、学校、社会各方面，与德育、智育、体育、美育相融合。"长郡中学建立了完善的劳动教育课程体系，以劳动课程为中心，兼以国情劳动类研学课程、"走进新农村"专题实践活动及教工团支部义工团为重要载体，辅以主题班会活动、榜样示范、校园宣传等手段为重要补充，呈现了全方位、广角度、深层次的劳动教育落地图景。在未来，长郡中学将进一步顺应时代发展变化，完善劳动教育体系，紧跟智能化步伐，开创劳动教育新纪元。

（一）意义明确：落实劳动价值理念引领

劳动课程离不开对劳动价值观的引导。党的二十大报告指出："在全社会弘扬劳动精神、奋斗精神、创造精神、勤俭节约精神，培育新时代新面貌。"学校是社会的重要构成部分，青少年精神面貌代表着国家未来的整体面貌。习近平总书记在全国教育大会上指出，要在学生中弘扬劳动精神，教育引导学生崇尚劳动、尊重劳动，懂得劳动最光荣、劳动最崇高、劳动最伟大、劳动最美丽的道理，长大后能够辛勤劳动、诚实劳动、创造性劳动。习近平总书记的阐述，让我们进一步明晰了劳动教育中劳动价值观的引领方向。劳动价值观即对劳动的认知与评价，是社会或个人对劳动的相关价值观念和观点。劳动价值观是一切劳动行为的起点，决定了人们劳动的运行方向；劳动价值观同样是一个长时期、多因素影响的复合整体，它受环境、文化、教育、制度等多种条件的影响。

劳动教育的首要任务，是培育学生符合时代发展现状的正确劳动价值观。劳动教育虽然包括劳动技能的学习、调节紧张学习生活等功能，但其最核心、最本质的价值目标却只能是：培育学生尊重劳动的价值观，培育受教育者对于劳动的内在热情与劳动创造的积极性等劳动素养。当下校园中的劳动教育存在多样的价值观异变，劳动教育成为走马观花式的存在，没有了劳动的实质体验，成为体验娱乐的一环；还有的劳动教育只停留在简单的技艺学习，而缺少了对劳动情感价值的深入体验；更有甚者将劳动教育视为一种惩罚，成为体罚的手段。在各类异化的劳动价值观面前，其本质被蒙上了一层灰尘，让人看得并不分明。当我们拭去这层灰尘，劳动教育的发展方向自然而然地明晰起来。

"树立正确的劳动观念、具有必备的劳动能力、培育积极的劳动精神、养成良好的劳动习惯和品质",《大中小学劳动教育指导纲要》如是明确。在未来发展中,秉承上述四点要领,长郡中学劳动体系实施将迈向新台阶。教师要在课程与实践中理解"劳动"对人类及社会发展的意义,引导学生感受劳动于人、于生活、于意义的价值,树立尊重劳动、劳动者及劳动最光荣的思想理念。学生还要在课程与实践中落实知识与技能的学习,能理解技术或工具于劳动的特殊存在,能和团队协作完成各类劳动实践。不止于以上所述,学生还要在劳动中不断创新,砥砺前进,培育积极的劳动精神,在学习、陶冶、实践中,养成良好的劳动习惯与品质,为中华民族伟大复兴而奋斗。

(二) 习惯引领：拓展劳动教育培育路径

劳动习惯作为一种重要的生活技能和社会品质,对于学生个人的成长和发展具有重要意义,未来长郡中学将从如下方面发挥学生劳动习惯的引领作用。首先,学校将劳动习惯的培养作为教育的重要内容之一。通过开设劳动课程,让学生在课堂上学习劳动知识和技能,了解劳动的意义和价值。结合日常生活和学科特点,引导学生参与家务劳动、校园劳动和社会实践活动,让学生在实践中体验劳动的乐趣,逐渐养成良好的劳动习惯。其次,学校将注重劳动习惯教育的实效性。通过制定具体的实施方案和评估标准,对学生的劳动习惯进行定期检查和评价,及时发现问题并进行有针对性的指导和帮助。学校还将建立激励机制,对表现优秀的学生进行表彰和奖励,以激发学生的劳动热情和积极性。最后,学校还将加强家校合作,共同培养学生的劳动习惯。学校将与家长保持密切联系,向家长宣传劳动教育的重要性和方法,引导家长在日常生活中注重培养孩子的劳动习惯。家长可以鼓励孩子参与家务劳动,如打扫房间、做饭、洗衣等,让孩子在家庭中承担一定的责任,培养他们的劳动意识和责任感。

展望未来,长郡中学将继续深化劳动习惯教育,不断创新教育方式和方法。学校将结合时代发展和社会需求,不断更新劳动教育内容,让学生学习更加实用和先进的劳动技能。学校还将注重劳动教育的情感体验和人文关怀,让学生在劳动中感受到快乐,获得成就感,培养他们的创新精神和团队协作能力。

（三）过程监测：完善劳动教育评价体系

新时期，劳动教育得到空前的重视，但作为学生综合素养评价体系的重要构成要素之一的劳动素养测评被忽视。"教—学—评"是一体共生的，如一个稳固的三角形，缺一不可。"评价"承前启后，既是教学的终点更是教学的起点。劳动教育的测评关系着学生本轮教学或实践的发展与成长，也是开启下一轮劳动教育的重要依据。

针对劳动教育的改革，教育部教材局负责人就《大中小学劳动教育指导纲要（试行）》答记者问中指出："一是要依据劳动教育的目标，制定劳动素养评价标准，注重对学生劳动素养形成和发展的测评分析；二是要将平时表现评价、学段综合评价和学生劳动素养监测区别开来，分别提出相应的要求；三是利用大数据、云平台、物联网等现代信息技术，改进评价方式手段。"上述指示，从制定劳动素养到具体测试再到技术改进监测给出了具体的改进方向：践行劳动素养评价标准，落实多维度评价；关注学生劳动过程，重视学生在劳动学习与实践过程中表现出来的思维方式、情感态度、团结协作等维度的考察；改进评价方式方法，以信息化、数字化、智能化手段引领评价走向全面与精确。

长郡中学重视劳动教育于学生全面发展的价值，将进一步健全和完善学生劳动素养评价标准、程序与方法。学校将进一步强调劳动教育评价的全面性和多元性，评价不仅局限于传统纸笔测试，而是会融入更多实际操作、团队合作、创新能力等维度的考核。例如，项目评价、实践评价等方式可能会得到更多的应用，以全面评估学生在劳动教育中的实际表现。此外，学校还会关注评价的反馈机制，确保评价结果能够及时反馈给学生和家长，从而制定更具针对性的劳动教育评价计划，帮助他们更好地了解学生在劳动教育中的表现与成长。

第七章
文化治理　春风化雨

　　学校品质因文化的积淀、传承而个性鲜明，教育生态因文化的熏染、互动而健康成长。习近平总书记在中共中央政治局第五次集体学习时指出，建设教育强国，必须"以教育理念、体系、制度、内容、方法、治理现代化为基本路径"，其中，教育治理现代化是实现教育现代化、推动教育高质量发展的关键一环。

　　长郡中学建校一百二十年，已经形成了底蕴深厚的长郡文化，并在校园建设与治理的过程中将文化贯穿育人全过程。以党旗为引领，以"澄文化"涤荡人心，全面实行中小学校党组织领导下的校长负责制；以课程为依托，以活动为载体，打造长郡名片，立足"星城"之地，以媒体之名，发长郡之声、青春之声、时代之声；赋能学生成长，在"四让六不"的育人价值追求中，以答疑文化绘就师生共同成长的育人史诗；激荡青春旋律，让学生在校园"四大节""五研学"活动中遇见不一样的人生，看见最真实的自己，真正明了"爱生活、善求知、忧天下、有作为"的文化内涵；以空间文化育生命，教育浸润学校建筑，开出理想之花，环境在成长、知识在成长、生命在成长；以自我管理实现自我教育，在高中生自我教育"组合拳"中、在与书记和校长的面对面中、在集团化办学的良好生态中，增强管理力，培养协同力，实现从学生到学校、从学校到集团的可持续发展。

一、以文化人达者天成

　　以文育心，以文化人，是学校文化建设的内在要求。学校是一个生态系统，文化与整个系统融为一体，学校文化贯穿于教育实践的全过程、各方面，在培根铸魂、启智润心方面具有不可忽视的作用。2017 年，教育部印发的《中小学德育工作指南》明确提出了"文化育人"的要求："因地制宜开展校园文化建设，使校园秩序良好、环境优美，校园文化积极向上、格调高雅，提高校园文明水平，让校园处处成为育人场所。"① 可见学校以存继、交流和创造文化为己任。

从表现形式上来看，学校文化可分为物质文化、精神文化、制度文化、行为文化四个层面；从主体来看，学校文化是由管理者、教师和学生三个群体建构的。有人说："如果把和谐学校比作一棵参天大树，那么，优美和谐的环境和完善的硬件设施就是这棵大树的繁枝密叶，良好的行为文化就是树的枝干，全面和规范的制度就是树的茎脉，丰富的校园文化就是树的深根，而学校精神则毋庸置疑就是大树的灵魂所在。"

什么是长郡文化？长郡中学坚持"不让学生输在终点线上"的核心育人理念，在"朴实沉毅"校训的熏陶下，弘扬"质朴、笃实、沉静、清毅"的校风，"勤朴、务实、沉心、严毅"的教风和"淳朴、稳实、沉思、弘毅"的学风，发扬"求真求实，图新图强"的长郡精神，确立了"爱生活、善求知、忧天下、有作为"的育人目标，形成了鲜明的学校文化特质。作为一所党组织领导下的校长负责制示范学校，长郡中学坚持把推进党的工作与教育教学工作紧密融合，通过党旗引领、课程构建、校园布置、陪伴教育、管理文化、特色活动等多方面的育人实践探索，增强学校的文化力，赋予百年老校以文化新活力，为学生身心成长提供一个多元和谐的文化环境，在具有长郡特色的文化环境中培养学生成长为终身发展的"达者"。学校以长郡文化为核心打造环境育人平台，为长郡课程的实施提供支持，促进长郡课程文化的形成。同时，以管理文化支持师生在课程文化平台和环境文化平台的自主发展。由以上三大平台产出文化育人产品，并以优质的育人产品反哺平台，丰富学校文化内涵，形成长郡文化的育人"张力"与"合力"。

荣格说："一切文化最终都沉淀为人格。"学生经过三年的打磨，"基础

---

① 中华人民共和国教育部. 中小学德育工作指南［EB/OL］.（2017 - 08 - 22）［2024 - 4 - 29］. http：//www. moe. gov. cn/srcsite/A06/s3325/201709/t20170904_ 313128. html.

知识扎实，积极进取稳实，自律自主务实，互帮互助踏实"逐渐成为长郡学子的集体人格特征。"长郡的学生一眼就能看出"，这是老百姓对长郡学子由知性之人升华为德行之人的最朴素评价。

二、培育现代自治公民

中国共产党领导下的现代自治公民应当具有高度的独立性和自主性、较强的自我管理和自我约束能力、强烈的参与意识和责任意识以及开放的心态和包容的精神。这些特征共同构成了现代自治公民的核心素养和行为模式，为其在社会生活中发挥积极作用奠定了坚实的基础。

（一）以清廉辉映"澄池"

2022 年 2 月，中共中央办公厅印发《关于加强新时代廉洁文化建设的意见》，明确要求："各地区各部门要担负起廉洁文化建设的政治责任，把廉洁文化建设纳入党风廉政建设和反腐败工作布局进行谋划，建立廉洁文化建设统筹协调机制，久久为功抓好落实，推动新时代廉洁文化建设深入开展。"长郡中学全面落实相关要求以及中国共产党湖南省第十二次代表大会和中国共产党长沙市第十四次代表大会精神，坚持以人民为中心，把"严"的主基调长期坚持下去，推进全面从严治党向基层一线延伸，将清廉学校建设融入学校教育改革发展全过程，以"清"育美德，用"廉"润心田，使清廉学校形成特色、清廉文化深入人心、清廉理念浸润师生，着力营造政风清明、校风清净、教风清正、学风清朗的良好教育生态和发展环境。

案例阐述

1. 夯实校园清廉文化根基

百余年来，一代代长郡人于澄池边，教书育人，读书求学。"澄池"之水，波光粼粼，清澈如镜，已成为长郡中学的一大文化标志景观。始建之时，郡园先贤为它取名曰"澄"，源自崔颢《澄水如鉴》中的"洁白依全德，澄清有片心"，就是希望长郡学子"行为世范，登车揽辔，有澄清天下之志"（语出《世说新语·德行》），"澄水如鉴"也因此成为长郡人特有的廉洁文化追求。

承接先贤厚望，顺应澄水之清。长郡中学持续推进清廉学校建设，将清廉学校建设融入学校教育改革发展全过程。学校清廉建设主要在教师和学生两个群体中展开。

教师清廉建设以"政风清明，教风清正"为主题，将思想政治教育摆在师德师风建设的首位，深化教师教育培训，培养教师清廉从教的良好品质，强化教师为党育人、为国育才的思想政治根基。2022年初，学校全面启动、强力推进清廉学校建设，邀请多位专家开设多场专题讲座，强化教师法纪意识。通过表彰先进以弘扬正气，组织廉洁谈话以正风肃纪，开设党员论坛以示范引领。坚持把党支部建设和清廉学校建设同谋划、同部署、同推进，建立健全党员清廉教育和重要节点提醒机制，线上线下多维度推进阵地建设，营造浓厚的清廉校园氛围。

学生清廉建设以"校风清净，家风清朗"为主题，开展"一训三风"教育活动，做好"一校一品"校园清廉文化品牌建设，充分凝练"朴实沉毅"深刻内涵。将清廉文化教育与德育相结合，重视家校协作、社区联动，把清廉文化融入特色校园文化建设中。"银杏树下的三行情书"、模拟法庭、手写家书等人文节活动均以清廉为主题展开，学生在各项活动中浸润心灵，进一步深植清廉思想。

在长郡中学清廉学校建设推行大会暨专题教师论坛上，学校明确提出要将清廉学校建设融入学校教育改革发展全过程，强调了全面加强校园清廉文化建设的八个任务：第一，把廉洁文化作为校园文化建设的重要组成部分来打造；第二，加强学生日常行为规范培养，把清廉文化、守纪文化等融入"自主教育"特色德育课程；第三，以社会主义核心价值观为引领，开展"一训三风"（校训和校风、教风、学风）教育活动，充分凝练"朴实沉毅"深刻内涵；第四，以"澄水如鉴"为主题做好"一校一品"校园清廉文化品牌建设，把清廉文化融入学校特色校园文化建设中；第五，积极推动廉政教育进校园、进课堂，融合思政、历史、语文、艺术等课程开展教学，挖掘廉政教育素材、编写廉政教育校本素材、开展相关主题活动和研学活动；第六，以宣传栏、校报校刊、微信推送、vlog、书法、美术等多种形式，加大清廉学校建设的宣传力度，营造浓厚的教育氛围；第七，精心组织主题研学活动，把廉洁教育作为社会实践活动的重要内容；第八，加强学校周边环境综合治理，防止不良文化向校园渗透。

2. 清廉校园建设的长郡实践

2023年2月，长沙市少年宫举行了由长沙市纪委监委主办、长沙市教育局承办的"一校一品"校园廉洁文化展播活动，长郡中学以"澄水如鉴"为主题，打造了具有长郡文化特色的"澄文化"廉洁展厅，荣获长沙市"一校一品"校园廉洁文化展播活动"优秀组织奖"。

以党风带动校风、教风、学风，引导学校重视校园育人风气建设，以此提升学校办学质量，这是长郡中学通过增强文化力来驱动文化育人的重要实践。"澄水如鉴，可以静心；澄水如鉴，可以净心；澄水如鉴，可以进心；澄水如鉴，可以敬心。"长郡中学校训所诠释的内容正是学校清廉文化的深厚土壤与根基。澄池作为学校清廉文化的重要载体，已经内化于师生的日常行为之中。

学校"澄文化"展区一是"澄"文化的内涵，"澄"文化的历史发展，以及由教师撰写、学生书写的对联，深刻解读了学校的"澄"文化。学校还将这些作品定制成书签、明信片等专属郡园清廉文创产品；展区二是"澄"文化的建设。在展厅中间的大屏幕播放"澄"文化主题片，全面介绍长郡中学清廉学校建设的情况。通过一条主线和八项任务，多维开展，全员参与，"澄水如鉴"可见、可闻、可感，让清廉文化深入人心；展区三为"澄"文化的载体。用"澄课堂""澄人物""澄诗画""澄家书""澄心语"五个板块，呈现"澄"文化的部分成果。特别是"澄课堂"的构建，把"澄"文化深度融入未成年人思想道德教育、师德师风建设之中。同时以诗文、绘画、剪纸、篆刻等多种文学艺术形式来诠释师生对"澄"文化的感悟与践行。

通过实施"一校一品"校园清廉文化品牌建设，长郡中学把"清廉文化"融入学校各类文化艺术活动中，在教师层面加强了校园师德师风建设，在学生层面进行了思想政治教育、厚植了廉洁文化根基，在校园层面实现了全覆盖、多层次、多维度推动廉洁从政、廉洁从教、廉洁从学，持续建设风清气正、求真务实、干事创业、遵纪守法的校园政治生态和文化育人环境。

案例评析 ---▶

清廉校园建设具有深远的意义，它不仅是维护教育公平、促进教育公正的重要举措，更是培养未来社会公民廉洁意识、塑造健康社会风气的关键环节。通过清廉校园的建设，我们可以营造一个风清气正的校园环境，让师生在这样一个纯净的空间中自由学习、潜心研究，共同追求真理与智慧。

1. 清廉校园建设有助于培养学生的道德品质和人格魅力。在清廉的校园文化熏陶下，学生能够树立正确的价值观和道德观，学会尊重他人、诚实守信、勤勉尽责，为将来的社会生活和职业发展打下坚实的基础。同时，清廉校园还能激发学生的社会责任感和使命感，让他们成为有担当、有作为的时代新人。

2. 清廉校园建设还能够促进教育资源的公平分配和合理使用。在清廉的校园环境中，教育资源的分配将更加透明、公正，避免了腐败现象的滋生，保障了每个学生的受教育权利。同时，清廉校园还能推动教育教学的创新与发展，提高教育质量和效益，为培养更多优秀人才贡献力量。

总之，清廉校园建设是一项长期而艰巨的任务，需要全社会的共同努力和关注。只有我们共同营造一个风清气正的校园环境，才能为培养未来社会的栋梁之材提供有力保障。

（二）把长郡立成"名片"

全媒体时代中，广播、电视、网络等多种媒介将人们带入了信息时代，人们可以借助多种媒介获取丰富信息，认识多彩世界，获得审美享受，形成新的思考。利用多种媒介可以充实交际手段，锻炼辩证思维，加强判断能力，提升自我表达，实现跨媒介交流。

长沙市长郡中学在学校文化治理过程中，重视课程文化的育人功能。为更好地加强校园思想宣传阵地建设，促进校园文化的繁荣，学校根据"朴实沉毅"校训文化和"爱生活、善求知、忧天下、有作为"的核心育人目标，结合学校特色创立了澄池文学社、郡园电视台、觉园记者站、长郡之声广播站四大校园媒体，以全媒体平台为基点推动媒体融合向纵深发展，打造了全媒体实践课程，构建校园全媒体传播格局，在课程实践中浸润学校文化和育人目标，在提升学生核心素养、实现学校文化育人的目标方面取得了显著成效。

案例阐述

中学生全媒体综合实践课程体系的探索

"学生发展核心素养视域下高中全媒体实践课程建构研究"这一课题试图打造中学全媒体综合实践课程体系，旨在通过建立校园传媒课程体系，打通校园电视台（视听综合）、广播站（音频）、文学社（人文杂志，含纸媒和电子刊物）、记者站（微信公众号）信息融合通道，建立"媒体专业理论课—校园传媒实践课—媒体社会实践研学课"三级课程序列，构建中学生全媒体综合实践课程体系。以"媒体素养提升专业理论课"助力学生"文化基础"素养，以"媒体作品制作实践课和成果分享展示课"助力"自我提升"素养，以"媒体社会实践研学课"助力"社会参与"素养，以期达到学生发展核心素养的多维度提升。

1. 一级课程：媒体专业理论课

聘用媒体专业教师在校内开展"媒体基础理论"序列化教学，提升学生在传播学和融媒体理论方面的专业素养，培养学生作为媒体人的"文化基础"素养。

以郡园电视台为例，学校邀请湖南卫视及湖南大众传媒学院的相关专业教师，设计了电视节目策划、新闻采访、编导思维、后期非线性编辑、摄影摄像、播音主持等一系列与传媒专业相关的技能指导课程，对每一届的准电视台成员进行了为期40个课时的专业指导。学生的媒体素养专业理论知识得到了系统的指导（如表7-1所示）。

表7-1 2024级郡园电视台准台员的专业培训记录

培训课程	培训内容	课时
视听语言	画面语言组织能力	4课时
出镜记者	出镜记者、新闻播报基本要求及技巧	6课时
导演思维	故事结构原理与节目选题制作策划	6课时
故事创作	故事的灵感激励策略与短剧创作	4课时
摄影摄像	摄影机拍摄技巧	8课时
后期剪辑	PR、AE软件的基本操作功能学习	8课时
节目设计	节目设计的方法	4课时

2. 二级课程：校园传媒实践课

依靠校园四大学生媒体平台（校园广播站、校园电视台、文学社人文杂志、微信公众号），学生在导师的指导下完成1—2年的校园传媒实践活动，培养学生媒体制作和传播技能，提高媒介素养，学会获取、分析和判断媒介信息的意义和价值，成为接受和传播正确舆论信息的合格公民。最终目的是实现校园全媒体信息互通、平台融合、整合传播，形成学校传媒宣传合力，配合学校生涯规划课程，提升学生"自主发展"的核心素养。

教师利用校园社团活动和选修课时间，组织指导了一系列校园传媒实践课程。澄池文学社的成员进行《澄池》刊物稿件的收集、整理、筛选、编辑、校对、出版；觉园记者站的成员进行"长郡中学官微"的文案写作、新闻拍摄、文稿编辑、官微发布；郡园电视台的成员进行"郡园周记""大型活动专题"等节目选题、素材采集、后期制作、成品播放；长郡之声广播站的成员进行每日学生活动播报及午间广播节目制作。

学生在"媒体作品制作实践和成果分享展示"的课程中，得到了实践能力的"自我提升"。

3. 三级课程：媒体社会实践研学课程

依托"媒体艺术之都"长沙的城市文化背景及文学中国的大文化背景，媒体实践暑期研学课程的开发、实施、评价为学生通过传媒途径提升"社会参与"核心素养提供社会实践平台。

这一级课程注重"社会参与"，重在带领学生走出去，真正践行教育部关于研学旅行的课程目标。学生在教师或辅导员的带领下，确定主题，以动手做、做中学的形式开展研学课程，分组活动，共同体验，相互研讨，书写研学日志，形成研学总结报告。

如澄池文学社的研学课程安排的内容有：在祖国最北端完成"草原迷情，'寻北'识己"，在西南联大旧址"无问西东"，在川西完成"乡土中国的边地书写"，在湘西探索"醉美边城"，在西安探寻"长安三万里"。该课程可在行走中提升学生的媒体素养，在思考和书写中完成学生的自我超越。

郡园电视台、觉园记者站、长郡之声广播站三大媒体则立足世界媒体之都长沙，多次走进湖南卫视、湖南教育电视台、湖南日报、长沙晚报、三湘都市报、中南大学融媒体中心、马栏山视频文创产业园等单位，近距离参观、学习、体验最前沿、最专业的媒体技术与艺术。通过团队融合与小组合作学习相结合的方式，实现全媒体融合，资源共享，体现了参与形式的多元性；通过导师指导与学生独立学习相结合的方式，培养学生独立学习能力，提升学生综合媒体素养；通过课堂学习与成果展示学习相结合的方式，学生可把静态课堂和动态课堂学习的知识转化为实践操作和表达交流的能力。

案例评析 --->

"构建多级媒体实践课程，全面提升学生媒体素养"这一多媒体融合课程典型精品案例体现了长郡中学"五育融合，课程育人"之"一切有益于学生身心发展的活动皆课程"的课程观和"朴实沉毅"的文化观，为学校实现培养"爱生活、善求知、忧天下、有作为"的"完整的人"这一育人目标提供了具有时代特色、地域特征和学校特点的生动范例。

在"三新（新高考、新课程、新教材）"背景下，长郡中学结合自身特色构建了"3＋N"课程育人体系，力求让学生于丰富的特色课程和实践活动中获得个性化、可持续、高质量的发展，学校历来重视学生实践能力的培养，重视构建活动实践课程。《中学生全媒体综合实践课程体系的探索》构建了全媒体时代学习共同体新范式。这一课程体系聚焦学生媒体素养的养成，提供了多维度、多层次、多角度、情境化、个性化的学生媒体素养发展的实践平台，促进了学生核心素养的全面提升。

以新媒体之力，传播郡园之美；以人文之名，为青春发声。从文化的视角来看，长郡中学始终坚持"五育并举"，高扬实践文化的旗帜，以实践文化育人。同时打造校园文化生态圈，使学生身处校园环境、参加校园活动时，能游刃有余，与时俱进，成长为堪当民族复兴重任的时代新人。长郡中学学生媒体团队成立以来，以校园四大媒体平台为主创作的媒体成果推陈出新，校园文化不断繁荣，长郡文化影响力也不断提升。

多媒体融合课程作为长郡特色课程文化的载体之一，促进了全媒体综合实践课程与文化课程的科学合体，将"解百家疑""读千家书"和"行万里路"深度融合，以序列化形式实现课内外知能和素养体系建构一体化，大力提高了课程综合育人效能。从长远发展来看，以全媒体综合实践课程为代表的学科融合序列化课程有助于学生在理论学习与研学实践中加深对学科的学习与了解，帮助学生找到自己未来的发展方向。

（三）让墙壁无声"说话"

美国诗人惠特曼在他的诗歌《有一个孩子向前走去》中说："有一个孩子，每天向前走去，他最初看到，并且以或赞叹、或怜悯、或热爱、或恐惧的情感感受到了什么，他就会成为什么。他的所见成了他生命的一部分，在那一天，或那一天的某些时间，或者在很多年里，甚至延续终生。"① 这启示大家，校园场域在发挥育人实效方面具有重要作用。长郡的校园布置以"朴实沉毅"为出发点，从校园建筑设计再到特色班级文化建设，每一面墙壁都在无声地发挥着育人作用，体现着长郡的审美情趣和人文关怀，是学校以文化力育人的生动诠释。

案例阐述

1. 学校建筑本身就在发生教育

"赋予学校建筑和教育空间以文化熏染与教育理解，是现代学校建筑的一个基本特征。学校的建筑，作为校园中庞大的物质文化载体，承载着学校的教育理念和育人目标。教育空间的创新，就是让教育拥有更加强大的力量，为培养未来新人奠定基础。"长郡中学地处长沙市天心区南门口，校门外是繁华的闹市，校门内则是尽显"朴实沉毅"校训文化的古朴建筑，展现着长郡120年悠久的文化底蕴和校本特色。

长郡中学注重挖掘校园空间的教育功能，主体建筑名、校园标语、人文景观、文化设施等都体现着学校文化，让每一处教育空间能承载起学校的理想，让学校的办学理念、办学追求、办学目标等办学之魂在学校的醒目处呈现，在潜移默化中实现育人。

"朴实沉毅"的校训镌刻在校园大门内侧，每一个走出校园的长郡学子都能时刻以校训为勉励，牢记身份，于春风得意时懂得收敛，惆怅迷惘时厚积薄发，养成谦卑低调、处事冷静的品格，肩负时代的责任与担当。

---

① 惠特曼. 草叶集［M］. 姜焕文，译. 成都：四川文艺出版社，2012：147.

笃实楼墙外刻印的"爱生活、善求知、忧天下、有作为"十二字,是长郡中学的育人目标,这既是张载"横渠四句"的生动体现,也是范仲淹"先忧后乐"精神的当代诠释,更是融入每一个长郡学子血液中的信念。

在郡园,抱朴、笃实、沉勇、弘毅四座教学楼的雅名来之不易,教师们翻透了古书。几副对联写满了从"文理兼通"到"发愤图强、沉心静志"最终奔赴家国万里程,其中蕴含了长郡对学子殷切的期望。

澄池前的《长郡颂》,揽玉亭边的垂柳依依,还有敏园、博园、觉园、雅园、鼎园中花花草草的点缀,均是匠心独运,各有千秋,在潜移默化中使师生放松心灵,陶冶情操。

脚踏院士路,面对红色纪念碑,耳边似乎回响着苏纪兰和陈大可的交谈声——"两代长郡人,一腔报国情",似乎看到了"一个班出了三个院士"——黎磊石、黎介寿、文伏波,欧阳平凯院士对肖娴静老师深深鞠躬的场景也慢慢浮现在眼前……

在郡园,院士路上落叶飘零,校园大道上莺啼鸟啭,教室走道上书声琅琅。当你悄悄抬起头,一个个方正严明的蓝色字映入眼帘。犹如千古名言儒雅沉静的谆谆教诲,那一句句班级标语令人精神振奋、斗志昂扬,一张张校园文明公益广告令人静心求知、心怀家国。

不管是办学、育人还是求学的精神,归根到底就是四个字:朴实沉毅。郡园建筑的育人价值在于教会长郡学子学会戒骄戒躁,不贪名逐利;学会直谅朴实,处事不苟;学会淡泊明志,宁静致远;学会坚韧不拔,不畏艰难。

2. 班级文化场域浸润学生心灵

除了学校建筑本身,长郡还致力于拓展学校建筑的教育空间,将"朴实沉毅"的校训文化融入班级文化建设中。每一个班级、每一间教室都不只是一个物理空间,更是一个心理空间,是由"师生""生生"互动营造出来的心理场域。有温度的班级文化有利于让每个学生的心灵软着陆,让师生的心靠得更近,在学习中浸润着学校的核心文化。在长郡中学,班级文化建设大评比是一项常规工作,也涌现出了一个个具有独特魅力的个性班级文化。

长郡中学历来非常重视班级文化建设。学校坚持按照每一届学生的不同特点组织班级文化建设竞赛，为学生营造温馨的心灵家园。班级文化建设内容包括班级名片、班级心语或口号、班规、"四表"、文化墙、图书角等教室环境布置。要求有洁、齐、美、趣的学习环境，教室布置雅致、有特色。

整体环境方面，要求走廊、教室地面、墙面清洁无灰尘，门、窗、桌椅、电器设备及其他物品应干净，摆放整齐、合理、美观。教室布置和谐、美观。

布置内容方面，有七个方面的要求。第一，班级名片体现班级特色和闪光点。第二，班训或班级口号积极健康向上，贴近学生，催人奋进。第三，"四表"（作息时间表、课程表、班级服务人员分工表、清洁值日表）设置规范。第四，"班规"通俗易懂，利于执行。第五，文化墙主题鲜明，激发学生兴趣。第六，图书角创新设计，发挥学生主观能动性。第七，教室布置美观、自然、温馨、有本班特色。

评分标准方面，有三个方面的要求。第一，整体设计占70分，学生或教师讲解占30分。第二，讲解时间控制在2~3分钟之内。第三，评委当场打分，最后累加分值的平均分，每组设一等奖8名，其余为二等奖。

在我校历年组织的班级文化评选活动中，涌现出了一批班级文化建设优秀案例，这些具有长郡特色的案例充分体现出了长郡学子的综合素质。2003班，"一间开满'鲜花'的教室"，是众多班级文化建设优秀案例中的典范。该班走廊窗台上摆放着一排排整整齐齐的花瓶，每个花瓶里开放着种类不同、色彩各异的当季鲜花。这些花是班主任丁良老师摆放在那儿并坚持打理的。高三一年，她坚持每周买一次花带到学校，让教室每天都开满鲜花。春天的牡丹，夏天的向日葵，秋天的雏菊，冬天的蜡梅……一年四季，在每一个紧张备考的日子里，学生都能在学习累了的时候望向窗外，欣赏阳光下盛放的鲜花，疏解压力，放松心情。爱人如养花，养花亦育人。丁良老师的鲜花班级文化，不仅体现在教室环境的布置上，更融于班级文化的建设中。

著名教育家、原南开大学校长张伯苓认为："任教育者当注重人格感化。人格感化之功效，较课堂讲授之力，相去不可以道里计。"爱是永恒的主题，让学生在班级里有归属感、幸福感，是班级文化建设的重要目标。

而班级文化建设活动，不仅促进了班级之间的交流，为班主任工作提供了新思路，学生也在建设班级文化的过程中增强了集体荣誉感和归属感。有智慧、有温度、有内涵的教室成为"会说话的课堂"，每一处角落都发挥着教育功能。

长郡中学每年的班级文化建设大评比中，都能看到不同的班级特色和班级文化，有丁良老师班级的鲜花文化，有2108班的"淬"文化，有2219班被长沙市教育局认证过的"书香班级"等等。不变的是，主人翁们倾力打造自己的"家"。班魂燃烧，青春无限美好，在长郡友爱、和谐、温暖、团结的教室里，一个个梦想正被爱浇灌，慢慢发芽、开花、结果。

案例评析 --- ▷

校园建筑与环境育人的价值，是一个深刻而多维的议题。它们不仅仅是物理空间的堆砌，更是教育理念、文化氛围、历史传承与创新精神的综合体现。在这样一个环境中，学生不仅能够获取知识，更能在潜移默化中塑造品格、培养情操、激发潜能。

首先，校园建筑作为校园文化的物质载体，其设计风格、布局规划、建筑材料等无一不体现着学校的办学理念和审美追求。这些建筑不仅是学生日常学习生活的场所，更是他们心灵成长的摇篮。通过精心设计的校园环境，学校能够营造出一种积极向上、和谐包容的学习氛围，让学生在这种氛围中自然而然地受到熏陶和感染。

其次，校园环境对于学生的身心健康也具有重要意义。优美的自然环境、合理的绿化布局、舒适的休闲设施等都能够为学生提供良好的学习生活环境。在这样的环境中学习生活，不仅能够缓解学生的压力和疲劳，还能够激发他们的创造力和想象力，促进他们的全面发展。

最后，校园建筑与环境还能够通过其独特的历史文化和艺术氛围来育人。许多历史悠久的学校都拥有丰富的校史文化和艺术遗产，这些宝贵的资源不仅是学校的重要财富，更是培养学生人文素养和审美情趣的重要载体。通过参观校史馆、艺术馆等场所，学生可以深入了解学校的历史和文化传统，感受艺术的魅力和力量，从而更加热爱自己的学校和文化。

总之，校园建筑与环境育人的价值是多方面的、深远的。它们不仅为学生提供了一个良好的学习生活环境，更在潜移默化中塑造着学生的品格和灵魂。因此，我们应该高度重视校园建筑与环境包括班级文化场域的建设和管理工作，努力打造一个美丽、和谐、富有文化底蕴的校园环境。

（四）为成长绘就"史诗"

在长郡中学，"答疑"是一项坚持了多年的传统，并且形成了具有长郡特色的答疑课程、答疑文化。义务答疑为学生"免费加餐"，针对学生存在的问题随时提供面对面指导，是长郡校园里的常态。每天下午最后的自习课，是最受学生欢迎的"公益课程"，大多数教师都会来到教室外走廊的答疑桌旁为学生提供个性化、点对点的辅导，这已经成为郡园里一道最亮丽的风景线，绘就了学生成长的壮丽"史诗"。

案例阐述

答疑文化之下，不少教师总结出了大量宝贵的经验。张志忠老师就将他的经历写进了《高中数学答疑宝典》。韩愈在《师说》中明确了教师的三大任务，即"师者，所以传道授业解惑也"，其中"解惑"指的就是"以学生为中心"的辅导答疑过程，也是人才培养不可忽视的重要环节。长郡中学的特色课程——答疑课程，是学校"尊重个性，唤醒自我，激发潜能"育人理念的具体实践，是每个学生自主发现问题，教师帮助解决问题的过程。在这一过程中，学生学习的个性得到尊重，学习的积极性被唤醒，学习的问题得以解决，从而有效激发学习潜能。长郡教师的答疑工作，不仅落实在规定的答疑课程中，更渗透在随时随地的时空中，它不仅是学校的教学要求，更是一种教学习惯和教学文化。

张志忠老师是长郡中学把答疑课程做成知名品牌的典型代表，其成果也是长郡学校三大课程体系中基础型课程建设的优秀案例。张老师耗时十余年把教学期间日常答疑过程中的典型问题，结合自己多年的工作实践和思考，编成专著《高中数学答疑宝典》，并且随着工作的推进坚持不断完善"宝典"，完善学校课程建设，这不仅仅是数学教研组集体智慧的结晶，也是多年来长郡中学坚持"答疑"传统的成果，更是推进课程校本化构建的有力佐证。

答疑辅导是以学生为中心的辅助教学，其核心不是答疑本身，不是"有问必答"，而是"驱动机制，创新能力养成"，即驱动学生自主学习和自主研究，养成提问的习惯，培养和提高学生"提问"的能力。答疑辅导能使教师与学生有充分的交流，是教师掌握学情的重要渠道，真正掌握学生的"难点"在哪里，再回归课堂设计，才能做到有的放矢、因材施教。大数据时代，知识呈现出存储量大、种类和来源多、可信赖程度和价值高、时效性强的特征，冲击着传统教师知识权威的存在。教师和学生在答疑辅导中能有更多的机会"面对面"交流、互动，在答疑解惑中传道授业，精准地解决学生遇到的问题。这就更加考验教师的综合能力，高质量的答疑辅导更容易获得学生的崇拜，重塑教师权威。[①] 答疑，教师可以快速、准确地了解学生在学习过程中遇到的问题和困难，反思自己的教学进度和授课的难易程度是否与学生的理解能力相匹配，有的放矢地设计教学内容、选择教学方法、组织课堂教学，通过辅导答疑，倒逼教师教学能力和执教水平的不断提高。[②]

答疑课程构建是长郡的一项传统工作，更应该是一项长期坚持的未来工作。张志忠老师的做法激励也启迪着其他教师，答疑不能仅仅停留在课后，停留在校园，还应该借助机会和平台将长郡传统推向校外，推向全国，提升长郡"尊重个性、唤醒自我、激发潜能"育人理念的全国影响力。

案例评析 -- ▶

长郡中学的答疑课程具有深远的育人价值。首先，它为学生提供了一个即时解决学习困惑的平台，使学生能够迅速理解难点，巩固知识，从而提高学习效率。在这个过程中，学生不仅获得了知识上的帮助，还培养了主动学习和解决问题的能力。

---

① 黄贤昌，庞庆泉，农铮. 答疑辅导的机制作用、形式及建设研究［J］. 高教学刊，2023，9（14）：91-95.
② 薛元昕. 精准辅导答疑在骨干教师教学激励计划中的实践研究［J］. 上海第二工业大学学报，2018，35（04）：294.

其次，答疑课程促进了师生之间的深入交流。教师通过解答学生的问题，能够更直接地了解学生的学习状况和需求，进而调整教学策略，提供更加个性化的指导。而学生也能在与教师的互动中，感受到教师的关怀和支持，增强学习的动力和信心。

再次，答疑课程还培养了学生的团队合作精神和互助精神。在课程中，学生之间可以相互讨论、分享解题思路和方法，这不仅有助于拓宽学生的视野，还能增进他们之间的友谊和信任。

最后，长郡中学的答疑课程还体现了学校对学生全面发展的重视。通过提供这样的课程，学校不仅关注学生的学习成绩，更关注学生的综合素质和未来发展。这样的教育理念有助于培养学生的创新精神和实践能力，为他们未来的学习和生活打下坚实的基础。

（五）从他律走向"自律"

1. 自我教育，自主管理

真正的教育是自我教育，最好的管理是自我管理。长郡中学连续10年开展"高中生自我教育"德育项目化工作，如自主执勤、自主管理自习、学生仲裁、申诉委员会等一系列高中生自我教育"组合拳"，推出乐于奉献、乐学博学、善思笃行、执着追梦的"美丽长郡人"，树立起最能代表长郡形象、最具校园影响力的正能量典范。在浓厚的校园文化熏陶之下，学生萌发出自我激励、自我超越的意识，进而形成自我管理、自我发展的强大动力，从而实现自我提升，互育共生。

案例阐述

案例一：《学生仲裁、申诉委员会》执行方案

1. 宗旨：

为提高学生的组织能力、解决实际问题的能力，增强学生的自我管理意识和能力，培养学生主人翁的责任感，以及能更民主地处理学生的违纪事件，特成立学生仲裁申诉委员会。

2. 职责：

①及时组织会议讨论教育处等其他部门提交的违纪事件。

②公平公正地对学生的违纪事件作出仲裁，并做好记录。次日内将结果上交教育处。

③被处分学生不服提出申诉的，将一周内处理完毕，作出裁决。

④进行仲裁时应自觉回避与自己关系密切的同学。

⑤认真学习有关法律、校规校纪和《中学生日常行为规范》。

3. 仲裁流程：

①从教育处等部门了解学生的违纪情况后，收集、整理书面材料。

②根据教育处等部门提供的书面材料，仲裁、申诉委员会主席组织召开仲裁、申诉委员会议，各成员开展讨论，发表自己的见解，记录员记录。

③举手表决（参与表决的仲裁、申诉委员会成员需占成员总人数的三分之二），超过一半有效票数则可形成处分决定，并将结果反馈到教育处。

④教育处将处理结果反馈给学生本人。

⑤学生本人如对该决议不服，可在接到通知后两日内向仲裁、申诉委员会主席提出申诉。

⑥两日内学生本人对该决议没有提出申诉，经教育主任签字处分即可生效。记大过以上处分须报学校行政会研究通过后方可生效。

4. 申诉流程：

①仲裁、申诉委员会主席接到申诉后三天内要联系申诉人、仲裁委员会成员和相关教师，确定申诉会议的时间、地点。

②申诉人在申诉会议召开前要准备好申诉材料及申诉发言内容。

③仲裁、申诉委员会主席须于接到申诉的一周内召开申诉会议。

④申诉人陈述理由，列举证据。

⑤仲裁委员会代表陈述理由，列举证据。

⑥学生会、团委会主要干部及仲裁、申诉委员会主席参与最后的仲裁。

⑦如有争议或无法当庭裁决的申诉须再提交学校行政会研究决定。

5. 撤销处分流程：

①处分生效后有明显进步的学生，一学期后本人可提出撤销处分的申

请（需注明处分的时间、原因、处分类型），由班级召开座谈会讨论并有超过班级半数学生同意并签字、班主任同意并签字、年级组长审核并签字。

②申请人将申请投入《学生仲裁申诉委员会》信箱（设传达室）。

③学生仲裁、申诉委员会须于一周内处理完毕并将学生仲裁、申诉委员会意见报至教育处。

案例二：美丽长郡人

"美丽长郡人"是郡园闪亮的明星，是全体学子的标杆，是长郡学子自我教育、自我发展的典范。作为校内学生最高综合荣誉，每一届、每个人都会有不同的诠释，但相同的是他们都有一种由内而外的美，这种美来源于正确的价值观，来源于自觉的自我教育、自我管理、自我发展，足以引领校园正能量。他们在与自我周旋的过程中，保持本真，坚定信仰，沉着判断，勇敢取舍，不断向内成长，遇见更好的自己。

2023年的"美丽长郡人"评选活动是学校第八届校园人文节系列活动之一，经过评选，10名同学入选"美丽长郡人"，10名同学入选"美丽长郡人提名人选"，他们以实际行动诠释了"爱生活、善求知、忧天下、有作为"的长郡育人目标。

王子盛就是一名"美丽长郡人"。世济其美，传承中华优秀传统文化。他曾获"湖南省三好学生"等殊荣，在生活中品性温良，乐于助人；君以静美，不断提升自身素质修养。他勤奋好学，曾获"钟武雄、黄德荣全优生奖学金"，参与过《学长学姐来了》节目录制。他力争全面发展，在钢琴、声乐等方面均有特长；美美与共，积极投身学校班级管理。他曾担任校学生会干事、班级团支书。精美的月报表是他细致负责的印证，"五四红旗团支部""百年百万优秀团支部"等荣誉的背后是他独具匠心的巧思与精益求精的品质。他就是朴实沉毅、向阳生长、崇德向善、勤学敏思的优秀代表。

廖品晓也是一名"美丽长郡人"。巾帼飒飒如惊鸿，窈窕翩翩若游龙。执笔在手，能绘千里胜景；绣口一吐，可道半个盛世。她，是任劳任怨的卫生委员，是能写会画的文艺少年，是奔赴热爱的副社长，更是冲锋于班级前线的勇将军。飒爽英姿，曙光初照。有斯女子，独领风骚！

案例评析

　　苏联教育家苏霍姆林斯基说过："没有自我教育，就没有真正的教育。"① 学生自我管理是实现自我教育、促进自我素质提升的重要手段，是达成"立德树人"目标、培养适应未来社会发展所需要的必备品格和关键能力的重要途径。

　　在长郡，学生自主执勤和学生仲裁、申诉委员会的工作开展得井然有序：从按时出勤、眼保健操、课间操、卫生、午休、晚自习等各项常规工作的检查到违纪学生的处理，从工作布置到过程监督、考核点评，全程都由学生参与完成，学校各项工作运转自如。在长郡，教师"坚信三个可能"，即"坚信每一个学生都有雕塑成才的可能，坚信每一点兴趣都有引导成功的可能，坚信每一句赞美都有激发潜能的可能"②，正是这种以理想信念唤醒内心、在校内外搭建平台、以信任放手助力推进的自我管理育人模式，让学生在实践中自觉树立远大理想，激发自我成长动力，明确自我发展方向，不断增强自我管理能力，也培育出了以"美丽长郡人"为代表的高素质人才。

　　但需要注意的是，自主管理不是放任自流。提高学生的自我管理并非对学生放任不管，而是通过学校管理制度的变革，培养学生珍惜自主发展的态度和能力。一方面要让学生明白学校管理运作方式，另一方面要让学生知晓学校课程体系。从教师角度来看，教师要在学生自我教育的过程中积极引导学生进行及时的自我反思，同时要牢记学生的自我管理能力并非一朝一夕就能形成的，需要教育者的耐心指导、科学管理和学生的反复修炼，需要学校、家长、学生三位一体的努力，这样才能使学生真正成为学校管理文化的建设者、维护者、受益者，学校也才能真正实现在治理力中育人的目标。

　　2. 建言献策，参与管理

　　为认真贯彻落实《关于在全党大兴调查研究的工作方案》《教育部办公

　　① 苏霍姆林斯基. 少年的教育和自我教育［M］. 姜励群，吴福生，译. 北京：北京出版社，1984：100.

　　② 王星，常锦. 让学生在自我管理中实现自我提升［J］. 中国德育，2019（05）：20.

厅关于加强学生心理健康管理工作的通知》《长沙市全面加强和改进新时代学生心理健康工作十五条措施（暂行）》等文件精神，长郡中学坚持推出"与书记、校长面对面"活动，引导青年学子增强主人翁意识，营造积极向上、人人参与治理的氛围，增进学生与学校之间的交流，促进学生协同治理能力的提升，助推学校高质量发展。

案例阐述

长郡中学于 2023 年 11 月 30 日召开了以"促进学生更高质量发展"为主题的"与书记、校长面对面"活动，该项活动每学期举办一次。活动初始，吴涛老师向全体代表汇报上学期提案的落实情况。上学期共收到 81 条提案，已落实 48 条提案，剩余部分提案正在落实中，也有部分提案未采纳。同时，公布下学期学校面向全体学生收集到了教育教学类、校园文化类、公共服务类、文明素养类、学校校庆类建议共计 442 条。学生聚焦教育热点和关键词，着手于细节，纷纷为促进学校高质量发展建言献策。

活动中，共有 5 名学生代表发言。高一年级代表首先回顾了开学以来在郡园的精彩生活，他们深深体会到校园活动的丰富多彩，感受到百年长郡的深厚底蕴。在拔尖创新人才培养方面，来自 2303 班的高一年级代表何昌学同学表示，拔尖创新人才的培养需要加强对学生专注度的培养；2307 班马卿源同学则认为拔尖创新人才培养不仅需要专项能力强，更需要有深厚的人文素养。高二年级代表及校学生会干部感受到了上学期各项提案落实的好处，于是在下学期中，他们从"自我成长"的角度出发，提出了更多有助于自身高质量发展的建议。例如，分年级、分阶段开展心理健康教育讲座，创新团支部活动，等等。"自我发展""家国情怀""拔尖创新人才""社会责任""实践研究"……这些频繁出现的关键词体现了长郡学子全面、开阔、深入的思维和视野。他们充分发挥"主人翁"意识，不仅对自我成长有明晰目标，更对校园发展有深入思考。

党委书记、校长、副校长、学生发展管理中心和安全保卫管理中心负责人依次回复学生的提案并现场交流。大家通过面对面的形式，畅所欲言，建言献策，助推学校高质量发展。

党委书记表示："同学们的提案契合了爱生活、善求知、忧天下、有作为的育人目标。大家关注生活点滴，聚焦课程素养，心怀家国天下，充分彰显了学校素质教育的成果。"在迎来长郡中学120周年校庆之际，党委书记由衷地感谢学生提出的宝贵建议，同时号召大家一同思考自我未来、长郡未来，"希望同学们能够在日常生活中善于汲取向上的力量；能够做好每件小事，重视细节，成就更好自我；能够坚定理想信念，以更高志向、更大格局，肩负起中华民族伟大复兴的重任。"

2307班马卿源同学在《关于如何促进学生更高质量发展》提案的发言中说道：

"首先，学校校外实践活动不多。希望学校能多开展校外实践活动，以学校或年级为单位，先征求学生意见，拟定好使学生感兴趣的活动，并自由报名。具体活动时间可利用文体活动课、周六等时间，活动时间可以短，但不应少。我们认为学生需要走出去，实现各方面的均衡发展，劳逸结合也更能增加学生的学习积极性。

"其次，本年级大型文体竞赛类活动较少，如篮球、足球比赛等。建议开设相关活动，从而激发学生对体育运动的热情，增强班级凝聚力。

"再次，我们建议将劳技、研究性学习等课程丰富化、多样化，多征求学生的意见，并适当分配时间，例如将第九节课作为研究时间等，减少课余负担。

"最后，我们建议加强学生人文素养的培养，可多举办此方面的专题讲座，或在研究性学习课程中，请学生自主研究并展示，激发学生的创造力与探索能力，在十分注重理性、思辨思维的长郡中学，多一些不一样的诗与远方。"

案例评析 --▶

党的二十大报告指出："教育、科技、人才是全面建设社会主义现代化国家的基础性、战略性支撑。"全面建设社会主义现代化国家，推进国家高质量发展，实现自主人才培养，一切都要落脚到教育上。"让儿童站立在学校正中央"，这是清华附小校长窦桂梅老师坚持的教育理念，也是长郡中学一直以来践行的"以学生为中心"的办学理念。

"实践""均衡发展""综合素质""人文素养"……学生发言中出现的这些关键词，切实体现了长郡学子全面、开阔、深入的思维和视野，充分彰显了学校素质教育的成果。学校党委书记表示："素质教育就是要关注生命发展、指向能力素养、强化责任担当、激活个性潜能。""与书记、校长面对面"座谈会活动，是长郡学子发挥主人翁意识、参与学校民主管理和建设的一个重要途径，也是素质教育的具体体现。学校广泛调研，听取学生意见，逐一落实回应，这不仅锻炼了学生思考问题的能力，也增强了学生的社会责任感，更重要的是通过学校搭建的平台，实现了从"我要管理"到"我能管理"的升级，极大限度地展示了学生自我管理的才能，营造了更优质的育人环境，使学校治理升级更有温度，立德树人更有成效。

除"与书记、校长面对面"座谈会之外，长郡中学还在每栋教学楼里悬挂了校长信箱，学生可以随时反映问题、提出建议，校长会定期查看，对合理性建议立行立改，真正以学生为中心推进各项工作，多方面助力学校更高质量发展。

学校在鼓励学生参与校园管理时，也要注意以下几个问题：首先，要看到学生中存在参与意识不强和参与程度不高的问题。部分学生未能意识到自己是学校的主体，认为学校管理是相关职能管理部门和教师的事，参与意识不强；部分学生虽然能够认识到自己是学校的主人，能积极参与学校管理，但只对涉及自己在校园里的衣食住行、与自己的学习生活结合较紧密的事项感兴趣，不太关注学校的发展规划、制度制定和人事变动等内容。其次，存在法律保障不到位和受传统观念影响的问题。当前我国学生参与学校管理的法律法规及相关制度还相对较少，且不够完善与成熟，影响了学生参与学校管理的有效性。

（六）用真诚深度"参与"

社会参与能力是学生适应社会、融入社会的重要桥梁。通过参与社会活动，学生能够了解社会运作的基本规则，培养责任感和公民意识，为成为社会的优秀分子打下基础。

首先，社会参与有助于学生发展批判性思维和解决问题的能力。在参与过程中，学生会遇到各种社会问题和挑战，这要求他们运用所学知识，进行分析和判断，提出解决方案。这种实践经历能够促进学生思维能力的提升，为他们未来的学习和工作奠定坚实的基础。其次，社会参与能增强学生的团队合作精神和沟通能力。在与他人合作解决社会问题的过程中，学生需要学会倾听、表达和协调，这些技能对于他们未来在职场和生活中与人相处至关重要。再次，社会参与还能够激发学生的创新精神和领导力。面对社会问题，学生需要发挥创造力，寻找新的解决方法。最后，领导力的培养也离不开实际的领导经验，而社会参与正是提供这种经验的平台。

　　培养普通高中学生的社会参与核心素养，不仅有助于他们个人的全面发展，也为社会培养了负责任、有能力的未来公民。因此，学校和社会应当共同努力，为学生创造更多参与社会事务的机会，让他们在实践中学习和成长。

案例阐述

案例一：少年法学院，公正"我"来守护

　　2022年5月5日，夏日伊始，万物葱郁，正值立夏之际，长沙市中级人民法院（以下简称长沙中院）深入长郡中学，为学生们呈现了一场别开生面的"沉浸式"法治教育体验。

　　长沙中院精心组织十余名干警，步入长郡中学，积极参与该校人文节系列活动，以"少年法学院"为主题，为学子们奉献了一场专题法治讲座，并精心指导开展了模拟法庭进校园实践活动。此次活动得到了长沙中院党组成员、副院长范登峰的高度重视与现场观摩指导，长郡中学校长翁光龙、党委书记杜慧等校领导全程出席，部分市人大代表、市政协委员亦应邀参加了此次盛会。

　　活动伊始，长郡中学纪委书记牛一乐发表致辞，强调了法治教育的重要性与紧迫性。随后，家事少年庭庭长易颖以《谁来守护公正》为题，深入浅出地阐述了法律与法官的职责、法官职业的特殊性以及法律在解决实际问题中的局限性。通过剖析真实案例，旁征博引，为学生们勾勒出一幅生动的法律职业画卷。

　　在模拟法庭环节，"现在开庭！"随着一声清脆的法槌声，一场围绕

"小偷逃逸溺亡索赔案"的模拟庭审正式上演。长郡中学的9名学生分别扮演审判人员、书记员、原告、被告、代理人等角色，通过法庭调查、辩论、被告人陈述、评议及宣判等环节，全程模拟了案件审判过程。现场气氛庄重而有序，学生们身临其境地感受到了法律的威严与公正。

问答环节中，长沙中院团委书记徐鹏宇主持互动，学生们踊跃提问，刑事一庭副庭长胡益民、清算与破产庭副庭长赵康宁、民事二庭法官李芳则针对青少年关心的法律问题，耐心细致地进行解答。现场气氛热烈而融洽，充分展现了同学们对法律知识的渴求与热爱。

长郡中学党委书记杜慧在总结发言中指出，此次活动不仅是一次成功的法治教育实践，更是对习近平总书记关于思政课建设重要指示精神的深入贯彻。她寄语长郡学子，无论未来是否选择法学道路，都应坚守公平正义的信念，努力成为社会的有用之才。

范登峰副院长对学生们的精彩表现给予了高度评价，并鼓励他们继续发扬勇于实践、乐于探索的精神，努力成长为有理想、有道德、有才干、懂法律的新时代青年。他强调，青年一代要树立正确的理想信念、培养高尚的道德品质、练就过硬的本领能力、增强牢固的法律意识，以实际行动报效祖国、服务人民，实现个人价值与社会价值的统一。

活动结束后，莹格同学在《浅论成年人轻罪前科取消制度》的理论文章中写道："法律，除了惩治与警告他人，更应该考虑到犯罪人的罪后处理，降低再犯概率，帮助其更好地融入社会。'犯罪人'也是人，更是社会人，不应该因为个人的'罪'就影响到自己的子孙后代的基本权利与个人发展。所以，我认为取消'轻罪前科制度'具有一定合理性。"

案例二：深入省人大，法治建设有"我"

2024年5月10日下午，湖南省人大常委会隆重举办机关开放日活动，长郡中学56名师生受邀踏入省人大机关，亲身体验法治实践，上了一堂别开生面的法治实践课，同时也是一堂富有教育意义的思政课。同学们纷纷提问："人大代表的选举机制是怎样的？""民众如何有效联系人大代表？""人大代表如何平衡本职工作与代表职责？""如何深刻理解党对人大工作的领导核心作用？""地方性法规的出台过程及其如何保障人民利益？"……

此次活动，首次通过晨视频平台实现全网直播，时长 66 分钟，吸引了 7.7 万余次观众在线观看。师生们首先参观了宪法墙与人大历史陈列室，省人大常委会法工委叶彤同志详细阐述了宪法精髓，省人大民侨外委法制处姚岳龙同志则带领大家回顾了湖南省人大及其常委会的发展历程。同学们纷纷表示，宪法从书本走进现实，让他们更加深切地感受到国家根本法的神圣与庄严以及我国根本政治制度的历史厚重感。

步入常委会会议室，师生们观看了《省人大常委会会议召开流程》的融媒小课堂视频，并模拟了表决与宪法宣誓仪式。省人大常委会代表工委柳湘萍同志就人民代表大会制度进行了深入讲解。在随后的互动环节，同学们积极提问，柳湘莲老师耐心解答，通过问答形式，进一步增强了同学们的制度自信与家国情怀。

思政课作为立德树人的核心课程，其实践性尤为重要。习近平总书记曾强调："要将思政小课堂与社会大课堂紧密结合。"此次"走进省人大"活动，正是这一理念的生动实践。学生们在宪法墙前驻足，感受法治的力量；在陈列馆中穿梭，理解人民代表大会制度的深远意义；在常委会会议室的模拟表决与宣誓中，体验责任与担当。这种沉浸式的教育模式，不仅丰富了同学们的知识储备，更拓宽了他们的视野，深化了对人大制度的理解，增强了制度自信，激发了他们投身社会主义现代化建设的热情与使命感。

长郡中学政治教研组常锦老师表示："我们将继续探索创新思政课教学模式，打造更多有风景、有魅力的思政课堂，努力培养爱生活、善求知、忧天下、有作为的新时代青年，为新时代中国特色社会主义事业输送更多优秀的建设者和接班人。"

学生代表也纷纷发表感言。2309 班王雨嘉同学表示："走进省人大，我深刻感受到了宪法的力量与人大的使命，更加坚定了我的制度自信与初心使命。"2310 班谢昊江同学则感慨道："这次活动让我对民主制度有了更直观的认识，也激发了我为人民服务的责任感与使命感。"

议发展、聊民生、忧天下、有作为。这堂别开生面的思政课，不仅是一次知识的洗礼，更是一次心灵的触动。它让长郡学子更加坚定了制度自信，增强了社会责任感，为他们的成长之路增添了浓墨重彩的一笔。

案例评析 --- →

少年法学院与深入省人大体验活动，作为两项旨在提升青少年法律意识和社会责任感的教育项目，其深远意义不容小觑。通过参与这些活动，高中生不仅能够吸收宝贵的法律知识，更能在实践中培养对社会事务的深刻参与感和责任感。

少年法学院，通常由法律领域的杰出人士或资深教育工作者精心策划，通过模拟法庭、专题法律讲座、典型案例剖析等多样化教学手段，为学生营造出一个仿真的法律学习环境。此举不仅旨在点燃学生对法律领域的热情，更在于深化其对法律在社会治理中不可或缺作用的认识。同时，通过角色扮演与辩论交锋，学生的逻辑思维能力与公众表达能力亦得以显著提升。

深入省人大体验活动，则为学子们搭建起一座直通立法核心的桥梁。通过实地探访省人大，学生们得以近距离观察立法机构的运作脉络，直观感受人大代表的履职风采，并有机会与之进行深入的交流对话。此过程不仅加深了学生对国家政治体制的理解，更激发了他们作为公民的自豪感与使命感，促使其积极投身社会政治生活，践行公民责任。

为进一步提升普通高中学生的"社会参与"能力，学校可从多方面着手：其一，优化课程设置，增设公民教育、社会学及伦理学等必修或选修课程，以系统化的知识体系培养学生的社会认知与伦理观念，同时锻炼其批判性思维能力；其二，丰富校园活动形式，如模拟联合国、辩论竞赛及模拟法庭等，让学生在模拟社会情境中锻炼公共演讲、逻辑推理及团队协作等综合能力；其三，强化校地合作，积极与企事业单位、非政府组织及政府部门建立紧密联系，为学生提供多样化的实习与实践平台，使其能够在真实的社会环境中检验所学，深化对社会复杂性的认识，并培养解决实际问题的能力与决策智慧。

在未来的教育历程中，普通高中教育需要更加有效地促进学生社会参与能力的提升，并为社会培养出更多具有强烈社会责任感、扎实实践能力及卓越决策能力的优秀青年公民。

三、文化赋能新质学校

文化新质学校秉持着塑造独特个性和鲜明特色的宗旨,致力于通过实施民主化管理机制,革新管理理念,并积极拓宽国际视野,以全面塑造学校的品牌形象。旨在促进学校发展步入一个持续优化的良性循环轨道,为学校的长远发展奠定坚实基础。

(一)个性领航,特色标识

在推进文化治理的征途中,学校越来越重视构建具有个性化和特色化的校园文化体系。鉴于社会环境的多元化特点,学校已经放弃了单一化的管理模式,转而依托其深厚的历史底蕴、鲜明的地域特色、强大的师资力量以及学生多样化的需求,致力于打造一个充满魅力的校园文化。学校独特的个性标识和品牌效应的建立,能够显著提升学生的归属感和认同感。文化治理只有精准地满足学生发展的需求,才能塑造学生独特的个性和价值观,建立学校鲜明的品牌形象,成就百姓家门口的优质学校。

(二)民主参与,主体引领

学校文化治理正稳步向民主化和参与化的新境界迈进。在构建当代教育体系的过程中,我们不断强调学生的核心地位和教师的主导作用。基于此,学校在文化治理的实践中,积极倡导并有力地推动师生共同参与决策机制。通过建立师生评议会、教学研究会、教代会等多元化的组织架构,学校为师生开辟了更广阔的参与校园文化建设的途径,确保他们在其中扮演更为核心的角色。这种参与式治理模式,不仅能够有效激发师生的积极性和创造力,更能深度促进校园文化的蓬勃发展与持续繁荣,从而将校园塑造为一个充满活力和创新精神的学习乐园。

(三)智慧加持,资源共享

学校愈发重视在文化治理中推进信息化与网络化。信息技术的飞速进步促使数字化校园建设成为学校文化治理的新趋势。通过构建校园网站、社交媒体平台等多元渠道,学校得以更高效地传播校园文化,并加强与外界的沟通与合作。同时,借助信息技术,学校能够举办形式多样的文化活动,进一步充实师生的精神世界。例如,线上讲座、虚拟展览、互动竞赛等创新方式,能够吸引更多师生参与,激发他们的创造力和热情。此外,数字化校园建设有助于实现资源的共享与优化配置，提升教学与管理的效率，为师生打造更优越的学习与工作环境。

（四）国际交流，全球瞭望

随着全球化的浪潮席卷全球，学校文化治理正日益展现出国际化和全球化的趋势。积极吸收和借鉴国际先进的教育理念与文化元素，学校能够显著提升教育品质和文化深度。国际交流项目已经成为学校文化治理的关键部分。通过与海外学校的协作与互动，学生们得以直接体验多元的教育体系和文化背景，这不仅拓展了他们的视野，还增强了对不同文化的认知与包容性。国际文化节等各类活动，也为学校文化治理注入了五彩斑斓的内容。在这些活动中，学生们能够直接参与和体验来自世界各地的文化元素，包括美食、音乐、舞蹈、艺术等。这些活动不仅丰富了学生的课外生活，还培养了他们的全球视野和跨文化交流能力。

在推进新质学校建构的过程中，我们应当坚持中国特色，深入探索并积极传播中华文化的丰富内涵，同时融入现代价值观以促进创新。此外，我们还需具备国际视野，借鉴世界先进的文化管理经验，以推动文化的国际交流与合作。在此基础上，我们必须坚定文化自信，结合学校特色，提升治理创新能力，办老百姓满意的"好学校"。

第八章
共育共赢　弦歌相续

　　教育是一场师生相遇后的生命润泽，在彼此碰撞、欣赏中成就幸福。师生共育共生，既有资源共生，也有情境共生；既有言语共生，也有情感共生；既有思想共生，也有精神共生。

　　为真正实现教育共生，长郡中学始终坚持"有高质量的教师，才有高质量的教育"这一理念，以优师进阶三大工程队伍建设策略、师德师风建设、"十佳魅力教师"评选等活动建设高质量的教师队伍，大力打造一支专业素质过硬、具有"教育家精神"的教师"劲旅"，努力培养高素质、专业化的创新型教师。

　　为了营造共生的良好未来生态，长郡中学以"综合素质评价"撬动学生未来生命杠杆，关注评价的发展性功能，将形成性评价和终结性评价有机结合，将"五育"纳入学校的育人模式、课程体系、教育教学活动等人才培养全过程；以"为教师的评价"续写育人诗章，促进教师的专业化发展和成长、增进师生之间的了解和信任、提升学校的整体教育质量。

　　教育不仅发生在课堂，发生在校园，还发生在家庭、社会，故而师生的共生是多方协同参与的共生。打造家校协同育人的教育共同体，是长郡中学从师生共育走向家校共育的不懈追求。无论是在"家长学校"达成的教育共识，还是在家长委员会的携手中增强的育人合力，抑或在冯洪家庭教育工作室的"家长沙龙"中破解的教育困局，还是在"集团化办学"过程中采取的措施都是谱写长郡教育共同体之歌的和谐旋律。

一、教育贵在生命互动

教育的对象是人，是有着鲜活生命的个体。苏霍姆林斯基在《少年的教育和自我教育》中写道："教育是人和人心灵上的最微妙的相互接触。如果我们希望自己的学生成长为有义务感和责任心的、善良而坚定的、温厚而严格的、热爱美好事物而仇恨丑恶行为的真正的公民，我们就应该真诚地对待他。"[①] 可见教育的过程是师生之间、生生之间既彼此独立又相互作用、相互影响的过程。构建民主、平等、和谐、融洽的师生关系，在互动中将道德、情感、知识内化，丰富和完善学生的人格，是教育教学活动取得成果的必要保证。"教师的育人本职是由教育的本质决定的，而教育的本质是促进个体生命发展的活动；只有作为自然人的教师才能够与学生进行心灵上的交往，促进学生的生命成长。"[②]

古罗马哲学家西塞罗说："教育的目的是让学生摆脱现实的奴役，而非适应现实。"在日新月异的新时代，未来教育是一个重要的命题，世界在变，教育也要相应做出变革。师生共育共生作为未来教育的重要理念，强调了教师和学生之间的紧密合作与共同成长。在这一理念下，教育不再是单向的灌输，而是师生双方共同参与、相互启发的过程。未来教育的发展将更加注重学生的主体地位和教师的引导作用，实现真正意义上的师生共同成长。

首先，师生共育共生，强调师生之间的平等与尊重。在未来教育中，教师和学生将建立更加和谐、平等的关系，彼此尊重对方的个体差异和需求。教师将更多地扮演引导者和伙伴的角色，与学生共同探讨问题、解决问题，激发学生的主动性和创造性。

其次，师生共育共生，注重学生的全面发展和个性化需求。未来教育将更加注重培养学生的综合素质和创新能力，关注学生的个性化需求和发展方向。教师将根据不同学生的特点和兴趣，提供多样化的教育资源和教

---

① 苏霍姆林斯基. 少年的教育和自我教育 [M]. 姜励群，吴福生，译. 北京：北京出版社，1984.

② 钟程. 幻象与否认：OECD《回到教育的未来》的价值取向研究——基于非工具性分析路径 [J]. 上海：比较教育学报，2022（02）：55.

学方式，帮助学生实现自我价值的最大化。

最后，师生共育共生，还强调教育的连续性和整体性。未来教育将打破传统教育的界限，实现学校、家庭和社会的有机衔接。教师和家长将共同参与到学生的成长过程中来，形成教育合力，为学生的全面发展提供有力支持。

长郡中学在教育教学中始终贯彻落实以"不让学生输在终点线上"为核心的育人理念，探索从治理走向培养"完整的人"，从治理走向"朴实沉毅"的教育，从治理走向"爱生活、善求知、忧天下、有作为"的生长，让"深度学习"在校园里真实发生，让每个学生在校园文化的浸润中、校本课程的学习中、全员育人的关爱中能认真有序、积极主动、深度高效地学习、成才。而在这一切的背后，展现的都是师生共育共生的深层次生命互动。

二、情联意属蜚声五洲

在人才培养的广阔舞台上，坚持正确的政治方向如同灯塔指引，确保人才之舟不偏离航道，为社会发展提供坚实支撑。合作则是人才成长的加速器，通过跨学科、跨领域的交流碰撞，激发创新思维，拓宽视野。而引领未来，则是人才培养的终极使命，培养具有前瞻性和创新能力的人才，为社会的进步和发展注入不竭动力。三者相辅相成，共同塑造着新时代人才的辉煌篇章。

（一）"党建"引领，高能发展

党组织领导下的校长负责制，是在中国特色社会主义进入新时代的大背景下提出的重大教育改革举措。2021年11月，习近平总书记主持召开中央深改委第22次会议，审议通过了《关于建立中小学校党组织领导的校长负责制的意见（试行）》。2022年1月，中央办公厅正式印发《关于建立中小学校党组织领导的校长负责制的意见（试行）》（以下简称《意见》）。这一制度的实施，是对习近平总书记在全国组织工作会议和全国教育大会讲话精神的深入贯彻落实，是推进学校治理体系和治理能力现代化的必然要求，是推动基础教育高质量发展、落实立德树人根本任务的重要举措。

案例阐述

长郡中学党委深入学习《意见》内容，围绕"一个核心任务"，明确"两个职责定位"，健全"三个制度机制"，强化"四项基础保障"，把握"五项实施要求"，认真贯彻落实党的教育方针的具体行动，推动学校治理体系和治理能力现代化。

学校强化了党组织的领导核心作用，通过健全议事决策机制，确保学校重大事项由党组织集体决策，实现科学、民主、依法治理。这一举措不仅提高了决策效率，更确保了党的教育方针和决策部署在学校得到全面贯彻落实。

学校注重党组织与校长行政系统的协同配合，明确了党组织"把方向、管大局、作决策、抓班子、带队伍、保落实"的职责，与校长全面负责教育教学和行政管理工作的职能相辅相成。这种协同机制有效避免了权责不清、管理混乱的问题，确保了学校治理的有序高效。

推进"党建＋"品牌，赋能"高质"发展

——长沙市长郡中学"党建聚合力"工程优秀案例

1. 实施背景

当前，长郡中学处于实施"十四五"规划的关键阶段，是从"高位运行"迈向"高质发展"的历史阶段，也是新高考背景下实施高中课程综合改革的重要阶段，作为一所有着深厚红色底蕴的百年老校，如何传承红色基因，发挥党建工作优势，整合学校教育资源，以此激活学校课程、教师和学生，推进学校更高质量发展，是学校党委聚焦的中心问题。

在国家省市推进"党建聚合力"工程的背景下，推进"党建＋"融合发展成为当前学校党建工作迭代蓄势的有效途径。近年来，学校党委坚持围绕学校中心大局，做好"融合发展"文章，积极推进"党建＋课程""党建＋教育""党建＋教学"，着力提升学校课程力、文化力和辐射力。

2. 典型做法

（1）积极推进"党建＋课程"，聚合学校课程力。

坚持国家课程校本化，让课程更有"味"。在课程实施方面，推出教师

序列"国旗下讲话"和学生序列"青春之声"，话题涉及人文历史、科技创新、时事政治等，以生动鲜活的形式激励学生"明大义而有专长"，培育同学们"忧天下、有作为"的责任担当。充分挖掘校史中的红色资源，编写《郡园春秋》等校本教材，开设"新生入学第一课"，在高一开设不少于8课时的校史教育必修课，重点突出长郡的党建历史和党史人物，引导学生传承红色基因。

坚持校本课程特色化，让育人更有"效"。青年党校是学校校本课程的一大特色，至今已连续开展三十年，培育了3000余名入党积极分子，发展了200余名中共预备党员。青年党校通过专题理论学习将"学党史"上升到"悟思想"，打造精品党课，树立崇高的理想信念；通过暑期研学实践将"学习课堂"搬到"历史现场"，带着研究课题，数年来已走过南湖、井冈山等20多个革命纪念地，引导学生学思践悟，知行合一，继承革命优良传统，增强青年时代使命。

坚持特色课程品牌化，让影响更有"力"。践行"一切活动皆课程"的理念，由党员教师全程参与指导，形成"三走进""四大节""五研学"为主线覆盖所有学科的实践项目。学校还形成以"阳光大课间"为代表的群众体育工作品牌，《武之魂》和《春之韵》两套自编操多次成为"网红大课间"，被人民日报刊文点赞。

（2）积极推进"党建+教育"，聚合学校文化力。

坚持"自我教育"，打造学校文化的"修炼场"。注重从价值引领方面对党员教师和青年学生进行引导，形成了教师的"四让六不"和学生"四要四不"追求，营造了长郡中学自我教育的浓厚文化氛围。教师追求：让学生喜欢、让家长满意、让同行认可、让学校放心；课堂不出错、上课不拖堂、学生问不倒、作业不超量、试卷不过夜、陪伴不缺席。学生追求：学习要沉心、集体要关心、活动要积极、遇事要从容；问题不过夜、选择不盲从、追求不浮夸、思想不偏执。

评选"美丽长郡人"，打造学生成长的"导航仪"。以评选学生的最高综合荣誉"美丽长郡人"为载体，引导广大青年崇德向善、奋发向上。这项荣誉不以分数作为衡量标准，而是通过民主投票、个性展示、综合考察等方式，树立最能代表长郡形象、最具校园影响力的正能量典范。他们有乐于奉献的金牌义工，有乐学博学的学霸达人，有善思笃行的青年领袖，有无私勇毅的追梦少年。

构建"党建工作室"，打造心育工作的"助推器"。设立共产党员示范岗，成立党支部工作室，服务青年学生。高一支部为"授渔工作室"，高二支部为"心灵驿站"，高三支部为"牵手吧"，行政支部为"润心坊"。各支部党员教师轮流值班，常年一对一地开展学生咨询、辅导工作，为学生解决生活、学习等各种身心问题，助力学生健康、快乐地成长。

（3）积极推进"党建+教学"，聚合学校辐射力。

坚持"三大工程"，促进教师专业发展。"双减"政策实施以来，学校大力开展"减负提质"，积极进行课堂教学改革，实施教师发展的"三大工程"（即青年教师的"青蓝工程"、中年教师的"名师工程"、资深教师的"卓越工程"），探索覆盖全年龄段的教师发展成长路径，为学校的高质量发展提供有力的人才保障。特别是举办"党员教师论坛""党员教师优质示范课""党员教师读书分享会"，大力弘扬"教育家精神"，传承教师优良传统，促进教师终身成长。

注重"五育并举"，赋能拔尖人才培育。始终坚持"五育并举"，通过大力发展以"自我教育"为理念的德育、坚持"严、实、细"夯实文化基础的智育、以"普及+提高"为抓手的体育和美育、以开展"综合实践课程"为特色的劳育，积极推进五育并举，促进学生全面而有个性的发展。出台《长郡中学拔尖创新人才培养实施方案》，构建创新育人平台，形成长效育人机制，培养全面发展的拔尖创新人才。

坚持"开放办学"，担当教育公平责任。现已发展成为拥有40余所加盟校的基础教育集团，通过高中、初中、小学课程发展中心，实行集团共同发展。组织集团主题研讨会和集团年会，深入各校调研，通过派出管理干部和骨干教师、送教送课等多种形式，帮扶怀化三中、通道一中等多所县域高中，助力各校提升教育教学质量。长郡优质教育资源还通过长郡卫星远程学校向全国240余所远端学校辐射。举办"教学开放日"等研讨活动，吸引全国上百所中学的上万名教师到校学习交流。

（4）工作成效

形成课程品牌，达成长效育人。教育教学各项评价指标连年在全国名列前茅，学校的"三走进""四大节""五研学"等实践活动成为省内外知名的素质教育品牌。荣获全国文明校园和全国五四红旗团委，德育案例入选教育部德育工作典型。时任教育部副部长陈希赞誉长郡综合实践活动为"了不起的学校，做了一件了不起的事情"。

形成文化自觉，达成和谐氛围。教师队伍持续高质量发展，仅2023年就有2人入选湖南"双名计划"，7人入选长沙市优秀教育人才。多项课题成果在国家级学术研讨会上推广，并荣获国家级教学成果奖。全年长郡义工与雷小锋德育建设紧密结合开展志愿服务2.5万余次，多名学生获"新时代湖南好少年"等省市级荣誉称号。

形成引领辐射，达成深远影响。拔尖创新人才培养成效显著，五科奥赛有131名学生入选国家集训队，夺得国际奥赛金牌14枚。校艺体代表队多次荣获全国和世界奖项。每年均有全国各省市的几十所学校来校交流学习。集团合作学校获得长足发展，多所学校在当地领先。素质教育成果被《人民日报》等多家媒体报道。

案例评析 --->

长郡中学作为一所具有深厚历史底蕴和卓越教育成就的学校，其党组织领导的校长负责制为学校的持续发展注入了强大的动力。

1. 党领核心聚合力，校长担责促发展。学校加强了组织建设，优化党组织设置，创新活动方式，推进"党建聚合力"工程、成立学校纪委班子、完成党委换届选举，提升了党组织的凝聚力和战斗力。

2. 党引师资强建设，质优师培绘宏图。在党组织领导的校长负责制的引领下，学校党委加强教师师德师风建设、不断提升教师的专业素养和教育教学能力，培养了一批批国家、省市级骨干教师、卓越教师，提升了教学影响力，辐射全国。

3. 青年党校筑基魂，信仰学识共育新。在党组织领导的校长负责制下，青年党校成了推动学校教育教学改革、培育时代新人的重要力量。这种制度确保了学校的发展方向与党的教育方针高度一致，使得青年党校在培养具有坚定信仰、高尚品德和扎实学识的新时代青年方面发挥了不可替代的作用。

4. 长郡模式树典范，教育体制显优势。长郡中学党组织领导的校长负责制不仅对学校自身的发展产生了深远影响，也为其他学校提供了可借鉴的经验，彰显了我国教育制度的独特优势。

（二）"强将"劲旅，这样炼成

"有高质量的教师，才会有高质量的教育。"习近平总书记曾致信全国优秀教师代表，鲜明地提出了中国特有的教育家精神，为新时代教师队伍建设指明了方向。2024年全国教育工作会议提出，要以教育家精神为引领，强化高素质教师队伍建设，大力弘扬践行教育家精神，以教师之强支撑教育之强，进而实现高质量育人。培育弘扬践行教育家精神，有利于全方位地提升我国教师队伍水平，造就人民教育家，为建设教育强国打下坚实基础。

近年来，党和国家高度重视教师教育发展，组织实施了教育强国建设规划纲要，出台了《新时代基础教育强师计划》《关于全面深化新时代教师队伍建设改革的意见》等文件，实施了"强师计划""优师计划"等重要举措。2023年7月，为支撑教育强国建设，教育部启动了"高质量教师队伍建设战略工程"，从师德师风建设、高校教师教育、教书育人能力、教师管理和资源配置、待遇保障等方面发力，力图打造中国特色师范教育体系，进一步强化高素质、高学历教师供给，推进"双师型"教师队伍建设。教师队伍建设是2024年全国两会热议话题之一，"教育家精神"更是2023年度中国基础教育十大关键词之一。长郡中学依托优师进阶三大工程队伍建设策略、师德师风建设、"十佳魅力教师"评选等活动建设高质量教师队伍、优化教师队伍结构，促进教师专业化、年轻化发展，提升整体学历水平；提升教师科研能力，充分发挥名师工作室和骨干、名优教师的引领作用，推进一批高质量、高层次的课题研究；加强班主任队伍建设，进一步健全中青年班主任成长、成才培养机制，引领班主任专业成长。

1. 优师进阶，共臻高质

"双减"政策实施以来，长郡中学大力开展"减负提质"工作，积极进行课堂教学改革，打造骨干教师示范课。现已开设10个长郡教育集团名师工作室，实施了促进教师发展的"启航工程""青蓝工程""名师工程"等优师进阶"三大工程"队伍建设策略，覆盖全年龄段的教师发展成长路径，引领教师实现更高境界、更大情怀地自主成长，为学校的高质量发展提供有力的人才保障。一代代薪火相传的长郡人，正在教育强国的新征程上奋勇接力。

（1）启航工程

长郡中学历来十分重视教师培训，将教师培训作为加强教师队伍建设的重要环节，力求切实增强师德素养，实现教师内涵发展。学校每年都举行新教师岗前培训，主要包括常规学习、精神传承、生涯规划三大方面内容，通过培训，新教师能了解长郡的精神和文化，了解教育教学的基本流程和基本要求，学习长郡名师的优秀做法，热爱教育事业，树立正确的教育观，熟悉长郡教育集团的教育理念，快速进入工作状态，在郡园这片沃土上静心耕耘，奋力成长。

案例阐述

学校对新教师的培训主要从常规学习、精神传承和生涯规划三个方面进行。

1. 常规学习方面，长郡中学会为新教师发放《长郡中学教师发展手册》进行学习，这本教师手册由"师德师风建设""学校管理制度""教育教学常规""教育教学评价"等四部分组成。此外还有《长郡中学制度汇编》之《教学教研管理制度》（有各项常规制度共二十八项），帮助新教师以制度为抓手，熟悉学校的教学教研和校园的管理文化。

2. 精神传承方面，在新教师培训大会上，涵盖长郡校史、校训、精神和教学文化等内容的主题讲座是必不可少的，朴实沉毅是无数长郡人内心的坚守，这种理念融入了长郡文化的方方面面。学校借助入职培训的契机，向新教师传递长郡精神，新教师也得以在培训中进一步深入品味长郡智慧，进而帮助自己在未来的教育教学中以"朴实沉毅"为核心，走出一条涵养教学文化，落实立德树人任务的育人路径。

（1）个性张扬，纵展才情

人工智能教育时代的来临，给传统课堂带来了全新的挑战。学校鼓励每一位教师教出个性，课堂教学不唯模式，各扬所长，和而不同。幽默风趣的教师，课堂上妙语连珠；擅长技术融合的教师，课堂上玩着光影穿越；能歌善舞的教师，课堂上更是赏心悦目……教材的处理、技术的使用、实验的创新等各个方面，学校都倡导教师能亮出自己的绝活。

（2）数据支持，科学施教

新高考改革，是国家人才培养战略的重大转型。长郡中学通过集采的方式，订购了中国知网数据库等数据教学资源，开通了中国知网研学平台。学校正通过郡学教育构建教学资源共同体、教研共同体和学习共同体，将学校的教学文化传布三湘四水和华夏大地。

（3）问卷调查，革故鼎新

提升师生教学的匹配与融合度，是教学和谐的重要保障。长郡中学一直以来坚持《学情问卷调查制度》，适时更新调查内容，引导学生从定性与定量两个维度客观评价教师教学态度、课堂特色、课业负担和家教家养等情况。学校通过智慧办公系统将测评结果及时反馈给教师，引导教师积极调整教育教学策略。

每年的教学开放日，长郡中学都会推出包括课堂全开放在内的系列活动，精心设计教学活动评价问卷，引导前来学习交流的教师作出定性和定量评价，学校对满意率达100%的教师公开表扬，颁发荣誉证书。问卷文化，推动了教师革故鼎新，促进了专业可持续发展。

3. 生涯规划方面，学校要求新手教师，以"术"入格。刚入职或调入的新手教师，发展规划应重在扎实专业知识和娴熟教学管理技能，尽快融入"朴实沉毅"的校风与学风，初步形成个人的教学方法和风格，做到教有定法，通过一至二轮大循环（高一到高三），能得到师生、学校和家长的认可，胜任立德树人工作。入职培训后，新教师须按要求及时提交《长郡中学教师教育生涯发展规划书》。第一学期，学校在"双向选择"基础上为新手教师选聘教学或教育师父教师，签订并督导履行《师徒合同》（另附）。新入职或35岁以下青年教师须定期参加学校举行的解题大赛（方案另附）和高三联考（方案另附）。积极参与校级市级课题研究，主持校级课题，切实解决工作中的问题，积极参加各级研训，不断提高业务水平。新教师应行事做人有法度，积极参加各级教育教学竞赛活动，做教研先锋，全面展示学校特色与个人风采。高质量完成各项工作任务，力争绩效考核全优。

案例评析 - ▶

　　教育部《关于大力加强中小学教师培训工作的意见》中指出："教师培训是加强教师队伍建设的重要环节，是推进素质教育，促进教育公平，提高教育质量的重要保证。""对所有新任教师进行岗前适应性培训，帮助新教师尽快适应教育教学工作。培训时间不少于 120 学时。"有效的培训能帮助新教师快速适应教育教学环境，掌握基本的教学技能，理解学校的教育理念，融入学校文化。

　　长郡中学的新教师入职培训，首先是注重实践性和针对性。培训内容紧密结合教育教学实际，借助日常教学的相关问题和经验，具体详细地讲述教学中的"听、思、练、行"，为解决新教师在实际工作中可能遇到的问题提供借鉴。还会从教师素质、课堂设计、学生表现等几个方面强调教师落实和引导的重要性等等。此外，培训方式也呈现出多样化面貌，包括专题讲座、分组讨论、现场互动等多种形式，以满足不同新教师的需求。

　　其次，注重专业引领和师德教育。新教师的入职培训通常会邀请集团内经验丰富的老教师或教育专家进行专业指导，帮助新教师快速掌握教学技巧和方法。前辈们通过回顾自己从入职新人到名师、从名师到校长这一路上的点滴故事，强调新教师要学会慢的艺术，懂得适应环境，对年轻教师的专业发展提出宝贵建议。有的前辈会强调要关注教师的基本要求，从长郡教师的工作标准以及学校对教师的评价细则等方面，给新教师的未来成长做出切实的导航等等。同时，学校也会加强师德教育，引导新教师树立正确的价值观和职业观，增强他们的责任感和使命感。

　　最后，除了新教师的入职培训外，长郡中学还在每学期开学初开展教师培训，其中包括主题教师论坛（如 2024 年 2 月学校组织了《探索"教学评"一体化，提高学习评价效能》的主题教师论坛）和专家讲座，这也是促进教师尤其是新教师专业发展、职业发展的重要举措。

　　总体来看，长郡中学的教师培训体系较为完整和系统，培训内容有针对性、培训形式多样、教师发展制度完善，这些对教师的成长都有长足的帮助。但近几年来，长郡中学新教师更多的是参加长沙市教育局统一组织的入职培训，学校特色的培训体系没有持续发力。未来，学校应当接续已有的教师培训优良传统，积极开展具有长郡特色的新教师培训，培养具有长郡风格的教师队伍。

（2）青蓝工程

近年来，长郡中学积极实施"青蓝工程"，每年组织 35 岁以下的青年教师参加片段教学比赛、师徒汇报课比赛、解题比赛、讲题比赛、命题比赛等一系列比赛活动，以赛代训、以赛带研。青年教师通过多项比赛的磨炼，夯实教学基本功，提高专业技能，能按照学校设置的阶梯形成"一年胜任、三年成才、五年骨干、十年成名"的长规划发展路径，迅速成长为学校的中坚力量。

案例阐述

长郡中学师徒合同教师工作管理办法

1. 每学年第一学期举行师徒合同签订仪式，师徒合同全学年有效。学校对被聘为师父且愿意履行合同条款的教师，每周计入适当工作量。

2. 建立长郡中学徒弟教师成长档案。师徒双方的教学交流情况，要记录在长郡中学教师空间或记录本（工作日志）上，该记录由师徒共同完成（记录必须体现师徒听课、评课、讨论研究等工作），每次记录均须有时间、地点、内容。每个学期末，师徒对合同履行情况及教学情况作出反思总结。教师空间或记录本（工作日志）由师徒共同经营，师父教师督促验收，每个学期末由学校定期（一般与教案检查同步）组织检查。

3. 每学年第一、二学期，分别举行一次由青年教师参加的"新课程·新高考·新教师"片段教学比赛、解题、讲题、命题大赛和教育教学汇报课比武，并评出一、二、三等奖。师父享受"新课程·新理念·新教师教学汇报课"赛课中徒弟所获得奖项的同等奖励。

4. 每学年第二学期初，举行一次新教师参与的校级微课题项目评比（能升级为长沙市级规划课题项目的评为特等奖），并评选出一、二、三等奖。师父享受评奖中徒弟所获得奖项的同等奖励。

5. 学校每学期召开一次"师徒合同"履行情况小结会，对合同履行情况进行全面小结。全学年对合同履行质量进行一次综合评估。第二学年可视实际情况续聘。

案例评析 --➤

对于任何职业来说，从业者获得接纳和社会化都是其职业发展至关重要的一步。新教师工作的头几年是一个关键时期，入职培训项目应该在这一关键时期通过协作型的备课机制、经验丰富的同事指导等方式为他们提供支持。① 青蓝工程在教师队伍建设中起到了至关重要的作用，尤其体现在青年教师的培养和发展方面。师徒结对作为该工程的重要组成部分，为青年教师的成长提供了有力的支持和引导。

青蓝工程的核心目标是建设一支高素质、专业化的教师队伍。通过实施一系列培养措施，如师徒结对、教学研讨、专业培训等，提升教师的教育教学水平，推动教师队伍整体素质的提高。师徒结对作为其中一种有效方式，通过老教师与青年教师结对，实现教学经验和专业技能的传承，有助于青年教师快速适应教学岗位，提高教育教学能力。在师徒结对过程中，师父发挥着重要的引领和示范作用，他们将自己的教学经验、教学方法和教学技巧传授给青年教师，帮助他们解决教学中遇到的困难和问题。同时，师父还会通过课堂观摩、教学指导等方式，对青年教师的教学进行点评和指导，促进青年教师教学水平的不断提升。青年教师作为徒弟，在师徒结对中受益匪浅。他们直接向师父学习，不仅快速掌握了教学的基本知识和技能，还学会了如何与学生沟通、如何设计课程、如何进行教学评价等。这种学习过程不仅有助于青年教师提升教学水平，还有助于培养他们的创新意识和实践能力。

然而，师徒结对也存在一些需要改进的地方。例如，部分师父由于工作繁忙等原因，无法充分投入对徒弟的指导和帮助中。同时，一些青年教师也缺乏主动性和积极性，对师父的指导和建议不够重视。因此，在实施师徒结对时，学校需要建立健全的管理机制，确保师父和徒弟都能够充分履行自己的职责，实现有效的教学传承。

（3）名师工程

对于名优教师，学校要求他们以"道"升格。在长沙市及省内外有建

---

① 联合国教科文组织.一起重新构想我们的未来：为教育打造新的社会契约［M］.北京：教育科学出版社，2022：88.

树、影响和名望的教师，发展规划应重在领航教育教学与人才培育模式改革，着力涵养爱心与耐心——对教育充满无限的热爱，对学生充满积极的期待，帮助学生成为最好的自己。回归教育原点，建构教育、事业与生命格局。

学校为名优教师提供校市省三级名师工作室创申平台，担纲各级名师工作室名师或首席名师，争做省市学科带头人。名优教师应倾力先进教研组、备课组创建，创新校本研训方式，以"课程·课堂·课题"为重心，强化学科整体育人功能，深入开展内容、策略、方法、机制研究，促进学生德智体美劳全面发展、健康成长，全面提升育人水平。积极参与国家课题研究，斩获国家教育教学成果奖。

名优教师应高瞻远瞩，成就"名教师·名学科·名学校"品牌，著书立说，为梦发声，奋发有为，创造性解决教研教改疑难，引领团队不断迈上新台阶。

案例阐述

2022年初，长郡中学务虚会议提出建立长郡集团名师工作室的构想，长郡中学教师管理发展中心便将集团名师工作室的筹备工作写入了年度工作计划，并在教研组和各集团校中广泛动员，统一认识，做好思想上的准备工作。2022年暑假，通过广泛的调查与深入的研究，由长郡中学教师发展管理中心牵头，制定了具有前瞻性和可操作性的《长郡教育集团名师工作室管理办法（试行）》，为集团名师工作室的成立提供了制度上的保障。

长郡教育集团名师工作室管理办法（试行）

第一章 总则

第一条 根据《长沙市长郡中学第十四个五年规划》建设高质量教师队伍的要求，为进一步加强长郡教育集团教师队伍建设，推动实施"名师培养工程"，建立健全名师发展平台和培养机制，充分发挥名师的引领、示范、指导和辐射作用，促进集团教师队伍整体素质的提高，根据有关文件精神，结合长郡教育集团实际情况，特制定本办法。

……

第三章　工作室的组成、职责与选拔程序

第四条　首批名师工作室将以主要学科为主，由工作室主持人（名师）和工作室成员组成，实行任期制，每届任期3年。其中，首席名师1人，顾问2~3人，名师团队3~5人，学员15~30人。

第五条　名师工作室主持人的选拔条件

1. 热爱教育事业，师德高尚，乐于奉献，善于学习；热心青年教师培养工作，具有团队合作精神。

2. 有较高的理论修养、先进的教育理念和改革创新的意识，具有较强的专业引领、培训指导和组织协调能力；有较强的教育研究和教学实践能力，能组织、培养和指导骨干教师进行课题研究；有理论联系实际、实事求是、扎实稳健的工作作风。

3. 业绩突出，具有市级骨干（卓越）教师等市级及以上优秀（骨干）教师称号，在全市有较高学术水平的在职优秀教师。

4. 身体健康，能够承担工作室的职责任务。

5. 熟练掌握现代教育技术，能够开设网上交流平台。

第六条　名师工作室成员的选拔条件

1. 热爱教育事业，专业思想稳固，专业基础厚实，肯吃苦，善钻研，具有一定教育教学智慧和较强的团队合作精神，具有良好发展前景的优秀中青年教师。

2. 具有较强的教学和科研工作能力，在教育教学工作中已崭露头角。

3. 掌握现代教育技术，能够进行网络交流。

第七条　名师工作室的职责任务

名师工作室的主要任务是培养、培训中青年教师，开展教育教学课题研究，加强学科教学教研团队建设，解决学科教学难题，引领学科教学健康发展。具体职责如下：

1. 培养、培训教师。制订工作方案和成员培养方案（包括培训目标、培训内容、培训形式、研究专题、培训考核等），工作周期内培养工作室成员成为在某一方面学有专长、术有专攻的知名教师，促进其专业化发展，帮助学员形成自己的教育教学风格和特色，发挥成员在本学科中的示范、辐射和带头作用，力争形成名优群体效应。

2. 课题研究。名师工作室以工作室主持人专长为基础，以工作室成员的集体智慧为依托，针对教育教学实践中的重点、难点问题进行专题研究，工作周期内申报课题立项成功或完成 1 项市级及以上重点研究课题并取得成果，撰写出一定数量的高质量教育科研论文或专著，促进学科教学的理论建设。

3. 教学指导。积极开展课堂诊断、问题研究、考试研究、专题讲座、课题带动、读书交流、观摩考察等活动，不断更新中青年教师的教育教学观念，提高他们的课堂驾驭能力，并辅导他们在国家、省、市级赛课中向奖项冲刺。学校可统一安排工作室成员到其他学校进行教学交流、检查指导等活动。

4. 成果辐射。名师工作室的教育教学研究成果应以论文、专著、讲座、公开课、研讨会、报告会、名师论坛、专题纪录片、现场指导、观摩考察等形式在全校乃至全市范围内介绍、推广。工作周期内，工作室主持人应带领工作室成员开设一定数量的市级以上公开课、培训讲座或教学论坛（报告会、研讨会）。依托"未来学校"建设，开展网络教学研究和课程教学研讨，在线解答教师们的学科教学问题，通过互动交流实现优质教育教学资源的共享以及向外成果辐射。

第八条 名师工作室主持人及成员的职责任务

（一）主持人的职责任务

1. 全面负责名师工作室的组建工作，制定工作方案、三年发展规划和每学年工作计划，确定工作室成员的培养目标和针对性、实效性的培养措施。

2. 主动传授先进的教育理念和教学方法，发挥辐射和引领作用。针对每一个学员的特长，给予学员全程培训指导，引领学员提高综合素质，促进其专业化发展。

3. 每个学年，上市级以上公开课不少于 1 节，举办校级以上专题讲座不少于 1 次。

4. 定期组织工作室成员开展理论学习及研讨，每月至少 1 次，并做好研讨交流记录。每学年提交工作室活动总结 1 份。

5. 任期内，至少主持并解决 1 个有价值的教育教学问题，申报课题立项成功或完成 1 项市级以上课题，至少有 2 篇以上研究报告或论文在省级以上报刊上发表或获奖。

6. 组织工作室成员积极参加市教育局开展的各项教育科研活动，并能完成相应的工作任务。

7. 及时整理名师工作室活动记录、研究成果资料，负责建好名师工作室和学员档案，接受集团办学办公室及教师发展中心的指导、检查、评估，以及工作室的年度过程性考核和周期终结性评估。

（二）工作室成员的职责任务

1. 遵守名师工作室管理制度，积极参加各种活动，善于向名师学习，不断改进学科教学技巧，总结教育教学方法，提高教学质量。在名师的引导下与工作室其他成员合作交流，共同成长。

2. 制定个人三年发展规划，每学年初制定个人专业发展研修书面计划，并在学年末进行书面总结，每月在名师工作室交流汇报一次工作开展情况。做好各种研修活动记录，提交研修总结。

3. 每个学年，上展示课不少于 2 节，提交 2 份以上优秀教学设计或优质课例实录。积极参加市教育局和集团开展的各项教育科研活动，并完成相应的工作任务。

4. 不断钻研教育教学理论，每学期至少研读 1 本教育教学专著，撰写 1 篇读书笔记，每学年完成 1 篇教育教学论文并在市级以上报刊上发表或获奖，3 年内至少有 1 篇论文在省级以上刊物上发表或获奖。

（三）名师团队职责与任务

1. 遵守名师工作室的各项规定，在首席名师的带领下，共同完成工作室各项目标任务。

2. 积极推进名师工作室之间的合作与交流。

（四）顾问职责与任务

1. 为名师工作室提供理论支撑与业务指导。

2. 为名师工作室开展各项工作创造有利条件。

3. 参与制定或修改工作室工作计划、管理细则，协商工作方式、工作时间。

第九条　名师工作室建立程序

（一）确定主持人

名师工作室设主持人1名，符合条件的教师自愿申报，填写相关材料，教师发展中心组织专家评审组进行评选。

（二）选拔成员

1. 公布名师工作室主持人名单及相关资料、工作室工作方案、工作室选聘成员的要求。

2. 工作室成员由符合条件的教师个人申请、各集团学校推荐后，将其申请材料提交工作室主持人。

3. 工作室主持人对申请人进行资质确认。

（三）审核认定

名师工作室主持人将本工作室工作方案、成员组成情况、任期发展目标等相关资料上报长郡中学教师发展中心审核，由长郡中学学术委员会进行认定。

（四）挂牌运行

由长郡教育集团名师工作领导小组为长郡教育集团各名师工作室命名，授予证书和牌匾，工作室依据有关规定开展工作。

2022年10月，为了进一步加强长郡教育集团教师队伍建设，实施推动"名师培养工程"，充分发挥集团内名师的引领、示范、指导和辐射作用，由长郡本部倡导、长郡中学教师发展中心具体牵头，成立了包括语文、数学、英语、物理、化学、生物学、历史、政治、地理、拔尖创人才等10个长郡教育集团名师工作室。工作室顺利组建了名师团队，开展了一系列高效的教研活动。这是长郡教育集团在教育科研、教师培养领域谋求高质量发展的一个重大举措。它以集团名师工作室为载体，充分发掘集团内优势教育资源，通过名师工作室组织开展多校区联合教研行动，加强集团内的交流与探讨，共同培养各校区的优质师资队伍，为本集团的教育高质量发展注入了新的活力与能量，形成了新的发展合力与内在驱动力，并初步取得了喜人的成绩。"名师培养工程"通过优秀课例展示课、同课异构、读书征文、高考研讨会等一系列活动，助力中年骨干教师进一步提高业务水平，打破职业发展瓶颈，实现职业生涯的第二次专业发展，促使其成长为专家型卓越名师，并示范引领青年教师迅速成长。

案例评析 -- ▶

　　名师工作室是一种集培训、研究与实践改进为一体的教师专业发展模式，旨在通过名师的辐射引领，带动身边的青年教师群体共同成长。长郡教育集团名师工作室，是教师专业成长的重要平台，通过名师的引领和团队的协作，能促进教师教育教学水平的提升，进一步推动学校整体教育质量的提高，也有利于扩大集团影响力和优势教育资源的辐射力，是一张对外宣传长郡品牌的亮丽名片。

　　首先，名师工作室是长郡教育集团教师专业成长的重要平台。名师工作室可以让集团内的教师与顶尖的教育专家、学者进行面对面的交流与学习，从而不断拓宽自己的教育视野，更新教育理念，提升教育教学水平。此外，名师工作室还定期举办各类教学研讨、经验分享活动，为教师们提供了一个相互学习、相互借鉴的良好环境，有力地推动了教师的专业成长。

　　其次，名师工作室的存在极大地提升了长郡教育集团的影响力。一方面，名师工作室聚集了一批具有高超教育教学水平和丰富实践经验的教师，他们的教育成果和先进经验多年来为集团赢得了广泛的赞誉和认可；另一方面，名师工作室通过举办各类教育论坛、研讨会等活动，积极向社会展示了集团的办学成果和教育理念，进一步扩大了集团的社会影响力。名师们不仅关注教育教学质量的提升，还积极参与课程改革、教材研发等工作，为集团的高质量发展提供了有力支撑，名师工作室在这个过程中发挥了关键作用。同时，名师工作室还通过引领教师团队开展教育教学研究，探索适合集团发展的特色教育教学模式等方式，为集团的持续发展注入了新的活力。

　　最后，名师工作室在发挥辐射引领作用方面也有着显著成效。一方面，名师工作室通过定期举办各类教育培训活动，为周边地区的教师提供了学习交流的机会，带动了周边地区教育事业的发展；另一方面，名师工作室的先进教育理念和成功经验也为其他教育集团提供了借鉴和参考，为推动整个地区的教育事业发展作出了积极贡献。

可见，长郡教育集团名师工作室对于促进教师专业成长、扩大集团影响力、推动高质量发展以及发挥辐射引领作用都具有重要意义。未来，长郡教育集团应继续加强名师工作室的建设与管理，充分发挥其在教育事业发展中的积极作用。

2. 以德育德，师道永恒

新时代，新征程，推动教育高质量发展急需一支高素质教师队伍。师德师风是教师素质的核心。党的二十大报告对教师队伍建设提出明确要求："加强师德师风建设，培养高素质教师队伍，弘扬尊师重教社会风尚。"为深入贯彻习近平总书记关于教育的重要论述和全国师德师风建设工作视频会议精神，全面落实《中共湖南省委湖南省人民政府关于全面深化新时代教师队伍建设改革的实施意见》要求，湖南省教育厅将 2021 年列为湖南省"师德师风建设年"，并印发了《2021 年湖南省"师德师风建设年"实施方案》《湖南省"师德师风建设年"工作考核方案》。2021 年 6 月，长郡教育集团第五届主题研讨会在湘郡未来实验学校举行，各校以"全面深化新时代师德师风建设"为主题展开研讨，为学校建设提出新思想，并将师德师风建设贯彻在之后的教育教学工作中。时至今日，长郡教育集团在师德师风建设方面的工作已经有了成熟的思考和实践。2022 年 4 月，教育部等八部门印发的《新时代基础教育强师计划》，明确了首要基本原则："坚持师德为先。把教师思想政治和师德师风建设放在首要位置，围绕落实立德树人根本任务，全面加强中小学教师思想政治建设，提高教师的政治意识、政治能力，严格落实师德师风第一标准，突出全方位全过程师德养成，推动教师以德施教、以德立身。"① 从长郡中学的师德师风建设工作计划中，能够看到学校从责任机制、教育机制、监督机制、治理重点、违规行为五个方面对教师的师德师风建设作出了具体要求，并开展了一系列教研活动来贯彻落实，真正体现了对"师德为先"基本原则的重视。

此外，在落实过程中，也对师德师风建设有明确的规划：第一，强化

---

① 教育部等. 教育部等八部门关于印发《新时代基础教育强师计划》的通知. [EB/OL]. (2022−04−02)［2024−4−29］. https://www.gov.cn/zhengce/zhengceku/2022−04/14/content_ 5685205. htm.

领导干部示范作用。重视干部的党风廉政建设，严格规范干部言行，增强宗旨意识、服务意识、责任意识、创新意识、争先意识和实干意识，用自身的人格力量感染教师、引领教师。凡要求教师做到的，领导干部先做到，吃苦在前，爱校敬业。第二，加强法律法规学习。认真组织教师学习《教育法》《教师法》《未成年人保护法》等法律法规，抓实、抓好每年的假期读书学习与师德师风培训活动，督促广大教职员工自觉强化厚德修身的思想，树立良好的教师形象。第三，建立师德师风日常学习制度。通过全体教职工大会、年级工作会、党支部民主生活会等各种形式，学校定期组织相关学习，并在学习的基础上，对照自身情况找问题，开展批评与自我批评，从思想深处认识师德师风建设的重大意义，提高教师自身素质，做到以身作则，言传身教。第四，健全师德师风考核制度。在《长郡中学教师职业道德规范》《长郡中学整治有偿辅导、违规补课专项工作要求（试行）》《长郡中学师德师风评议和报告实施办法》等文件的基础上，进一步完善长郡教师评优考核办法，做到表扬与惩戒有据可依。第五，落实完善巡查制度。针对违规补课、家教家养、培训机构兼职兼课等违纪行为，学校把校园周边小区、培训机构等纳入了监督范围，持续开展网格化巡查。

教师的教育叙事与师德建设是紧密相连的，它们共同塑造了教师的教育风貌和专业精神。教育叙事是由教育主体叙述教育教学中的真实情境，通过讲述故事，体悟教育真谛。教育叙事并非为讲故事而讲故事，而是通过叙事展开对现象的思索和对问题的研究，是一个将客观的过程、真实的体验、主观的阐释有机融为一体的教育经验的发现和揭示过程。长郡教育集团有很多像伍果平这样的教师，一直认真记录着他们的工作旅程。

案例阐述

苹果树下的守望

大家好，我是长郡中学教师伍果平，从事教育事业二十一年，冬去春来，寒来暑往，送走了七届毕业班，今天想讲的是我与一个孩子的故事，他叫许令玮。

播种——播下种子，引导选择

许令玮并不是"学霸"，刚到我的班上时，成绩中等，但兴趣广泛，文学、哲学、漫画、武术都有涉及。他曾花两年时间收集、整理了本班课堂精彩语录，结集出版了一本《长郡教师在课堂》。在爱心义卖会上，这本语录一举助力班级卖得了全校第一的善款，他将两千余元全部捐给了望城蓝天希望小学。他用心的成果不再是一个简单的记录小册子，更是一份社会责任感。

我深知，科学的精神始于广泛的兴趣。他的父亲曾以这些爱好会耽误孩子学习为由阻止他，我主动劝说孩子父亲："令玮爸爸，其实孩子的爱好不但不影响学习，相反会促进他的学习，帮助他更全面地发展。"兴趣比黄金更宝贵，我常常鼓励他大胆探索，我深知播下兴趣的种子是育人的基础。有了兴趣，孩子才能活跃在自己喜欢的各个领域。他创立的日语社团，获得长沙市日语配音大赛一等奖，他本人也曾获湖南省青少年武术锦标赛对练第二名。

耕耘——激发潜能，助力成才

许令玮在尝试了一年的物理竞赛之后，发现自己很难进步，于是退出了竞赛组。当时他很沮丧。我敏锐地发现了他内心的变化，常常约他促膝长谈，帮他树立新目标。我建议他除了物理，还可以把精力投入他高一就很喜欢的生物科目上。高一暑假，许令玮在洞庭湖地区参加"走进新农村"活动时，对防治血吸虫病产生了浓厚兴趣，有强烈社会责任感的他想做课题进行研究。刚开始，许令玮提出了很多方案，但他马上意识到要完成这个课题不仅仅是"休闲和好玩"，势必要牺牲很多课余时间。他找到我说想放弃，我和他深入交流后，发现"中国洞庭湖湿地血吸虫病传播源的以螺控疫生态治理研究"这个课题，对当地居民健康和生态环境治理有很大帮助。只是该课题还缺少实地调研基础和扎实的实验验证，需要耗费无数个周末、晚自习、寒暑假时间。播下兴趣的种子后，还需要努力耕耘才能开花结果。为了鼓励他提高自主探索的创新能力，培养系统的学术研究能力，我建议他不上晚自习，周末和寒暑假也不到校自习，帮他减免作业。自此，他所有的课外时间都会深入洞庭湖附近的湿地收集牛粪，在长郡中学生物组的实验室里解剖屎壳郎，在家饲养兔子，等等，收集了很丰富的实验数据。

然而，要完成课题，许令玮个人的力量还是太单薄了。此时我知道必须为他寻找强有力的"外援"了。我先找到负责科技创新项目的彭世文老师和许令玮同学的家长，共同探讨如何利用课余时间深入研究课题。他们都很支持，不仅找到了大学的教授和实验室资源，也在接下来的一年多时间里，多次陪同许令玮前往岳阳等地进行实地考察和实验研究。做了一年多实验后，许令玮对这项课题的兴趣更浓厚了，决定参加中科协举办的"明天小小科学家"比赛。湖南省的高中生还无人获得过这项赛事的全国一等奖，主要原因之一是比赛时必须用英文介绍自己的课题并进行课题答辩，这里面有很多科学术语，难度很大。为了给这棵兴趣之苗培土，我请了另一位外援——长郡中学英语教师宁希宏，她鼓励许令玮用英文全程模拟"明天小小科学家"演讲，并把班级英语活动全权交给他。同时学校也全力支持，邀请外教和生物专家进行一对一口语训练和模拟课题答辩，一点一点地打磨之后，许令玮同学终于可以流畅地用英语专业术语表达自己的科研内容了。

收获——眼含星辰，心中有光

正式参加比赛时，从长沙到北京，许令玮一路过关斩将，拿到了全国一等奖，还入选了中国国家队，并参加了在美国举办的"国际科学与工程系大奖赛"，他代表湖南省拿到了第一个国际科学与工程大奖，也是当年全球受邀参加瑞典斯德哥尔摩国际青年科学研讨会并出席诺贝尔奖颁奖典礼的25名青少年中，唯一的中国青年。

教学相长，许令玮让我看到，育人如同种树，需要经历播种、耕耘、收获，最终习得拔尖创新人才终身成长所需的品质。

高中毕业后，许令玮先后在北京大学、哥伦比亚大学深造，让我欣慰的是他学成归来，回到祖国，与共青团中央合作，给全国多个城市的在校大学生提供职业技能培训和就业规划指导。最让我感动的是，疫情防控期间他作为街道的志愿者，跟着街道工作人员一起发放抗原检测盒，并教居民使用，封楼以后跟楼内其他志愿者分组轮班站岗，接收和消毒快递，分发政府物资，组织测核酸，直到上海解封，一做就是整整三个月。许令玮这样做，我一点也不奇怪，高中阶段他就埋下了社会责任感的种子。

我一直把"不让学生输在终点线上"作为自己的核心教育理念，当看到许令玮切实把"爱生活，善求知，忧天下，有作为"融入了当时的生活与未来的时光，我想，我做到了。

在郡园工作的20年时间里，很多时候我都是默默地站在教室、走廊、操场……静静地守护着每一个学生。或许正因为如此，在学生心中，伍老师就像一棵树，不论什么时候都会坚定地站在那里。因为我的名字叫"伍果平"，所以学生都开玩笑地称呼我为"苹果树"。"安其学而亲其师，乐其友而信其道。"我愿站成一棵苹果树，守望着自己每一个学生，当学生需要时，我恰好就在这里！

案例评析 -- ▶

教育叙事主要是指教师真实记录自己在教育教学过程中的经历、体验、感悟和反思等。因其真实性，使得教育叙事成为师德建设的重要参考。教育叙事是长郡中学教师加强师德师风建设的有效手段，能够持续推动学校师德师风建设的深入发展。

"师德师风建设意在提升教师的思想政治素质和职业道德素质，构筑起教师敬业立学、崇德尚美的新风貌。教育叙事能够增强教师的职业归属感和使命感，引导教师找寻教育生活的意义，形成对自我和社会的稳定认知，从意识层面深度推进师德师风水平的提升。"① 通过长郡中学伍果平老师写下的这一篇教育叙事，我们可以清晰地看到伍老师在教育实践中所遇到的挑战、困惑以及他的应对方式和策略。他对自己的教育行为进行了深入的反思和总结，找出了成功与失败的原因，继而不断完善自己的教学方法和策略，这个过程中展现出的高尚品德、敬业精神、关爱学生等优秀品质，都能够成为其他教师学习的榜样。而其他教师通过学习像伍老师般优秀教师的教育叙事，能受到启发和激励，自觉加强师德建设，提高自己的道德水平。

教育叙事是一种新兴的教育科研方法，为教育科研提供了新的视角和工具。与传统的量化研究方法相比，教育叙事更注重教师个人经验和主观

---

① 姜晓玉. 教育叙事：师德师风建设的有效策略 [J]. 河北教育（德育版），2023（5）：37.

感受的描述与分析，有助于揭示教育现象背后的深层意义和价值。教育叙事还能够生动地展示教师在教育实践中的具体情境和案例，有助于将教育理论与实践相结合。通过分析教育叙事案例，教师可以更加深入地理解教育理论的内涵和应用，提高教育实践的科学性和有效性。因此，长郡中学在教育科研中充分发挥教育叙事的作用，鼓励教师以自身的教育实践加强教育叙事研究，促进教师的专业发展和教育质量的提升。

此外，"教育叙事研究的这种'成长性'，对教育的对象又形成了'反哺'，使教师的专业成长和学生的生命发展实现了完美契合。同时，通过教育叙事研究，老师们以自我在专业上的不断发展，促成了新的教育生态的构建。对个体而言，教育叙事研究是一条最能有效勾连起实践和理论的成长路径。从随性朴素的故事呈现，到理性思考的溯源前行，再到主动聚焦的系统构建，教育叙事研究带着教师渐次'抵达研究的深处'，对人类'经验'进行个性化表达，给参与者和读者都带来了不一样的教育意义。"①

3. 魅力教师，杏坛春风

魅力教师评选活动能提升教师职业形象、激励教师专业成长。通过表彰那些在教学和育人方面表现突出的教师，能增强教师的职业荣誉感和归属感。通过评选活动，可以向社会公众展示教师队伍的优秀代表，提升教师职业的社会认可度和尊重度。评选过程中的交流与分享，有助于教师之间相互学习、共同进步，促进教育教学方法的创新和教育质量的提高。特别重要的是，魅力教师的榜样作用能够激发学生的学习热情，营造积极向上的校园文化氛围。

案例阐述

2022年12月15日，长沙市第六届"感动星城·十大魅力教师"评选暨颁奖仪式在长沙市少年宫举行，本次评选在全市20万教职工中选出20位候选人，最终共有10位入选教师。经过角逐，长郡中学刘喜珍老师荣获长沙市第六届"十大魅力教师"。

---

① 余志权. 从写作者到研究者：教育叙事研究与教师专业成长［J］. 中小学德育，2022（9）：4.

当园丁秉持朴实沉毅　育栋梁厚植家国情怀

教育要立足学生的长远发展，着眼祖国需要。她三十多年默默践行着这样的历史使命，为清华、北大输送复合型优秀人才 129 人，培养了一大批基础学科竞赛创新型人才，她的学生为祖国赢得了两枚国际奥林匹克学科竞赛世界金牌。这些学生现已逐步成长为国家建设各领域的专家，她用自己纯粹的坚守、无私的大爱和独特的教育教学艺术，回答了"为谁培养人、培养什么人、怎样培养人"的"教育三问"，她就是长郡中学的刘喜珍。

唯知勤耕耘，无心问西东

从早上七点到晚上七八点，刘喜珍总是在办公室和教室之间忙碌，三十多年，无欲无求，无怨无悔。她心中只有一个纯粹的信念：让家长放心，为学生负责，为国家培育英才。

为了让学生得到最好的教育和发展，她殚精竭虑。带竞赛班的 12 年，更加忙碌。竞赛班工作头绪繁多，学习模式变化多端。2011 年，参加保送生考试的学生临时组成一个班进行为期两个月的培训，刘老师同时担任这两个班的班主任，上着三个班的语文课！

寒、暑假是竞赛学生集训的时间，刘老师没有给自己放过假，她无偿地陪伴着学生，与学生交流谈心，利用早读为学生补上语文。2019 年暑假，当得知在校外集训的学生心态不稳时，她及时写信开导，然后冒着烈日赶往集训地点，加油鼓劲。学生备受鼓舞，状态得以恢复。

刘老师患有比较顽固的胃肠疾病。从 2011 年至今，做肠镜 9 次、胃镜 4 次，切除息肉 11 次，但她从没有请过一次假、缺过一次课。2014 年高考前夕，医生要求刘老师住院做肠镜，她怕自己不在学校而影响学生的考前情绪，没有请假，而是把泻药带到办公室，利用洗肠的间隙坚持答疑，下午到医院做完肠镜，又回到教室。

尽管长期经受病痛的折磨，但她出现在学生面前时还是保持着健康活力、温柔坚定的形象，给人一种向上的力量。"革命者永远是年轻"，这一种恒久的魅力，源自无私忘我的精神境界！

爱心映日月，热血沃新苗

充满爱心，是刘喜珍最鲜明的特点。她将对每一个学生的爱融注在带班过程中的每一个细节，从学生的身体状况到作息习惯，从学生的一颦一笑到心理变化，从学生的各种考试到各种活动，她都是观察者、思考者、引导者和关爱者。

赵同学的父母都在外地工作，很忙，平时由80岁的爷爷照顾着他。他的身上出现了莫名其妙的身体问题，到处看医生也查不出原因，家长在无助与无奈之下提出了休学方案。这对班级管理来说肯定是更轻松、更安全的，但刘老师却没有同意，她对家长说："既然查不出毛病，那有可能是心理上的问题。如果休学，孩子可能会处于自闭状态，对他的病情和心理不一定有好处，老人也很辛苦，我想试试有没有办法让他走出来！"从此，刘老师因材施教，对他的出勤、课堂、作业等情况做了一套特殊方案，又根据赵同学的情况设立了一个由家长颁奖的奖项。当他爷爷走上讲台为孙子颁奖时，眼里涌出了泪花。他念叨得最多的一句话就是："刘老师是最好的老师！"在刘老师的悉心关爱和引导下，赵同学最终走出阴霾，顺利考到了香港中文大学……

对成绩暂时落后的学生，刘老师坚持绝不抛弃、不放弃的原则。她也曾带过成绩落后的班级，学生普遍缺乏自信，她下定决心一定要帮助他们！她深情地说："就算你是一根草，我也要搬来全世界的阳光照耀你！"寒假时，她让每个学生给她写一封信，以便更真实地了解学生，然后她利用寒假时间，热情洋溢地回了50多封信，并将这作为新学期礼物送给了每一名学生。这是学生万万没有想到的惊喜和感动！在此基础上，刘老师进行了班级管理的调整与改革，班级面目开始焕然一新！

刘老师还曾带学生看病，在医院陪护学生，掏钱买奖品，为生病的学生煮红枣蛋……不胜枚举。爱心映日月，热血沃新苗，其事难数，其情可歌！

情怀催智慧，桃李沐春风

"教育一头挑着学生的现在，一头挑着国家的未来。"刘喜珍老师认为，不管是"现在"还是"未来"，学生最需要的还是自我成长力。为此，她进行了大量教育教学的创新和实践。

"创新课堂"勇探索。刘老师功底扎实，学养深厚，课堂上有信手拈来的从容和挥洒自如的魄力，形成了既严谨又灵动的课堂风格。课堂提问是一门艺术，她致力于设计"具有统摄性、核心性、辐射性的中心问题""激趣而具有思维深度的问题""具有系统性和逻辑性的问题群"等，在激活思维的同时，让学生获得最佳的课堂体验。她创新教学形式，大胆打通各文体之间的联系，如教授晦涩难懂的古诗《离骚》时，她鼓励学生将文章内容改编成课本剧，让他们在创意活动中深刻理解其内涵。60多位听课老师参与评价，满意率100%。

由于教学成果显著，刘老师多次被授予教学成果特等奖、突出贡献奖。她还多次承担学校公开课、示范课任务，曾获全国语文教师四项全能奖和国家级课例比赛二等奖；有14篇教育教学论文在全国全省获奖或发表在核心期刊上；多次在多个省市传授教育教学经验，她的教学智慧让同行深受启迪。

"读懂学生"巧引导。刘喜珍是善于读心的德育工作者。她具有敏锐的洞察力，能迅速抓住学生的问题要害，读懂学生的心理需要，并根据不同情况，给予学生有效的指导，激发学生自我成长。面对极具思想与个性的竞赛生，她坚持"观念可以相左，情感定要融洽"的原则，灵活使用"观察式""谈话式""调侃式""书信式""互助式""班会式""活动式""课堂浸染式"等多种教育方法进行教育引导。如"谈话式"，参与其中的学生往往忐忑而去，满怀信心和愉悦而回，于是学生给了这种谈话一个美称"喜珍有约"。1401班数学组一位同学考上北京大学后，给刘老师发来了这样一条短信："您总能从细微处发现我和数学组同学状态的变化，总能在我们松懈时给予适当的压力，总能在我们沉浸于失败时指明奋斗前进的路……您是我们学习效率的保障者，是新秩序的建立者。"

"德智融合"拓格局。刘喜珍还是一名高瞻远瞩、格局宏大的为国育才者。教学之魂魄是培养学生的核心素养，不能为了考试而"失魂落魄"，而应"德智融合"。刘老师另辟蹊径，做了一个德育与经典学习相结合的创新，将《论语》的内容整编为富有生活气息的几个主题，如孔子的交友观、孔子的学习观、孔子的金钱观等。然后学生分小组合作，结合生活实际共同研究一个主题的内容，进行表演或辩论。这样做能顺利让优秀文化与崇高精神走下神坛，落地生根，增强学生的文化自信。刘老师所带的竞赛班，很多学生都升入了清华大学和北京大学。"考上大学之后呢？"这是刘老师引导学生思考的问题，"不做精致的利己主义者，要为祖国的需要贡献自己的力量"，刘老师通过日常生活中点滴的教育行为，把这些观念深深植入每个学生的灵魂里，培养了一批又一批富有爱国情怀的创新型科技拔尖人才，为科技强国作出了一个基础教育工作者应有的贡献。

案例评析 --⟫

陪伴是最长情的告白，"喜珍姐"就是学生最长情的陪伴。"让爱与希望浸润在朴实沉毅的校训里，根植在那些十几岁纯洁无邪的灵魂里。"这是长郡中学刘喜珍三十几年如一日的写照。

"只捧一颗心来，不带半根草去。"刘喜珍是长郡教育集团魅力教师的杰出代表，在长郡中学，每年都会评选出校园"十佳魅力教师"，在这些教师身上，我们能够感受到新时代"教育家精神"的风采。"十佳魅力教师"的评选，不仅是对教师个人教育教学成果的肯定，更是对教育家精神的传承和弘扬。这种评选活动在教师队伍建设中起到了积极的推动作用，也与师生共育的教育理念紧密相关，有助于激发教师的教育热情，提升教育教学的质量，进而促进学校的整体发展。

首先，长郡中学校园十佳魅力教师的评选标准涵盖了教育教学能力、师德师风、人格魅力等多个方面，这些都是教育家精神的具体体现。教育家精神是一种追求卓越、勇于创新、无私奉献的精神品质，它要求教师在教育实践中不断探索新的教育方法和手段，关注学生的全面发展，要求教师用心育人、用情教书。评选活动能够选拔出一批具有教育家精神的优秀教师，为其他教师树立榜样，引领整个教师队伍向更高的目标迈进。

其次，教师队伍建设是提升学校教育质量的关键。校园"十佳魅力教师"评选活动，选拔出了一批具有教育家精神的优秀教师，他们都成了教师队伍中的骨干力量，引领和带动着其他教师共同提升教育教学水平。在评选过程中，教师需要展示自己的教育教学成果和经验，这需要他们不断反思自己的教育实践，总结经验教训，提升自己的教育教学水平。同时，评选活动也为教师提供了一个相互学习、相互交流的平台，促进了教师之间的合作与共享，推动了教师队伍的整体进步。

再次，学校还可以通过培训、交流等方式，提升教师队伍的整体素质，为师生共育提供良好的教育环境。师生共育是一种强调教师和学生之间合作、互动与共创的教育模式。在这种模式下，教师不再是唯一的知识传授者，而是在与学生共同探索和构建知识。校园"十佳魅力教师"评选活动可以推动教师更加注重与学生的互动和合作，关注学生的需求和兴趣，从而激发学生的学习主动性和创造性。当然，这种评选活动也可以激发学生的热情，让他们更加积极地参与到教育过程中来，与教师共同成长。

最后，校园"十佳魅力教师"评选活动对于学校的发展也具有重要意义。一个拥有优秀教师队伍的学校，必然能够为学生提供更好的教育服务，培养出更多优秀的人才。这些优秀教师在教育实践中所展现出的教育家精神，也会成为学校文化的重要组成部分，为学校的发展注入新的活力和动力。

然而要注意的是，教师的魅力除了要加强师德师风建设之外，在新时代培养拔尖创新人才，也迫切需要高素质、专业化、创新型的教师。由于我国教师培养的传统惯性和发展状况，教师培养理念和培养模式相对滞后，创新型教师培养体系还很不健全，亟须从培养知识型、能力型教师转向培养创新型教师，探索创新型教师的培养方式，切实增强高素质、专业化、创新型教师队伍的供给能力。

（三）"未来"生态，如此营建

《长沙市长郡中学第十四个五年规划》对建设"和谐长郡"有明确部署："改革评价体系，促进和谐共生。改革教学评价，不以升学率作为师生评价依据；改革教师评价，坚持把师德师风作为第一标准，突出教学态度与关爱学生，不把教学成绩作为教师评优晋级的重要依据，实施幸福工程，增强教师的尊严感和获得感；改革学生评价，树立科学成才观，坚持以德为先、能力为重、全面发展，推进'五育'并举，创新德智体美劳过程性评价办法；面向每个学生，尊重个性发展，完善综合素质评价体系。"以教学评价机制改革营建师生共育未来生态，是学校建设和谐校园、未来校园的长郡实践。

1. 以"综合素质评价"撬动未来杠杆

2020 年 10 月，中共中央、国务院印发了《深化新时代教育评价改革总体方案》，首次系统提出了教育评价的新理念、新思路和新方案，力图破解教育改革中的"卡脖子"难题，体现了党和国家对教育评价改革的系统要求，也是我国教育评价制度和机制改革的顶层设计。长郡中学因地制宜，创造性实施该方案和各级各类评价指南，探索建立了学生综合素质评价机制。

综合素质考核是高考方案的有机组成部分，考生综合素质考核评定结果是高校录取学生的重要依据。它有助于建立对学生的多元评价体系。学校将坚持导向正确、适宜可行、公平有效、促进学生全面发展的原则，根据《湖南省普通高中学生综合素质评价实施意见》的精神，制定具体可操作的综合素质评价方案。方案的指标体系制定要合理，目标多元，方式多样，简便直观，有较强的可操作性，对学生做出全面、客观、科学的评价。

长郡中学课程实施方案之高中综合素质评价

为保证长郡中学普通高中课程实施工作的顺利进行，按照教育部和省教育厅、市教育局有关文件精神要求，现结合学校的实际，制定《长郡中学课程实施方案》。

……

七、高中综合素质评价

（一）评价原则

1. 全面性原则。着眼于学生的成长过程和整体表现，实施动态的、综合的、完整的、全面的评价，既反映学生德、智、体、美、劳等方面的综合素质，又彰显学生的个性、特长和发展潜能。

2. 发展性原则。评价要以促进学生全面而有个性地发展为出发点和归宿。坚持以发展的眼光看待学生，注重学生的日常行为表现，将形成性评价与终结性评价有机结合，有效发挥评价的激励和发展功能，突出评价对学生全面发展的促进作用，使评价过程成为学生不断认识自我、发展自我和完善自我的过程。

3. 可操作性原则。评价指标体系应合理、适用、具体可评，避免过于形式化和烦琐，应为普通高中、高等学校和社会各界所理解和接受。过程应简便、直观、易操作，实现评价操作与管理的信息化。

4. 客观性原则。对学生进行评价时要做到公开、公平、公正，确保对学生的评价客观、具体、真实，增强综合素质评价工作的实效性。

（二）具体操作

1. 成立学校综合素质评价委员会。成员包括学校领导、教师、家长代表和社会人士代表。成员名单在学校公示一周后确认，并报教育主管部门备案。

2. 成立班级评价小组。每学年初，学校综合素质评价委员会拟定各班级评价小组成员名单，并在被评价班级公布，成员不得少于5人，各成员必须是该班的任课教师，原则上由班主任担任小组长。

3. 建立学生综合素质电子管理平台。评价小组成员指导和协助学生整理成长记录，并及时上传到综合素质电子管理平台，评价小组成员要通过此过程加深对学生的了解。成长记录的资料要有代表性，能表现出该生的特长和才艺，具体内容包括作品集、《普通高中学生评价手册》、综合实践活动材料、获奖证书等。

4. 组织学习学年初公布的《基础性发展目标评价标准》。学生人手一份，由班级评价小组组织学生学习，集体学习和答疑时间不得少于一课时。

5. 组织学生自评。自评时主要根据《基础性发展目标评价标准》，找出最接近自己日常表现的"关键表现"，评出自己的各要素等级，得出各维度等级，最终评出自己的综合等级。

6. 组织学生互评，完成家长评价。学生互评是指每位学生都要对全班学生逐个进行评价，同时也要接受全班同学对自己的评价。由于学生已完成了自评工作，对评价的标准和过程比较熟悉，因此在学生互评表中只列出了维度等级和综合等级栏目，学生可根据《基础性发展目标评价标准》评出其他同学的维度等级和综合等级。学生互评是"背对背"的评价，评价者是不记名的，原则上要求学生回家单独完成。家长评价表同样由学生带回家交由家长完成评价。第二天上午第一节课前由班级评价小组收回学生互评表和家长评价表。学生互评的结果是班级评价小组评价学生时的参考依据之一，使用完后要交由学校存档备查。

7. 组织初评。初评由班级评价小组成员单独对全班同学进行评价，按照《基础性发展目标评定标准》，评出每位学生的要素等级，得出维度等级，初步拟定其综合等级。

8. 集体合议。班级评定小组成员根据各自对学生做出的初评结果，按序号共同对全班学生逐个合议，确定每位学生的维度等级，当所有学生的各个维度等级都得到小组集体确认后，再根据《基础性发展目标评价标准》分别评定综合等级。在合议过程中，对综合等级被评为 A 等级和 D 等级的须特别慎重，要有充分的事实依据和材料来佐证。

9. 评审结果公示。各班级评价小组将评定结果呈报学校综合素质评价委员会，经审核后填写综合素质评价结果通知单，并将评价结果分别告知学生，由学生签收后交回学校存档备查。对于被评为 A 等级的学生，要将其名单在校内公示一周。学校评价委员会要安排专人值班（在公示周内）接待投诉或提出复议者，做好投诉记录，并做好耐心细致的解释和答复工作。要在校内设立"意见箱"，增加投诉渠道，每天开箱一次，查阅学生的投诉或意见。对于有异议的投诉，要由学校评价委员会组织专人进行广泛和深入的调研，经学校评价委员会讨论后重新确认其综合等级，无论重新确认的结果有无变化，都要做好解释和答复工作。

10. 最终确定综合素质评价结果。经过一周的复议期，学校评价委员会要对每位学生的评价结果进行确认，再由班级评价小组将对本班学生的评语及综合等级填入《普通高中学生综合素质评价报告单》。

案例评析 ----------------------------------➤

综合素质评价不仅是学校教育体系中不可或缺的一环，还在"教—学—评"育人系统中占据重要位置，更是学校日常教育教学活动的有机组成部分。它充分体现了教师规范化、常态性教书育人工作的综合性特点，是评价学生学习成果和教师教学效果的重要依据。《普通高中课程方案（2017年版 2022 年修订）》中对"完善综合素质评价制度"作出了明确要求："学校应制订学生综合素质评价实施方案，建立学生综合素质档案，指导学生客观记录成长过程，记录集中反映综合素质主要内容的具体活动。综合实践活动、选修课程的修习情况应作为综合素质档案的重要内容。教师要充分利用写实记录材料，对学生成长过程进行科学分析，加强对学生成长的指导。"①《长郡中学课程实施方案》便以国家课程方案为导向，组建了学校综合素质评价委员会，转变观念，改进结果评价，关注评价的发展性功能，将形成性评价和终结性评价有机结合，尤其是在"不让学生输在终点线上"这一核心理念的指导下，更加重视学生的未来发展，努力向以评育人的初心使命回归。

学生综合素质电子管理平台的开发与建立，是长郡中学技术赋能、强化过程评价、提供以评促教的循证依据。利用智能技术赋能基础教育评价改革，是新时代中小学校深化教育教学评价的技术支撑与改革契机。2022年，教育部《关于发布〈教师数字素养〉教育行业标准的通知》中，明确提到了教师的"数字化学业评价"，即"教师应用数字技术资源开展学生学业评价的能力，包括选择和运用评价数据采集工具，应用数据分析模型进行学业数据分析，以及实现学业数据可视化与解释"，可见在教学评价中引入信息技术评价机制的重要性。

《基础性发展目标评价标准》体现了长郡中学探索增值评价，强化以评促学育人效能的有效实践。增值评价具有尊重学生差异、尊重学习起点、关注生命成长、强调素养发展的基本特征，能够帮助学生看到自己前进的步伐，增强学习自信，实现主动发展。学校组织学生集体学习了《基础性发展目标评价标准》，通过组织学生自评、学生互评、家长评价、集体合议等，使得评价指标更具针对性和理解性，最终使评价指向最能反映学科素养发展的行为。学生也能在教师、同学、家长等群体的肯定和欣赏下，增强学习的自信心，逐渐从被动服从、被动学习转向自我管理、自我评价、自我调控、自我矫正。

长郡中学建立的学生综合素质评价机制，通过"五育"融合，健全综合评价，打造了以评促建的办学生态。学校建构了"1445"高质量育人范式，其中的"5"为"五育"融通以化人，即立德铸魂、启智润心、健体强身、尚美臻格、崇劳长技。长郡中学秉承"以人为本"的理念，将"五育"

---

① 中华人民共和国教育部. 普通高中课程方案（2017年版2022年修订）[M]. 北京：人民文学出版社，2020：12.

纳入学校的育人模式、课程体系、教育教学活动等人才培养全过程，五育并举涵养了学生的正气、才气、朝气、灵气与底气，并同步设计了与之相适应的评价机制，让"五育融合型"教育评价助推学生的全面发展，打造出以评促建的学校办学育人新生态。

但不足的是，长郡中学综合素质评价机制中的学生综合素质电子管理平台虽有利用技术赋能评价，但数字化、智慧化的特点并不显著，平台建设还有待优化。此外，评价结果的多元化应用虽然各有侧重，但实则内在相通，关键在于要充分发挥教师作为评价主体的核心作用，能运用其理解力和领导力进行科学有效的统筹规划。故而教师要善于在学科学习或课程修习过程中利用评价结果指导学生学习与发展。

2. 以"为教师的评价"续写育人华章

教师评价是对教师的教学活动及其效果的测量和判断。对教师的评价起步较晚，主要以问责式评价和奖惩性评价为主。2023 年，联合国教科文组织教师教育中心主任张民选在第二届中国基础教育论坛上作了以《基础教育评价改革的六大趋势》为题的报告，他指出："目前，教育界已经普遍认识到奖惩性评价的不足，正在积极探索奖惩性评价与发展性评价的有机结合。未来的趋势是，从以奖惩为主的'对教师的评价'转向促进教师专业发展的'为教师的评价'，重视教师的发展过程，发现教师间的差异，并据此完善教师的行动，提供反馈建议，鼓励教师'对自己进行评价'，强调内在主体需求的升华。"①

案例阐述

长郡中学在现有教师评价体系的基础上进一步完善，从学生问卷、年级教师问卷、学科教师问卷、常规考核、作业（文化学科和非文化学科）、教案、教育、教研、个人获奖（荣誉类、专业类、指导类）、工作任务、教学成绩、指导学生十二个角度进行综合考核，旨在建立由学生、教师、学校参与，定性与定量相结合，从表现、能力、绩效三方面给予考评的教师综合评价体系。

---

① 张民选. 基于国际评价改革趋势探讨基础教育高质量发展方向［J］. 中国基础教育，2023（03）：17.

长郡中学教师综合考评方案

（第十二届教代会第六次会议通过）

根据省、市有关对学校各项工作考核和对教职工职业道德行为的相关要求，为调动工作积极性，规范职业行为，结合长郡中学对教师"三让"即"让学生满意、让同行认可、让学校放心"的要求，特制定教师综合考评方案。

一、考评对象：长郡中学全体在岗教师（不在岗教师不参与考评）

二、考评时间：每学期期末考评一次

三、考评原则

1. 科学公正原则：问卷调查与考核计分相结合，量化与等第相结合。

2. 民主集中原则：问卷调查由任教学生、年级教师和学科教师分类分项参与完成。

考核计分由行政处室、年级组和教研组分类分项完成。

3. 全面综合原则：从师规、常规、能力、绩效四个方面综合考评。

四、考评机构

1. 领导组：其职责是等第确认。领导组由校委会组成，校长任组长。

2. 执行组：

（1）年级组职责是按《常规考评办法》打分。年级考评组由该年级的行政干部、年级组长、党支部书记、工会组长组成，年级组长为组长。

（2）教研组职责是按《作业考评办法》和《教案考评办法》打分。学科专家组由教研组长、学科专业委员会成员、联系教研组行政干部组成，教研组长为组长。

（3）教育处职责是按《教育考评办法》打分。

（4）教科室职责是按《教研考评办法》《个人获奖》《指导学生》打分。

（5）教务处职责是按《学业成绩》打分，并组织《学生问卷调查》。

（6）办公室职责是按《工作任务》打分，并组织《教师问卷调查》。收集所有数据统分划等，并将结果报领导组（校务会）确认通过。

五、结果认定（如表 8-2 所示）

表8-2 教师综合考评表

类别	师规（占19.5分为A）					常规（A等不超过8%）								能力（A等不超过50%）										绩效（A等不超过50%）						等第结果				备注
														教学		教育			教研					量	质									
方式	一、学生问卷1	二、年级教师问卷1	得分20	名次	等第	一、学生问卷2	三、年级教师问卷2	四、常规考评2	五、作业	六、教案	得分50	名次	等第	一、学生问卷3	三、学科教师问卷3	七、教育考评	一、学生问卷4.1	三、学科教师问卷2	八、教研考评	九、个人获奖	得分70	名次	等第	十、工作任务	十一、学业成绩	十二、指导学生	得分30	名次	等第	师规	常规	能力	绩效	
组织	教务处	办公室				教务处	办公室	年级组	教研组					教务处	办公室	教育处	教务处	办公室	教科室	教科室				办公室	教务处	教科室								
分值	10	10				10	10	0+	10±0.5					10	10	10±2	10	10	10±1	10±2				10±2	10±2	10±3								
数据统计	a率×10					(a率+b率×0.8)×10		计分	计分	计分				(a率+b率×0.8)×10		计分		(a率+b率×0.8)×10	计分	计分				计分	计分	计分								
年级平均值																																		
教师姓名																																		

1. 呈现方式：师规、常规、能力、绩效四项独立考核，每项用 A、B、C 等第形式呈现。

2. 分类排序：考试科目按年级组教师排序；考察科目按综合一类和综合二类排序。

3. 等第划分：

（1）A 等认定——师规获得 19.5 分（含）以上者，为 A 等；常规的统计结果排序在前 80% 者，为 A 等。

（2）B 等认定——能力和绩效的统计结果排序分别在前 50% 者，为 B 等。

（3）C 等认定——分以下①②③种情形。

①有下列情形之一者，"师规"记 C 等。

A. 该项得分达不到 18 分者（总分 20 分的 90%）。

B. 泄露学校机密或学生信息（含成绩），造成严重后果者。

C. 严重违反教职工职业道德规范，在学校造成严重负面影响者和受到行政处罚者。

②有下列情形之一者，"常规"记 C 等。

A. 该项得分达不到 40 分者（总分 50 分的 80%）。

B. 不履行安全职责与工作职责，造成严重人身伤害和财产损失者。

C. 无教案者。文化科无作业布置或无作业批阅；非文化科无课堂情况记录或无学生期末考试成绩者。

③有下列情形之一者，"能力"记 C 等。

A. 该项得分达不到 56 分者（总分 70 分的 80%）。

B. 未能按要求完成工作任务，导致教育教学不能正常开展者。

C. 在重大工作中（如国考或省考或校考），出现重大失误造成无法挽回后果者。

④有下列情形之一者，"绩效"记 C 等。

A. 该项得分达不到 24 分者（总分 30 分的 80%）。

B. 接受上级部门工作检查，个人工作被通报批评者。

C. 全期请假累计 60 天以上者。

六、结果运用：考评结果与绩效工资、年度评优、职称晋级等挂钩

案例评析 --- ◀

长郡中学秉持"三重三轻"教师评价标准，即"重实绩，轻人际；重实干，轻浮夸；重协作，轻单干"，从师规、常规、能力、绩效四个方面对教师进行综合考评，且涉及的评价群体丰富有效，学校评价领导考评小组专业有序，评价考核结果反馈及时有据。

从师生共育的角度来看，教师综合评价体系对师生成长的重要性不容忽视。

首先，教师综合评价体系有助于促进教师的专业化发展和成长。一个全面而科学的评价体系不仅关注教师的教学效果，还涵盖教师的教育理念、教学方法、课堂管理等多个方面。通过评价，教师可以更清晰地认识到自己的优点和不足，进而有针对性地进行改进和提升。同时，评价结果可以作为教师职称评定、职务晋升等重要依据，激发教师的工作热情和积极性。

其次，教师综合评价体系有利于提升教师的教学质量，进而促进学生的全面发展。一个优秀的教师不仅要有扎实的学科知识，还要具备良好的教学能力和教育情怀。通过评价体系的引导，教师会更加注重培养学生的综合素质，关注学生的个性化需求，创设更加适合学生的教学环境和氛围。这不仅可以提高学生的学习兴趣和积极性，还可以培养他们的创新能力和实践能力，为学生的未来发展奠定坚实的基础。

再次，教师综合评价体系有助于构建和谐的师生关系。评价过程中，教师需要与学生进行深入的交流和互动，了解他们的学习情况和需求，这有助于增进师生之间的了解和信任。同时，通过评价体系的反馈机制，教师可以更加及时地发现并解决学生在学习过程中遇到的困难，从而提高学生的学习效率和满意度。

最后，教师综合评价体系也是学校提升整体教育质量的重要手段。通过对教师进行全面评价，学校可以更加准确地了解教师的教学水平和能力状况，进而制定更加科学、合理的教育教学计划和管理措施。这有助于提升学校的整体教育水平和社会声誉，为学校的长期发展奠定坚实的基础。

但相对于学校的学生综合素质评价体系，长郡中学的教师综合评价体系还有可完善之处。

首先，重视健全综合评价。目前，综合评价体系面临最主要的问题是评价人在对评价对象进行评价时，多使用打分进行量化。如简单地将各个方面的评价结果都转化为分数，然后相加，试图利用总分对教师或学生进行综合评价，这就使得综合评价失去了其原本的意义。"双减"背景下，评价既要立足于教师现实的工作表现，又要着眼于教师的未来发展。学校应注重教师的发展性评价，通过评价促进教师的进步，注重分析教师的专业成长轨迹和能力提升前景，改进教师工作反馈机制。

其次，加入教师自我评价。自我评价是教师评价体系中的重要组成部分，通过教学自评，教师可以发现自身存在的问题，及时调整自己的教学理念，从而为学生提供更好的教学服务。这种评价更利于激活教师的内在发展自觉，发现优势和弱项，提高自我改进效能，扬其长、成其能，让每个人的优势真正表现出来。

最后，完善多元补偿机制。无论是作业管理、课后服务、家校沟通，还是政策执行，教师都是主要承担者和引导者，需要付出更多的辛劳，因而应完善教师补偿机制。

（四）"同心"树人，殊途同"圆"

"同心"树人，殊途同"圆"。这句话富含深意，它表达了教育的一个核心理念：尽管学校与家庭教育的方法和途径可能各不相同，但教育的目标和愿景应该是相同的，那就是培养出有德有才、全面发展的学生。这既是对教育者的期待，也是对教育目标的明确。党的二十大报告强调要"健全学校家庭社会育人机制"[①]。健全学校家庭社会协同育人机制，有利于促进教育高质量发展。2023年1月，教育部等十三部门为贯彻落实党的二十大精神，联合印发了《关于健全学校家庭社会协同育人机制的意见》，为健全学校家庭社会协同育人指明了方向。长郡中学按照新时期协同育人要求，优化家庭学校社会多方协同育人机制，落实《家庭教育促进法》，以长郡中学家长学校为家校协同的重要载体，进一步优化课程建设，丰富课程资源，

---

① 教育部等十三部门. 教育部等十三部门关于健全学校家庭社会协同育人机制的意见［EB/OL］. （2023－01－17）［2024－4－29］. http：//www. moe. gov. cn/srcsite/A06/s3325/202301/t20230119_1039746. html.

加强对家长委员会的指导，同时还构建了社会共育机制，实现社会资源共享共建，净化学生成长环境。

1. 敬"初识"，达共识

家长学校作为家校合作的桥梁，在协力育人中作用显著。它促进了家长教育理念的更新，增强了家校之间的沟通，共同为学生创造良好成长环境，实现全方位育人目标。

长沙市长郡中学家长学校工作方案

(2021 年 11 月修订版)

为了促进家庭教育，保障未成年人健康成长，引导全社会注重家庭、家教、家风建设，增进家庭幸福与社会和谐，培育和践行社会主义核心价值观，构建家校合作的育人体系，进一步加强学校、家庭、社会三方面相结合的教育网络建设，充分发挥家长在教育中的重要作用，特制定本方案。

一、指导思想

家庭教育应当坚持立德树人、为国育才，遵循未成年人身心发展规律，尊重未成年人人格尊严，保障未成年人合法权益。家长学校是加强家庭教育工作有效的组织形式和重要途径，旨在提高家长的家庭教育水平和质量。

二、组织机构

学校成立家长学校委员会，完善家长学校组织机构。家长学校的校长由长郡中学党委书记担任，副校长由学校主管德育的校领导和主管教学的校领导担任，业务主任由学生发展管理中心主任及各年级主任担任，做到分工明确，责任到人。在各个班级成立家长学校活动小组，由各班班主任和家长代表组成。

三、学习管理

1. 家长学校的教师可由学校领导、教师、社会上有关方面的专家学者及有家庭教育经验的家长担任。

2. 家长学校要以国家、省、市相关文件精神为依据，结合本校实际情况确定教学课程和内容。学校安排教材，建立家教资料库，为家长配备必读教材。

3. 家长学校每学年授课（含活动）不少于四次，每次不少于二课时。家长学校要建立考勤、考核制度。

4. 家长学校每年根据家长的考勤和学习情况，运用各种形式总结和交流家庭教育的经验，组织评选和表彰活动。

5. 家长学校的授课形式应灵活多样，可通过系统讲课、专题讲座、自学、读报与用报、座谈交流、经验介绍、家长接待日、家教咨询、参加相关主题的教育活动等形式，提高家长的家教水平。

四、课程安排

1. 学习内容

（1）有关法律法规、方针政策。如《中华人民共和国未成年人保护法》《湖南省家庭教育促进条例》《中学生日常行为规范》等。

（2）家庭教育知识和方法。包括未成年人身心发展规律、中学生良好行为规范和良好道德品质的培养、中学生生理卫生和心理卫生的健康教育、中学生个性心理特点、个性心理的发展与教育等。

2. 具体课程安排

高一年级：（重点学习教育定位与法规）

（1）立德树人、为国育才——家庭教育的首要使命。

（2）相关法律法规、方针政策学习，如《中华人民共和国未成年人保护法》《湖南省家庭教育促进条例》。

（3）长郡中学学校文化解读。

（4）高中生认知规律与家庭教育方法指导。

高二年级：（重点学习青春期教育与生涯规划）

（1）核心素养的培养与生涯规划的指导。

（2）高中生自主、自理、自立能力的培养。

（3）青春期教育（包括生理与心理）及家庭教育存在的误区。

（4）学习型家庭的构建。

高三年级：（重点学习心理教育与升学指导）

（1）新时期人才培养和教育改革发展趋势。

（2）高中生心育指导（结合高三升学压力）。

（3）升学与择业的指导。

3. 其他辅助教学形式

（1）邀请教育专家、学者辅导讲课。

（2）重大节日家校联谊。

（3）家庭教育问卷调查。

（4）建立家教咨询台。

（5）创建"学习型"家庭。

（6）学校组织开放教学。

（7）其他形式的家校合作体验教育活动。

4. 家庭教育内容

（1）理想信念教育。

（2）世界观、人生观、价值观教育。

（3）中华优秀传统文化、革命文化、社会主义先进文化以及湖湘优秀文化教育。

（4）社会公德、家庭美德、个人品德教育。

（5）生命安全教育、心理健康教育、性教育。

（6）生活常识教育、礼仪教育、科普教育、法治教育。

（7）劳动意识和技能、创新意识和能力、行为习惯等养成教育。

（8）其他有益于未成年人全面发展的教育。

五、学习要求

1. 父母或者其他监护人应当主动接受家庭教育培训，学习家庭教育知识，掌握科学的家庭教育理念和方法，以健康的思想和良好的品行教育影响未成年人。

2. 家庭成员应当重视家庭建设，注重个人修养，创建民主、文明、和睦、稳定的家庭关系，传承优良家风，构建积极健康的家庭文化，为未成年人健康成长营造良好的家庭环境。

3. 父母在家庭教育过程中应当正确发挥各自角色的积极作用，关注未成年人的身体、心理、智力发展状况，循序渐进地进行家庭教育。

4. 父母或者其他监护人应当注重言传身教、因材施教、平等沟通、严管厚爱，理性帮助未成年人确定成长目标，预防和制止未成年人出现不良行为，引导未成年人形成良好的价值观念、性情品格、生活习惯和行为模式。

5. 父母或者其他监护人应当参与亲子阅读、体育锻炼、劳动实践、志愿服务等亲子陪伴活动，通过家庭会议、谈心交心、通信等方式加强与未成年人的思想沟通和情感交流。

一次家长会活动结束后，高一年级一位家长感叹道："通过这次家长会，家长们对于如何成为一名合格的高中生家长有了更深入的理解，也深刻意识到家庭教育对孩子成长成才的重要性和必要性，明白孩子的教育离不开学校和家庭的相互配合。"另有家长反馈："有幸在步入高中的第一次家长会上聆听了教育专家翁校长的现场报告，既感受到了学校的高度重视与精心安排，又为家长提供了宝贵的学习机会和交流平台，孩子能够来到人才辈出的百年名校学习、成长、追逐梦想，是光荣也是幸运的。我们将努力营造温暖、和谐、平等的家庭氛围，与孩子一起进步，共同成长。"

案例评析 --▶

学校认真对待"初识"，家长才会更好达成"共识"。长郡中学的入学第一课，先给家长上。每年新生入学前，学校都会举办"新生家长学校开学第一课"活动，这是一个非常重要的环节，它不仅为家长提供了与学校和教育者深入交流的机会，也为家校之间的合作奠定了坚实的基础。2023年8月，学校负责人就以《做好教育"合伙人"，当好青春"加油站"》为题为2023级全体家长授课。

首先，从内容来看，负责人的家长学校开学第一课从高中的价值追求、长郡的育人文化、家长的角色定位三个方面进行了分享，授课内容涵盖了学校的核心办学理念、教育目标、课程设置以及家校合作等，与家长细致交流，有助于他们全面了解学校的教育体系，理解学校的教育方法，从而更好地支持和配合学校的教育工作。同时，针对新生特点，负责人给家长提供了一些具体的建议和指导，帮助家长更好地适应孩子的新阶段，为未来三年指明方向。

其次，从形式来看，开学第一课采用了讲座、互动讨论、案例分享等多种形式，使家长能够更深入地参与其中。这种多元化的教学方式不仅增加了课程的趣味性，还提高了家长的学习效果。通过互动讨论和案例分享，家长可以更加深入地理解教育问题，同时也可以从其他家长的经验中获得启示。

最后，从效果来看，开学第一课对于加强家校之间的联系和沟通起到了积极的作用。通过家长学校开学第一课，家长们可以更加清晰地认识到自己在孩子教育中的角色和责任，从而更加积极地参与到孩子的教育中来。同时，家长也可以通过讲座中的互动环节与其他家长、教育者建立联系，形成教育合力。

然而，也有一些可进一步完善的地方。例如，可以加强课程与实践的结合，让家长能够在实际操作中更好地运用所学知识。

2. 携"家委"，共育人

家长委员会在育人中作用显著，是连接家庭与学校的桥梁，能促进家校共育。通过家长参与，加强沟通合作，共同关注学生的全面发展，营造和谐教育环境，助力学生健康成长。

案例阐述

长沙市长郡中学家长委员会章程

（2020年修订版）

第一章 总 则

第一条 长沙市长郡中学家长委员会是以长郡中学家长代表为主体，代表家长参与学校民主管理，支持和监督学校工作，协助学校全面贯彻教育方针，促进学校教育教学质量全面提高的群众性自治组织，是学校联系广大学生家长的桥梁和纽带。

第二条 长郡中学家长委员会的宗旨是：坚持家校沟通与合作，让家长充分参与学校管理，有效体现家长对学校教育教学工作的知情权、评议权、参与权和监督权；完善学校、家庭、社会三位一体的教育体系，营造良好的教育环境；深入推进素质教育，促进中小学生的全面发展。

第二章　组织机构

第三条　机构设置

学校成立家长委员会，各年级成立家长委员会分会，各班级成立家长委员会工作小组。具体人员组成如表8－3所示：

表8－3　各级家委会工作小组表

机构	总负责	协助1	协助2	其他成员
学校家委会	主任1名	副主任2名	秘书长1名	委员若干名
年级家委分会	主任1名	副主任2名	秘书长1名	委员若干名
班级工作小组	组长1名	副组长1名	秘书1名	组员2人

班级家长委员会工作小组组长、副组长、秘书、组员在新学年开学后的2周内，由班主任协助家长推选产生；

年级家长委员分会由本年级各班的家长委员会工作小组民主推选1位委员组成。主任、副主任、秘书长人选由年级组推荐，年级家长委员分会协商产生；

校级家长委员会由年级和班级家长委员会的代表组成。主任、副主任、秘书长人选由学生发展管理中心推荐，校级家长委员会协商产生；

班级家长委员会主任必须是年级家长委员分会成员，年级家长委员分会主任必须是学校家长委员会成员。

……

第五章　职责

第八条　家长委员会工作职责

（一）定期召开家长委员会会议。听取学校关于办学目标、发展规划、教育教学工作安排等方面的情况介绍，就学校发展中的重要问题进行研究，为学校发展献计献策。

（二）建立家长委员会和学校定期沟通协调的议事机制。收集其他家长的意见和建议，就学生家长、学生、社会等反映的有关问题及时与学校进行沟通协商。选派家长委员列席学校校务、教务等会议，帮助学校改进和完善教育教学工作，支持教师依法履行教育管理职责。

（三）为学校发展创设有利环境。在依法治校、学校管理、校本课程开设、校园文化建设、学校周边环境治理等方面，积极帮助学校解决办学过程中遇到的实际问题和困难。

（四）帮助学校开展家庭教育工作。积极向家长和社会宣传、解释学校工作制度和工作措施，做好家长思想工作，动员所有家长积极学习教育知识，动员和组织家长参与学校活动和家长培训。不定期组织家庭教育讲座活动。

（五）创造条件，支持和帮助学生的校外实践活动，为学校和学生开展社会实践活动提供方便。

第九条　学校对家长委员会的管理职责

（一）学校对家长委员会加强指导和管理。校长是第一责任人，分管德育工作的党委书记是直接责任人。家长委员会违反教育法律法规和政策时，学校和教育行政部门要予以纠正。

（二）学校为家长委员会的设置和工作开展提供必要的办公场所和办公条件。家长委员会工作经费在学校公用经费中列支。学校每学年要对推动和实施家长委员会工作成绩显著者，予以奖励。

（三）家长委员会不得干涉学校正常的教育教学工作，并严格遵守《长沙市长郡中学家长委员会收费管理及监督制度》，不得以任何名义向家长违规收取各种经费。家长委员会有组织学生成建制补课、组织收费、组织家长请客送礼等情形的，学校要及时制止纠正。

第六章　附　　则

第十条　本修订章程自通过之日起实施。

第十一条　本修订章程向学校和相关部门备案，由家长委员会负责解释。

案例评析 ---➤

没有家庭教育的学校教育和没有学校教育的家庭教育，都不可能独自完成培养孩子成才的使命。家委会是家校沟通的桥梁，也是家校共育的中坚力量。《长沙市长郡中学家长委员会章程》旨在规范家长委员会的组织和行为，明确其职责和权利，促进家校之间的紧密合作，共同为学生的成长和发展提供有力的支持。深化家校合作，增强家校互信，建立家校协同育人体系，既是时代所需、社会所盼，更是支持孩子成人、成才最强有力的保障。学校通过建立家委会，提高家庭和学校的管理效率，加强家庭和学校之间的沟通和合作，使双方更好地了解学生的成长情况和学习进展，从而协调家庭和学校的教育管理工作，提高管理效率，进而画好家校共育同心圆，实现教育的双向奔赴，为孩子的幸福人生和自我实现赋能，携手向未来。

长期以来，我国的学校教育、家庭教育、社会教育之间存在界限不清、职责不明的问题，这成为协同育人实践中的一大难题。如在家庭层面，存在家庭教育和家长参与缺位的现象。一方面，家长缺乏协同育人意识，将教育孩子的责任推卸给学校和老师，没有承担起家庭教育主体责任；另一方面，家庭教育偏离了生活教育的本质属性，将家庭演变成"第二课堂"，功利化倾向明显。因此明确学校、家庭、社会的育人职责，促进三方各展优势、密切配合，形成相互支持、相互促进的良性互动，切实增强育人合力，是健全协同育人机制，推动教育高质量发展的关键。

此外，教师在学校家庭社会协同育人中的作用至关重要，不仅是连接学校、家庭的重要桥梁，是与家长、学生直接接触的第一线，也是家校合作活动的直接执行者，更是确保协同育人工作顺利开展的人力基础和重要保障。但当前部分家长过于功利化，焦虑情绪弥漫，对学校尤其是教师的要求增加，容易用挑剔、指责的眼光看待教师。

当然，教师尤其是新教师开展协同育人能力不足，缺乏处理家校矛盾、"校闹"现象的预案和有效解决措施等一系列问题，这也容易导致家长与教师关系紧张，进而使得家校合作效果受损。

3. 聚"沙龙"，破困局

2023年10月底，长郡中学举行冯洪家庭教育工作室启动仪式，明确该工作室将以公益性质的形式设立在长郡中学，免费为全校的家长和师生提供咨询服务，通过家庭教育沙龙的形式，为全校家长提供科学的家庭教育指导，致力于满足学生迫切的咨询需求和家长们广泛的家庭教育指导需求，从而进一步推进长郡中学系统式心育生态建设，提高学校心理健康水平。

自冯洪家庭教育工作室成立以来，每周都会常态化开展家长沙龙活动。活动的反馈普遍很好，其对解决当前家长在家庭教育中面临的棘手问题做了细致、深入的探讨，有效引领家长们开展科学的家庭教育，该活动已经成为长郡中学教育生态中的重要一环。

高中生家长陪读指南

一、高一解决适应问题，高二解决稳定问题，好成绩是副产品

1. 学习问题，比人际关系更重要。因为学习成绩，是一个学生的社交资本。

2. 休学的同学重新返校面临的适应困难有：学习跟班、作息适应、手机使用、排名竞争、人际接纳。

家长可以做的事情：

1. 找学长学习经验，从暑假开始进行学习、环境、作息等的对接。

2. 用一年时间完成全部适应环境，但是一个学期优先完成一两个目标。（如，学习＋人际）

3. 初中到高中，紧张到松弛还是松弛到紧张？家庭教育应与学校节奏同步，在坚持原则的前提下，消化情绪、协助支持。

4. 完全适应的信号为有几个经常说话的朋友；有一两个特别喜欢的学科；有特别喜欢的老师；有每天特别渴望参与的事情。

5. 对曾经失控的场景至少有两个对策，有稳定的依靠。

二、避免你跟孩子一起自导自演"看我很脆弱"

1. 亲子关系好，增加了孩子在父母面前过度表达的可能性。

2. 父母在场的情境下，自己会变脆弱，至少会更多地表达脆弱，自己锻炼坚强的机会会减少，或者忘记自己本来有坚强的潜力。

3. 家长有时候看不到孩子坚强的一面，就会产生错觉——孩子本来就没有能力坚强。而实际上，只是孩子没有机会表达，家长没有机会看到孩子的这一面而已。

家长可以做的事情：

1. 把孩子在你面前展示的脆弱理解成撒娇，不要过度解读 TA 的脆弱，认为孩子遇到大问题不能自己消化。这样就不会受孩子情绪的影响，不会做出焦虑的反应和行动——自己稳，孩子才稳。

2. 依然要在情感上支持孩子，但是更要让孩子知道自己有能力变得越来越强大。表达你的期待，坚持你的原则——一只鸟在鸡窝待久了，可能会忘记自己是一只展翅高飞的凤凰。

三、父母在场，有时会把陪伴变成了监管，把助力变成了压力

1. 陪读会间接给孩子造成压力，这并不是家长的错，只是家长要知道这是弥散性焦虑的来源之一。

2. 父母几乎做不到不介入孩子的学习，建议不介入孩子的学习。一旦介入，孩子就要多承担一份压力。

家长可以做的事情：

1. 家长可从"教育者"转变成"陪伴者"——家长做好生活服务、陪伴服务、消解情绪……

2. 不要抢夺老师的功能，也不要忽视家长的功能。

3. 让孩子的学习在学校圈子完成，除非孩子主动寻求帮助。

四、若把自己的意志，覆盖到孩子的意志之上，让孩子没有自主性和掌控感，那么孩子可能通过生病来发出信号

1. 如果你的安排和介入有效，孩子会从相信自己转向相信你、依赖你，这不仅不利于孩子的独立，也增加了你的工作量；如果你的介入无效，你要承担相关责任和孩子的责怪，影响孩子的学习效率。无论怎样，孩子都会增加需要消化的信息量。

2. 心理问题的来源，主要就是失控和失衡。父母别对自己的孩子这么干。

3. 运动和睡眠是成本最低、最有效的复原疗法。不用这个，就要用成本更高的方式来处理后遗症。

家长可以做的事情：

1. 孩子有自己的设计和思考，就先按照他的来。

2. 家长的经验、资源只有在孩子求助时才有价值，否则就是增压。

3. 当一个孩子无力抗争的时候，他只能通过生病来发出信号。所以，孩子若有问题了，请家长先思考互动模式的问题。

五、如果你的陪读模式已经产生了问题，就要开始怀疑是不是自己身上也有问题

1. 对考试有一种全新的认识：这次考试考的都是我不会的（重新思考跟父母不陪读有什么关系）。

2. 父母不在场的好处是：距离产生美，能够容纳波动，能够理解压力，能从陪读时的增压者变成了场外的解压者。

3. 父母通过陪读第一次高考，要有经验总结，要有行动反思——之前用的办法和模式，对孩子高考不利，这次高考就不能重复了，至少要试试新的办法和模式。

4. 父母跟孩子在一起时，信任比陪伴重要，理解比安慰重要。

5. 复读的观察性统计：陪读模式重复，可能导致高考失败的重复——可能不一定是孩子学习能力不好，而是诸多外界因素影响他学习。

家长可以做的事情：

如果孩子出现了一些你觉得是问题的问题，先调整自己能改变的部分，通过对孩子的行为给出不同的反馈来影响孩子的表现，而不是推着孩子去直接改变。

六、如果陪读也是一种教育，别忘了教育在根本上是为了培养有独立的社会生存能力的人，而不是考试高手

1. 陪读导致过度介入，把孩子的任务接管过来做，认为这样孩子就可以专注学习，结果有可能除了学习好，其他什么都做不好，甚至连学习都有一些困难——有一种照顾，叫作把孩子照顾得生活不能自理！

家长可能不经意间以帮忙的名义、以帮孩子解除压力的初衷，忽视一些他的生存能力，主要表现为介入孩子的社交，介入孩子的生活任务。

2. 帮助孩子解除了压力，也剥夺了他的抗压能力。我们如何判别哪些事情要不要帮他做？如果这个事情，是孩子离开家长之后自己不得不做的事情，他就得有机会提前锻炼。

总之，陪读很辛苦，但是家长请记住：陪读是为了有一天不用陪读。所以，培养出独立且强大的孩子，才是陪读的终点。这是当下陪读行动是否有效的最重要的比照标准。

案例评析 --

　　家长沙龙助力家庭教育，家校协作共促孩子成长。家庭教育对孩子的成长起着举足轻重的作用，每个父母都会在生活中学习家庭教育，也难免会遇到教育困境。以上案例中冯洪老师为满足陪读家长的需求，从不同年级学生成长的特点入手，分析了陪读中可能存在的教育误区，引导家长回归家庭教育的初心，取得了显著成效，家长参与学习的热情高涨。在往期节目中，期期爆满的活动给家长提供了学习机会，家长纷纷表示学校应该多多举办此类活动。冯老师的沙龙活动注重实际，从日常案例入手，从亲子相处的言行举止中发掘教育的智慧，家长们能在案例中找到感同身受的体验，并发现需要改变的地方，家长以身作则，先改变自己再影响孩子。

　　家长沙龙活动也完善了学校的心育体系。由于工作时限和学习经验的限制，家庭教育的形式以往都是在家长会上作一下专家讲座，但这无法满足家长们个性化指导的需求。在学校提出的系统性心育生态中，家庭教育工作室的开设和常规运行，将有效弥补心育工作中的弱项，通过引领家长的教育理念，通过家校协同育人，有效促进学生成长。对于家长来说，家长沙龙活动有助于增强家长的教育信心和能力。通过与其他家长和专家的交流，家长们可以学习到更多有效的教育方法和技巧，增强自己的教育能力。同时，他们也可以从其他家长的成功经验中获得鼓舞和启发，增强自己的教育信心。这种信心和能力的提升，有助于家长更加积极地参与到孩子的教育中来，形成家校之间的良性互动。

　　长远来看，长郡中学冯洪老师开展的家长沙龙活动作为实现家校协同的特色尝试和有效举措，其在解决亲子教育困境、提供个性化指导方面的价值是显著的，值得长郡中学持续性推进，以促进家、校、生的共育共生。通过这类活动，家长可以更加精准地把握孩子的教育需求，制定更加有效的教育方案，与学校共同推动孩子的全面发展。

（五）"协力"共赢，百花竞放

　　集团化办学通过整合优质教育资源，构建协同发展的教育生态，促进了教育公平与质量的双重提升。在集团内部，学校间共享先进教育理念、教学方法和师资力量，实现了优势互补与资源共享。这种办学模式不仅拓宽了学生的成长路径，还推动了教师队伍的专业成长，为培养德智体美劳全面发展的社会主义建设者和接班人奠定了坚实基础。

合作共赢创品质，百花竞放耀湖湘

——长郡教育集团特色发展述评

2001 年，长郡中学与麓山国际实验学校成立湖南省首个基础教育集团——长郡教育集团。2004 年，长郡卫星远程学校（现为郡学教育）成立，远程合作学校加入，共享优质教育资源。2010 年，《国家中长期教育改革和发展规划纲要》提出公办学校联合办学、委托管理等试验，为集团发展指明方向。2014 年，长沙市政府出台新举措，深化基础教育集团化。2020 年 7 月，长沙市教育局发布了《关于进一步优化基础教育集团化办学的指导意见》，对教育集团规模控制、规范统筹、资源共享和退出机制，作了明确规定，引导集团化办学优质高效发展。2014—2024 年，长郡教育集团以立德树人为根本任务，通过捆绑发展、委托管理、帮扶支持等措施，深化教育改革，创新模式，打破壁垒，拓展领域，提升办学质量，带动区域教育质量提升，满足多层次、多样化教育需求，展现名校担当。

1. 问题与背景

近年来，随着教育改革的不断深入，集团化办学作为一种创新的教育发展模式，逐渐受到重视和推广。2023 年 7 月，教育部、国家发展改革委、财政部联合发布的《关于实施新时代基础教育扩优提质行动计划的意见》中明确提出，要推进集团化办学，促进义务教育优质均衡发展和扩大优质普通高中教育资源总量。这一政策为普通高中集团化办学提供了重要的方向指引和支持。当前普通高中集团化办学存在教育资源分配不均衡、管理结构复杂低效、教师的发展和流动不畅、学生需求的多样性和个性化难以满足等问题。只有通过不断地探索和实践，不断完善管理机制、优化资源配置、促进教师发展、关注学生需求，才能推动集团化办学实现更高质量的发展。

2. 主要措施

（1）整章建制，规范集团优质发展

2016 年 9 月，《长郡教育集团章程》出台，各成员校以章程为规范，保持独立法人地位，独立承担法律责任，制定学校章程和规章制度，享有相对独立的财务管理和人事任免权。2022 年 2 月 10 日，《管理办法》出台，以习近平新时代中国特色社会主义思想为指导，规范集团办学行为，加强对集团学校的指导、管理与监督，与集团章程具有同等地位和效力。

集团构建了以管委会为决策机构，下设秘书处及三大学段课程中心为运行机构的组织架构，实现高效协同。管委会由长郡中学校领导及捆绑发展类学校负责人组成，长郡中学主要负责人任会长。集团采用四种合作模式：捆绑发展、委托管理、帮扶支持、派生合作，主要围绕资源共享与教育质量提升展开，确保优质资源有效发挥与利用。

（2）三大支柱，引领集团持续发展

①双会议制度，筑基共识

自 2016 年起，本集团设立年会与研讨会制度，明确发展方向。年会年初召开，全面回顾与规划，增强团队凝聚力，展示成果，并征求意见。研讨会聚焦教育热点，引入前沿理念与实践，促进教育创新与质量提升。

长郡教育集团年会已成功举办多届，规模扩大，内容丰富，涵盖战略、文化传承、课程体系等。会议形式灵活，如 2023 年线上年会聚焦高质量育人体系构建与拔尖创新人才培养，并特邀知名专家讲座。研讨会议题紧贴时代，涵盖校园文化、师德师风、"双减"政策等，广泛参与，受社会各界好评。引入专家资源，如黄恕伯教授讲座，推动教育理论与实践融合。

表 8-4　近年年会主题

时间	地点	主题
2016 年 2 月 17 日	麓山国际实验学校	审议《长郡教育集团章程》等
2017 年 1 月 15 日	长郡双语实验中学	核心素养与课程建设
2018 年 2 月 3 日	长郡梅溪湖中学	新时代长郡文化的传承与创新
2019 年 1 月 20 日	长郡滨江中学	回顾成果，展望梦想
2020 年 1 月 10 日	麓山国际实验小学	立德树人与课程建设
2023 年 1 月 2 日	线上	建设高质量育人体系，培养拔尖创新人才
2024 年 1 月 29 日	长沙市珺琟高级中学	年度工作总结与创新拔尖人才培养

表8-5　近年年会研讨主题

时间	地点	主题
2018年7月15日	怀化市湘郡郡永实验学校	基于长郡文化传承背景下的校园文化建设——新时代校园文化的理解与思考、方法与途径
2019年7月7日	邵阳湘郡铭志学校	立德树人与课程建设
2021年6月23日	湘郡未来实验学校	全面深化新时代师德师风建设
2022年7月11日	长郡中学	"双减"背景下学校高质量发展的实践与思考
2023年7月9日	长郡滨江中学	打造品质教育长郡范，构建素质教育新生态
2024年7月7日	长沙市金阳高级中学	弘扬教育家精神，办好新时代教育

②三课程中心，助力互通

集团建立小学、初中、高中三大课程中心，以课程为核心，教师为主体，依托优质教育平台，博采各校之长，完善课程体系，推动资源共享、优势互补。各中心设主任、副主任及成员，负责教学教研活动。小学课程中心设在麓山国际实验小学，注重成人、成长、发展，开展研讨、展示、培训等活动。初中课程中心设在长郡双语实验中学，致力于交流合作、共同发展，组织教研教改、教学比武等活动。高中课程中心设在长郡中学，以五个统一为基础，统整课程评价，举行片段教学比赛、研讨会等活动，探索和建构拔尖人才早期成长范式。

③四统一策略，强基提效

集团成员校增多，长郡教育集团实施"四统一"管理：标准、计划、评价、资源。各学段共享资源，共研教学。统一管理标准，引入成熟模式，构建新校管理体系；统一教学计划，各学段内容对接，夯实各阶段教育；统一教学评价，科学完善体系，培育学生素养，提升教师幸福感；统一教学资源，共享资源，共同发展。此举确保办学方向、标准、质量监测等一致，提升办学水平与教学质量，助力新成员校步入正轨，保障集团持续健康发展。

（3）郡学教育，赋能集团智慧发展

郡学教育（前身为成立于2004年的长郡卫星远程学校）在长郡教育集

团的发展中作用重大。它提供优质教育教学资源，助力各成员学校提升教学质量、优化课程体系，并推动资源共享与交流。同时，注重教师队伍建设，通过培训、研讨等活动提升教师专业素养和教学能力，形成高素质教师队伍。此外，积极参与教育教学改革和课程建设，提出创新理念和教学方法，为集团提供理论支持和实践指导。

集团积极响应时代号召，将数字化、智能化作为推动教育变革的重要引擎。"郡学教育"，集在线教学、资源管理、学情分析、家校互动等功能于一体，实现了教学资源的云端共享与个性化推送。通过大数据分析，精准把握学生的学习动态与需求，为每位学生量身定制学习计划，促进因材施教。同时，集团还鼓励成员校教师利用现代信息技术创新教学方法，如引入 VR/AR 技术丰富课堂体验，开展混合式学习等。

3. 成效影响

（1）规范健康，拓展优质教育资源

集团现有42所成员校，涵盖多种合作模式。近年来，集团历经湖南省及长沙市审计厅的严格审计，肯定办学成果，优化内部管理。集团致力于构建高质量教育生态，名校如麓山国际实验学校等成为典范。通过委派优秀人员、资源共享、教师融合，奠定学子成长基础。各校传承创新，融合现代教育理念，提升教育质量，赢得社会认可。在统一战略下，各成员校个性化发展，特色鲜明，教育质量显著提升。

（2）坚定支持，加强教师队伍建设

在集团化办学中，长郡中学优化管理，加强教师队伍建设，教学质量领先，走出特色道路。选派管理精英到成员校，提高管理水平与运行效率。集团内部创新管理，共享资源，促进教师交流与合作，提升教学质量。集团管委会成员实地调研，为各校发展提供指导。优质学校通过示范引领，带动集团教育质量提升。教育教研深度融合，开展多种活动，助力教师发展。各校师资蓬勃发展，招聘优秀教师，培养业务精湛的教师队伍，荣获多项荣誉。

（3）文化浸润，促进个性特色发展

集团化办学强调每校独特的历史、文化与特色，特别是校园文化，其精神内核无法复制。各校在传承长郡文化基础上，融合现代教育理念，展现各自特色。新开学校建设"澄池"等文化景观，传承"朴实沉毅"校训精神，激发师生精神，促进教学质量提升。各校立足学生个性发展，探索新育人模式，形成独特办学理念和风格。长郡教育集团创办《长郡教育》杂志，展示风貌，传承文化。长郡双语实验中学直接传承长郡办学思想，统一品牌文化等。麓山国际吸纳长郡文化，培养具有国际视野的中国公民。长郡云龙实验学校打造"龙文化"，弘扬"毅"教育。长郡外国语实验中学构建"成长文化"生态，促进师生家长共同成长。

（4）求同存异，践行公平高质愿景。

在"四统一"的宏观指导下，集团各校依据自身资源优势，在求同存异中取长补短，不仅教育教学质量显著增强，更是有不少学校走出了特色化发展之路，从科技探索的先锋到人文社科的摇篮，从艺术创新的舞台到体育竞技的高地，集团成员校在其专长领域内熠熠生辉，形成了百花齐放的教育格局，实践了教育公平与质量并进的美好愿景，展现了集团化办学的无限魅力与可能，收获了社会的广泛赞誉和高度评价。近年来，各成员校实现可持续发展，获国家、省、市级奖励数项。

案例评析 ---

作为湖南省乃至全国知名的教育集团，长郡教育集团未来发展趋势备受瞩目，在协同优化各集团校的发展方面作出了重要贡献。

1. 深化集团化办学模式。长郡教育集团已建立完整教育体系，未来将深化集团化办学，加强学段衔接与协作，实现资源共享与优势互补，提升教育质量。

2. 完善高质量育人体系。集团致力于构建高质量育人体系，未来将继续加强师资队伍建设，创新课程与教学方法，注重学生全面发展与个性化培养，并加强心理健康教育、体育艺术教育等投入。

3. 丰硕拔尖创新型人才成果。集团重视拔尖创新人才培养，未来将继续加大力度，与高校、科研机构等合作，拓宽培养渠道，为国家和社会培养高素质人才。

4. 提升教育信息化水平。集团将积极应对教育信息化趋势，加强基础设施建设，推广数字化教学资源，深度融合信息技术与教育教学，全面实现数字化转型，建构智慧课堂，提高教学效率和质量。

5. 推进国际化办学步伐。长郡中学已办国际部多年，未来将继续扩大国际合作与交流，引进优质教育资源和先进理念，提升国际竞争力与影响力。

三、郡苑长风未来已来

2020 年 9 月，经济合作与发展组织（OECD）发布的《回到教育的未来：经合组织关于学校教育的四种图景》（*Back to the Future of Education：Four OECD Scenarios for Schooling*）的研究报告提出，未来 20 年，教育将出现学校教育的扩展、教育的外包化、学校作为学习中心以及无边界学习等新图景，将突出强调社会力量在教育中的参与、强调教师角色需适应教育变革、加强学习者的自主权以及强调技术在推动教育变革中的作用等核心价值取向，指明了高质量人才培育新方向。

（一）凝心聚智，共谋发展

在数智时代，社会力量可以通过多种参与方式共谋学校发展。第一，企业可以与学校合作，提供实习和就业机会，帮助学生将理论知识与实践相结合。第二，公益组织和慈善基金会可以提供资金支持，帮助改善学校的教学设施和资源。第三，技术公司可以捐赠或优惠提供先进的教育软件和硬件，促进教育信息化。社会各界人士也可以通过志愿服务，参与学校教育活动，如讲座、辅导等，丰富学生的课外学习。第四，家长委员会等组织可以加强家校沟通，共同参与学校管理和决策，形成教育合力。通过这些方式，社会力量能够为学校发展注入新的活力，共同推动教育事业的进步。

（二）数字素养，教师先行

教师应积极适应数智时代的新趋势，首要之务在于革新教育观念，深刻认识到数字技术于教育领域所蕴含的重大价值。随后，教师应秉持主动学习之精神，熟练掌握各类新兴教育技术，诸如智能教育软件与网络协作平台，以全面提升个人数字素养，携手智能助手共育英才。在此过程中，教师还需高度重视学生数字技能的培养，确保他们具备安全、负责任地使用数字资源的能力。此外，教师应将专业发展视为终身使命，积极参与教育科技领域的培训与交流活动，以保持对教育创新的敏锐洞察力。最终，教师应深切关注学生个性化成长需求，充分利用数据分析等先进技术手段，精心定制个性化教育方案，助力每位学生实现全面发展。

（三）自主精进，提升效能

在数字化与智能化深度融合的时代背景下，为有效强化学习者的自主能力，可通过以下策略实施：首先，应充分利用先进技术手段，为学习者量身定制个性化学习路径，确保每位学习者能依据个人兴趣与需求，精准选取学习内容。其次，积极研发智能学习平台，依托数据深度分析与人工智能技术的赋能，实现学习进度与成效的即时反馈，助力学习者灵活调整学习策略，实现精准施策。再次，积极倡导并鼓励学习者参与课程设计的全过程及评价体系构建，以此增强其学习过程中的参与感与主导权，激发其学习热情与创造力。同时，广泛汇聚并开放多样化的在线学习资源与精品课程，为学习者提供广阔的选择空间，满足其多元化的学习需求。最后，构建学习型社区，促进学习者之间的深度交流与紧密合作，共同面对挑战，解决难题，提升学习效能。

（四）技术助推，事半功倍

未来教育的发展，技术将发挥十分重要的作用。首先，技术能够提供定制化的学习体验。借助智能教学系统和数据分析，教师可以根据每位学生的学习进度和能力，量身打造教学内容和学习路径，进而提升学习效率。其次，技术推动了教育资源的共享与获取。互联网和数字图书馆等资源的普及，使得优质教育资源不再局限于特定地区或学校，学生和教师可以随时随地获取丰富的学习资料和最新的研究成果。再次，技术提升了互动性和参与感。多媒体教学工具、虚拟现实（VR）和增强现实（AR）技术的应用，使得学习过程更加生动有趣，从而增强了学生的参与度和学习兴趣。此外，技术还支持远程教育和在线学习。通过视频会议、在线课程和网络研讨会，学生能够跨越地理界限，接受来自世界各地的优质教育。最后，技术有助于提升教育管理的效率。学校管理系统、学生信息系统和在线评估工具等，能够协助教育管理者更高效地进行课程规划、学生评估和资源分配。

在科技与教育双向奔赴的浪潮中，未来的学校将更加注重个性化学习，利用技术手段为每个学生量身定制教育方案。学校将不再是知识传递的唯一场所，而是培养学生批判性思维、创造力和社交能力的中心。学校与家庭、社区将形成一个支持学生全面发展的生态系统。未来的教育将打破传统边界，成为一个灵活、开放且包容的共同体。让我们以改革者的锐意，奋斗者的姿态和探索者的精神，共同为新时代的学习者插上翅膀，为中华民族伟大复兴贡献教育力量。

参考文献

[1] 杜维明. 儒家思想新论：创造性转换的自我［M］. 南京：江苏人民出版社，1996.

[2] 休谟. 人性论［M］. 关文运，译. 北京：商务印书馆，1980.

[3] 魏雯，关炜炘. 三字经［M］. 北京：西苑出版社，2010.

[4] 杨伯峻，杨逢彬. 论语［M］. 长沙：岳麓书社，2018.

[5] 司马光. 资治通鉴［M］. 高山，译注. 青岛：青岛出版社，2021.

[6] 张汝伦. 蔡元培文选［M］. 上海：上海远东出版社，2012.

[7] 雷锋. 雷锋日记. 北京：北京教育出版社，2021.

[8] 袁枚. 袁枚诗选［M］. 周舸岷，选注. 杭州：浙江古籍出版社，1989.

[9] 全国人大常委会办公厅. 中华人民共和国国防教育法［M］. 北京：中国民主法制出版社，2018.

[10] 梁启超. 梁启超全集1［M］. 北京：北京出版社，1999.

[11] 惠特曼. 草叶集［M］. 姜焕文，译. 成都：四川文艺出版社，2012：147.

[12] 苏霍姆林斯基. 少年的教育和自我教育［M］. 姜励群，吴福生，译. 北京：北京出版社，1984.

[13] 王星，常锦. 让学生在自我管理中实现自我提升［M］. 中国德育，2019（5）.

[14] 联合国教科文组织. 一起重新构想我们的未来：为教育打造新的社会契约［M］. 北京：教育科学出版社，2022.

[15] 中华人民共和国教育部. 普通高中课程方案（2017年版2022年修订）

　　　　［M］. 北京：人民文学出版社，2020.

［16］刘德增，王智超，常青 . 中小学校党组织领导的校长负责制的三重逻辑 ［J］. 教学与管理，2024（7）.

［17］钟程 . 幻象与否认：OECD《回到教育的未来》的价值取向研究：基于非工具性分析路径 ［J］. 上海：比较教育学报，2022（2）.

［18］黄贤昌，庞庆泉，农铮 . 答疑辅导的机制作用、形式及建设研究 ［J］. 高教学刊，2023，9（14）.

［19］薛元昕 . 精准辅导答疑在骨干教师教学激励计划中的实践研究 ［J］. 上海第二工业大学学报，2018，35（4）.

［20］张爽 . 集团化办学的阶段性反思与体系重构 ［J］. 中小学管理，2019（3）.

［21］姜晓玉 . 教育叙事：师德师风建设的有效策略 ［J］. 河北教育（德育版），2023，61（5）.

［22］余志权 . 从写作者到研究者：教育叙事研究与教师专业成长 ［J］. 中小学德育，2022（9）.

［23］张民选 . 基于国际评价改革趋势探讨基础教育高质量发展方向 ［J］. 中国基础教育，2023（3）.

后 记

本书是湖南省教育科学"十四五"规划重点资助课题"'双减'背景下普通高中'四力'高质量育人实践"（批准号：XJK22AJC004）研究成果。2022年9月开题以来，课题组就积极筹备写作工作，2023年12月，组织专家进行了课题的中期检查和初稿修改的系统指导。2024年3月完成初稿，6月完成修订稿。本书采取理论加实践的写作结构，第一章系统阐述了课题研究的相关理论，第二至第八章主要从实践方面总结了长郡中学高质量育人范式的做法与经验，期待能为湖南乃至全国基础教育界提供参考。

本书在写作过程中，得到了湖南师范大学出版社编辑部主任李阳博士的大力支持与悉心指导，湖南师范大学陈牛则教授、湖南省电教馆余剑波主任、长沙市教育科学研究院刘翠鸿主任、曾威编辑、易潇潇编辑等对书稿提出了宝贵修改意见；长郡中学课程发展中心王岳飞主任、教师发展管理中心胡昆主任在书稿写作过程中给予了大力支持；课题秘书长郡中学教师发展管理中心课题研究室兼职教研员黄兄宝、唐天利老师在整个课题研究和书稿写作过程中付出了大量心血；本书引用了刘喜珍、朱亮、伍果平、黄兄宝、肖杨、谭艺琼、黄琦、丁良、陈晓斌等数位老师的案例；校级领导、各部门及年级组负责人、部分教师对本书的写作提供了积极支持；更要特别感谢全体师生扎实深入的智慧实践。本书也是全体长郡人集体智慧的结晶。本书在写作过程中还参考了一系列文献，在此一并致谢。

本书的出版恰逢长郡中学120周年校庆，课题组全体成员向学校表示热烈祝贺，同时将此书作为一份生日贺礼献给亲爱的长郡，祝愿她在新的办学征程上，凯歌相续，辉煌永续。

本书可作为基础教育研究者、中小学管理者、中小学教师及关注基础教育的各界人士参考。时间仓促，水平有限，错讹之处难免，请方家不吝赐教指正。

"'双减'背景下普通高中'四力'高质量育人实践"课题组

2024 年 9 月于长郡中学